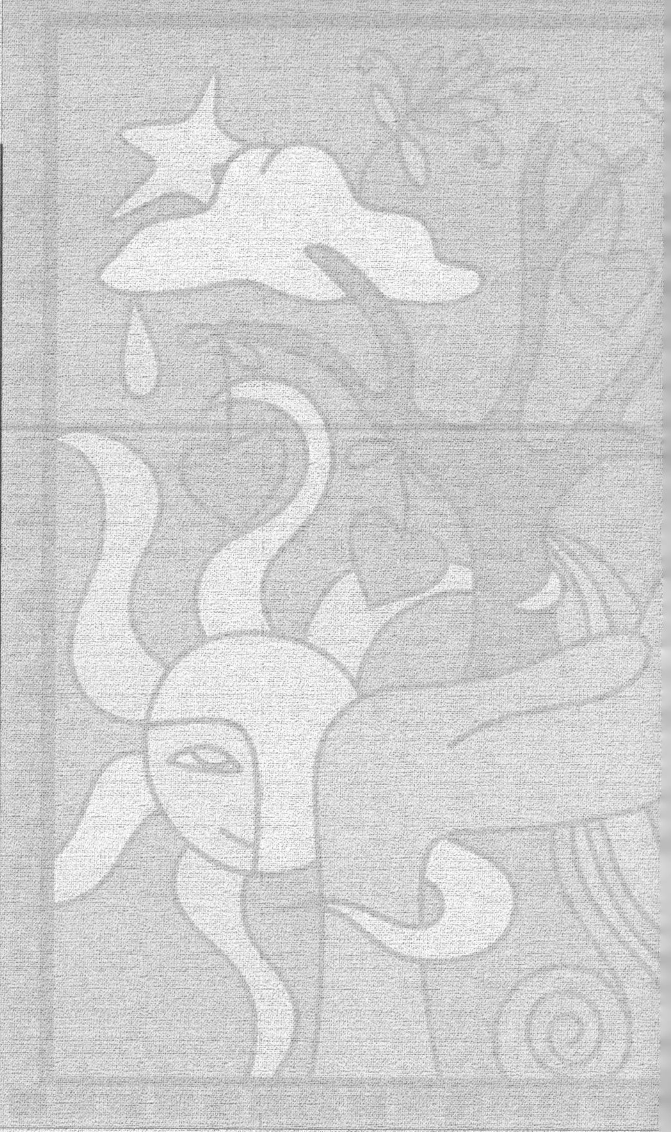

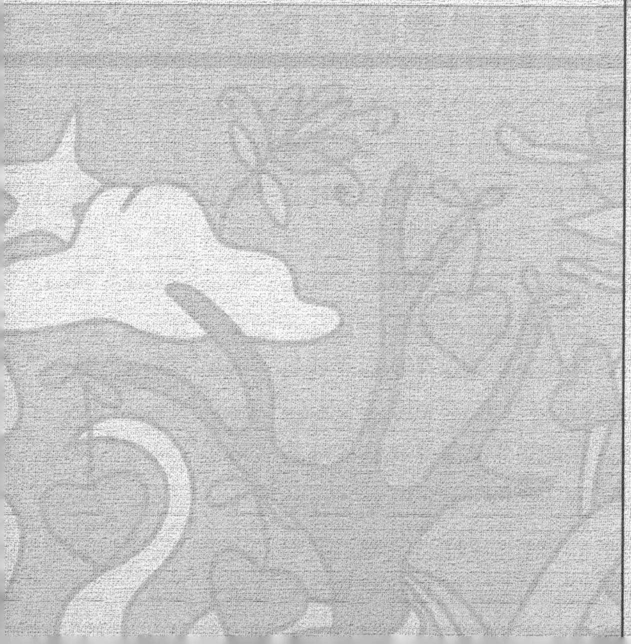

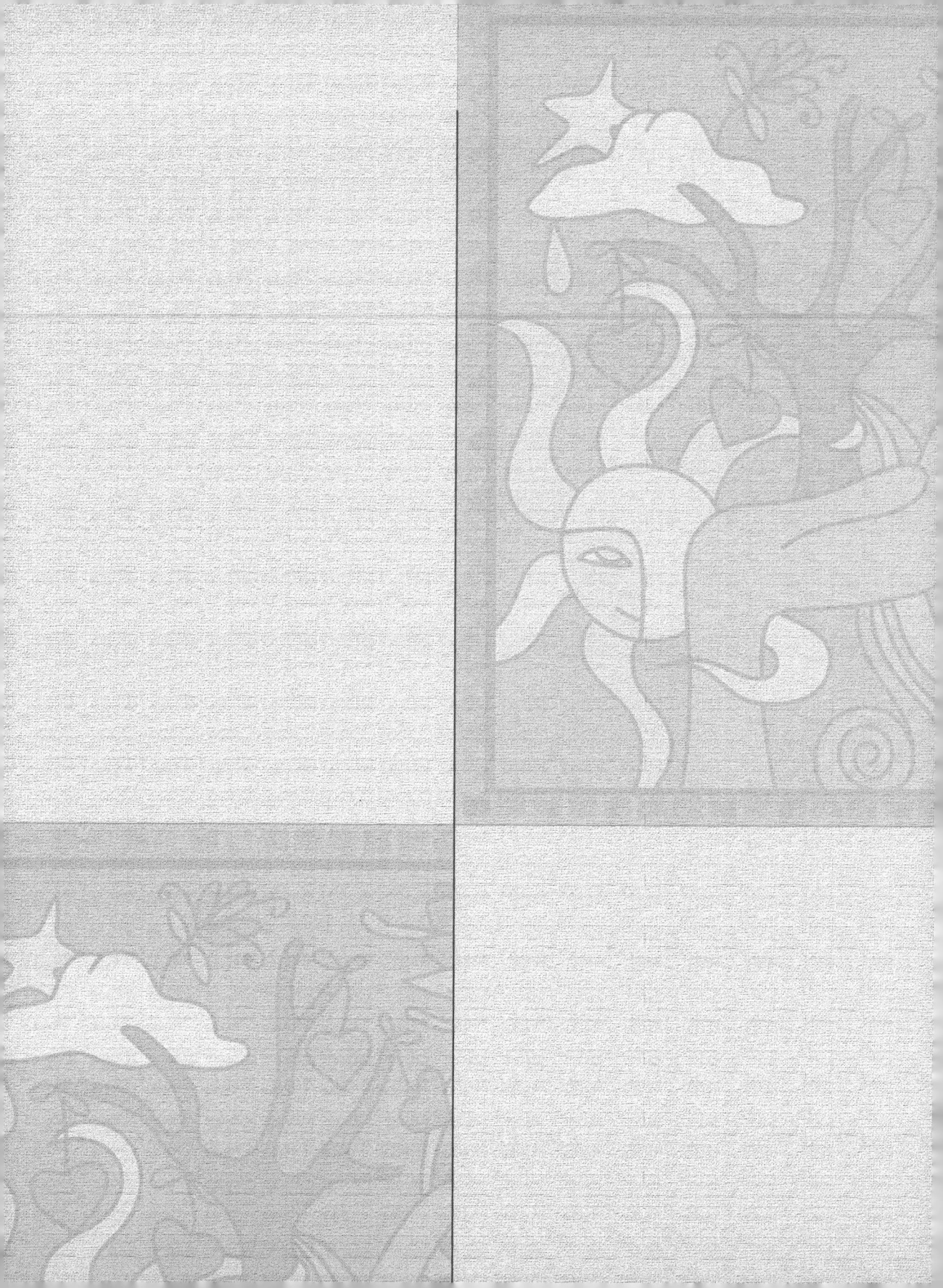

"十五"国家重点图书出版规划项目

社会工作经典译丛 Social Work Classic Series

主编 隋玉杰　副主编 范燕宁

社会工作伦理
实务工作指南

第九版

Ethical Decisions for Social Work Practice (Ninth Edition)

拉尔夫·多戈夫（Ralph Dolgoff）
[美] 唐纳·哈林顿（Donna Harrington） 著
弗兰克·M.洛温伯格（Frank M. Loewenberg）

隋玉杰 译

中国人民大学出版社
·北京·

主编简介

隋玉杰，中国人民大学社会工作系副教授，博士生导师。首届全国社会工作者职业水平评价专家委员会委员、中国社会工作教育协会副秘书长暨老年社会工作专业委员会主任委员、北京市社会工作者协会常务理事、国家开放大学特聘教授。担任全国多地十余家实务机构的顾问。作为专家组成员参与了民政部和前国家人口和计划生育委员会推动社会工作职业化、专业化的多项工作，包括民政部《老年社会工作服务指南》（MZ/T 064-2016）行业标准的制定工作。主要研究领域为老年人服务需求综合评估与社会支持、心理健康、临终关怀与丧亲服务、社会工作职业化与专业化。主持了多项国家社会科学基金项目、北京市社会科学基金项目，以及民政部、国务院发展研究中心、联合国教科文组织、亚洲开发银行等组织机构的十余项招标和委托课题。

副主编简介

范燕宁，北京大学哲学硕士（1988），香港理工大学社会工作专业硕士（MSW，2007），首都师范大学社会学与社会工作系主任、教授、博士生导师。中国社会工作联合会专家委员会委员、中国社会工作教育协会常务理事。北京市海淀睿搏社会工作事务所所长、2016年度中国十大社会工作人物之一。主要教学、研究、社会服务方向为：当代社会发展理论与社会问题、社区矫正、青少年社会问题等。代表性作品有：《矫正社会工作研究》（范燕宁、席小华主编，中国人民公安大学出版社，2009）、《社会问题：事件与解决方案》（第五版）（扎斯特罗著，范燕宁等译，中国人民大学出版社，2010）、《社区矫正社会工作》（范燕宁、谢谦宇、罗玲等，中国人民公安大学出版社，2015）。

总　序

社会工作正面临着前所未有的发展契机。

所谓契机，一是大的社会背景为社会工作的发展提供了舞台。随着改革的深入，中国在取得举世瞩目的成就的同时，如一些社会学家所言，也出现了"发展困境"的苗头或"类发展困境"的现象。新千年，政府在工作报告和政策文件中明确提出要关心弱势群体、加强就业和社会保障工作。与社会工作传统的工作对象，如贫困者、残疾人、妇女、儿童、老年人相关的一系列政策法规纷纷出台。这些都为开展社会工作提供了良好的政策环境。

二是社会工作专业本身已经步入组织化、规范化的轨道。中国社会工作联合会、中国社会工作教育协会等组织开始发挥行业指导和自律的作用。此外，经过多年的酝酿，2004年劳动和社会保障部办公厅制定的《社会工作者国家职业标准》在上海出台，明确了社会工作者的专业人员地位，一改多年来社会工作人员师出无名的状况，同时也为社会工作者在专业上不断发展提供了方向和路径。社会工作职业化、专业化有了突破性进展，在政府认可上迈出了坚实的一步。

进入新千年后，许多迹象表明，社会工作正在朝着进入新的发展时期的方向迈进。

然而，社会的需要和认可也给社会工作带来了挑战。社会工作是否已经拥有了完备的知识储备，成了一个羽翼丰满的专业，能发挥社会所期待的作用呢？

在今天，对中国的许多社会工作者来说，社会工作发展伊始弗莱克希纳提出的问题"社会工作是一个专业吗？"仍是个具有挑战性的问题。弗莱克希纳之所以断言社会工作不具备一个专业的资格，是因为他认为社会工作不是建立在科学知识的基础上的。按照格林伍德提出的著名观点，成为一个专业应该具备五个特性：拥有自己的理论体系、具有权威性、得到社会的认可、有专门的伦理守则以及专业文化。其中排在第一位的就是专业知识的建构。

应当说，自1986年国家教育委员会同意北京大学、中国人民大学、吉林大学等高校设置社会工作与管理专业以来，中国社会工作理论与实务知识的建构已经有了可喜的收获。然而，在总体上，社会工作的专门知识仍然十分匮乏，对国外的社会工作仍缺乏系统的介绍，而本土的理论仍未形成。拿知识建构的领军团体社会工作教育界来说，情况也不容乐观。中国社会工作教育协会开展的中国社会工作教育发展状况调查的结果表明，以在学术期刊上公开发表论文的数量、出版专著数、编写教材数、承担课题数等数据来衡量，社会工作教育院校教师的科研情况总体上水平不高。在这一形势下，社会工作教育却在经过十几年的缓慢发展后，在世纪之交进入了高速扩张期。据中国社会工作教育协会统计的数据，截至2000年，协会的团体会员只有32个，到2003年12月已经达到148个。近80%的会员是在2000年之后的三年新加入的。于是有了这样的景象，一方面是知识提供和传输上的不足，另一方面是跨入社会工作之门的莘莘学子嗷嗷待哺。这便有了策划和出版社会工作经典译著的最初动因。我们希望通过这一系列书籍能够较为全面地介绍在西方已有上百年历史的社会工作专业的核心知识，为建立中国自己的社会工作知识体系做参考。

在整体结构上，"社会工作经典译丛"由三类书籍构成，即社会工作的基础理论、社会工作的基本方法和社会工作的价值观。这也是基于对社会工作知识体系构成的基本共识。具体来讲策划这套书主要有以下几点考量：

其一，完整性。整个译丛力图完整地呈现社会工作作为一个学科的全貌。译丛精选了社会工作理论、人类行为与社会环境、社会政策、个案工作、小组工作、社区工作、社会工作督导、社会工作研究和社会工作伦理等方面的书籍，全面涵盖了社会工作专业知识的三大组成部分，即基础理论、工作方法和价值观。考虑到价值观方面的教学一直是专业教育中非常重要的一部分，也是专业教育中的难点，所以本套丛书特别精选了再版7次的专门用来帮助学生认识伦理问题和困境，并适当加以处理的有关社会工作伦理的专著。其中涉及的保密原则和隐私权问题、当事人的知情权和自决权问题、临终关怀问题、艾滋病问题等在中国的社会工作实践中已经出现，由于处理不当而引发的争端和法律诉讼也曾见诸报端。这方面的论述相信不仅对于社会工作学生，对于社会工作从业人员也不无借鉴作用。

其二，经典性。所选书籍都是广受好评的教材或论著，对社会工作的知识有精到的描述和评说。作者都是各自领域的专家和知名学者，有着丰厚的积累，在书中详细展现了与所述主题相关的专业知识，特别是融合了许多最新研究成果和实务动态，对读者来说极具参考价值。这些书在许多国家都被社会工作教育者采用。几乎每本书都再版过多次。经过了使用者的检验和编写者的不断完善，这些书非常适合做社会工作专业教学的配套教材使用。

其三，适切性。为了能更好地配合教育部高等教育司组织制定的对社会工作专业主干课程教学的基本要求，译丛所选择的书籍基本都是社会工作专业主干课程的教材或论著。各书的框架也多与国内教学所要求的主体结构相契合，更能配合教学用途。

其四，实用性。一方面，所选书籍在内容的编排上注重方便读者使用。受以实证为本的工作方法的影响，大部分书籍穿插了与所涉及内容相关的研究结果和案例讲解，将理论与实践相结合。在语言上也大多深入浅出，贴近读者，减少了他们在消化吸收知识上的障碍。另一方面，书籍所涉及的内容也多是国内社会工作界涉足和关心的领域。如通才社会工作实务模式，操作层面的社会工作方法，社会政策的研究、分析与应用，身为社会工作教育和高层次管理人员开展督导的方法，等等。书中推荐的一些专业网站更可以帮助读者找寻更多的资源，丰富对书中相关内容的理解和把握。

其五，时代性。丛书中的每本书都是近两年来的最新版本，书中的内容涉及社会工作实务领域的一些最新发展，整套书如同一个多棱镜折射出社会工作学科的发展现状。大到社会福利体制管理上的变革，小至一些新的工作方法的使用，都有鲜明的时代特点。比如其中谈到的管理型卫生保健制度，个案管理，基因技术对社会工作的影响，网络技术对社会工作的影响，以实证为本的实践，私人执业，充实生活性质的社会工作，等等。一些实验性的工作方案在书中也有所介绍。这些无疑会拓展读者的视野。

2003年的一场"非典"像是对整个社会运行机制的一次检测，留下了许多宏观层面的问题，有待社会工作者去思考和解决。比如，社会危机处理机制、弱势群体保障机制、社会捐赠机制、基层社区的疾病预防和康复机制、志愿者的动员与使用机制等。而2004年的马加爵杀人案则给开展微观层面的社会工作提出了许多问题。比如，如何更有效地建立个人的社会支持系统、如何筛查处于危机边缘的人、如何提供更有效的危机防范与干预方法等。

德国著名哲学家恩斯特·卡西尔在《人论》中说："当领悟了一门外语的'神韵'时，我们总会有这样的感觉：似乎进入了一个新的世界，一个有着它自己的理智结构的世界。这就像在异国进行一次有重大发现的远航，其中最大的收获就是学会了以一种新的眼光来看待我们自己的母语。"歌德也说过："谁不懂得外国语，谁也就不了解本国语。"我们希望"社会工作经典译丛"的面世能起到这样的作用，让读者能有一次异国社会工作之旅，看到社会工作在专业发展比较成熟的国度里的情况。虽然译丛中谈到的都是国外社会工作的状况以及他们的问题与处理方法，但对我们反观自身、处理中国的问题应当说不无启示。

译丛的策划得到了中国人民大学出版社潘宇博士，首都师范大学教授、博士生导师范燕宁和中华女子学院教授刘梦的鼎力相助。在甄选书籍的过程中，笔者同她们进行了反复的讨论，最后确定的书目是笔者与她们共同斟酌的结果。丛书的译者队伍也都是各高校的教师，有较丰富的社会工作专业积累，为翻译质量提供了保证。在此对上述参与本丛书策划和翻译等工作的人员一并表示衷心感谢。

虽然参与本丛书的人都倾尽了心力，但仍难免挂一漏万，希望广大读者对不当之处能给予指正。

隋玉杰
2004年10月14日

美国社会工作教育委员会《教育政策与认证标准》

社会工作教育委员会的《教育政策与认证标准》要求所有社会工作专业的学生培养10种能力,并推荐教授和评估41种相关实践行为,即下面列出的教育政策2.1.1至2.1.10。

能力与实践行为

2.1.1 认同专业社会工作者身份并以此要求自己

a. 为服务对象获取社会工作服务做倡导;
b. 践行个人反思和自我修正,以确保持续的专业发展;
c. 注意专业角色与界限;
d. 在行为、外表和沟通方面表现出专业素养;
e. 投身终身学习;
f. 运用督导和咨询。

2.1.2 运用社会工作的伦理原则指导专业实践

a. 认识和掌控个人的价值观,让专业价值观指导实践;
b. 运用《全国社会工作者协会伦理守则》的标准和国际社会工作者联合会/国际社会工作院校联合会制定的《社会工作伦理守则》(如果适用的话)的标准和原则说明,做出伦理决定;
c. 容忍在解决伦理冲突方面存在模糊地带;
d. 运用伦理推理策略来做出符合伦理原则的决定。

2.1.3 运用批判性思考告知和沟通专业判断

a. 区分、评价和整合多个知识来源,包括研究知识和实践智慧;
b. 分析各种预估、预防、干预和评估模式;
c. 在与个人、家庭、团体、组织、社区和同事一道工作时能有效地进行口头和书面沟通。

2.1.4 将多样性和差异性融入工作实践

a. 认识到某种文化的结构和价值观可能会压迫、边缘化、异化,抑或制造或增强特权和权力的程度;
b. 有充分的自我意识消除与不同群体一道工作时个人的偏见和价值观的影响;
c. 认识到并能与人沟通他们对差异在塑造人生经验中的重要性的理解;
d. 将自己视为学习者,并与他们的知情人建立关系。

2.1.5 促进人权和社会与经济公正
  a. 了解压迫和歧视的形式与机制；
  b. 倡导人权和经济与社会公正；
  c. 投身促进社会与经济公正。

2.1.6 基于研究的实践投身知行合一与行知合一
  a. 运用实践经验来指导科学研究；
  b. 运用研究证据来支持实际工作。

2.1.7 运用人类行为与社会环境的知识
  a. 运用概念框架指导预估、干预和评估过程；
  b. 批判性地运用知识来理解人与环境。

2.1.8 投身政策方面的工作，促进社会和经济方面的福祉并提供有效的社会工作服务
  a. 为促进社会福祉而分析、制定政策并做政策倡导；
  b. 与同事和服务对象合作，采取有效的政策行动。

2.1.9 回应实务工作的情境
  a. 不断发现、评价和关注持续变化的地区、人口、科学技术发展和新涌现的社会趋势，以提供相关服务；
  b. 在促进服务提供的可持续性改变和改善社会服务质量中发挥领导作用。

2.1.10 与个人、家庭、团体、组织和社区建立关系，做预估、干预和评估
  a. 富于实效地为个人、家庭、团体、组织和社区的行动做好准备；
  b. 运用同理心和其他人际交往技巧；
  c. 就工作重点和期望结果达成相互同意的意见；
  d. 收集、组织和解释服务对象的数据资料；
  e. 预估服务对象的优势和不足；
  f. 建立双方都同意的干预目的和目标；
  g. 选择恰当的干预措施策略；
  h. 发起行动以实现组织的目标；
  i. 实施预防性干预措施，增强服务对象的能力；
  j. 帮助服务对象解决问题；
  k. 为服务对象从事协商、调解和倡导工作；
  l. 为转换和结束工作提供方便；
  m. 批判性地分析、监测和评估干预措施。

有关标准本身的更多信息和完整的政策陈述，请访问社会工作教育委员会网站。网址：www.cswe.org。

前　言

每天，社会工作者和其他社会服务专业人员都面对着有压力，甚至是有创伤的情境，诸如虐待儿童、家庭暴力、家庭关系紧张、无家可归、人们患了慢性精神疾病和自杀等等。这些让人忧虑的事情对他们来说已经差不多司空见惯了。然而，近年来，又有了不同性质的挑战，包括在作战地区提供服务，军队服务以及退伍军人、残疾人和其他人面临的非常困难的问题。自然灾害，如卡特里娜飓风和海地地震，以及人为灾害，如"深水地平线"事件，都需要社会工作者和其他社会服务工作者付出额外的努力。后两种情况下，人们关注的焦点主要是住房、食品、安全、预防疾病、治疗身体疾病等具体问题。除了许多生理上的问题外，还有个人和家庭失去了生意和工作，受到身心压力的困扰。这些灾难召唤社会工作者在资源短缺的情况下提供服务，需要创意和毅力。大量的、各种各样的社会和经济需要不会很快得到充分满足；它们会徘徊多年。

与此同时，美国和其他国家正在经历一场"大"衰退，这在许多方面都让人想起20世纪30年代的大萧条。失业率很高，许多人没有工作，而且很难找到工作。有人预测，美国已进入经济增长缓慢期，对可用资金的竞争变得异常激烈。如果这些预测是真的，社会服务业将不得不与所有其他的社会需求竞争稀缺资金。未来几年的供给可能不够，不能充分满足人民的社会福利需要，当然也不会像过去几十年那样。当社会工作者太少，所需资源非常短缺，许多人及其家庭生活在巨大压力之下时，社会工作者会遇到什么特殊的伦理困境？面对人们的巨大需求，面对资源与需求不对等的现实，社会工作者该如何抉择？社会工作者如何在个人、家庭、团体和社区之间做选择？

在这些情况下，如何履行对平等的承诺？在这些令人痛心的情况下，社会公正的意义何在？不爱哭的孩子没奶吃该怎么办？在这些情况下，社会工作者是否应优先去做针对地方政府和联邦政府的倡导和干预工作，或者鉴于社会工作者和资源不是在哪都有或数量足够，是否应该一个一个来处理个案，这样就不得不在家庭和社区之间做出选择？或者，社会工作者应在多大程度上考虑发展合作机制以维持食品供应，拓展事业以支持个人和群体，并探索新的应对短缺时代的方法？什么是合乎伦理的推进工作的方式？社会工作者必须考虑这些问题，相关内容也会贯穿本书。我们提出这些问题不是要责怪任何人，而是要指出，在灾难和经济困难时代，要求社会工作者和其他社会服务工作者做出合乎伦理的决定有多普遍。

鉴于上述原因，越来越多的社会工作教育工作者和专业团体关注伦理操守，并帮助学生和专业人员在出现伦理困境时能识别出来，做好准备去评估这些困境，并正确处理。我们认为伦理操守方面的内容应当纳入每门专业教育课程中。在这一领域教学的人应当铭记托马斯·阿奎纳的告诫，在涉及伦理道德时"非知己可为，无以论当所为"（Commentary on De Anima, I, 1.2）。换句话说，仅仅教授伦理学方面的理论是于事无补的，除非还能传授做好道德决定的技巧。所以，在本书中，我们会采用理论与实践并重的双着眼点。有些人说美德不可能在大学的课堂上传授，教科书也解决不了伦理道德上的难题。然而，我们相信伦理评估和伦理决定的原则和技术在专业课程中是占有一席之地的。

同时，我们也赞同一些人的意见，教师的关注点不应当太多地放到教学生解决伦理难题上，而应当更多地致力于鼓励学生：(a) 敏锐察觉伦理上的问题；(b) 更清楚地了解影响自身决定的价值观；(c) 考虑不相兼容的观点，掂量自己所持立场的利弊，得出深思熟虑的结论。我们对待伦理决定的方法是旨在协助社会工作者审慎思考伦理问题，帮助他们澄清专业上他们对自己应有的道德追求，在实践中能有更符合伦理要求的立场。

本版新增内容

本书第九版属于圣智学习出版公司新赋权系列书籍，旨在帮助教师和学生将书本中的资料与社会工作教育委员会 2008 年《教育政策与认证标准》衔接在一起。在第一章中，我们讨论了最相关的政策。每一章的开篇都会概述本章会探讨哪些教育政策，在章末会有能力要点，总结本章如何探讨了具体的教育政策。教育政策 2.1.2 是关于应用社会工作伦理原则的（CSWE, 2008），全书都阐述了这一教育政策。教育政策 2.1.3 是关于批判性思考的，我们在每一章都有案例、问题和批判性思考练习，以强调批判性思考，并鼓励你用本书介绍的材料进行批判性思考。我们希望你在阅读的过程中，花点时间停下来思考我们提出的每一个问题。如果你这样做的话，阅读本书的时间会长一些，但是比泛泛地看看材料收获要多得多。

尽管本书的重点是教育政策 2.1.2，但本书还讨论了其他一些教育政策。具体而言，几乎每一章都探讨了教育政策 2.1.1 "认同专业社会工作者身份并以此要求自己"（CSWE, 2008），因为我们认为，言行合乎伦理是专业社会工作的一个组成部分。针对这项政策，本书讨论了几种实践行为：第五、第九和第十二章讨论了为服务对象获得服务做倡导；第二、第五和第十三章讨论了个人反思；第七和第十二章讨论了角色与界限。第一章至第三章、第九章、第十一章和第十二章讨论了多样性（教育政策 2.1.4）；第三章和第六章讨论了认识文化结构和价值观的影响的具体实践行为（2.1.4a）；第二、第三和第六章讨论了消除（或者更准确地说认识和尽可能降低）个人偏见和价值观的影响（2.1.4b）；

第六章讨论了认识差异在塑造人生经验中的重要性（2.1.4c）。第九章和第十二章讨论了促进人权和社会经济公正（教育政策2.1.5）。最后，第十二章讨论了从事基于研究的实践（教育政策2.1.6）。

　　本书所举的例子和每章后面的练习都可用来帮助学生更加敏锐地察觉社会工作实践中与伦理有关的事宜，协助他们培养出自己处理这类问题的方法，帮助他们在专业工作中做伦理决定时去思考一些十分重要的因素。推荐的课外阅读材料也放在了每章的后面。此外，我们提供了一些互联网的网址，这样读者就能找到许多主题的更多资讯。

　　我们一直不懈努力使本书更加实用，这一版完全更新了内容，纳入了最新的研究成果。我们增加扩充了以下方面的内容：

- 在新版全书中，更新和运用了有关《全国社会工作者协会伦理守则》的信息，包括更加重视文化能力和社会多样性。
- 新的参考文献和最新研究成果贯穿全文。
- 增加了大量更加国际性的内容，包括各种国际组织和权利公约的网站。
- 对章节进行了重新排序，以完善资料的起承转合，从而在进入相关的伦理标准（如保密）的具体内容之前，先介绍更总体性的概念，如确定谁是服务对象以及服务对象的权利和价值观。
- 第二章的内容做了大量扩充，包括对英国的伦理守则和美国的伦理守则进行了比较，更多关于国际上的伦理守则和国际社会工作联合会伦理守则的内容。
- 第三章拓展了对几个当代伦理取向的讨论，包括关怀伦理、女性主义伦理和美德伦理，新增了关于儒家伦理和印度教伦理的小节。
- 第四章扩展了有关社会工作中的社会控制角色的讨论；更新了伦理原则筛查工具，将社会公正纳入其中，还增加了关于个人在伦理原则排列上的差异的内容。
- 在整本书中，特别是在第四章和第九章中，对社会公正更加注重。
- 增加了关于《健康信息技术与临床健康法案》的资讯，还讨论了健康问题和社会对稀缺资源分配的反应。
- 第九章讨论了网络激进主义。
- 第十章重点增加了针对一般性的军队、战争期间和军人退役后的社会工作，以及指定的双重角色关系。
- 介绍了和平主义问题。
- 第十一章扩展了实践中的技术运用内容。
- 第十一章增加了对宗教和精神的关注。
- 第十二章扩大了社区组织部分的内容。
- 我们在第十二章讨论了农村和其他偏僻社区的社会工作。
- 增加了在问责、质量控制和风险管理时代有关机构的伦理和倡导问题的讨论。
- 扩展和更新了推荐阅读资料和网络资源。

- 介绍了双重角色关系的规定是否正在发生变化，是否应该进一步改变。
- 附件一收入了新的案例。

除了整本书中提供的许多伦理困境的案例之外，我们还从不同的角度对一个家庭的特定情况思考了多次。每次我们回到此案例时都会提供更多信息。最后，我们在第一章的末尾加入了一组前测题，同时给读者附有答案。

我们保留了做伦理决定优先次序的两个筛查工具。我们收到了数不清的评论，表示这两个工具对于排列伦理原则和义务的顺序是有帮助的，能协助社会工作从业人员在难以兼顾的伦理义务中理出优先次序。我们一直打算介绍一些原则和指导性工具，以此来充分帮助社会工作者在实务工作中做伦理决定，我们感到很欣慰，伦理选择筛查工具得到了广泛的运用。尽管伦理和道德上的尽善尽美还是一个难以企及的目标，但是像其他人一样，社会工作者必须不懈地追求这一目标。

本书所举的例子都取自真实的生活，但是场景和人物并不是完全吻合。其中提到的姓名和资料都不是来自社会服务机构的档案记录或是同这些人一道工作的社会工作者。我们加入了许多新案例以反映实践中较新的领域。毋庸赘言，书中的例子并不一定是上佳或想要的示范。我们选择这些例子只是想说明发生在实际工作中的伦理问题。

我们感谢同事和学生帮助我们思考社会工作伦理中涉及的许多问题。我们还感谢审阅稿子的同人为这一版提供了非常有益的反馈意见。他们是新英格兰大学的托马斯·查尔默斯·麦克劳林教授、福克纳大学的乔尔·法雷尔教授、沙尔瓦·瑞金纳大学的玛丽·蒙特米尼·丹娜教授、加州大学伯克利分校的巴特·格罗斯曼教授、夏威夷太平洋大学的丹尼斯·伊哈拉教授。

我们感激马里兰大学巴尔的摩分校健康科学和人类服务图书馆、约翰霍普金斯大学米尔顿·S. 艾森豪威尔图书馆、马里兰大学巴尔的摩分校瑟古德·马歇尔图书馆馆长马克辛·格罗桑斯对我们的慷慨帮助。霍华德·奥尔斯坦博士、伊娃·西万博士、帕特·希克斯博士、凯瑟琳·沃尔什博士和许多学生多年来与我们分享了他们在实践中遇到的伦理困境。

我们很高兴本书第九版由圣智学习出版公司出版，我们感谢所有给予帮助，让本书这一版得以面世的工作人员。

感谢我们的朋友、家人和配偶，用恒久的耐心容忍了我们并非小小不言的瑕疵。我们特别感到骄傲的是，我们的书的一个版本被翻译成中文，另一个版本被翻译成韩文。最后，我们感谢彼此在各个版本中的通力合作和相互支持，感谢我们通过一起工作获得了才智。

拉尔夫·多戈夫
唐纳·哈林顿
弗兰克·M. 洛温伯格

目 录

第一部分　伦理决定导论

第一章　**助人专业的伦理抉择** / 3
社会工作能力与从业行为 / 6
伦理 / 7
当代对专业社会工作伦理的兴趣 / 8
社会工作实践中的伦理问题 / 8
专业伦理可以教授吗？ / 13
本书的构成 / 15
前测："我对社会工作伦理知道多少？" / 16
批判性思考练习 / 17
推荐阅读 / 18
推荐网站 / 18
能力要点 / 19
前测问题答案 / 20

第二章　**价值观与专业伦理** / 22
价值观 / 22
专业价值观 / 23
伦理学 / 24
道德 / 25
专业伦理 / 26
法律与伦理：合法但却违背伦理的问题 / 28

渎职与有悖伦理的行为 / 31
谁需要专业伦理？ / 37
专业伦理守则 / 39
专业伦理守则简史 / 40
批判性思考练习 / 44
推荐阅读 / 45
推荐网站 / 46
能力要点 / 46

第三章　伦理决定指南：概念、取向与价值观 / 47
伦理决定的基石 / 49
当今做伦理决定的取向 / 52
个人、群体、社会和专业的价值观 / 60
批判性思考练习 / 64
推荐阅读 / 65
推荐网站 / 66
能力要点 / 66

第四章　伦理决定的过程与工具指南 / 67
伦理评估筛查 / 69
"最小伤害"原则 / 71
伦理原则的等级次序 / 73
总结 / 80
批判性思考练习 / 80
推荐阅读 / 81
能力要点 / 82

第二部分　专业实践中的伦理困境

第五章　服务对象的权利与专业知识技能 / 85
谁是服务对象？ / 85
专业知识技能与自决 / 88
自决 / 89
模糊性和不确定性 / 94

批判性练习 / 97
推荐阅读 / 97
推荐网站 / 97
能力要点 / 98

第六章　价值中立与强加价值观 / 99
服务对象与工作者之间在价值观上的差异 / 100
价值中立 / 102
强加价值观 / 104
评判价值观 / 106
价值观的不可避免性 / 108
批判性思考练习 / 109
推荐阅读 / 110
推荐网站 / 110
能力要点 / 110

第七章　专业关系：限制、困境及问题 / 112
专业关系与特殊义务 / 112
专业关系的限制 / 115
服务对象的利益与工作者的利益 / 116
专业关系中的双重角色 / 118
同服务对象发生性关系 / 120
学生与性关系 / 125
身体接触 / 125
其他社会关系 / 126
实话实说与传递虚假信息 / 126
诊断与错误诊断 / 130
同情疲劳、二次创伤压力及心理上的淡漠对处理伦理问题的限制 / 133
帮助来源 / 135
批判性思考练习 / 135
推荐阅读 / 136
推荐网站 / 136
能力要点 / 136

第八章　保密、知情同意与保护的义务 / 137

隐私与机密 / 138

《健康保险携带与责任法案》 / 146

《健康信息技术与临床健康法案》 / 147

儿童福利与保密 / 148

特许保密通讯 / 149

知情同意 / 151

保护的义务 / 157

批判性思考练习 / 160

推荐阅读 / 161

推荐网站 / 161

能力要点 / 162

第九章　社会公正、资源限制与权益倡导 / 163

投身社会公正 / 163

资源限制 / 173

社会公正与临床社会工作 / 175

权益倡导中的伦理难题 / 176

总结 / 181

批判性思考练习 / 182

推荐阅读 / 182

推荐网站 / 182

能力要点 / 183

第十章　组织与工作关系 / 184

与专业同事的关系 / 185

从业人员受损 / 189

坚守机构的政策和规章条例 / 190

非社会工作雇主 / 193

社会工作行政与督导 / 198

批判性思考练习 / 203

推荐阅读 / 203

推荐网站 / 204

能力要点 / 204

第十一章　　**特定服务对象群体的社会工作** / 205
　　　　　　亲密伴侣暴力 / 205
　　　　　　虐待老人 / 208
　　　　　　临终决定 / 209
　　　　　　服务对象携带艾滋病病毒和患艾滋病 / 213
　　　　　　技术与直接实践 / 214
　　　　　　宗教与精神 / 218
　　　　　　多重身份与服务对象群体 / 221
　　　　　　批判性思考练习 / 225
　　　　　　推荐阅读 / 226
　　　　　　推荐网站 / 226
　　　　　　能力要点 / 227

第十二章　　**变动的世界，变动的困境** / 228
　　　　　　管理型照顾与精神健康 / 228
　　　　　　技术 / 232
　　　　　　实践场所的研究和评估 / 235
　　　　　　循证实践 / 236
　　　　　　私人执业 / 239
　　　　　　农村或偏僻地区的执业 / 240
　　　　　　宏观实践 / 243
　　　　　　批判性思考练习 / 250
　　　　　　推荐阅读 / 250
　　　　　　推荐网站 / 250
　　　　　　能力要点 / 251

第十三章　　**专业伦理谁之责？** / 252
　　　　　　支持做伦理决定的资源 / 253
　　　　　　伦理倡导、社会服务机构和跨学科团队 / 259
　　　　　　总结 / 260
　　　　　　回到原初 / 261
　　　　　　批判性思考练习 / 261
　　　　　　推荐阅读 / 261
　　　　　　推荐网站 / 262
　　　　　　能力要点 / 262

附件一：附加案例 / 263
附件二：专用名词 / 276
参考文献 / 279
索引 / 302

第一部分

伦理决定导论

第一章

助人专业的伦理抉择

身为社会工作者，对下面每个情形该怎么回应才符合专业伦理呢？
- 你的服务对象告诉你他打算从雇主那儿挪用资金。
- 你认为自己工作的戒毒中心的一个居民可能有暴力倾向，并可能对其他居民构成威胁。
- 身为军队社会工作者，你一直为一位应征入伍的19岁士兵提供辅导服务。他年轻的妻子怀孕了，两人身边都没有亲戚在她临产时可以帮忙。这位应征入伍的士兵请求你申明他不能随部队去阿富汗，这样妻子临产的时候他就能在身边帮忙。
- 一位艾滋病病毒呈阳性的服务对象告诉你，他在跟妻子过性生活的时候没有采取保护措施，因为他不想让妻子知道自己的这一医学检查结果。
- 你发现另一位社会工作者知道有一个儿童虐待情况，但是却还没有依法报告给儿童保护服务部门。
- 你是一位从事员工帮助计划的社会工作者。有位服务对象告诉你，在这家公司女员工的薪水比做同样工作的男员工少25%。你做了些调查，发现你的工资也付得少。你该怎么办？
- 某个理事会成员帮助你所在的机构得到了一大笔资助，可以用来增加给成人酗酒者及其家庭成员的服务。他现在要求你报告这一项目所服务的对象人数多于实际参加项目的人数，以便机构来年能获得更大额度的资助。
- 一位儿科医院的外科大夫建议给某个孩子做手术，但是孩子的父母因为可能存在的风险不同意。这位医生请求你说服孩子的父母别管风险，让他动手术。

每个社会工作者每天都不可避免地会遇到做涉及伦理的决定，尽管许多人或是并没有意识到这一问题，或是例行公事地解决伦理困境。有时社会工作者可能有机会思考所有的可能性，甚至可能还有机会与某个同事讨论，或者咨询某个专家。然而，更常见的情况是社会工作者，甚至社会工作学生，在必须做艰难的伦理抉择的时候无所依傍。他们不能延缓做决定的时间，因为面临的问题刻不容缓。充其量，他们对要采取的行动也只有几小时或者是几天的考虑时间。在本书中，我们会给你提供一些涉及伦理困境的案例，先来看看案例1-1。

案例1-1　　　　　　　保护家庭的秘密

　　巴桑蒂·马杜赖婚后幸福地从印度南部来到美国，她丈夫声称是一位工程师，但是实际上在一个当地的加油站工作。她对英语只懂得一点点，随丈夫来婆婆家生活时对美国文化不了解。她的新家禁止她交朋友，而且几乎从不允许她离家，婆家要她待在家中照顾两个小孩。婚后不久，当她丈夫发现她带来的陪嫁比他预期的少时，便开始责骂她，逐渐地也开始有身体上的虐待。她的婆家人知道他的所作所为，但是认为可以接受，没什么不妥。

　　巴桑蒂偶尔出来在家周围走走的时候也总是有朋友和亲戚盯着。尽管如此，她还是设法在一个杂货店结识了一个年轻印度女子。有过一次交往后，她开始信任这个新朋友，并吐露她在家里实际上是个囚犯，正受到丈夫的毒打。

　　这个新朋友自作主张告诉了埃伦·阿什顿，一位在家庭服务机构工作的社会工作者，这家机构帮南亚妇女组织互助小组。这个新朋友请求埃伦去找巴桑蒂说说。当埃伦找到一个机会跟巴桑蒂攀谈，并告诉她自己所在机构有支持小组的事时，巴桑蒂却声称家里一切都很好。她还说自己不会参加这样的小组，因为不想给自己在印度的家人或者丈夫的家庭带去羞辱。但是她也提到想尽力让自己、丈夫和他们的孩子有更好的生活。

　　这一情况可能给埃伦·阿什顿带来了几个伦理困境。你能找出一些来吗？这一情况呈现的伦理问题是什么？对于这一在实践中出现的伦理问题，社会工作者从哪里可以寻求帮助？在本书中，我们会思考多种专业上的伦理困境。社会工作者正遭遇许多这类难题，在解决它们时应该符合伦理上对专业工作的要求。我们会简单分析一下这一个案涉及的几个困境。

　　在我们开始分析前，请花些时间先写下你认为社会工作者必须处理的两个或三个最为重要的困境。如果根据朋友的报告巴桑蒂正遭受丈夫的虐待，你要采取行动的话，会做什么？随着我们进入本书后面章节的学习，你会重温这些想法。在大多数实际工作中，每次遇到一个服务对象时，你都会获得一些新知，你对问题的看法也会随着你懂得更多而可能有所改变。在本书中我们也会采用类似的方法，会多次重温马杜赖家的个案，每次提供更多的资讯，问你这些新资讯会使涉及的伦理问题有怎样的变化。

　　在这一情形下，伦理问题的根本点在于每个社会工作者，也包括埃伦，都有两个专业社会工作角色：(1) 助人者/增加能力者；(2) 社会控制代理人。两个角色间的冲突触发了一系列伦理困境。伦理上决定了对案例中一方有利的，对另一方未必最好。当下最好的，从长远看未必好。在社会工作者介入前我们还要考虑可接受的损害（比如对巴桑蒂或其他人的损害）要控制到什么程度。我们现在要考虑这一情形下的两个方面的困境，即多重服务对象系统和难以兼顾的价值观。

多重服务对象系统 《全国社会工作者协会伦理守则》（NASW，2008）要求每位社会工作者都要把自己服务对象的利益和自决权放在首位。这些原则无疑适用于这一情形。然而，谁是这位社会工作者的服务对象？她[①]对巴桑蒂，她的孩子、她的丈夫，这对夫妇的父母以及这个社区和社会负有什么责任？这个从业人员对谁负有首要义务？

难以兼顾的价值观 服务对象自决、保护人的生命和提高生活质量是所有社会工作者都践行的三个价值观。常常发生的情况是，像在这一个案中一样，社会工作者不能同时推崇这三个价值观。但是，巴桑蒂不是埃伦的服务对象。这会带来什么伦理问题？比如，社会工作者有社会法定义务报告这一情况吗？如果社会工作者在未征得巴桑蒂同意的情况下采取干预措施，保护她的生命，她可能会践踏巴桑蒂的自决权，以及巴桑蒂长远的生活质量。然而，如果她不采取任何行动，巴桑蒂可能会因为丈夫持续的身心虐待而遭受严重伤害。可能有充足的理由优先考虑几个价值观中的一个，而不是另一个。尽管如此，社会工作者必须首先认识到这一冲突是一个困境，然后找到解决方案。

除了上面识别的价值观上的难以兼顾，这一情形还让社会工作者遭遇另外的价值观困境。尽管她决心从事为自愿接受服务的工作对象提供服务的工作，但她不能完全肯定哪些专业价值观适用于这一情形。她不想损害巴桑蒂的自决权或是她想改善自身生活的动机。她也不想把自己的价值观强加给巴桑蒂、她丈夫及公婆。社会工作者应该根据邻居的报告采取行动吗？这个邻居对于情况可能有，也可能没有准确的认识。埃伦显然需要更多的信息，但是如果巴桑蒂说一切都很好并且不想告诉她的话，她又如何能获取信息？

总之，在这一情形下，社会工作者的专业伦理表明，身为助人者和增强能力者，她的第一要务是找到方法评估风险程度。如果她确定巴桑蒂面临严重的身体虐待风险，她必须考虑怎样马上进行干预。如果她知道风险并不是那么大、那么紧迫，她可能会想办法让巴桑蒂参加支持小组或获取其他帮助。在这个案例中，她必须确定帮巴桑蒂做出了深思熟虑的决定，她必须协助她明了都有哪些选择并分析这些选择，她必须帮她跟助人系统搭上线，使其所做的决定切实可行。作为社会工作者，除非有足够的证据表明存在迫在眉睫的危险，否则埃伦不应该干预。

[①] 有些社会工作者是男性。近年来许多作者都用诸如"他或她"和"她或他"来表述，或者使用不分性别的复数来表述。然而，这些用法都较笨拙，常常会干扰信息的清晰性。因为大多数社会工作者是女性，所以我们有时会用"她"来指代社会工作者（社会工作者为男性的事例除外），用"他"来指代服务对象（除非接受服务的人是女性）。我们希望男性社会工作者和女性服务接受者能容忍我们的用法。

有许多方法可以为这一现实情况做准备。首先，要认识到社会工作实践中每个决定都涉及伦理，这一点很重要。其次，社会工作者要有澄清涉及伦理的问题的知识和技巧，这样才能有效地做出伦理决定。这方面的知识和技巧（就像社会工作实践中其他方面一样），必须在社会工作者的职业生涯中发展和完善。

写作本书就是要帮助社会工作者、学生以及从业人员对做伦理决定有充分的知识储备，并有娴熟的技能做出涉及伦理的决定。在为此做准备时，每个社会工作者都必须考虑下述问题：

- 谁是我的服务对象？
- 我对自己的服务对象要尽哪些义务？
- 除了我的服务对象，我还要对其他人尽哪些专业上的义务？我对自己的家庭、工作的机构和专业又要尽哪些义务？
- 我自己的价值观是什么？这些价值观与专业的价值观和社会的价值观相契合吗？
- 当这些价值观不一致或者相互冲突时，我在伦理上的排序应将什么置于优先位置？
- 当我对不同的人所负的专业责任有冲突时，怎样处理才符合伦理要求？

社会工作能力与从业行为

在这一章，我们会引入伦理决定这一复杂的话题，并界定我们认为的这一重要概念的含义。社会工作学生和从业人员一再要求提供指南，帮助他们设法解决实践中的伦理问题。以往我们会告之运用伦理守则，这在某些方面会有所帮助，但是仍会遗留许多悬而未决的问题。大多数社会工作者本能地知道伦理至关重要。《全国社会工作者协会伦理守则》在目的陈述中强调了伦理对于社会工作者的至高地位，提到"专业伦理是社会工作的核心"（NASW，2008），是指导从业人员行动的关键。

2005 年 31 个州的监管委员会要求保留社会工作证照必须获得伦理方面的继续专业教育学分，并有专门的委员会正在制定具体规定。社会工作考试委员会协会（Association of Social Work Boards，ASWB）在考试内容上给了专业关系、价值观和伦理更大的权重，并在 2011 年开始生效。硕士层面的考试，这些方面的内容会从 16% 增加到 27%，而高级的通才层面的考试会从 17% 增加到 24%。学士和临床层面的考试会有小幅增加（资料来自社会工作考试委员会协会，网址：http://www.aswb.org/）。尽管学士和临床层面的考试改变比较小，但是这仍代表专业关系、价值观和伦理方面的考试内容的百分比在硕士层面增加了 11%，在高级通才层面增加了 7%。

目前伦理方面的内容和决定在社会工作专业教育的各个阶段都会教授，包括毕业后的持续专业教育。当今时代科学家已经破解了基因密码，把人类送上了月球，能移植心脏，把试管中的受精卵放入子宫，克隆绵羊，从技术的角度看人类几乎无所不能。现在关键的问题不是确定能做什么而是确定应该做什么。越来越多的社会工作者认识到自己面对的问题也超出了社会工作的"技术"层面。这一认识使专业伦理在专业社会工作课程中更为引人注目。自1982年以来，社会工作教育委员会（Council on Social Work Education，CSWE）这一社会工作认证组织一直要求专业实践中的价值观和伦理问题要贯穿到各个层面的课程内容中。

2008年社会工作教育委员会修订了《教育政策与认证标准》（Educational Policy and Accreditation Standards，EPAS），重点放到核心能力和相关的实务行为上（参见http://www.cswe.org/Accreditation/Handbook.aspx网站上的社会工作教育委员会2008年《教育政策与认证标准手册》）。《教育政策与认证标准》将能力界定为"可测量的实务行为，包括了知识、价值观和技能（EP 2.1）"（Holloway，Black，Hoffman，& Pierce，时间不详）。在第1.1条教育政策——价值观中，《教育政策与认证标准》特别指明"服务、社会公正、人的尊严和价值、人类关系的重要性、诚信、能力、人权和科学求索"是其中核心的社会工作价值观（CSWE，2010，p.2）。因为在任何有关伦理的讨论中价值观都居于核心地位，所以我们会在全书都贯穿对这些价值观的讨论，实际上我们已经开始这样做了。

在第2条教育政策——简明课程中，社会工作教育委员会（2010）的《教育政策与认证标准》明确了一些核心能力；第2.1.2条教育政策是"运用社会工作伦理原则指导专业实践"。我们会在本书的每一章陈述在社会工作实践中如何运用伦理原则做决定。此外，本书还会述及其他几项能力，包括批判性思考（第2.1.3条教育政策），在实践中体现多样性（第2.1.4条教育政策），促进人权和社会与经济公正（第2.1.5条教育政策）和运用有研究支持的工作方法（第2.1.6条教育政策）。在每一章的开头我们会简要介绍本章会涉及的具体教育政策。

伦理

伦理这一术语有什么含义？这个词的词根源于希腊语的ethos，最初的意思是习俗、惯例、习惯或品格。当今的用法指的是什么是道德上正确的行动，事情应当怎样。**一般的伦理**明确了一个人对另一个人所承担的义务。然而，有些义务是基于两个人之间的特定关系（诸如母子关系），或者是基于其中一方自愿接受的特定角色。后者是特殊义务，只适用于那些同意接受角色的人。**专业伦理**是源于个人自愿选择成为一个专业人员，诸如社会工作者，而列入规条的义务。专业伦理澄清了专业实践中与伦理有关的事宜。专业社会工作伦理是要帮助社会工作从业人员认识到如何在实际工作中做到道德上正确无误，学会在*任何专业工作情形下所做决定与采取的行动皆符合伦理上的要求*。

当代对专业社会工作伦理的兴趣

简·亚当斯（Jane Addams）是 19 世纪末 20 世纪初的一位社会工作先驱，她意识到实际工作中符合伦理要求的重要性，她了解"行动实际上是伦理表达的唯一媒介……道德的范畴就是行动的范畴，对于道德的推断是，也只能是观察，必须囿于思想上的置评，直到我们在一个具体的个案中遭遇该怎么做的问题，并有义务根据我们的理论付诸行动时，某个情形才会演变为道德问题"（Addams, 1902, 2006）。现代社会的一个自相矛盾之处是，一方面人们对专业伦理的兴趣十分高涨，另一方面却是社会的道德水平低下。20 世纪死于暴力的人比以往任何时代都要多。希特勒的种族灭绝大屠杀并不是一时的疯狂行为，而是一直有人效仿的行动（或许是小范围内发生在柬埔寨、卢旺达、巴尔干半岛，以及其他国家和地区）。与此同时，二战之后的纽伦堡审判，20 世纪 50 年代末和 60 年代的民权运动以及计算机技术与传播手段的许多飞速进步，诸如互联网和卫星电视，都使人们更加意识到人权问题，包括社会工作服务对象的权利。

人们当前对社会工作伦理感兴趣部分源于上述因素导致的对于人权的重视。它也是社会工作专业成熟的标志。对社会工作伦理日益感兴趣，还要部分归结于从业人员强烈关注服务对象越来越倾向于诉诸法律来解决专业伦理上的渎职、失职行为。过去 30 年对全国社会工作者协会保险信托投保（NASW Insurance Trust）的社会工作者的投诉和诉讼案有所增加，但是近来比较平稳。自实施社会工作职业连带责任计划开始直到 2008 年的 40 余年中，三个最常见的投诉是：不当处置（23.65％）、不正当性行为（17.11％）和病人自杀（或试图自杀）（13.51％）（DeBenedetto, 2009）。

政府机构和工商企业中违背伦理的行为、腐败和丑闻已是家常便饭。几乎每天报纸都会报道公司的执行官、立法人员、科学研究人员、医生、律师、会计师和其他专业人员有违背伦理的行为。每天媒介的标题几乎总是涉及伦理方面的问题。过去 20 年，美国就有克林顿总统受弹劾，企业家和会计师使用伦理上受质疑的、违法的会计方法，内部交易丑闻，多个庞氏骗局，奥林匹克运动会腐败案，医学研究上的新困境，在体育运动中使用违禁药品和用受质疑的方法筹集政治资金等问题。财务上的花招从华尔街到普通民众都有涉及。伦理上的问题几乎总是公众最关心的。难怪伦理方面的课程会迅速扩展，今天不仅是大学开设，而且商业机构、专业团体和军队都开设。

社会工作实践中的伦理问题

有些人说，伦理问题只在极特殊的情况下才会有。他们辩称在大部分的实际工作中，社会工作者只需要有高水平的专业技巧和洞察力，因为这些情况下并不存在伦理上的问题。这一专业工作取向的创建人是西格蒙德·弗洛伊德（Sigmund Freud），好几代助人专业的从业人员都接受了他的学说。这派观点隐含的假设得到了数位哲学家的支持，他们认为大多数行动不涉及任何道德问题，是在各种可能的选项中自由选择的结果。这些选项位于菲什金（Fishkin, 1982）指认的"道德无涉区"，从伦理的角度看，选哪个都差别不大。另一些哲学家坚信几乎任何专业决定都有伦理上的意味，或是涉及伦理。我们追随后者，因为我们认为专业社会工作者不仅仅是解决机械问题的技术人员（诸如提供服务或者信息）。他们首先，而且最重要的，是道德的载体。

更进一步地审视一下社会工作实践就会发现，几乎所有的实际工作原则都涉及伦理原则（或者是建立在其之上）。当代社会的特点就是充斥着多元和相互矛盾的价值观，这可能是社会工作实践中会遇到伦理问题的一个原因。我们时常谈到伦理问题，其实更准确地讲应该是社会工作实践问题的伦理维度或者是伦理方面。过去，人们认为伦理问题出现在社会工作者和服务对象之间一对一的关系中，并仅限于这一关系。除了传统的工作者与服务对象关系中的伦理问题外，还有与服务对象社会系统里的其他人有关的伦理困境，即便这些人从未与社会工作者直接打过交道。社会对于目的和手段失去共识，用于社会福利的资源日益匮乏，再加上新技术的运用，这些都不仅加剧了传统的伦理困境，而且可能会引发社会工作实践中新一代的伦理问题。

在本书中，我们既会查看伦理问题也会审视伦理困境。伦理问题涉及的是：在特定的实际工作情形下做什么才是正确的？在这一情形下社会工作者怎样做才能避免有悖伦理的行为？伦理困境出现在社会工作者必须在两个或者是更多的彼此有关系但却矛盾的伦理要求中做选择的情形下，或者是出现在每个选择都会对一个人或更多的人有不想要的结果的情形下。社会工作实践中出现伦理问题的温床展示在了图1-1中。不同方（如亲属、专业人员、房东、雇主、群体和组织）对于做决定的选项或者假设有任何异议都会加剧社会工作者做伦理决定时的难度。下面的情形就是这方面的例子。

- 一个服务对象想要的服务可能影响到另一个家庭成员，这个家庭成员不想得到这一服务。比如，成年女儿想把年长的父亲送进护理老人院，而父亲却想仍然留在自己家里。
- 相互冲突的价值观冲击社会工作者所要做的决定。比如，一位年轻姑娘问自己的未婚夫（你的服务对象）是不是艾滋病病毒携带者，而你的服务对象想要对此保密。
- 社区和本专业有不同的优先顺序。比如，每个人都赞成对家庭暴力要采取行动，但是，社区领袖认为让警察提供更好的保护比设置预防和处置项目更重要。
- 尽管从业人员知道另外一个途径的工作方法适用于某个特定的服务对象，但社会服务机构却基于一个社会工作理论指定了处理模式。比如，机构采用心理动力疗法，而研究证据表明，就某个特定的服务对象的情形而言，认知行为疗法一般来说更为有效。

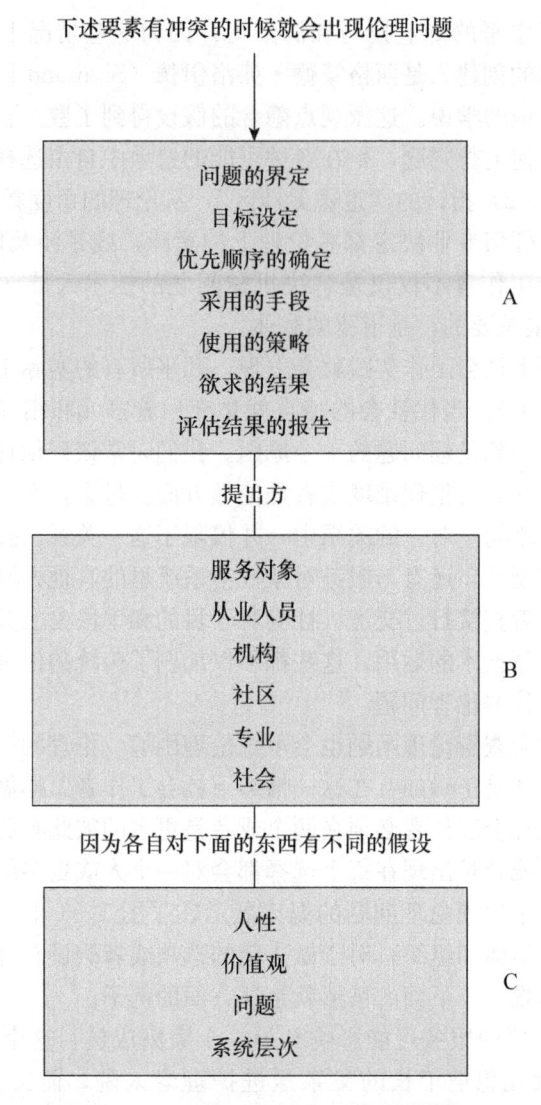

下述要素有冲突的时候就会出现伦理问题

```
           ┌─────────────────────┐
           │    问题的界定        │
           │    目标设定          │
           │    优先顺序的确定    │  A
           │    采用的手段        │
           │    使用的策略        │
           │    欲求的结果        │
           │    评估结果的报告    │
           └─────────────────────┘
                   提出方
           ┌─────────────────────┐
           │    服务对象          │
           │    从业人员          │
           │    机构              │  B
           │    社区              │
           │    专业              │
           │    社会              │
           └─────────────────────┘
        因为各自对下面的东西有不同的假设
           ┌─────────────────────┐
           │    人性              │
           │    价值观            │  C
           │    问题              │
           │    系统层次          │
           └─────────────────────┘
```

图1-1　社会工作实践中的伦理问题

　　一些社会工作者试图对这些情形下和类似情形下出现的伦理问题和困境视而不见。这或者是因为他们对做伦理决定感到不舒服，或者是因为他们按部就班地遵循标准的应对策略。另一些社会工作者意识到了这些情形下的问题涉及伦理，但是会感到不安，因为他们认为自己还没有技巧来处理这一性质的伦理问题。

　　总之，伦理问题有两个成因：（1）价值观之间有冲突；（2）在忠于谁的问题上有冲突。如果社会工作者对这两个成因给予特别的关注，对做决定会有帮助。

　　价值观冲突　　出现伦理困境可能源自从业人员面临两个或更多的相互冲突的价值观，如正义与平等的冲突，或者是保密与保护生命的冲突。有关自决与保护服务对象免受伤害之间的冲突的例子在案例 1-1 中可以看到，保密方面冲突的例子可以在第八章找到（案例 8-1 和案例 8-2）。正义和平等的冲突在第九章可以找到（案例 9-4），保护生命在第十二章可以找到（案例 12-8）。类似地，在预算急剧压缩和注重循证实践的时代，没有哪个从业人员能不理会效率和效果问题，即使这些限制可能会妨碍为某个特定的服务对象提供工作者认为的最佳的服务。工作者可能会感到应对两个价值观同样看重，即使在一个特定的情境下两者不可兼得。

忠于谁的冲突 当互不相容或是相互冲突的群体都要求社会工作者忠于自己时，她会面临伦理上的困境。埃伦·阿什顿（案例 1-1）该忠于谁：巴桑蒂·马杜赖？社会？她自己？报告虐待的巴桑蒂的朋友？或是机构？社会工作者同时代表着社会和可能的服务对象，双方的要求有冲突。对此没太大必要举出更明显的例子。即使是不大招摇的事，如要求优先处置亲戚和朋友的事，从伦理的角度看也可能会有问题。社会工作者的服务对象同时有几个，需要忠于多个方面的服务对象，这在当今之时十分普遍，也会带来伦理上的问题。在这样的情形下，识别出哪个人或者哪个单位应该有优先权便成为核心的伦理问题。

现在让我们来看几个社会工作实践中的案例。请思考一下，在每个案例中伦理问题是怎么产生的。案例 1-2 中被指派做布兰卡·加贝里工作的社会工作者面临的问题与案例 1-1 中工作者埃伦·阿什顿遭遇的伦理问题有相似之处，但又不同。

案例 1-2　谁来决定布兰卡·加贝里的未来？

布兰卡·加贝里是位 84 岁的退休医生，参加了一个日间照顾服务项目，住在一个有人协助照料的老年公寓里。近来，她变得有些健忘，常常摔倒，有些照顾不了自己。她还变得越来越易怒，几个工作人员抱怨，她要人做得太多。你的督导要你这位加贝里的社会工作者安排她进护理老人院，因为加贝里女士是个"负担"，要为她做的事太多，这让在这一机构中有许多其他职责的工作人员感到不快。尽管你认为加贝里女士现在还不需要进护理老人院，但是还是联系了唯一一家有空位的护理老人院，安排她换个地方。

让我们来看一下这位社会工作者在做出涉及伦理的决定前可能会面临的一些伦理方面的选择。

目标设定

在这一情形下，谁应该设定目标？如果你遵循督导员的要求，由你和你的督导员来决定布兰卡的未来，便会削弱她的自主感。你和你的督导员在伦理上有权这样做吗？在决定自己的居住安排上，布兰卡有怎样的发言权？

角色冲突

社会工作者常常是机构的雇员。如果你不按照督导员的要求去做意味着什么？你听从督导员的意见会损害布兰卡的自主感吗？社会工作者的角色要求你总是听从督导员的建议，还是总是充当布兰卡的保护人？谁的利益和福利要优先考虑？你督导员的？你的机构的？你自己的？布兰卡的？或是社会的？

价值观困境

你的督导员要求你遵循机构的决定。然而，你和她对于布兰卡的情形有不同的评估结论。你该以机构的最佳利益为上还是以服务对象的最佳利益为上？机构想要把布兰卡弄出去，而你认为她应该留在有生活协助的老年公寓里，参加日间照顾项目。你应该忠于谁？你的专业价值观和个人价值观有怎样的冲撞？你应该告诉布兰卡督导员说的话吗？你如何做到诚实？对谁诚实？

在案例1-3中，社会工作者沙伦·吉勒特面临着另外的一些伦理问题。

案例1-3　卡特里娜飓风、吉勒特的家庭及其选择

已经有很多天了，人们所听到的都是卡特里娜飓风就要到达。社会工作者沙伦·吉勒特的丈夫在西雅图出差，搭乘不上回新奥尔良的航班。她下不了决心是去工作还是留在家中，因为房子所在的地方地势较高。新奥尔良的人和整个地区的人都在尽力准备应对即将到来的风暴。沙伦的保姆卡莱尔打电话来，说她很害怕，明天早上不会来照顾孩子，因为她找到了一辆便车可以跟儿子和家人一起离开城里。丈夫还在外地，沙伦最后决定她和孩子最好离开新奥尔良，去得克萨斯的家人那里住到风暴过去。

沙伦给督导员打电话，告诉他自己要离开新奥尔良，等风暴过去后会尽早回来。然而，督导员通知她到位于路易斯安那超级巨蛋的城市紧急救援中心报到，协助许多有残障和没有残障但却被迫留在新奥尔良的人，因为他们没办法撤离到其他地方。人们很混乱也很焦虑，许多人正试图联络自己的亲人。

沙伦该怎么做？她应该按计划离开新奥尔良吗？她应该留在新奥尔良帮助那些有需要的人吗？如果她真的留在新奥尔良，是该花时间尽力保护房子和孩子，还是把所有时间都用来在超级巨蛋帮助那些有需要的人？

互不相容的价值观　沙伦跟家人一起撤离合适吗？或者她应该留在新奥尔良帮助那些有需要的人？什么样的母亲会把惊恐不安，搞不清是怎么回事的孩子单独留在家中，自己却去工作，帮助他人？与此同时，身为社会工作者，她对自己服务的紧急救援中心的家庭又要尽什么义务？这位社会工作者不可能有分身术，跟孩子撤离到另一个州，同时又能待在新奥尔良的紧急救援中心工作。

不确定性 尽管我们现在知道卡特里娜飓风的后果，但是沙伦却是在飓风来临前，在并不知道飓风会带来的灾害时必须做决定。她必须在没有我们现在可以做事后诸葛亮的有利情况下做出决断。沙伦如果知道孩子不会受到什么伤害，或者如果知道去紧急救援中心会对飓风事件的受害者的生命起至关重要的作用，可能在做决定的时候就不会那么困难。

这个个案还有什么其他的伦理问题？在遭遇紧急情况的时候，比如，遇到洪水和台风、爆发暴力冲突和战争的情况下，社会工作者可以从《全国社会工作者协会伦理守则》中得到哪些有关伦理方面的帮助？社会工作者要怎样决定遵循什么行动步骤？这一情形下社会工作者遇到的伦理问题相对来说并不复杂。身为社会工作者，沙伦对于服务对象及其机构负有特定的专业责任，特别是在像卡特里娜飓风这样的紧急情况下，更是如此。但是，与此同时，她对家庭也负有责任。在这一案例中，是对年龄幼小、受到惊吓、可能有危险的孩子负有责任。这两项义务哪个应该优先？

专业伦理可以教授吗？

教授专业伦理是基于这样的假设，即伦理方面的知识会让人获得一些态度和价值观，这些继而会让人产生想要有的伦理行为。这一假设需要验证。是否有理由认为，学习伦理学会激发人们符合伦理的行为？究竟学习伦理方面的知识是否有帮助，能在多大程度上起作用，还需要进一步的实证研究证据。对于价值观和伦理教育，教育人员同 2 500 年前的苏格拉底相比并没有多知道多少。苏格拉底对米诺（Meno）说他不知道价值观是如何获得的，也根本不知道是否能够教授价值观。时至今日这一问题仍有待解答。

广为接受的观点是态度决定行为，但是有些走在前列的研究态度的理论家提出相反的看法，即认为行为决定态度。尽管一般来说，理论家们认为行为是我们对待世界的态度的直接结果，但是修正主义理论家提出，人倾向于选择与自己的行为协调一致的，或者是支持自己行为的信念和态度。依照传统的理论，人们普遍认为社会工作者的价值观会影响其专业实践，诸如对处置方法的选择。社会工作教育委员会要求课程内容融合价值观和伦理原则也是基于类似的假设，认为学生学习看重专业伦理，在身为从业人员的时候就能选取符合伦理的行为操守。

或许两个观点都是正确的。有些研究者指出，态度-行为模式和行为-态度模式两者都太简单化、太不现实（Deutscher, Pestello, & Pestello, 1993）。在某些条件下，态度和行为两者的关系是交互的或者是反方向的，因而在同一时间，态度影响行为，行为也影响态度。此外，大多数态度是嵌入了正面和负面感受的混合体，因而是一个复杂的动力系统，态度的影响不是单一的、唯一的（Carver，1999），会与行为有交互作用。然而，更为重要的是，态度只是行为的一个决定因素，其他因素，如意图、他人的期望和对结果的看法都会影响行为。而且情境方面的限制、既得利益、自信、自我效能感和行为可控性知觉、行为的难易程度、过去的经验和预期的阻碍都会影响态度与行为间的关系（Ajzen，2005；Manstead，1996）。

在不是很久远的过去，专业伦理因为是通过观察带自己的从业人员的所作所为来传承，所以习得问题不是很棘手。只要新从业人员所面临的问题与教自己的师傅所遇到的问题是同样的类型，这种师徒模式对于训练专业人员就是有效的。社会工作在传统上强调实际工作中的指导，注重教育性督导，反映出对这一师徒模式的部分延续。然而，在今天迅速变迁的世界中，这一模式可能已不再是上佳之选，必须考虑其他的教授模式，来补充这一传统的课程取向。

大专院校的课程在改变价值观和伦理观念上的影响还不完全清楚。费尔德曼和纽科姆（Feldman & Newcomb，1994）对美国各地过去40多年在本科院校所做的超过1 500项实证研究进行了检验，重点是美国许多不同方面的一般的价值观体系。该研究报告了一些积极的发现，尽管不同的院校和课程在这些结果上有所不同。他们的一个结论是，除个别情况外，教职员工能对价值观产生影响"是因为学生之间的影响和教职员工的影响能互为补充，彼此强化"（Feldman & Newcomb，1994，p. 330）。有关专业社会工作教育中价值观改变的实证研究为数不多，这便使人们对教授价值观的成效有一些质疑。

有些研究的结果，从瓦利（Varley，1963）直到朱达（Judah，1979）的研究，或者是负面的结果，或者是没有显著的改变。另有些研究报告了正面的结果（Frans & Moran，1993；Landau，1999；Moran，1989；Rice，1994；Sharwell，1974；Wodarski，Pippin，& Daniels，1988）。然而，所有这些研究的用处都是有限的，因为它们都是试图通过使用问卷作答的方式来测量价值观上的转变，并没有评估在实际工作场所的伦理行为。更近一些时候，对社会工作学生的专业社会化的实证性社会工作文献回顾，得出了带有矛盾的发现，提出了一些亟待解决的重要问题（Baretti，2004）。对价值观的掌握或坚守可能不会随着入行时间延长和社会化程度加深而有所提升，实际上可能会降低。延长或强化社会工作教育不一定会让学生的价值观向期许的方向改变（Baretti，2004）。

50多年前庞弗里（Pumphrey，1959）就指出，社会工作学生把教价值观看得离实际工作很远（甚至是没有关系）。自庞弗里的研究以来，社会工作课程有了许多改变。在此期间，社会工作教育方案和专业组织以及几位著者都对拓展人们对社会工作伦理决定的兴趣做出了贡献。此外，我们社会伦理方面的问题也引发了对专业人员所遭遇的伦理困境的关注。

没有哪个专业课程仅依靠思考和谈论专业伦理问题就能使学生成为更符合伦理要求的从业人员。思考和讨论必须辅之以身体力行。本书会呈现使用做伦理决定工具的技巧以及讨论和练习，这些应该能帮助学生和从业人员改善自己的能力，能更有效地推断伦理问题，提高伦理决定的水平，在日常的工作中有更符合伦理要求的专业行为。

早前，我们提到几乎所有社会工作情形中都一直存在模糊性。随着日常生活变得更为复杂，模糊性的程度也会增加。有鉴于此，我们会尽量避免提供程式化的答案，而代之以传达出这样的信息，即涉及专业伦理时需要忍受不确定性。在专业实践中，即便有唯一正确的、符合伦理的方法，也是非常少见的。我们的方法是把重点放到伦理在实际工作中的应用上，而不是仅仅放在专业伦理的哲学基础上。我们同意霍坎斯塔德（Hokenstad，1987）的观点，即仅仅说明伦理原则和价值观，却不同时关注相关知识和实践，不能促进符合伦理的社会工作实践的发展。社会工作院校或者在职培训教授专业伦理的目的不是培养哲学家或者伦理学家，而是要培养工作更加有效和更符合伦理要求的从业人员。此类教育的目的是培养对自己的专业操守负责的社会工作者。

所有社会工作教育方案都要提供有关社会工作价值观及其含义的具体知识，帮助学生逐渐意识到个人的价值观，澄清有冲突的价值观，分析伦理困境以及这些会如何影响专业实践、服务和服务对象。

下面是专业伦理课的合理目标。通过学习本课程，学生要做到：
(1) 更能意识到并更有准备识别专业实践中的伦理问题。
(2) 会通过分析局限和长处识别并尽力解决不相容的争议。
(3) 学会识别在实际工作中涉及的伦理原则。
(4) 对做伦理决定的复杂性有更深入的了解。
(5) 能通过深思熟虑得出结论并能把伦理原则运用到自己的专业活动中。
(6) 能澄清道德上的志向和标准，并能评估在专业情境中做出的伦理决定。

本书的构成

在本书中，我们试图帮助学生掌握分析伦理困境的技巧，让学生更能够意识到实践中涉及的伦理问题，学习对更好地做伦理决定有用的技术和工具。我们不会为解决具体的伦理问题开出详细的药方，更不会提供一本烹饪手册之类的书，指明在每个实际工作情形下该做些什么。取而代之的是提供不同的模式，帮助社会工作学生和从业人员获得一些技巧，从伦理的维度分析和评估实际问题，以便培养出恰当的、符合伦理要求的专业行为。我们会提出几个分析方案，它们可能会帮助社会工作者解决在实践中遇到的伦理困境。

认识到操守符合伦理不仅是每个社会工作者的责任，也是用人单位和专业的责任，还是社会问题和社会责任。尽管伦理操守是刻意的行为，每个个体对此负有责任，但是专业上的同人和工作机构能够而且必须鼓励符合伦理的专业行为。专业同人和机构能促进也能阻碍，能充权也能削弱符合伦理的行为。长久以来，伦理问题一直只是各个社会工作者关心的事。伦理必须成为社会群体关心的事，在这一意义上，应当是每个社会服务机构关心的事，以及整个专业关心的事。后续的章节将是有关伦理决定的内容和工具。

在第二章，我们将回顾价值观、一般的伦理道德与专业伦理之间的关系。对法律与伦理的关系的普遍关注使我们把伦理行为与法律行为间的关系作为一节内容放在了这一章。我们还会察看专业伦理的显性和隐性功能，并简单呈现社会工作领域专业伦理的发展历程。

在第三章和第四章，我们将提出做伦理决定的工作框架。在简单介绍几个基本的伦理理论和助人专业在伦理决定上的不同取向之后，我们会介绍两个伦理决定筛查工具，它们专门用来帮助评估社会工作者在日复一日的工作中遇到的伦理上的抉择。

本书剩下的章节用来呈现在专业实践中出现的几个伦理问题和伦理上的困境以及做伦理决定的工具。这部分有八章的内容，包括多种多样的实践问题。每个伦理问题和困境本身都有其重要性，但并没有说哪个更重要。对每个困境，我们都提供了一些相关的背景资料，帮助读者检视所举的案例中存在的伦理困境。第四章提出的伦理决定筛查工具可以用来分析每一个伦理困境。

在第十三章，我们重又讨论谁应该对专业伦理负责的问题。根据这章所写的内容和本书自始至终的推导论证，毫不奇怪，我们认为在专业伦理问题上不仅每个社会工作者有责任，而且用人单位以及专业组织和团体也负有责任。我们在每章结尾处附有批判性思考练习、推荐阅读、推荐网站和能力要点。在附件一、附件二里还放入了额外的案例和专有名词。此外，在本章后面我们给读者提供了一个前测："我对社会工作伦理知道多少？"每个前测问题的答案和解释放在了本章结束部分能力要点后面。

前测："我对社会工作伦理知道多少？"

对于下面的每个陈述，请在"正确"或"错误"上画圈。

1.	《全国社会工作者协会伦理守则》是通过联邦立法制定的。	正确	错误
2.	伦理困境是服务对象提出了一个你不能解答的问题。	正确	错误
3.	《全国社会工作者协会伦理守则》主要是针对社会工作者组织和团体，不是个体从业人员。	正确	错误
4.	社会工作者总是必须要在好的和坏的伦理选择间做决断。他们很少遇到两个皆好或者皆坏的伦理选择。	正确	错误
5.	社会工作者要知晓并遵守《全国社会工作者协会伦理守则》。	正确	错误

6.	我知道《全国社会工作者协会伦理守则》中陈述的社会工作专业的使命和专业的核心价值观。	正确	错误
7.	《全国社会工作者协会伦理守则》的内容包括了一些伦理标准，要求社会工作者在涉及服务对象、同事、专业场所、各个专业人员、社会工作专业和社会时必须信守。	正确	错误
8.	《全国社会工作者协会伦理守则》中的伦理标准彼此很少发生冲突。然而，一旦出现冲突，其中也指明了处理这些问题的方法。	正确	错误
9.	如果你是一个有美德的人，那么在做伦理决定的时候不会有任何困难，信守社会工作专业的伦理标准也没问题。	正确	错误
10.	《全国社会工作者协会伦理守则》只适用于专业的、有证照的社会工作者。	正确	错误
11.	《全国社会工作者协会伦理守则》不适用于从事研究、社区组织、社会规划工作和在非社会服务场所工作的社会工作者。	正确	错误
12.	伦理决定是科学的、理性的决定，对面临类似情形和困境的所有社会工作者来说都差不多。	正确	错误
13.	如果你是优秀的社会工作从业人员，那么信守《全国社会工作者协会伦理守则》中的伦理标准没什么问题。	正确	错误
14.	文化多样性是社会工作伦理决定中一个重要的考量因素。	正确	错误
15.	在伦理决定中，专业社会工作者个人的价值观无关紧要。	正确	错误

批判性思考练习

1. 为什么社会工作者在专业实践中要符合伦理？

2. 如果让你基于自身的经验和知识为社会工作专业制订一套伦理守则，你会首选哪三个作为最重要的总的原则？

3. 如果可能的话，询问一位社会工作者，请她描述最近运用本专业《全国社会工作者协会伦理守则》的情形。遇到过什么困境？她是怎么处理的？她是如何做出决定的？

4. 让自己置身埃伦·阿什顿的情境中（案例1-1）。
    A. 这个案例涉及哪些伦理问题？
    B. 不参照任何伦理守则的条款，你会做什么选择？
    C. 你认为怎么做符合伦理？
    D. 你认为有不止一个符合伦理的解决方法吗？

5. 在案例1-3中，城市紧急救援中心是否有伦理上的责任为紧急召唤来的应对诸如卡特里娜飓风，或者2009年海地地震，或者2010年墨西哥湾原油泄漏灾害的志愿者或员工提供儿童照顾服务？

6. 登录下面列出的推荐网站，浏览伦理守则或其他有关伦理的资料。比较《全国社会工作者协会伦理守则》和国际社会工作院校联合会或别的国家制订的伦理守则。

推荐阅读

我们发现一个简短的阅读书单特别有用，便把它放在了每一章的结尾处。重点是提供近期的文献而不是经典文献。阅读资料可能会进一步阐发正文中已经提出的观点，也可能是提出其他观点，或者提出更多的问题。这些文章被收录到参考资料中并不一定意味着我们同意其观点，而是因为我们发现其作者对本章讨论的一个或多个主题有思想上的贡献。推荐阅读的文献我们只提到了作者和年份，详细的出处放在了本书末的参考文献中。

戈尔茨坦（Goldstein, 1998）对社会工作中的伦理问题做了批判性的分析。阿奎拉、威廉姆斯和艾肯（Aguilar, Williams, & Aiken, 2004）调查和比较了社会工作从业人员和学生的态度，评估了他们对于跟服务对象发生性接触是否恰当的态度，对于在性方面处理失当的同事的态度，以及他们所受教育在性伦理方面的准备程度。布里尔（Brill, 2001）提出社会工作伦理与社会工作实践间的距离正在拉大。胡格曼（Hugman, 2003）探索了后现代主义对于社会工作的意味，反映为普世观点合法性的丧失，强调权变和社会生活的不确定性。克利福德和波克（Clifford & Burke, 2005）倡导社会工作课程中的反压迫伦理。

推荐网站

- 《社会工作价值观与伦理杂志》（*Journal of Social Work Values and Ethics*，JSWV & E）。网址：http://www.socialworker.com/jswve/。

这个同行评审的在线杂志"检视影响和交织在社会工作实践、研究和理论发展中的伦理和价值观问题。杂志会谈论围绕社会问题和社会工作者遇到的议题的范围广泛的伦理和价值观问题。杂志对于社会工作价值观和伦理的发展提供了必要的历史视角，还提供了有关最新发展出的价值观和伦理困境的文章"。

- 社会工作考试委员会协会（Association of Social Work Boards）。网址：http://www.aswb.org。

大多数组织的伦理守则可以在网上找到。一些伦理守则的网址是：
- 《全国社会工作者协会伦理守则》（National Association of Social Workers Code of Ethics）http://www.socialworkers.org/pubs/code/default.asp。
- 国际社会工作者联盟（International Federation of Social Workers）和国际社会工作院校联合会（International Association of School of Social Work）：http://www.ifse.org/f38000032.html。

- 《全国黑人社会工作者协会伦理守则》（National Association of Black Social Workers Code of Ethics）：http：//www.nabsw.org/mserver/CodeofEthics.aspx。
- 临床社会工作协会（Clinical Social Work Association）：http：//www.clinicalsocialworkassociation.org/。
- 临床社会工作联盟（Clinical Social Work Federation）：http：//www.clinicalsocialworkassociation.org/。
- 加拿大社会工作者协会（Canadian Association of Social Workers）：http：//www.casw—acts.ca/practice/code3-e.html。
- 美国婚姻和家庭治疗师协会（American Association for Marriage and Family Therapists）：http：//www.aamft.org/resources/lrm-plan/ethics/ethicscode2001.asp。
- 澳大利亚社会工作者协会（Australian Association of Social Workers）：http：//www.aasw.asn.au/document/item/92。
- 新西兰社会工作者协会（New Zealand Association of Social Workers）：http：//anzasw.org.nz/joining-in/anzasw-meetings/branch-meetings/。

新西兰的社会工作者协会将双文化伙伴关系融入了其组织结构和伦理守则中。该守则用毛利语和英语出版，并且组织和伦理守则都注重毛利人和非毛利人共同关心的事项。有趣的是，该组织命名为奥特亚罗瓦①新西兰社会工作者协会，因而是用毛利语命名的新西兰协会的名称。读者应该注意到，前面列出的在美国的全国黑人社会工作者协会也有类似之举，创造出了自己独特的伦理守则。

- 美国辅导协会（American Counseling Association）：http：//www.counseling.org/Publications/。

能力要点

教育政策2.1.1：**认同专业社会工作者身份并以此要求自己**。本章我们介绍了不相容的价值观的理念，以及这些如何与社会工作者的伦理困境发生联系。

教育政策2.1.2：**运用社会工作的伦理原则指导专业实践**。本章我们对伦理进行了界定，介绍了会贯穿全书并且可能会用于实践的做伦理决定的方法。

教育政策2.1.3：**运用批判性思考告知和沟通专业判断**。有几个案例会要求你思考和决定对于伦理困境你会怎样回应。此外，前面的前测和案例也会涉及批判性思考。

教育政策2.1.4：**将多样性和差异性融入工作实践**。前测简要论及了文化多样性问题。

---

① 毛利语，指新西兰。

前测问题答案

1. 错误。《全国社会工作者协会伦理守则》在1960年首次颁布实施，由一系列宣言组成，诸如："我将以专业的责任优先于个人的兴趣。"1967年，增加了承诺非歧视的原则。接下来又有几个版本。最新版本的《全国社会工作者协会伦理守则》会在全书加以讨论。

2. 错误。伦理困境是社会工作者必须在两个或更多的相互有关联，但又有冲突的伦理要求间做出选择，或者是在每个选择都会给一个人或更多人带来不想要的结果时做抉择。

3. 错误。《全国社会工作者协会伦理守则》是针对各个社会工作从业人员拟定的，尽管用人机构、州证照委员会和法院在特定情况下也可能会用到。

4. 错误。社会工作者会遇到各种困境。从业人员可能不得不在两个看似同等重要的价值观或是两个同样糟糕或不正确的伦理选择间做抉择。

5. 正确。社会工作者不管在哪里工作，在什么岗位工作（如一线人员、督导员、行政人员、咨询员），都要知晓并信守《全国社会工作者协会伦理守则》。非专业的社会工作者在特定情形下也要遵守《全国社会工作者协会伦理守则》中提出的标准。

6. 或者正确或者错误。只有你这位读者能回答这个问题。

7. 正确。这些是《全国社会工作者协会伦理守则》的主要部分，伦理标准就是在这部分提出的。

8. 错误。《全国社会工作者协会伦理守则》有许多标准。大量的标准有可能造成伦理困境。从业人员可能不得不在自己和机构之间做抉择，在为机构好还是为服务对象或病人好之间做抉择，在维护同事的友谊和伤害友谊之间做抉择，等等。《全国社会工作者协会伦理守则》没有提供处理这些困境的方法。

9. 或者正确或者错误。这一问题的答案取决于采用哪种伦理哲学。作为从业人员的你怎么想是最为重要的。有一种伦理取向——美德伦理提出，似乎在本质上个人的品德会让人做出符合伦理的决定。我们会在第三章讨论这一伦理哲学。

10. 错误。它也适用于社会工作学生，有时也适用于虽然缺乏专业训练但有社会工作者头衔的人。

11. 错误。《全国社会工作者协会伦理守则》适用于所有社会工作者，不管他们受聘的角色是什么。

12. 错误。不管幸运还是不幸，做涉及伦理的决定都是复杂的事。在运用时除了《全国社会工作者协会伦理守则》以及我们受到的教育和训练之外，我们都会带入自己的人生经验、价值观和我们所从属的群体的价值观，以及我们对于所面对的困境的个人看法。很大程度上取决于情境、我们在识别伦理困境上的知识和技能，以及我们思考所遇到的困境的能力。

13. 错误。所有的不同层级的社会工作者都会遇到复杂的伦理困境。虽然你可以掌握更多技巧，能更好地处理伦理困境，但是，因为要打交道的是人，要处理他们遇到的情况，没有社会工作者在职业生涯中能逃脱伦理困境给自己带来的挣扎。

14. 正确。社会工作者在我们有多元文化的社会里从业。美国和其他国家的服务对象、群体和社区背景多样，来自各色人群、许多国家与文化。在符合伦理的工作方面，社会工作者要懂得自己工作的对象的文化，因为这些文化会对他们所遭遇的情况有冲击。此外，社会工作者要意识到自己的文化和其他多种因素，意识到这些会如何影响他们的工作与人际交往。

15. 错误。你会在前面的几个答案中注意到，社会工作者的价值观是其专业自我强有力的一个维度。自我了解包括知晓你自己秉持的价值观是什么以及这些价值观如何影响你的专业生活。

第二章

价值观与专业伦理

> 本章的重点是价值观和专业伦理，会论述社会工作教育委员会 2008 年《教育政策与认证标准》中的条款，包括有关价值观的第 1.1 条教育政策、有关运用社会工作原则指导专业实践的第 2.1.2 条政策。特别是第 2.1.2 条政策阐述："运用《全国社会工作者协会伦理准则》的标准和国际社会工作者联合会/国际社会工作院校联合会制定的《社会工作伦理原则》（如果适用的话）的标准和原则说明，做出伦理决定。"本章会讨论这两套标准。

《全国社会工作者协会伦理守则》（NASW，2008）在前言中指出，社会工作专业的使命植根在一套核心价值观中。它反映出价值观之于社会工作的重要性。可能除了哲学，只有少数几个专业像社会工作这样注重价值观。戈尔茨坦（Goldstein，1973）将社会工作者描述为"价值观的载体"。对维吉伦特（Vigilante，1974）而言，社会工作价值观是"实践的支点"。1997 年去世的维克多·弗兰克尔（Viktor Frankl），一位精神病学家，存在主义疗法的创始人，也强调了价值观的核心地位。不仅对专业从业人员如此，对每个人都是如此。生命失去了价值观便毫无意义，只会产生"存在的真空"。对弗兰克尔而言，"获得意义的意愿"要比"获得快乐的意愿"分量重许多（Guttmann，1996）。"获得意义的意愿"指的是人生应该有目的，这能赋予生活意义。即，这样生活的话，人的目的和打算能通过表达个人的价值观给生活带来意义。

价值观

就像许多其他人一样，社会工作者常常分辨不出诸如价值观、伦理和道德（或美德）

之间有何区别。他们相当宽泛地使用这些词，就好像它们的意思都是一样的。然而，价值观与美德不同，尽管这两个词常常会彼此替代使用。价值观与伦理也不同。有一部很流行的辞典给价值观下了17种定义。蒂姆斯（Timms, 1983）回顾了一些社会科学领域的研究报告和出版物，发现价值观有不下于180种不同的定义。对社会工作文献的调查表明社会工作专业的作者也用了其中许多定义。

马斯洛（Maslow, 1982）察觉价值观就像一个大容器，里面装了各种各样的性质和特征迥异的、模糊不清的东西。许多哲学家在使用价值观一词时就好像它的意思与对什么事情感兴趣和好奇一样，但是约翰·杜威（John Dewey）对这个词的运用更为精确，注意到它一定还包含一些评价或偏好因素。大多数社会科学家沿用杜威的定义，指出价值观是选择好的和想要有的行为的指南或标准。库珀曼（Kupperman, 1999）提出价值观指的是"值得拥有或具备的东西""乐于其存在而不是不存在的东西"（p. 3）。价值观夯实了生命或是这个世界，被定义为"对渴望有的事务状态的认识，被运用在选择性行为操守中，作为偏好或抉择的标准，或者是充当评判提议的行为或实际行为的尺度"（Willians, 1967, p. 23）。大多数作者注意到了社会的价值观、群体的价值观与个人的价值观之间的不同。一般而言，这些不同层次上的价值观相互之间是补充性的或互补性的，尽管有时也会有冲突。在任何社会中，大多数人在大多数时候赞同社会核心的价值观。

专业价值观

社会工作从业人员基本的专业价值观来源于社会的价值观，即来源于其所从业的广大社会所持有的价值观。这些专业价值观在大多数时候与社会的价值观是并行不悖的，但是在重点上、优先次序上或者是诠释上可能会有很大的不同。毋庸赘述，就像广泛接受社会的价值观一样，对于基本的专业价值观也一定有广泛的共识。

正像本章伊始所提到的那样，价值观在社会工作中扮演的核心角色一直得到许多人的认可，专业价值观主要是用于从业人员做决定和采取行动。《全国社会工作者协会伦理守则》（NASW, 2008）总结了社会工作专业有如下的核心价值观：

（1）社会工作者提升超越个人私利的给他人的服务。（服务）

（2）社会工作者追求社会变革，特别是同弱势和受压迫的个人和群体一道工作，代表他们寻求社会变革。（社会公正）

（3）社会工作者对每个人都给予关心和尊重，意识到个体的差异和文化及种族上的多样性。（个人的尊严与价值）

（4）社会工作者明白人际关系与人群内部的关系是重要的变革工具。（人类关系的重要性）

（5）社会工作者始终意识到专业的使命、价值观、伦理原则和伦理标准，并用与之相契合的方式开展实际工作。（诚信）

（6）社会工作者不断致力于增进专业知识和技能，并将它们用到实际工作中。（能力）

人们对于社会工作的价值观总体上有一个共识。比如，大多数社会工作者赞同服务对象参与、自决和保密是社会工作的基本价值观。然而，当把这些概括性的专业价值观付诸实践的时候，就有可能会出现分歧。社会工作者可能会对优先次序、特定的目标以及把这些概括性的价值观用于实践所需采用的方式有不同的意见。而且，对于社会工作者个人的价值观和专业的价值观如何用于实际工作中的决定，坚守特定的价值观是否会因实践场所或领域有所不同而发生变化，人们知之甚少（Csikai，1999；Pike，1996）。所以，"增强生命的尊严"这一价值观可能被一位社会工作者用来支持服务对象流产或者是协助其自杀，而她的社会工作同事却会秉承同一价值观在这些专业决定中劝说服务对象生下孩子或者是继续接受临终照顾。实际上，这些例子说明了"非专业性"的或者是"更高层次"的价值观会影响实际工作中的决定。

布鲁姆（Bloom，1975）指出，哲学上的价值观定义并不能真正对助人专业的从业人员有所帮助，按他的说法，问题的着眼点应该放到"看似能转化成行动的价值观"上（p.138）。不能提供指导和方向的专业价值观没太大的用处。尽管如此，这些价值观还是重要的，因为这些价值观可能会衍生出伦理原则和规条。当把它建构成专业伦理守则时，这些规条和原则就能在社会工作者遇到实践中难以决断的事的时候，得到所需的伦理上的标准。应当认识到伦理原则都源于价值观。

伦理学

如何将价值观转化为行为不只是专业从业人员遇到的难题。它是一个具有普遍性的问题，已成为伦理学家关注的焦点。伦理学一般被定义为哲学的分支，关注的是人类的操守和道德决定。伦理学力求发现指导人们判断对与错的原则。另外一个定义指出了伦理学的一个核心作用："伦理学主要关心的不是让人们去做他们认为正确的事情，而是帮助他们决定什么是正确的。"（Jones, Sontag, Beckner, & Fogelin, 1977, p.8）

尽管价值观和伦理两个词经常互换使用，但它们并不是一码事。伦理是从价值观中推导出来的，必须与价值观协调一致。两者的不同之处在于，价值观关注的是好的和想要拥有的东西，而伦理关注的是对的和正确的东西。举例来说，个人的隐私是好的和人们想要拥有的东西，它在美国社会是一种重要的价值观。从这一价值观推导出的一个社会工作伦理原则是："社会工作者在给服务对象录音、录像前，或者是准许第三方观察给服务对象提供的服务前，应该征得服务对象的同意。"（NASW，2008，1.03f）① 遵循同样的道理，隐私是一个人们想要拥有的价值观，而事先征得同意和保密则是从这一价值观中得出的伦理守则和正确的实践方法。

即使价值观意在指导人们选择想要有的行为，它也并不总是能带来这样的结果。因为个人的行为并不总是符合其声称的价值观。社会工作者像其他专业的人一样，在工作中使用的方法时常与专业的价值观并不一致，或者是使用的方法并没有反映出社会的价值观。举例来说，服务对象参与做决定是社会工作者非常推崇的价值观，但是仍有一些从业人员并没有尽全力吸收服务对象完全参与做决定。价值观与行为不一致，原因之一可能是价值观一般都高度概括，而行为却非常具体。另一个原因可能是个人声称的（或者是公开的）价值观与真实的（私下里的）价值观有距离。你认为还有什么因素会造成价值观与行为之间不一致呢？是否有时你自己的行为也与个人或者专业的价值观不一致呢？如果是这样的话，什么因素造成了这种不一致？

一些高度概括的价值观赢得了人们普遍的赞同，诸如合作和成功，但是它们不够具体，不足以帮助识别合适的行为方式。价值观越具体，在指导行为上越有用。与此同时，价值观越具体，赢得广泛认可的可能性就越小。比如，只要没把家庭的价值与反映当今各种类型的家庭的比较具体的描述语句联系在一起，每个人都会同意家庭生活具有极高的价值。然而，对于一个成年儿子来说，既要照顾瘫痪在床的、年迈的父亲，同时又要不使现在的妻子与上段婚姻的孩子间业已存在的紧张关系加剧，这一概括性的价值观没什么帮助。这个儿子的社会工作者也找不到任何具体的可供参照的伦理原则来指导她处理这一情况。然而，本书后面的章节还是会尽力给社会工作者提供可以用来做决定的工具。

道德

萧伯纳（Shaw，1932）曾写道："我不相信道德。"他所指的可能是由外部权威颁布的传统的价值观和行为准则。即便如此仍难以想象人们会生活在一个完全不讲道德的社会里。

在一个特定社会，道德由行为操守的原则或准则组成，它们界定出可接受的行为的标准。人们可能希望道德由一套总的准则构成，适用于社会中的每个人。这些准则的实施或废除无须通过立法途径而是经由总的共识来接受和改变。道德对社会成员间的关系进行了清晰的界定。正如戈尔茨坦（Goldstein，1987，p.181）观察到的："道德感……不仅涉

---

① 注：本参考文献引自《全国社会工作者协会伦理守则》（2008），可以在下面的网站查阅：http//www.socialworkers.org/pubs/code/code.asp。本书后面所有这类引文都是同一出处。

个人的所思所行，而且涉及与他人的关系。"尽管在美国对于一些问题有广泛的共识，但是我们却见证了日益增加的多样性和道德上的多元化。美国社会对于安乐死和自杀的权利、克隆人、流产、男女同性恋婚姻，以及个人、家庭和政府的责任之类的问题，存在着很深的分歧。在另一个层面，移民、种族、代际、宗教、性取向和民族及文化群体间，其他人群中，价值观也发生着冲撞。社会工作者越来越多地要遭遇多元的价值观和道德观。他们工作的社会对于什么是恰当的道德立场共识越来越少。

社会工作教育委员会2008年颁布的《教育政策与认证标准》期望每个社会工作教育培养方案都提供具体的有关社会工作价值观的知识。这方面课程的内容以前面援引的《全国社会工作者协会伦理守则》（NASW，2008）中的核心价值观及其伦理蕴意为基础。教育目的是协助学生意识到自身的价值观；形成、展示和提升专业的价值观；分析伦理上的困境，以及它们如何影响实践、服务和服务对象。

这一注重核心专业价值观的教育，其目的是帮助学生了解和欣赏人的多样性。这方面的知识和欣赏态度是迈向正确专业行动的前奏。因此，拥有种族、肤色、性别、年龄、信仰、民族或国家、移民身份、伤残、政治取向、性认同、性取向方面的知识，并能欣赏这些方面的东西对于完成专业使命十分重要（NASW，2008）。这些群体有多种价值观和看问题的视角，对许多社会工作者来说，既会给自己也会给自己的服务对象带来价值观上的困境。

专业伦理

专业伦理原则为社会工作者提供了指南，使他们能够把专业的价值观转化为专业实践活动。伦理原则虽然不会描述出专业实践的方法，但是却能帮助筛查和评估实际选择的对与错。专业伦理守则识别和描述出了对专业从业人员伦理行为的期望。

专业伦理与一般的社会伦理有紧密的联系，但却并不等同于一般的社会伦理。就像社会工作的价值观来自社会持有的价值观，但是并不一定等同于这些价值观一样，专业伦理虽然有同样的来源，也来自社会的伦理，但在重要的细节上却可能有所不同。这些不同可能体现在优先次序上、重点上、强度上或应用上。对这些非常重要的不同之处的声明便是制约人们之间关系的伦理原则。无论是社会伦理还是专业伦理都强调平等原则，但是专业伦理把服务对象的利益置于所有其他人的利益之前，优先考虑。图2-1总结了这些不同。

> 一般伦理原则：所有人应当受到平等尊重。
> 专业伦理原则：所有人应当受到平等尊重，但当以服务对象的利益为先。

图2-1 人际关系方面的伦理原则

对于社会工作者来说，这一专业伦理原则体现在《全国社会工作者协会伦理守则》的标准中："社会工作者的首要职责是提升服务对象的福祉。"（NASW，2008，1.01）这一专业伦理守则对于社会工作者及其实践有许多启示，因为几乎每个社会工作者在知晓或不知晓的情况下都不断地被迫要在一般伦理和专业伦理间做抉择（见图2-2）。当然，从理论上做推导、给处方总是要比付诸实践容易。全国社会工作教育委员会2008年制定的《教育政策与认证标准》认识到了专业伦理对于社会工作实践的重要性。所以，他们要求把指导专业社会工作者实践的价值观和伦理融入整个课程中。图2-2显示了一般伦理与专业伦理的交叉。你认为图2-2所呈现的交叉准确吗？如果不准确的话，你认为图中交叉的部分是更多还是更少呢？

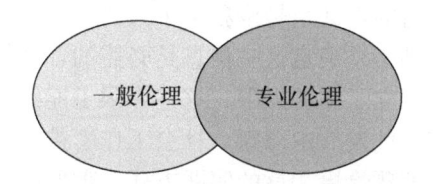

图2-2　一般伦理与专业伦理间的交叉

有些社会工作者可以在员工会议上滔滔不绝地谈论专业伦理原则，但却发现不了这些伦理原则如何影响自己的实践。下面我们将用案例2-1分析一位社会工作者面临的情况，特别留意一下这位工作者面临的专业伦理问题。

案例2-1　　　　戴安娜不能出门

艾丽西亚·麦克多尼娅是一个有三个孩子的单亲母亲，孩子的年龄从7岁到16岁。最大的女儿戴安娜16岁，是高中生。直到本学年开始的时候，她的学习成绩一直很好，但到了期中她所有课的成绩都在下降。她似乎对上学完全失去了兴趣。过去3周根本就没去学校。

艾丽西亚是镇上唯一一家企业的文书。她上午在孩子们去上学前就早早出门上班了，下午直到孩子们放学几个小时后才迟迟回家。艾丽西亚把家管得蛮好。但是她没什么朋友。

最近，艾丽西亚找到本地的家庭服务机构寻求帮助。她告诉社会工作者自己对戴安娜逃学和学习成绩下降不知道该怎么办。在与艾丽西亚和戴安娜两人谈过之后，社会工作者了解到戴安娜不得不每晚、每个周末都留在家里，因为母亲不想自己单独在家。即使戴安娜想跟朋友出门，妈妈也从不允许。

艾丽西亚的社会工作者面临着几个实际的、伦理上的问题。包括：谁是服务对象？谁的利益应该优先考虑？是戴安娜还是首先求助的母亲？还是两者并重？即使戴安娜并没有

求助,并声称不需要帮助(工作者与她有过接触),社会工作者也要对戴安娜采取干预措施,这符合伦理要求吗?在这个案例里,还有什么其他的涉及伦理的问题?比如,社会工作者的主要职责是提升服务对象的福祉,这并不意味着为了满足服务对象的需要就应该忽视或损害其他人的福利。社会工作者对服务对象所负的主要责任也不应该解除其对于更大的社会以及"非服务对象"的其他人的需要或问题所负有的责任。

没有哪个专业能够让自己订立的伦理守则大大践踏社会一般的伦理标准。如果一个专业没能考虑一般的社会伦理,就会面临受到严厉制裁的危险,包括社会可能会废除其全部或部分专业权威。尽管如此,社会也认识到从实践的角度出发,要求专业从业人员遵循人们一般期望遵循的统一的伦理原则行事是不可能的。比如,社会工作者问的问题在一般性的谈话中可能被认为是不合适的,甚至是侵犯了个人的隐私。尽管社会工作仍可以询问这类问题,然而在询问之前,她必须确定这一信息是必需的,并能保守秘密。

社会常会为社会工作者设立工作的界限。这些界限也能给社会工作者添加伦理上的困境。在一些国家,特别是在一些发展中国家,社会工作者被关进了监狱,因为他们遵循了专业伦理,运用了与政府的期望恰恰相反的实践方式。他们的际遇突出说明了伦理问题在专业实践中是的确存在的,而且有时还能导致可怕的后果。在有的国家,包括我们自己的国家,一些社会工作者会因为身体力行的专业伦理守则与机构的规章和期望或者是某种社会价值观发生冲突而丢了工作,得不到升迁,或者令人退避三舍。

法律与伦理:合法但却违背伦理的问题

美国国会和所有州的立法机构都通过了大量影响社会工作实践的法律。与此同时,不同的州和联邦法院,包括美国最高法院,还有一些对社会工作者来说至关重要的判决。"出发点是好的"以及"不知道有关法律"不再是社会工作者的所作所为与法律发生抵触时可以接受的理由。无知不仅会使从业人员有可能面临渎职诉讼,而且还可能导致不符合专业和伦理要求的实践。

这部分内容的目的是帮助社会工作学生和从业人员了解法律与实践的相互依赖关系。我们也会探讨几个对社会工作者来说至关重要的关键性的法律原则。但不会多谈具体的法律问题,这是因为:(1)在很多情况下各个国家的法律不同,在美国甚至 50 个州的"法律"也各不相同;(2)法律在不断地变化,如果我们讨论一个具体的法律,很可能在本书到达读者手中之前它就已经过时了;(3)我们不想在社会工作者中培养律师。

法律的特点

不同的权威对法律一词的定义各不相同。按照艾伯特(Albert,1986)的说法,法律关心的是保护人民免于政府及私人过度使用权力或者是不正当地使用权力。布莱克（Black, 1972）强调了法律实施社会控制的一面。对他而言，法律界定了国家与其公民间的关系的规范。塞尔兹尼克（Selznick, 1961）则认为正义是所有完整的法律定义的精要。其他一些人指出法律告诉人们可以做什么，不可以做什么。法律告知人们如果他们做什么禁止做的事被抓到的话会有什么后果（Van Hoose & Kottler, 1985）。法律的一个重要特点是它由立法机构颁布，由法院诠释，由处罚机构强制执行。守法是义务。

法律在不断地变化。在任何特定的时间它都试图反映当时的知识和更多东西。有关流产的法律的演变可以说明法律是如何调整和修改以反映当前文化的。加利福尼亚最高法院在皮普尔诉贝洛斯案件（1969）中推翻了低级法院对一位妇产科医生实施流产的有罪判决，引起了长时间的有关把流产视为有罪的立法的来源的讨论。人们注意到，在颁布这一立法的1850年，几乎每次流产手术都导致了妇女的死亡，因为完全缺乏现代的手术消毒技术。所以19世纪中期的这项立法限制流产，是源于度过整个孕期的危险要远远小于死于流产的危险。20世纪60年代法院注意到怀孕头三个月做流产手术相对而言是安全的，事实上，统计显示它比度过整个孕期更安全。基于这一原因和其他的法规方面的原因，法院推翻了被认为基于陈旧的流产法规做出的判决，并且实际上修改了法律以便切合当前的知识和技术。

在广泛的道德上的共识受到侵蚀的社会，法律可能要比"道德说教"更加有效，因为它是由国家警察强制执行的。在1996年实施《个人责任与工作机会法案》（Personal Responsibility and Work Opportunity Act）之后，有几个州开始质疑以前有关提供公共援助的法庭裁决，质疑州内的新居民享受的津贴受限制，与那些在本州住了一段时间的居民区别对待。1999年美国最高法院在萨恩斯诉罗一案的判决中申明新老居民在享受公共援助津贴上不应该受到区别对待。

不管如何界定法律，它都是社会工作者第一时间直接关心的东西。法律会通过许多不同的途径影响社会工作实践。法律授权支付某些指定的服务；法律规定某一社会服务应该提供给所有需要这一服务的人；法律授权专业社会工作者可以从事一些其他人不许从事的活动，但是也限制社会工作者从事只有另外一个专业的从业人员才可以从事的其他活动。法律要求社会工作者向指定的政府机构汇报某些情况。由于各州的法律有所不同，所以我们避免举具体的例子。我们的目的只是指出法律对于所有社会工作者的重要性，不管社会工作者受雇于什么样的场所。

法律与伦理的差异

法律和伦理相似的地方有哪些，不相似的地方又有哪些呢？法律有伦理方面的考虑。所以艾伯特坚持"说法律责任与道德责任无关完全是误导"（Albert, 1986, p. 9），但两者是有所不同的。守法是义务，是强制性的，以处罚作为威胁；而遵守伦理原则是自愿性的，只是通过道德上对价值观的推崇来强化。然而，专业伦理也可能会用专业制裁的方式来强制执行；这样的制裁从受到简单的申斥到取消从业资格不等。行为违反了伦理或专业要求的专业人员可能会受到法律的制裁，同时还可能会受到专业组织的纪律处分。

伦理常常是模糊的、不确定的，而法律却是明白无疑的。尽管如此，司法争议的结果却远没有达到确定无疑，或者说离可以预测相去甚远。法律规条是有灵活性的，一个特定的规条是否适用常常取决于一方或另一方的辩护是否成立，或者取决于法庭或情境因素。

法律由立法机构颁布，可以通过其后颁布的法律来修改，或者是通过其后的法律解释来改变。伦理原则尽管也随着时间的推移而有所变化，但一般不会蓄意改变。尽管如此，法律与伦理还是有密切的关系，因为法律常常是建立在伦理原则的基础上。比如法律原则"*特许保密沟通*"就是基于有关隐私的价值观和保密的伦理原则（见第八章对这些原则的讨论）。

法律与专业伦理间的冲突

错误地对待人即使是法律上的要求或者是得到了法律许可，在伦理上也不能变成正确的。许多时候从业人员遵循了法律，但仍然是违背伦理的专业行为。过去有几个州颁布法律要求给某些重刑犯和发展性残障的人强制消毒。我们能说参加这些"合法"行动的社会工作者的所作所为合乎伦理吗？许多社会工作者宣称，依法报告和驱逐非法入境者有违专业伦理。还有些社会工作者称，实施死刑即使是有法律授权也是违背伦理的。一些人甚至提议个人有道义上的权利，甚至是责任，违背不公正的法律（Pemberton，1965）。举例来说，社会工作者作为公民权的倡导者或者是人性化对待精神病人的倡导者可能会从事一些非法行动，这就是出于伦理上的原因而违法。

尽管如此，一般还是认为在伦理上社会服务专业人员有守法的责任。然而，"在一些情况下，伦理原则与法律有着根本性的冲突，使人有理由不遵从法律"（Melton，1988，p.944）。在塔雷索夫诉加利福尼亚大学校务委员案的裁决中，这一冲突十分突出（Tarasoff v. Regents of the University of California，1976）。这一裁决更广泛的意义将在第八章详细讨论。在这里我们只是要注意，加利福尼亚高级法院对塔雷索夫一案的判决认为，在一些情况下，社会成员的福利和安全可能要比保密原则更重要。有的社会工作者认为，这一法律上打破保密原则的要求迫使他们在一些个案中要在专业助人关系、专业伦理和法律之间做出选择。另一些社会工作者认为法律不能凌驾于专业伦理责任之上。然而，大多数人接受这一裁决所秉承的原则。2008年的《全国社会工作者协会伦理守则》也做了相应的修改以反映塔雷索夫裁决的精神（NASW，2008，1.07c）；大多数社会工作者不再认为在尽警告义务的时候是被迫在专业伦理和法律之间进行抉择。在其他的情形下，塔雷索夫裁决所带来的难题依然十分尖锐。比如说，一位社会工作者的服务对象是艾滋病病毒检测阳性的人。他向这位社会工作者承认自己继续与他人共用针头，或者是没有采取保护性措施就与人发生性关系，而这样做的时候他并没有告知伴侣自己的情况。对这位社会工作者来说，她应尽的伦理责任和法律义务是什么？她要打破保密原则警告有危险的服务对象的伴侣吗？

当一个有伦理意识的社会工作者察觉到有些针对个人或者是群体的事不对头的时候，她有义务采取行动。比如，《全国社会工作者协会伦理守则》（6.04a）提出社会工作者"应该投身到寻求保证所有人都能平等地得到资源、就业、服务和满足基本人类需求和充分发展的机会的社会行动和政治行动中"。所以社会工作者关心的不仅是理想状态，而且是怎样做才能与理想状态更契合。女权主义取向的伦理原则一定会包括采取行动，在现有的政治、社会和经济结构中为妇女争取平等权利。当这些结构不能保证平等时，就必须做出改变以使之更加公正（Brabeck & Ting, 2000, p.29）。

2008年的《全国社会工作者协会伦理守则》在讨论守则的目的时以不同的方式谈到了这一问题：

> 有些时候社会工作者的伦理义务与……相关的法律或者是规章会发生冲突。出现这类冲突的时候，社会工作者必须用与本守则所表述的价值观、原则和标准一致的方式，采取负责的行动，解决冲突。如果看来不可能有合理的解决冲突的方法，社会工作者应该在做出决定前寻求恰当的咨询。

有时符合伦理的行为与法律间的冲突出现在高层政府层面，可能无法在地方层面解决或通过从业人员个人来解决。尽管如此，从业人员个人仍可以决定按符合伦理的要求采取与法律相悖的行动。这一可能出现在近期有关非法移民的问题中。2005年众议院通过了《边境保护、反恐怖主义和非法移民控制法案》（Border Protection, Terrorism, and Illegal Immigration Control Bill），但一直没有颁布实施。该立法提出，任何人"协助"没有完备文件的移民滞留在美国都要入狱5年等。洛杉矶红衣主教罗杰·马候尼表示他会要求管区内的神父不遵守这一法律提案，因为帮助有需要的人是教会的一项使命。马候尼还表示，他不是要教会鼓励或支持非法移民，而是从伦理的角度看，拒绝给人类同胞援助违背了比国会更高的权威（Mahony, 2006）。2010年，亚利桑那州通过了一部移民法律，要求移民所有时间都携带外国人登记文件，并要求警察如果有任何原因怀疑人们非法滞留美国的话，都可以质询。反对者称这是一个罔顾其公民身份对西班牙裔进行骚扰和歧视的公开邀请函。马候尼强烈抨击亚利桑那州的立法人员和这一法律，称其为倒退、卑鄙和无用的法律（Watanabe, 2010）。

渎职与有悖伦理的行为

社会工作者的活动有可能不专业、违背伦理或者两者兼有。不专业是偏离了通常"有相似教育和训练的一般的、理性的、审慎的专业人员在同一情况下会采取的做法"（Reamer, 2009, p.122）。此类不专业的行为可能是出于专业上的疏忽，不合情理地缺乏知识和技巧，或者是未尽专业义务或受信义务。**违背伦理的行为**践踏了专业伦理守则颁布的有关处理与服务对象、同事、从业机构、专业和更广大的社会的关系的专业原则和标准。

没能提供恰当的专业服务（也就是说提供了不恰当的专业服务）会使社会工作者犯渎职罪，可能面临民事诉讼或刑事诉讼。没能提供合乎伦理要求的服务会使社会工作者受到专业的制裁。在有些情况下，社会工作者会面临所有三种风险。举例来说，社会工作者与服务对象发生性关系可能同时面临民事伤害诉讼、刑事指控和专业对其违背伦理守则行为的制裁（见第七章对涉及服务对象与社会工作者的关系的伦理问题的更广泛的讨论）。与前服务对象发生性关系也可能既违背伦理原则也违法。但间隔了一段时间后，可能就不再需要负民事责任。不同州在追诉期的长短上有所不同，还取决于结束治疗的日期、性接触发生的时间，以及在指定时期内没采取行动是不是性接触带来的后果。对此法律和伦理上最关注的问题是，是否这样的关系仍构成了对治疗关系的剥削，而不是追诉的有效期（Perry & Kuruk, 1993）。治疗师们对于结束治疗后的性接触没多少共识。有些治疗师称其令人"深恶痛绝"，而另一些人提议需要有适用于个别情况的减轻罪责的条款（Shavit & Bucky, 2004）。

法律对失职的补救措施可以分为三大类：民事诉讼（可能要求经济上的补偿）、刑事诉讼（可能要求刑事处罚，如进监狱）和行业执照投诉（可能会在不等的时间内吊销从业证照）（Sutherland, 2002）。判决所要求的呈堂证据会因起诉的类型和特定州的法律而有所不同。对性剥削案件是否采取法律行动考虑的因素有：本州关于性剥削和性侵犯法律条款的措辞；漠视破坏受信义务；渎职；漠视带来情绪困扰伤害；殴打；蓄意造成情绪困扰伤害；欺骗性地误导他人；违背契约。配偶还可以以上述罪名单独起诉，并起诉失去配偶的相互权义①和造成感情上的隔膜（Advocate Web, 2002）。

斯特罗姆—戈特弗里德（Strom-Gottfried, 2003）分析了全国社会工作者协会在1986年7月1日至1997年底这期间存档的近900宗伦理方面的案件。举行听证会后证实确有违规行为的案件有267宗（案件可能包括不止一种违规行为，得到证实的总的违规案件数是781宗）。在逾越界限的违规案件中（与服务对象有双重或多重关系），40%是性关系违规。从2002年至2005年，全国社会工作者协会保险信托投保的针对社会工作者的诉讼案中最常见的投诉和法律诉讼是不当处置、性方面失当、病人自杀或试图自杀、州证照委员会投诉、向主管报告虐待和双重关系（非性关系）（NASW，私人沟通，2009年12月21日）。戴利和道蒂（Daley & Doughty, 2006）比较了得克萨斯州城乡地区对社会工作者伦理方面的投诉。与人们想象的相反，城市的社会工作者更容易受到越界方面的投诉，包括双重角色。根据米滕多夫和施罗德（Mittendorf & Schroeder, 2004）的研究，社会工作者涉性的行为失当仍然是一个问题。因为这方面的行为是社会工作者遭到投诉的一大主因。全国社会工作者协会保险信托投保的社会工作者与服务对象涉性的罪责的赔付上限是25 000美元（Mittendorf & Schroeder, 2004; Shavit & Bucky, 2004）。

---

① 指夫妻有相伴、相爱、相助、性交等权利和义务。——译者注

对社会工作者伦理上的过失的研究主要集中在全国社会工作者协会的会员及其制裁工作上。然而，博兰-波默（Boland-Prom, 2009）报告了对1999年至2004年州管理委员会制裁的持证和注册社会工作者的研究的结果。她研究了27个州的874宗制裁案。尽管结果对于推论总体情况作用有限，但是她的发现很有意思。在只看一项过失（最严重的非专业操守类型）时，受到制裁最多的是：双重关系（包括涉性和非涉性的关系）；与证照有关的问题（包括继续教育学分未完成或未记录在案，持已经失效或过期的证照）；犯罪行为，包括定罪和过失（偷窃、酒驾或醉酒工作、涉毒、性犯罪等）；触犯所有社会工作者都要遵循的基本从业标准（包括没有保存工作笔记和记录、破坏保密原则等）；工作未达到对特殊诊断对象给予照护的标准（比如，对患阿尔茨海默病的服务对象用认知行为疗法）。专栏2-1呈现了识别出的最严重的过失的完整清单。

双重关系	涉性和恋爱
	非涉性
与证照有关的问题	未遵守继续教育学分要求
	持过期或失效证照工作
	求职资料名实不符
	证照或所受训练与工作不符
犯罪（定罪和收押）	账单和其他事宜上多收费
	酒驾和涉毒犯罪
	性犯罪（受害人是成年人和未成年人）
	混合犯罪（轻罪和重罪）
	未指明的犯罪
基本从业标准方面	未做工作笔记和保留记录
	未尽保密义务
	无照独立执业
	遗弃服务对象
	工作报告或呈交法庭的书信有问题
	未能举报儿童虐待案
	不胜任工作
	工作记录造假或伪造服务对象签名
	未能接受督导
	未征得知情同意
	未能给服务对象或家长发送工作记录
	未能安全保管档案
未达到照护标准	
个人财务问题	未能支付学生贷款
	未纳税
账单寄送不及时（非刑事犯罪）	
致他人受损（非刑事犯罪）	
督导未达到标准	

专栏2-1 最严重的过失指控

民事上补偿失职行为和不作为损失的案件是渎职案。相对而言社会工作者支付的低渎职保险金（与医生和其他高风险职业支付的保险金相比）说明，成功打赢社会工作者渎职官司的仍然不多，但是数量每年都在增加。20世纪70年代初期，几乎没有针对社会工作者的诉讼案，但是从那时起全国社会工作者协会保险信托投保的针对社会工作者的诉讼案的数量急剧增加（Houston-Vega, Nuehring, & Daguio, 1997）。应当记住，所有专业在近几十年诉讼案都有所增加，这是我们这个越来越喜欢打官司的社会的特点。过去一直很少有人告社会工作者渎职，因为大多数服务对象相信自己的社会工作者无私地献身于为自己谋福利。相对稀少的诉讼案还可能是因为缺少相应的习惯法，服务对象没有起诉采取法律行动的理由（Perry & Kuruk, 1993）。

社会工作者若想恰当地保护自己，应该了解渎职包括些什么。通过了解做什么需要负法律责任，便能采取防范措施，减少面临的风险。社会工作者并不需要像律师一样了解涉及的法律条款。然而，在特定的情况下，法律咨询还是有必要的。无论如何，认识到社会工作者面临的潜在风险，明察渎职问题，不要因此而手足无措十分重要。但是社会工作者也不应该低估自己所面临的风险。专栏2-2总结了服务对象要打赢渎职官司所需的四个条件。

服务对象要打赢渎职官司必须证明四件事：
1. 被告（即社会工作者）必须有法律上的义务向原告（服务对象）提供某项专业服务，有义务坚守社会工作专业的照护标准（《全国社会工作者协会伦理标准》）。一般来说，一旦某个人成为"服务对象"，社会工作者就有这样的法律义务（不管是机构工作还是私人开业）。社会工作者无论是不是全国社会工作者协会的会员都有义务知晓这些照护标准，并预见到违反这些标准会受指控。
2. 社会工作者的表现必须是漠视了或未达到一般接受的胜任工作的专业标准。在同样情况下其他社会工作者会怎么做？"本意是好的"或者"不知道有关要求"很少能成为有效的辩护。
3. 必须有未尽义务并致使原告（服务对象）受到可量度的人身伤害或财产损失。
4. 社会工作者的行动或者不作为必须"造成了"宣称的伤害或损失。

专栏 2-2　打赢渎职官司需满足的四个条件

对起诉渎职的限制没几个。专栏2-3列出来的渎职单显示可能涉及渎职起诉的范围很大（Beshrov & Besharov, 1987; Corey, Corey, & Callanan, 2003）。许多社会工作者熟悉专栏2-3中列出的某几个渎职风险和渎职诉讼的一般性原则，但是很少有人知道降低风险的方法（Houston-Vega, Nuehring, & Daguio, 1997）。在一项研究中，研究者就一些与渎职诉讼有关的问题询问了105位新泽西州的社会工作者。有一个问题是被告起诉一位治疗师，因为治疗师要求警察带走情绪混乱的服务对象。这位服务对象威胁要攻击治疗师，因为他臆想治疗师透露了有关他的保密资料。社会工作者要回答这个渎职诉讼案会不会打赢。只有29个人（27.6%）给出了正确答案。即基于治疗师所采取的行动几乎没什么依据或者说没有依据可以判定渎职诉讼成立。但是在另一个给出的案例中，61%的人的答案是正确的。这个案例是，有个抑郁的服务对象威胁要自杀并杀死两个孩子，如果

社会工作者没向服务对象的丈夫告知这一威胁,是否可以成功起诉她渎职。正确答案是她的所作所为很有可能被成功起诉渎职。塔雷索夫裁决在专业刊物上的广泛宣传可能是这一情形下有较高的正确率的原因。尽管如此,即使是在这一案例中,仍有40%的社会工作者似乎并不知道渎职诉讼涉及什么(Gerhart & Brooks,1985)。

1. 未事先征得同意或者是未能证明征得了同意。
2. 诊断不正确和处置不恰当。
3. 未咨询专家或将服务对象转介给专家。
4. 未防范或致使服务对象自杀。
5. 不恰当地让服务对象出院或解除关押,或者不恰当地让服务对象留院或继续关押。
6. 破坏保密约定。
7. 诽谤。
8. 与服务对象有涉性关系或者其他性行为。
9. 未能给接受院舍照顾的服务对象提供足够的照顾。
10. 需要时脱岗。
11. 突然或不恰当地中断治疗。
12. 儿童安置不恰当。
13. 未能报告疑似儿童虐待或疏忽案。
14. 运用未确立的工作方法。
15. 做不胜任的事情。

专栏2-3　有可能起诉渎职的理由

渎职诉讼防范措施

社会工作者怎样才能免于渎职诉讼?涉及风险和渎职有四大问题:不当诊断与处置,保密方面的问题,文件处理方面的问题(临床、伦理和法律方面的问责)和违反工作界限。知识和良好的工作是防范负法律责任的最好方法。从业人员应该熟悉机构的政策和程序,知晓相关伦理和最佳处置方法,包括知晓移情和反移情及相关处理技巧。要能得到并运用督导和咨询。还有,可以和同事一道分担为确保减少风险所做的准备工作(Chase,2008)。此外,坚实可靠的风险管理也可以减少从业人员和机构在执行一个方案时面临的风险,包括:(1)知晓"错误的行动"和可能的渎职行为;(2)风险管理核查(见专栏2-4);(3)与法律顾问保持咨询关系;(4)咨询专家;(5)继续教育(Kuzman,1995)。

还有另外的防止渎职的方法。社会工作者只处理自己有相关教育、训练和经验的个案。再有的防范措施就是诚实、忠实于服务对象、明白自己的局限、在遇到难以处理的情况时找人咨询(Corey,Corey,& Callanan,2003)。专栏2-4提供了一个清单,帮助社会工作者防范渎职行为(Kurzman,1995)。

> 1. 风险管理核查，包括：
>   - 执照、注册一应俱全
>   - 有应急方案
>   - 支付了承保费用
>   - 保留和保护了服务对象的记录
>   - 其他相关事物都井井有条并及时更新
> 2. 与法律顾问保持咨询关系
> 3. 咨询专家
>   - 诊断和处置
>   - 介绍另一种参照观点
>   - 排除器质性疾病
>   - 心理测验
>   - 评估精神药理学干预的适切性
> 4. 继续教育

专栏 2-4　防范渎职行为的措施

更重要的是，随着我们的社会越来越爱打官司，问责会越来越受重视，社会工作干预的文件档案也愈加紧要。文件档案有许多用途，从预估直到服务评估。它对于风险管理和预防，或者为可能的渎职诉讼或投诉辩护都有用处。雷默（Reamer，2005）给出了文件档案和照护记录风险管理指南，将其分为四类：文件档案的内容，语言和用词，可信度，以及接触记录与文件档案的途径。恰当留存的文件档案，有助于在涉及法律诉讼和州证照委员会或全国社会工作者协会投诉时对服务对象和从业人员起到保护作用。

除了文件档案的内容，雷默（Reamer，2005）还建议，就法律起诉方面的风险而言，太多或太少内容都可能带来问题。类似地，宽泛不当的语言和专业用语也会带来问题。小心书写工作事项，有逻辑性，牢记可能受审核，这些至关重要。可信度要求社会工作者谨慎对待文件档案工作，例如，知情同意、预估、终止工作程序等的文书。换句话说，整个的工作过程都要有文件档案。恰当的文件档案能为可信度起到支持作用。文件档案若遗失或不完备，就会受到质疑。有关接触记录和文件档案的法律责任方面的知识，包括条例和法规，对于风险管理必不可少。当然，认识到所有的存储设备都不是万无一失的也很重要。

此外，从业人员应该警惕可能出现记录外泄的情况。关心渎职和风险管理的讲求伦理原则的从业人员，如果是在机构工作的话，要清楚机构的文件档案标准，包括法律责任和连带责任。私人执业的人员有责任通过学习和咨询他人自我教育，对于风险管理的方方面面有所准备。《全国社会工作者协会伦理守则》中有几个相关的标准应该仔细阅读。特别可以看一下隐私与保密（1.07）、接触记录的途径（1.08）和服务对象记录（3.04）。

谁需要专业伦理？

专业从业人员需要特殊的规范和伦理原则来指导有良好意愿的行动吗？一般的伦理原则还不够吗？

只要两个伦理原则或规定出现了矛盾，社会工作者就需要指南帮助他们决定哪个应当优先考虑。专业伦理就是要提供这样的指南。然而，也有些人认为没必要设立什么专业伦理。他们争辩说，社会工作者只要有"常识"或者"实践智慧"就足以做出正确决定。没人会低估成熟的判断和实践智慧的重要性，但很多人也会记得，有些时候要做出伦理上正确的、有成效的工作决定仅有这些是不够的。

认为社会工作者不需要专业伦理的人援引的论据如下：

（1）*有胜任工作的能力就足够了*。正确的实践是基于能力和技巧，而不是基于掌握伦理原则。许多所谓的伦理问题仅仅是反映出工作能力差。比如，很好地订立契约就能避免许多出现伦理问题的情况。社会工作者更有能力胜任工作就能更恰当地做出伦理决定。

（2）*每个个案都是独特的*。每个个案都不同，每个服务对象呈现的问题也是独特的。没有什么伦理守则能为社会工作者面对的每种独特的情况提供足够的指导。

（3）*循证社会工作价值无涉*。循证社会工作应该更多地关注知识和技术而不是宗教和道德。过分关注伦理会让从业人员偏离进一步发展知识和技巧，而这两者是强化专业实践最重要的两个领域。

（4）*没有时间*。社会工作从业人员没有时间咀嚼伦理问题，因为实际工作需要他们快速采取行动。她们做认为对服务对象最有利的事。抽象的伦理守则于事无补。如果社会工作者去分析每个伦理问题，那么什么事也做不成。

（5）*哲学家的含糊不清*。至少从亚里士多德的时代起，哲学家们就未能就是否有人能确定伦理原则的真实有效性达成一致意见。在这样的情形下，不可能知道任何伦理假说的正确性。最好还是不要自欺欺人地认为专业伦理能帮助我们知晓什么是"正确的"。

（6）*相对性*。对于什么是"正确的"，不同的国家有不同的看法，甚至在同一个国家，不同的时间、不同的人群也会有不同的看法。在一个国家约会迟到是无礼行为，而在另一个国家准时赴约是无礼行为。哪一个正确呢？在一种文化中，社会工作者在恰当的时候建议戒除性生活是受到鼓励的；而在另一种文化里，这种选择却是禁忌。哪一个对呢？在美国社会，对于什么是"正确的"，不同的种族和文化群体提供的指南是相互冲突的。在社会福利领域，重心的转换好像一个钟摆，在个人福祉与社会福利之间摇摆。哪个重心最能反映专业社会工作伦理？有人认为不存在什么跨越时空的固定的伦理原则。一切都是相对的，没什么方法能指明哪个选择是正确的。

（7）*直觉和"本能"*。从业人员一般知道在任何特定的工作情境下什么是正确的做法，而无须求助于某个高层团体开列的权威性的伦理指南。相信工作者的直觉远比依靠执行科层制组织的规章要好得多。

（8）*强制执行*。采用专业伦理守则会带来即便不是公开的，也是潜在的强制执行情况，会让从业人员只按条文行事。这种强制执行是与自决这一基本的社会工作和社会的价值观相抵触的。守则也容易窒息专业人员的创造性，因为它把每个社会工作者都放到了同一个模子里，期望每个从业人员都有同样的程式化的、标准的行为表现。同惧怕专业组织的制裁相比，个人的伦理情操和敬重服务对象的福利对伦理行为来说要重要得多。

（9）*品德高尚的人*。这是亚里士多德曾经讲过的论点。持这一观点的人认为做伦理决定所需要的就是社会工作者是品德高尚的人。当必须做出涉及伦理的决定的时候，有良好品德的人出于高尚的、道德上培养出来的品格，会做出符合伦理的事（Broadie，1991）。

（10）*浪费精力*。投诉有悖伦理的行为能成立的寥寥无几，为此订伦理守则并设立执行机制实在是浪费精力。实际上，全国社会工作者协会受理的专业伦理投诉案的数量起伏不定。1987 年全国有 54 宗，1993 年有 99 宗，但 1996 年数量减少到 70 宗。数量上的减少可能是源于实际发生的违背伦理的行为有所减少，也可能是州里对社会工作的制约扩大了范围，同时通过全国社会工作者协会投诉的案件有所减少（Strom-Gottfried，2003）。是否有可以接受的伦理投诉案数量？任何一个专业是否在从业人员把违背伦理的行为减少到了几乎是最低限的时候就可以满意了？

这些反对专业伦理守则的论据完全没有说服力。有些是谬误，其他一些是歪曲了事实。在此仅对一些论据做一个简单的回应就足够了。我们会在第三章再更详尽地讨论这些辨析在哲学和实际工作上的依据。

任何从事社会工作的人都知道社会工作者很少花时间探讨理论上的争端。庞大的工作量和服务对象持续不断的要求没给工作者留下多少时间去平静地沉思、悠闲地考虑。然而，伦理上的决定需要时间。社会工作者在做正确抉择的时候需要有所帮助，尤其是他们的时间这么少，而在有些情况下，需要做出的伦理决定是可以预见到的。

每个社会工作者都知道，每个个案都是独特的，但仍然有些共性伦理。守则讲的就是这些共性。伦理守则中的原则和条款是概括性的，这样就能调整以后用于每个独特的情境。自愿接受专业纪律的约束，包括伦理守则，很难视为是践踏了自决原则。一个人成为专业社会工作者是自愿决定的。即使专业伦理守则不能为当今的社会工作者提供所需的全部答案（也不应该是其作用），这样一个守则还是真正需要的。假以时日，不断完善会使这一守则更加有用。

专业伦理守则

每个致力于获得专业地位的职业都尝试发展出一套专业伦理守则。这样的守则一般都汇编了与这个专业的实务工作有关的伦理原则，是一些期望本专业的成员能够信守的原则。许多专业伦理守则也描述了对那些不能或不愿信守这些原则的人的制裁措施。

几乎每个当代的专业在制订伦理守则的时候都有下述意图：

（1）为从业人员提供遇到包括伦理问题在内的实际工作上的困境时的指南。

（2）提供达成共识的符合伦理的实践标准，用于评判专业操守恰当或失当。

（3）告知服务对象他们有权从专业人员那里获得什么，保护公众不受招摇撞骗者和不能胜任工作的从业人员的危害。

（4）告知其他专业人员能怎样与之合作。

（5）保护本专业免受政府的控制，自律要比受国家控制更受欢迎。

（6）使专业人员和睦相处，防止和最大限度减少内部摩擦造成的自我毁灭。

（7）保护专业人员免于法律诉讼；从业人员如果遵循了守则，就能在遇到渎职诉讼时得到一些保护。

因为专业伦理守则试图为每个能想象得到的情况提供指导，所以写的都是笼统的原则，没有具体的规定。尽管如此，如果我们将早前的那些守则与年份较近的守则相比，还是会注意到现在的守则更加具体，试图涵盖更大范围内的具体情况。所以，最初的 1960 年的《全国社会工作者协会伦理守则》只有 14 条标准，到 1990 年增加到 66 条标准，而最近的 2008 年的版本包含了 6 项原则近 150 条标准。

条款非常详尽可能会有的一个后果是，同一版守则中不同的段落间内容上可能会不一致。守则非常详尽的时候，即便每个伦理原则都能成立，不同的伦理原则间还是常常会有冲突。2008 年的伦理守则的一大问题是避免给各种价值观、原则和标准排列具体的等级。实际上，守则中的每项标准与其他标准都是平等的。这种订立伦理守则的方式，避免了给伦理原则构建等级次序，但却为我们在后面的章节将要察看的许多伦理上的困境埋下了隐患。另外一个问题是马库塞（Marcuse, 1976）提出的，即专业伦理守则对伦理困境常常并不能提供答案，因为制订伦理守则的取向偏重于维持系统而不是挑战系统。同时，还应该记住，伦理守则"不是要充当行动蓝图，让人有了它就不必再运用任何判断或是运用伦理上的推理"（Conte, Plutchik, Picard, & Karasu, 1989, p. 5）。

伦理守则一般只为从业人员提供从有好有坏的决定中做选择的指导。对于都是上上之选的决定和都是下下之选的决定，伦理守则帮不上太多的忙。然而，正是这类决定让许多社会工作者感到棘手。有好有坏的决定指的是要考虑的两个选择中有一个是正确的或者对的，而另一个选择是不正确的或者错的。大多数情况下，社会工作者在分辨对与错的伦理决定上没什么问题。常识和明智的伦理判断一般就足以指导从业人员做出选择。而与此同时，都是上上之选的决定是所有的选择都是有益的，都是下下之选的决定是所有的选择都有些不愿有的后果（keith-lucas，1977）。在后面的许多情形下，社会工作者需要得到帮助来理出伦理上的头绪，以便做出正确的决定。

案例 2-2 举了一个实际工作中的情况，说明了不是好坏分明的伦理上的困境。

案例 2-2　　　　约翰·米勒重返州医院

约翰·米勒有严重的精神疾病，几个精神病医生都这样诊断。过去 3 年，这个 21 岁的成年小伙子一直住在年迈的父母家里。他勉强能自己照顾自己，但对与人接触没任何兴趣。大多数时间他都是坐在客厅里，盯着空无一物的地方或者是电视。父母不敢把他一人留在家中。他们找到了你，约翰的社会工作者，要求你把他送回州医院，因为他们觉得自己不再能给他适当的照顾。你能体会他们的情况，但是你也知道把约翰送回州医院可能对他不好。

作为社会工作者，你清楚除非是在特定的清楚申明的情况下，否则剥夺任何人的自由，即使是精神病人的自由，都是违背伦理原则的。什么样的情况下你会考虑非自愿地住院治疗？约翰·米勒的行为除了给父母带来压力外，还没有对自己或者是他人构成危险。假设约翰生活在一个偏远的地方，没有其他可供选择的治疗措施，如果他不愿意改变自己的生活，社会工作者该做些什么？如果他不想改变自己的处境，社会工作者却干预他的生活，这合乎伦理吗？是接受他的决定合乎伦理，还是尝试改变他的想法合乎伦理？父母的要求成立吗？他们年老又力不从心能成为社会工作者尝试帮约翰另做安排的充足理由吗？面对父母的需要和约翰的需要社会工作者该怎样抉择？如果精神病医生的诊断指出，尽管到目前为止约翰完全不会伤人，但迟早会严重伤害自己或他人，社会工作者的难题又会有什么不同？社会工作者可以在《全国社会工作者协会伦理守则》中找到什么来指导自己优先考虑谁的需求？

专业伦理守则简史

所有现代专业都制订出了专业伦理守则。只是到 20 个世纪这才成为寻常的事，但是其漫长的、起伏不定的历史可以追溯到古代。2 000 多年前希波克拉底（公元前 460—前 377 年）要求全希腊的医生都宣誓保证有高水平的专业操守和伦理操守。从历史记载看，神学家和律师并没有类似的守则。它们是古代社会仅有的其他专业。希波克拉底誓言成了一个指南，让古代和中世纪许多地方的医生知道了正确的专业操守。

就像医学是古代社会首个发展出伦理守则的专业一样，在现代社会医学也起到了先锋带头作用。英格兰的托马斯·珀西瓦尔（Thomas Percival）医生因为在 1803 年编写出了第一套现代的专业伦理守则而声名卓著。美国第一套专业守则是美国医学会在 1847 年开始实施的，仿效的就是珀西瓦尔的守则。几年之后，药剂师也有了自己的专业守则。当代的记载喻示，药剂师之所以编写出这一守则，是因为想让公众知道他们的专业操守与医生不同，当时医生的名声不太好。

对大多数美国职业团体来说，伦理守则的形成或多或少都与把职业正规化，转型为专业结伴而行。比如，社会工作者在格林伍德（Greenwood，1957）有关专业的属性的重要文章发表以前很久就已经意识到伦理守则是专业获得认可的先决条件。在弗莱克斯纳（Flexner，1915）说社会工作还不是一个专业后不久，他们就着手草拟专业伦理守则。社会个案工作者的伦理守则试行草案 1920 年面世，这要归功于玛丽·里士满（Mary Richmond）（Pumphrey，1959）。

享有盛誉的《美国政治与社会科学协会年报》（*Annals of the American Society for Political and Social Sciences*）将 1922 年 5 月号全部用来刊载专业和商业伦理守则。当代的观察家认为，这期刊物的出现对人们对此类守则开始感兴趣起到了关键性的作用。在年报上发表有关社会工作专业伦理文章的是两个经验老到的社会工作者玛丽·范·克利克（Mary Van Kleeck）和格雷厄姆·泰勒（Graham R. Taylor）。他们写道，尽管社会工作还没有形成文字版的伦理守则，但是社会工作实践是符合伦理的工作，因为引导从业人员的是服务理想而不是赚钱的想法。20 世纪 20 年代几个地方和全国性团体拟定出了伦理守则草案。美国家庭社会工作组织协会 1923 年准备了一个详尽的伦理守则草案，但是没有采用。

美国社会工作者协会（American Association of Social Workers，AASW）这一 20 世纪初最大的专业社会工作者组织，认可需要专业伦理守则。1924 年 4 月发行的美国社会工作者协会会刊《指南针》（*The Compass*）杂志的编者按赞成拟定专业伦理守则，并提出："公众是否有权利知道在正常情况下一般社会工作者会怎样行事？"美国社会工作者协会研究委员会试图识别出实践中常见的伦理问题。美国社会工作者协会执行委员会甚至在这一研究完成前就指定了一个专业伦理全国委员会。这一行动鞭策许多地方分会讨论是否需要一个伦理守则。有几个分会尝试起草相关文件。据报道，托莱多（俄亥俄）分会是美国社会工作者协会最早发表守则草案的一个地方分会。尽管那个草案只有几条概括性的伦理条款，但是却鼓舞了其他分会动手拟定自己的专业伦理守则草案。然而，尽管对专业伦理如此感兴趣，在全国范围内采用专业伦理守则还必须等待组织有进一步的发展。直到 1951 年，美国社会工作者协会全国代表大会才采纳了一套伦理守则。

20 世纪 50 年代中期，大型的专业社会工作组织发生了历史性的合并，几乎在合并的同时，拟定一套新的专业伦理守则的工作就已经起步，但是全国社会工作者协会代表大会直到1960年才采纳了一套伦理守则。7年之后，这一守则做了修订，纳入了反歧视的段落。以前的守则缺少这一条款，这在很大程度上反映了国家和本专业在道德氛围上的改变。

没过多久，许多社会工作者就呼吁彻底修改守则以便使该文件能为从业人员提供更清楚的指导，并使它更能契合当前的实际工作。1979年全国社会工作者协会代表大会采用了一个全新的守则。很快，这一守则也显现出在社会工作从业人员遇到棘手的伦理困境寻求帮助的时候，并不能提供足够的指导。在早期讨论守则草案的时候，有一位杰出的社会工作者注意到了守则的功用十分有限，因为它"高度抽象，缺乏实践上的用途"（McCann, 1977, p. 18）。

修改后的1979年版《全国社会工作者协会伦理守则》远比早前的1967年版守则更加注重个人的福利。这一改变或许是有问题的，因为它的重心像是要偏离大众的福利。当时一项对不同专业伦理守则的分析发现，所有其他助人专业（除了医学专业）都比社会工作更注重大众的福利（Howe, 1980）。

自1979年开始，《全国社会工作者协会伦理守则》更新了几次，当前的版本最早在1996年的全国社会工作者协会代表大会上得到批准，然后在1999年的代表大会上做了修订，接下来又在2008年的代表大会上做了修改，增加了强调文化能力和社会多样性的条目。

美国和国际上的伦理守则

我们提供了一个伦理守则的简史，因为伦理守则的变更是价值观变迁的典型印证，会纳入新认可的价值观。伦理守则由专业组织按照民主程序产生，因而它的标准反映了组织的价值观。它经由拟定守则的人和投票或以其他方式准许其在组织中使用的人协商而定。要达成共识，必须有妥协，这一守则才能被批准使用。

如果我们把2008年的《全国社会工作者协会伦理守则》与2002年的英国社会工作伦理守则做简要的比较的话，会发现两者有某些共通之处，但也有历史发展和专业及社会价值观导致的不同之处。两套守则目的相近，都是向公众提供信息，说明从业人员所提供的服务的标准，并向从业人员提供确定可接受和不可接受的专业行为方面的指南。在同执法机构的标准合并运用时，伦理守则可以用来确定（缘于不可接受的行为）谁要被清除出专业队伍（Reamer & Shardlow, 2009）。

在英国，社会工作专业并没有生成自己的伦理守则，而是在2002年由社会照护总会首次颁布了社会工作者必须遵照执行的伦理守则。该委员会由政府委派，管理专业社会工作和专业社会工作教育。在2002年的《照护标准法案》中，议会要求社会照护总会制订并维护伦理守则，该守则为工作人员的操守和实践订立了标准。这带来的一个结果是，2005年"社会工作者"成为一个受保护的头衔，只有那些有专业资质的人才可以注册并使用这一头衔。从那时起，要求社会工作者接受伦理守则，并且如果其行为违背守则的话要受到纪律处分。英国的伦理守则的制订与美国的不同，是一种政府主导的行为，美国的伦理守则是专业组织发起和不断努力完善的，没有政府的直接影响（Reamer & Shardlow，2009，p.12）。

另一个不同点是英国的守则有一个引言，描述了守则的作用、社会照护工作的标准和担当管理角色的社会工作服务标准。这些标准放在一起作为从业人员和社会工作管理人员的补充指南，使他们合力传输高标准的服务。尽管《全国社会工作者协会伦理守则》认识到了行政人员的某些责任，但是达标的重任还是主要放在了各个从业人员身上。在英国，迄今为止，社会工作者仍然是被要求信守伦理守则的唯一专业团体。可能随着时间的推移，其他人，即许多类型的社会服务人员，诸如社会照护工作者（一个总的称呼，泛指社会服务工作人员和专门的群体，如居家照护、老年人照护工作者等等），可能也会运用这一守则（Reamer & Shardlow，2009，pp.13-14）。

当然还有其他一些异同。比如，英国的守则还要求社会照护用人机构必须确定所用工作人员适宜从事社会个案工作，明白自身的角色和责任。还有，社会照护用人机构要有书面的政策和程序处理危险性的、歧视性的或剥削性的行为和工作表现，并付诸实施（Reamer & Shardlow，2009）。

英国的守则陈述社会工作者有义务尊重《联合国人权宣言》和其他国家组织从该宣言引申出的宪章所表述的人权。作为其界定社会工作的一部分内容，守则陈述人权和社会正义原则是社会工作的基石。而且，社会工作者要对自己的工作负责，遵守本国和国际组织的伦理守则。英国的守则具体说明了社会正义的含义。这一概念包括：公平、公正地分配资源以满足基本的人类需要；公平地获取公共服务和权益以实现人的潜能；认识个人、家庭、群体和社区的权利与义务；依据法律平等处置和保护服务对象；为了当前和将来的人类福利促进社会发展和环境管理；追求社会正义，识别、寻求减缓和倡导克服结构性劣势。美国的《全国社会工作者协会伦理守则》从未运用或提及国际组织或其他组织的工作。

同样，在英国的伦理守则中也找不到跟美国的《全国社会工作者协会伦理守则》第6.01项标准完全匹配的内容。即：

> 社会工作者应促进从本地直至全球社会整体的福利，并推动民众、社区和环境的发展。社会工作者应倡导有利于满足人的基本需要的生活条件，并推动社会、经济、政治、文化方面的价值观和机制与实现社会公正协调一致。

然而，从前文读者可以看出，就社会公正及其含义的阐述而言，《全国社会工作者协会伦理守则》远不及英国的守则具体。尽管在英国的守则中社会公正也是一个主题，但是整个守则都没有谈及从业人员肩负自身所在社会之外的责任。因此，伦理守则不纯粹是客观的、中性的，对于组织和专业而言重要的价值观（British Association of Social Workers，nd）。

社会工作教育委员会 2008 年的《教育政策与认证标准》含有全球视角，申明社会工作者运用全国社会工作者协会的标准，在适用的时候，运用国际社会工作者联盟和国际社会工作院校联合会在社会工作伦理原则陈述中的标准做伦理决定。因此，社会工作教育委员会，社会工作教育之翼，对于社会工作者的伦理承诺提出了新的侧重点。

2000 年 7 月国际社会工作者联盟和国际社会工作院校联合会一起制定了《社会工作伦理原则陈述》。这些原则强调人权和社会公正是社会工作的基石。这一陈述清楚说明了国际的人权宣言和宪章为全球行业共同体接受的共同标准。下面是与社会工作特别相关的文件清单和网址：

- 《联合国人权宣言》（http://www.un.org/en/documents/udhr/）
- 《国际公民权与政治权协定》（http://www2.ohchr.org/english/law/ccpr.htm）
- 《经济、社会及文化权利国际公约》（http://www2.ohchr.org/english/law/cescr.htm）
- 《国际消除所有形式的种族歧视协定》（http://www2.ohchr.org/english/law/cescr.htm）
- 《消除所有形式的针对妇女的歧视公约》（http://www.un.org/womenwatch/daw/cedaw/）
- 《儿童权利公约》（http://www2.ohchr.org/english/law/crc.htm）
- 《土著与部落人民公约》（http://www.ilo.org/ilolex/cgi-lex/convde.pl?C169）

社会工作教育委员会 2008 年的《教育政策与认证标准》首次把这些纳入重点并有国际性的条款可能是一个方向性的航标，喻示着《全国社会工作者协会伦理守则》会进一步发展。但守则是否会国际化还难以预料。一方面社会工作教育委员会的《教育政策与认证标准》有国际性的内容。另一方面，美国高等法院还在争论国际法则和其他国家的司法规条要在多大程度上认可并用于美国的法律体系。

最后，除了上面讨论的伦理守则，还有几个其他的社会工作者群体拟定了伦理守则。比如，全国黑人社会工作者协会的社会工作者就拟定了一套伦理守则，表达了他们的价值观和信念，即提升所有非洲裔的共同福利能使个人的福利最好地得到保障。临床社会工作者也采用了反映自己特别关心的事宜的伦理守则。《加拿大社会工作者协会伦理守则》反映了加拿大社会特别关心的一些事宜。《女性主义疗法伦理守则》则以女性主义哲学、心理学理论与实践以及政治学理论为基石。

批判性思考练习

1. 在第一章，你阅读了不相容的价值观。毫无疑问你意识到了社会工作者的价值观在做涉及伦理的决定时的重要性。你能识别出一些可能在你做这类决定时有影响的个人价值观吗？

2. 选取上面或本章结尾处援引的两套专业伦理守则，对照比较其中涉及保密的伦理原则。你认为当一位从业人员必须做涉及保密原则的伦理决定时哪套守则最有帮助？

3. 伦理原则和规条是从社会价值观中得来的。识别与下述社会价值观相关的社会工作伦理原则：
- 文化多样性
- 平等
- 自由
- 诚信
- 知识建构
- 隐私
- 社会公正

4. 作为一个社会工作者，如果你必须在孩子有隐私权和父母有了解影响孩子的事宜的知情权之间抉择，你会怎么做？什么因素会影响你的决定？

5. 上网查看《女权主义疗法伦理守则》。同《全国社会工作者协会伦理守则》相比较，你能找出《全国社会工作者协会伦理守则》没有强调而《女权主义疗法伦理守则》予以强调的一些主题吗？有什么标准是有冲突的吗？《全国社会工作者协会伦理守则》与《女权主义疗法伦理守则》在政治立场上有多一致？

6. 分小组讨论是否社会工作者只与跟自己价值观相似的服务对象工作会更好。这样做的话伦理上会有好处吗？如果不会有的话，这样做伦理上会有坏处吗？

7. 分小组讨论《全国社会工作者协会伦理守则》是否适用于所有社会工作者，而不管他们是不是全国社会工作者协会的会员。

8. 网上有大量的伦理方面的资源。登录你喜欢的搜索引擎（如谷歌、雅虎之类），输入"社会工作伦理"，查看几个网站。你怎样才能确定哪些网站的声誉更好？

推荐阅读

雷默（Reamer，1998）追溯了社会工作伦理规范、原则和标准的演变历史。戈尔茨坦（Goldstein，1987，1998）和曼宁与高尔（Manning & Gaul，1997）的文章出色地介绍了道德哲学在社会工作实践中的地位。麦克普朗夫妇（Mackelprang & Mackelprang，2005）说明了临终情形近年来怎样发生了巨大的变化，导致社会工作者重新考虑专业传统上拥戴的伦理方面的价值观。巴克（Barker，1988b）提出了同时是几个专业协会成员的社会工作者面临的一个问题：他们应该遵循哪套伦理守则？克拉克（Clark，2006）主张，社会工作者作为从事社会服务的专业人员队伍中的一员，示范生活方法，提供道德上有争议的问题的咨询，价值中立既行不通也没必要，结论是社会工作角色包括了示范美德。雷默和沙德罗（Reamer & Shardlow，2009）把美国全国社会工作者协会的伦理守则与英国社会工作者协会的伦理守则放到一起，分析了两者的异同，尝试对两者的差异做了解释。

推荐网站

有几个网站提供多个伦理资源方面的链接。示例如下：
- 劳伦斯·M. 欣曼（圣地亚哥大学）的伦理近况。网址：http://ethics.sandiego.edu/。
- 社会工作学士课程主任协会（The Association of Baccalaureate Social Work Program Dirctors，BPD）社会工作价值观与伦理课程资源技术分委员会资讯。网址：http://www.uncp.edu/home/marson/nlink.htm。

能力要点

教育政策2.1.1：**认同专业社会工作者身份并以此要求自己**。本章我们介绍了不相容的价值观的理念以及这些如何与社会工作者的伦理困境有关。

教育政策2.1.2：**运用社会工作的伦理原则指导专业实践**。本章我们讨论了价值观，包括不相容的价值观及其如何与社会工作者的伦理困境有关。

教育政策2.1.3：**运用批判性思考告知和沟通专业判断**。我们通过章后的练习、章内的提问和两个供思考的案例，继续培养批判性思考能力。

教育政策2.1.4：**将多样性和差异性融入工作实践**。我们讨论了《全国社会工作者协会伦理守则》与英国和其他的伦理守则的异同，探讨了文化多样性问题。

第三章

伦理决定指南：概念、取向与价值观

接下来的两章讲述社会工作实践中的伦理决定指南与模式。本章是其中的第一章，重点是专业伦理与价值观，特别是论述社会工作教育委员会2008年《教育政策与认证标准》中第1.1条有关价值观的教育政策和第2.1.2条有关运用社会工作伦理指导专业实践的教育政策。其中的部分讨论是思考和澄清个人、群体、社会和专业的价值观带来的有冲突的义务。

社会工作者每天都必须做出涉及伦理的抉择。一位服务对象告诉社会工作者她正准备自杀。小组活动的一位成员失业了9个月，要求社会工作者别告诉有可能聘用他的雇主他曾经犯过罪，这样他就能获得非常迫切地想要得到的一份工作。另一位服务对象正告诉社会工作者他挪用了雇主的公款支付儿子读研究生的学费。一位年轻男子威胁说要伤害一位同事，因为他认为这人让他的未婚妻丢了工作。每个情境都让社会工作者面临一个或多个伦理上的困境，因为其中涉及了相互冲突的义务。社会工作者对其服务对象有什么义务？对其他可能因服务对象的言行受伤害或获裨益的人又有什么义务？对社会呢？对自己的价值观呢？在本章和下一章我们会提供几个做伦理决定的指南。这些指南不是要给出具体的答案，而是给社会工作者提供工具，使其能更为有效地做出伦理决定。本章会讨论伦理决定中哲学和实践层面的要素，下一章会提供一套做伦理决定的模式和工具。我们先来分析一个实际情况，用案例3-1说明这一方法。

> **案例3-1　　　　　塞雷纳·亚当斯有疱疹**
>
> 珍妮特·阿普里尔住宿治疗中心是处置有情绪问题的青少年的机构。机构的工作人员发现一位15岁的女孩塞雷纳·亚当斯有疱疹。疱疹是一种无法治愈的、不会对生命构成威胁的疾病。平时潜伏，但是在性交的时候会处于活跃状态，传染给他人，有时一点症状

都没有。塞雷纳一次次地抱怨腹股沟发痒、疼痛，小便的时候有灼伤的感觉。尽管疱疹不会危及生命，但生殖器疱疹会使人更容易感染艾滋病病毒，从而对生命有影响。如果疱疹在母亲临产的时候处于活跃期，新生儿有可能受感染；个人可能不得不向未来的伴侣解释这种疾病的症状。塞雷纳给一个18岁的男孩唐尼写了张纸条，跟他约会性交。塞雷纳感染疱疹的事只有工作人员和她自己知道。

在讨论了塞雷纳的最新情况后，治疗团队要求社会工作者杰基·拉马丁同她谈话，了解情况。她应该尽力劝说塞雷纳不要与唐尼发生任何性关系，或者至少保证采取安全措施。杰基表示她不介意同塞雷纳谈话，但是她感觉还应该有人向唐尼通报塞雷纳患疱疹的情况。杰基认为如果不告诉唐尼的话，就不能让他在知情的情况下做出选择，甚至不能让他用避孕套。杰基跟塞雷纳谈了话，告诉塞雷纳知道她爱唐尼，觉得塞雷纳会愿意保护唐尼和自己。但塞雷纳拒绝合作，争辩说她的事应该保密，她和唐尼相爱，怎样处理性关系是他们自己的事。她坚持不要告诉唐尼她的病情。工作团队的成员对于该怎么做分裂成了两派。

事情似乎相当清楚，杰基和工作团队的成员面临着几个伦理上的困境。许多问题是社会工作者的专业知识和经验引起的，其中有：

（1）尽管两人都有些风险，但杰基及其工作团队是否应该不管塞雷纳和唐尼，让他们自己做决定？保护唐尼是否比保守塞雷纳的秘密更为重要？如果杰基告诉唐尼实情，就会干涉塞雷纳的自决权和自由；但是如果她不告诉唐尼，就会让他有可能受到感染。这位社会工作者在没有征得塞雷纳的同意的情况下同唐尼讨论所面临的情况，能说得过去吗？

（2）在这一情况下，社会工作者的职责是要保护什么？她应当尽力保护谁？唐尼？塞雷纳？还是两人都保护？

（3）如果工作团队同意塞雷纳的请求，塞雷纳和唐尼有可能要付出的长远代价是什么？这些代价对于机构、两个服务对象以及其他住院治疗的成员来说值得为之努力，防止它们发生吗？也可能不管怎样这件事都阻止不了。

做伦理决定并不是用人为拟定的武断的规定那么简单。麦基弗（MacIver）在1922年写下的语句今天仍然适用："伦理不能归纳成一系列不能违背的规定或指令，能放之四海而皆准，而不去考虑具体情况、不计后果、不理解要达到的终极目的。"（p.7）如果真有不能违背的规定或指令的话，那么社会工作者会发现处理遭遇的伦理问题并不难。

社会工作专业人员像其他专业人员一样，每天凭信心做出许多伦理上的判断。他们并不认为这样的判断有什么困难或是争议。专业伦理守则和常识给了他们足够的指导来应付许多难题（Beyerstein，1993）。然而，社会工作者并不总是面对好坏分明的"简单"选择。相反，他们常常会遇到好几个选择，每个都是有得有失，就像案例3-1的情况。在这样的情形下，老练的工作者会评估和掂量所有的选择及其后果，然后挑选出看来最合乎伦理的决定。社会工作者怎样才知道哪个选择"最合乎伦理呢"？

伦理决定的基石

对伦理问题的抉择很少是特异性的，一般总是与个人的行为形态保持一致。因为这类决定涉及对与错的问题，所以深深扎根在对做决定的人来说最重要的价值观念中。尽管哲学家对伦理的发展有重大影响，但也有其他方面的影响，包括传统、政治、宗教、种族和性别等。当代哲学家认为有两个主要理论可以涵盖做伦理决定时的主要途径：伦理相对主义和伦理绝对主义。

伦理相对主义

伦理相对主义拒绝固定的道德法则。它判断伦理决定是否合理是以具体的背景或者产生的后果为依据的。风险是什么？好处又是什么？什么决定带来好的结果会多于坏的结果？做出某个选择是因为它会带来想要的结果，拒绝某个选择是因为它会导致不想要的后果。好结果的数量，或者是好结果是否胜过不好的结果（没有什么绝对的标准）是做伦理决定的主要标准。杰里米·边沁（1748—1832），最早的英国功利主义的典型人物，接受"最大多数人的最大的幸福"作为可以用于一切情形的约束性原则。

伦理相对主义者在识别伦理决定的目标或旨在受益的人上有分歧。伦理自我主义者认为人应该永远最大限度地争取对自己好的事，不管对别人来说后果是什么。有伦理道德的社会工作者不能在工作中充当伦理自我主义者，因为其职业角色不能让他们总是做对自己最好的事，也不能让他们不顾及自身和他人的行动带来的后果。伦理功利主义者则认为最重要的是寻求最大多数人的最大益处。上述情形中最大幸福就是保护唐尼、塞雷纳、杰基和机构。然而，在一些情形下，既要保护唐尼和塞雷纳，又要保护机构或杰基可能行不通。伦理实用主义者会权衡行动带来的最大益处，但也会掂量行动带来的一些不同后果。

伦理相对主义并不是近来才有的新观点，而是从古希腊时期就已经声名远播了。其早期的追随者是些诡辩派的哲学家和古希腊历史学家希罗多德。近一点的追随者则有约翰·斯图尔特·穆勒、杰里米·边沁和西格蒙德·弗洛伊德。这三个人都宣称伦理决定的依据应当是追求最大限度的快乐，避免痛苦。

有些人指责伦理相对主义，因为它说唯一要紧的事是结果。如果是这样的话，那么银行抢劫案的武装劫匪杀死了一个旁观者，士兵在战斗中杀死了一个敌人与社会工作者没有因为疑似儿童虐待而把年幼的孩子从父母身边带走，导致了孩子的死亡，这三者之间真的没什么区别吗？不同的动机、不同的行动导致了"相同"的结果，但是它们真的相同吗？

寻求肯定的、理性的、说得清道得明的真理受到许多人的质疑，甚至是贬损。一些人认为不能接受没有什么普遍"真理"和绝对原则。各种"主义"（诸如后现代主义、解构主义、社会建构主义）声称，情况，包括那些需要做伦理决定的情况，最好要从"更真实"的角度去看。因为后现代主义者认为世上没有独立的客观性的标准，没有普遍"真理"，也没有绝对的原则（Rothstein，2002），在此也把他们归为伦理相对主义。按照一些人的说法，我们所处的时代是后现代社会，即"一个现代开释（脱域、摆脱）捆绑式身份（嵌入、情境化）即将完成的时刻；现在选择身份太过容易，但却不可能保有身份"（Ulrich & Beck-Gemsheim，1996，p.24）。必要性和确定性被权变所替代。上帝、自然、真理、科学、技术、道德、爱和婚姻这些确定性的东西正转变成"不确定的自由"，即"什么也束缚不了现在，而现在对未来也没什么把握"（Bauman，1996，p.51）。

在一个变化不定的世界里，在普世观点的合法性失落，所有事情都复杂、多变、不确定的时候，源自后现代主义的这一观点拒绝自我欺骗。按照这个观点，自我审慎是关键。因为这能让人变得更好，变得更能负责任地回应自我，回应自我与更大的世界的碰撞。这一取向的伦理原则和伦理行动取决于"个人认识自己对他人所负的责任，并准备好即使是与潮流不符也能挺身而出"（Hugman，2003，p.1029）。

伦理绝对主义

伦理绝对主义强调某些固定的道德原则有超乎一切的重要性。持这一观点的哲学家宣称，不管结果如何，行动本身有正误之分。一个特定的行动或实践在道德上正确与否不是由于其结果或具体条件，而是"由于这一行动或实践本身一些内在的特性"（Callahan，1988，p.20）。伦理绝对主义者坚持可以制定伦理原则，这些原则应该在任何情况下都要坚守。比如，他们会认为"社会工作者应该对服务对象讲真话"这一原则总是正确的，不管在特定的情况下讲真话会造成多少损失，都应该不分场所付诸实施。柏拉图等哲学家和某些宗教哲学家持这一理论，被称为**义务论者**。伊曼努尔·康德（1724—1804）是第一个采用义务论概念的现代哲学家。他坚持分类的必要性原则，认为"行动唯一应当遵守的准则是这一准则在同一时间能成为普世法则"（Johnson，2008）。他坚持分类的必要性（任何人在同样的情况下采取同样的行动）是在所有情况下道德上的需要和义务。按照这一观点，人应该不管什么情况下都决不说谎，永远讲真话。尽到义务要大大优先于权衡后果。当然，在两个同样要尽的义务间会发生冲突。因为要同时履行两个义务，冲突在所难免。

值得注意的是，许多伦理绝对主义者也同意在有些情形下，固定原则不适用。比如，许多神学家接受首先由荷兰法学家胡果·格劳秀斯（1583—1645）提出的一个论点：人应该永远讲真话，决不说谎，但是可以对窃贼说假话，因为没人有义务对他们讲真话。然而，在特殊情况下不运用某个原则与认为每个情形下都没有什么原则是有重要区别的。

从业人员可能并不知道专业哲学家们的这些工作。也不总是清楚自己在做伦理决定的时候追随的是哪个伦理理论。因为主要理论在实践上的区别常常并不像写在书本上的区别那么一清二楚，所以这一点就表现得更加明显。由于这些理论上的派别在实践中似乎常常融合在了一起，所以许多人认为社会工作者追随哪个理论并不会使她在做伦理决定的时候有什么不同。然而，正如下面的分析将要说明的那样，的确会有所不同。

两位社会工作者的不同取向

我们现在回到第一章巴桑蒂·马杜赖的案例，来看一下这些不同的理论取向可能会对这位社会工作者的伦理决定有怎样的影响。回想一下，一位邻居告诉社会工作者埃伦·阿什顿巴桑蒂受到丈夫的虐待。然而，当埃伦邀请巴桑蒂加入一个被虐待妇女支持小组时，巴桑蒂却说一切都很好。当你第一次读到这个案例时，你识别出了什么伦理困境？如果能做些什么的话，你会怎么做？

在你读了第一章之后的几天或几周里，社会工作者埃伦邀请巴桑蒂单独与她见面，这是基于巴桑蒂最初表达的希望，即努力为她的家庭创造更好的生活。在第一次见面时，埃伦看到巴桑蒂手臂上有一大块瘀伤。当她询问巴桑蒂的瘀伤时，巴桑蒂承认她丈夫在争执中抓住了她，但她确信他无意伤害自己。在面谈中，埃伦确定这些事件有一个暴力循环模式，但巴桑蒂不想离开她丈夫，她不认为她丈夫需要帮助。作为一名新社会工作者，埃伦不知道该如何应对这一情况。她担心，如果她过于积极，巴桑蒂可能不会继续与她会面，因此埃伦决定向机构中更有经验的社会工作者求教。

两位社会工作者，伦理相对主义者鲁斯和伦理绝对主义者安妮可能会给埃伦提供不同的指南。我们的重点是了解这些不同会怎样带来不同的考虑和决定。伦理绝对主义者安妮认为，家庭暴力是错误的，遭受虐待的妇女应该立即离家，以保护自己和孩子——假如有孩子的话。因此，她鼓励埃伦说服巴桑蒂离开丈夫，把孩子们带到家庭暴力幸存者的庇护所。

社会工作者鲁斯从一个完全不同的角度看待巴桑蒂的处境涉及的伦理问题。作为一名伦理相对主义者，她评估了如果尊重巴桑蒂的说法，否认存在虐待行为的后果，以及她过上更好生活的愿望，也评估了巴桑蒂不离开暴力关系可能遭受的伤害。而且，她的评估是虐待没有带来生命危险，她认为对于这一情况还需要更多的信息。她向埃伦提供了有关家庭暴力的资讯，包括一些研究发现的离家和返家的模式。她提出，即使女性决定离开一个受虐待的关系，很多人还是会返回这一关系（经常会重复出现），因此，对这种情况做进一步的评估，并考虑留下还是离开会给巴桑蒂及其家人带来的后果，非常重要。

刚才描述的两个做决定的情境说明了伦理绝对主义和伦理相对主义的决定方式。社会工作者安妮和鲁斯所做的决定，在每一种情况下，都只是她们可以选择的许多不同方案中的一种。这里所呈现的情境说明了与每一种哲学取向有联系的一般做决定的模式（绝对规则或权衡行动或者不行动的结果）。在这种情况下，决定什么是最佳行动方案取决于社会工作者的人生哲学、她的价值观、她信奉伦理相对主义还是伦理绝对主义，以及她对巴桑蒂的生命有即刻、直接的危险程度的评估。它还取决于工作者的同行群体、家庭、专业团体、社区和社会的影响。与所有伦理困境一样，这种情况涉及优先权问题。什么对巴桑蒂和她的家人最好？此外，任何决定都还必须考虑到对这种情况下的其他参与方的影响，包括机构、为将要提供的照护付费的社会、这位社会工作者和其他可能涉及的人。

并非所有义务论者对任何特定问题都遵循同样的伦理原则，所以识别出相关的伦理法则空前重要。比如，一些伦理体系认为流产等同于谋杀，并完全禁止流产，而不管具体情况如何；而其他一些伦理体系则准许在特定的条件下，如危及母亲的生命的情况下流产。还有些伦理体系对这一问题不置可否，让涉及的个人自己决定。社会工作者安妮在找到相关的道德原则后可能会面对其他的伦理困境。可能有的一个困境是两类必须保全的东西发生了冲突：按照专业的价值观和标准，要让服务对象自决，而她自己的价值观体系把保护生命放在了首位。这个案例便是社会工作者不能让两类必须遵守的价值观同时得到推崇，而必须两选一的例子。

当今做伦理决定的取向

哲学家区分出了伦理绝对主义和伦理相对主义作为两个主要的伦理理论。尽管如此，这些理论一般还是太过笼统或者抽象，在应对面临的伦理问题时，它们并不总是能给人们帮助。过去，常常有人提议用*良知*作为伦理决定的钥匙。一些当代的哲学家用*罪恶感*替代老一些的概念，而其他人加入了"*感觉好*""*民主*"或"*赋权*"作为当今解决伦理问题的要旨。然而，良知或罪恶感都太过个人性，不能引导社会工作专业人员做伦理决定。一个人的良知会和另一个人的良知不一样。而专业伦理对于整个专业的人却应该是共同的，所以应该是跟专业里的每个人都相通。社会工作者需要的是能让自己更系统、更理性地考虑社会工作干预中涉及的伦理问题的分析工具。专业协会的伦理守则是要帮助社会工作者处理实践中出现的清楚的、明显的伦理抉择问题，陈述能够评估专业操守的伦理实践标准，实施专业的伦理守则，所有这些是假定专业内部对于伦理标准有共识（Beyerstein, 1993）。这样的标准必须有知识含量，但是伦理决定不能仅仅依靠知识，因为伦理决定要处理的主要是应该怎样，而不是是怎样。在下一章陈述我们的伦理决定模式之前，让我们先来讨论其他社会工作者发现的在做伦理决定时有用的一些途径。

临床实用主义

许多社会工作者表示,自己既不是哲学家也不是解决伦理问题的专家,认为自己的主要责任是提供高水平的专业服务。本质上他们同意约翰·斯坦贝克的小说《愤怒的葡萄》中吉姆·凯西说的话:"世上没有罪,也没有美德,只有人们做的事。"他们确信,如果能潜心改善实际工作,就不会纠缠进伦理问题。他们还认为提供服务的类型、处理的问题的性质、干预使用的手法都首先取决于社会,所以工作者个人的伦理立场远不像社会伦理那么重要。追随这一派观点的社会工作者把重点放到了奉行对其行为有制裁权的社会价值观上。比如,当今美国社会工作者的作用之一是帮助遇到各种类型的情绪困扰和危机的个人与团体。这些社会工作者把社会的价值观作为标准,用来识别需要专业人员干预的那些行为,即社会认为不正常的行为。他们在尝试解决实践中任何价值观上的冲突时,都以自己工作的群体的价值观优先顺序为考量因素。

尽管这一取向看似简单、直截了当,甚至支持科学的实践,但是它有保守色彩。激进的作者,如托马斯·萨斯(Thomas Szasz,1994)和伊凡·艾利克(Ivan Illich,2006)批评这一取向是有悖伦理的,因为这些社会工作者倾向于代表社会的主宰和剥削机制充当社会控制的代理人。追随这一派别的社会工作者很少质疑社会的伦理或者规范(因为他们理解这些东西)。他们的工作支持社会的等级阶层制。这些社会工作者很少会鼓励自主建立另外的生活方式,也不会加入用其他方式挑战社会的价值观的队伍。这些社会工作者应该记住,社会工作者有专业上的责任和伦理上的紧迫任务不"实施、纵容、为之制造方便或协助任何形式的歧视,包括基于种族、民族、国籍、肤色、性别、性取向、性别认同或表达、年龄、婚姻状况、政治信仰、宗教、移民身份、精神或身体残疾的歧视"(NASW,2008,4.02)。而且,社会工作者"应倡导有利于满足人的基本需求的生活条件……与实现社会公正"(NASW,2008,6.01)。问题在于那些追随临床实用主义取向的人是否总能意识到自己所作所为的含义。他们必须严肃思考自己是否遵循了上面援引的专业伦理。

人本主义伦理观

这一取向的基本观点是对人的本性持理想主义的看法,认为它在实质上是积极的,对未来持乐观的立场。它的着眼点放在了人的行为的成因上,而不是对此进行道德解释。许多从业人员发现人本主义伦理取向有吸引力,因为它将很强的理想主义与给个人选择提供机会结合在了一起。这一取向强调每个人做出对自己有意义的选择的能力、机会和责任。各个服务对象或群体而不是任何机构或意识形态是关注的中心。这一取向特别适合当今多元文化的美国,因为它强调个人主义和多元主义。

自我实现是心理学家亚伯拉罕·马斯洛和精神分析学家埃里希·弗洛姆的人本主义理

论的核心。他们认为人类在天性上是好的，有能力按伦理行事。人性的内核在本质上是有伦理意识的。个人自由和责任构成社会生活的基础。自我表达和自我实现被认为是成熟发展向往的结果。个人身份是每个人按照自我选择的价值观的理性选择。个体和群体层面的专业干预的优先次序是帮助人们获得自我实现，而不是帮助他们学会调整自己适应现有的社会秩序。在社会层面，追随这一派别的社会工作者会采取干预措施，改变阻止个人成长和自我实现的社会制度。

这一派的从业人员在许多推动自由和平等的事业中走在前列。一些人提议以反对稳定的社会权威结构的方式打破治疗师、服务对象、家庭成员和社会之间的权力架构（Parker，2003）；另一些人则强调享乐主义而非传统的价值观（Orovwuje，2001）。这一派的所有追随者都感觉有了明确识别出的价值观优先次序，他们会更好地界定和减少自己面对的伦理困境。这样做他们感觉能应对大部分实践中的伦理问题。更重要的是，通过强调个人的责任，做伦理决定的主要负担从从业人员身上转移到了服务对象身上。

基于几个理由，选择人本主义伦理作为主要的取向处理伦理决定受到批评，主要因为这一取向有可能加剧出现伦理困境的情况。服务对象带着各种各样的要求而来，并不是每个人都在寻求帮助获得自我实现。社会工作者还必须记住，一个人的个人自我实现很可能会非常强地干扰另一个人的自我实现。

对这一派别的另外一个批评是，它鼓励个人主义和享乐主义，在很多方面会分化和逐渐侵蚀社会工作通过改变社会结构，使之更能增强人们的福祉的社区意识。这昭示了个人、专业和社会间有伦理冲突的现实。因为即使有的话也是很少服务对象或社会工作者在生活中的行为举止没有道德上的考虑和道德问题。对自我实现的主要批评是，并不是人人都是性本善，一个人或群体的自我实现会与其他人和群体发生冲撞。没有界限和责任的自我实现能带来建设性行为，也能带来毁灭性行为。

宗教伦理

宗教伦理预设有上帝的存在。一方面世俗主义哲学家教导说男人、女人都是自己价值观的创造者，而另一方面宗教哲学家坚持认为存在一套人必须去发现的神圣的价值观。与那些否认存在绝对真理和绝对伦理法则的人不同，追随宗教伦理的人宣称存在所有时候都能指示正确行为的永恒法则。信仰者相信宗教信念和伦理道德是一枚硬币的两面。他们想象不出除了神圣的意愿还有哪个来源能提出有长远成效的伦理道德。只有在接受上帝的权威的情况下，才能谈及人际关系中的伦理。他们完全赞同陀思妥耶夫斯基的作品《卡拉马佐夫兄弟》中伊凡说的话："如果没有上帝，什么都可能发生。"雅克·马里顿（Jacques Maritain），一位基督教哲学家论争道，世俗主义伦理将个人变成终极目的并不能把人神化，而会贬低人，因为"人的伟大之处在于他的唯一归宿是永恒的上帝"（1934，p. 269）。对信仰者来说，找寻神圣的意义是有意义的，而对非信仰者来说，这种找寻纯属徒劳。

接受宗教取向的后果之一是伦理和法律合二为一，成为一个包含一切的相互联结在一起的系统。因为伦理原则一般都说得非常概括和抽象，所以宗教戒律的权威性诠释者对如何解决日常问题做了演绎。这些演绎成了优先权或者法律。这样做的时候，法律已不再与伦理分离，而是成为在社会的日常生活中将伦理原则付诸实施的手段。这一派别为追随者提供了强有力的工具，帮助他们应对在社会工作实践中遇到的许多伦理问题。但与此同时，他们在运用这一取向的时候却面临着非常严重的问题，因为他们实践的背景在本质上是世俗主义社会，他们宗教团体的法律/伦理可能与另一团体的法律/伦理相冲突。

如果你认为自己是一个有宗教信仰或有精神信念的人，你可能要想一想自己的信仰，以及它们与你在社会工作实践中可能遇到的服务对象和社区类型的关系。你的信仰和价值观与《全国社会工作者协会伦理守则》（NASW，2008）和每个社会工作者在实践中必须做出的伦理决定的关系是什么？如果你确定了你的信仰和价值观与《全国社会工作者协会伦理守则》（NASW，2008）之间可能有冲突，你会如何处理这些与可能出现的实际工作中的做法相冲突的情况？虽然这一节讨论了一般的宗教伦理，但在本章后面我们将介绍儒家伦理和印度教伦理（越来越多美国人的伦理背景），这两种伦理都强调美德伦理，认为自律、品格和个人美德是伦理行动的主要因素。

关怀伦理

关怀伦理作为 20 世纪末的一种发展，在道德哲学中有着短暂的历史。兴趣或关怀是一种情感态度，嵌入与他人的关系中。有些人认为这种关系构成了一种完整的道德观。关心表明一个人会在另一个人做得挺好时为他感到高兴和宽慰；如果事情不顺利，会感到担心和焦虑。一个表现出关心的人会了解另一个人需要什么，什么会有助于他的福祉。他会把他人的问题和负担当成自己的问题和负担（在某种程度上），即使这可能涉及要做违背自己的愿望和利益的事（Blum，2001）。

那些发展出关怀伦理观的人认为，传统的伦理模式缺乏妇女和儿童在父母和家庭的私人世界中的经验。传统的伦理体系忽视了社会上与母性情感和一般妇女联系在一起的女性心理特征和美德。女性主义者从不同的角度对西方伦理学提出质疑，认为传统伦理学反映了男性文化和男性化的推理方式。根据这一观点，传统的伦理决定强调普适性和公正性，而不是"文化上女性的道德推理方式，强调关系、独特性和偏好"（Tong，1998，p. 261）。其他女性主义者批评传统的伦理理论，因为它们的根基是理性、客观原则和/或权利（Blum，2001）。他们非常重视关怀伦理，认为个人"只有在一种关怀网络中才能生存和繁荣。人际关系、实践、价值观和生活方式的网络"（Manning，1992，p. 163）。

关怀伦理观提出，人的本质在于与他人密切联系在一起，这些关系中的紧张和冲突是所有伦理困境的核心。根据这一观点，要解决此类冲突，就必须注重这些人身处的具体情境、他们的关系网以及如何在不运用管辖法律或条文的情况下保持这些关系的完好性（Spelman，2004）。

关怀伦理以"关心并满足我们负有责任的特定他人的需要"这一令人信服的道德责任为核心点（Held，2006，p.10）。赫尔德认为，当我们试图理解做什么对我们最好、什么是我们想要的成就时，关怀伦理观提出我们应重视情感，而不是忽视或拒绝情感。同情、同理心、敏感性和响应都需要培养，以便确定推荐什么道德。关怀和母性伦理旨在存续生命，提供吃饭、穿衣和遮风避雨之所，助力儿童和其他人的成长和培养，使他们成为有担当、会关切的公民（Tong，2003）。

关怀伦理拒绝对道德问题做比较抽象的推理。它质疑更为传统的伦理理论的普适性和抽象性规则或原则，这些伦理理论基于道德主体的价值自主，不受当下强烈情绪的左右，并基于一致和公正的原则行事。关怀伦理认为"公正之声"在男性中更为典型，而相比之下，"关怀之声"则被视为更为典型的许多女性对道德的考量。

比尔森（Bilson，2007）还将关怀（富有同情心的关心）的理念与社会工作及其伦理联结在一起。他的观点是，我们的所有行为都有伦理性的一面，因为它改变了我们与之互动的人的生活。然而，他认为"只有当我们感知到对人的尊重崩塌时，我们才会有伦理上的关切……伦理关切的基础是旁观者关切某些人的行为对其他人造成的后果，它基于情感而不是理性"（p.6）。比尔森引用马图拉娜（Maturana）的话，认为"决定我们是否认为某一行为有悖伦理，并据此采取行动的是情感，即爱、相互接纳、同理心而不是理性"（p.6）。因此，我们不必对伦理选择情境做出任何规定或发明任何规则。自发的同情已经存在于所有人的心中。按照这一观点，伦理学训练的问题在于进一步发展我们自发的同情，并通过反思我们的理性、行动和情感来扩展它，以适用于其他情形。伦理存于人际关系之中，而不是在原则中。这些基于关怀和同情的生物学的理念喻示，合乎伦理的决定是人类固有的。这一论点提示了本章后面将要介绍的品格和美德哲学。

关怀伦理关注的是人际关系中的响应性和负责任性。它关注具体情境中的审慎决定，抵制解决道德问题的抽象公式。对权利、义务和一般责任的强调被淡化。然而，有人对关怀伦理提出了一些批评。能有一种人际关系成为所有人际关系的典范吗？这一理论是否过分理想化了女性，将男性排除在了母亲的工作之外？如何在那些需要照顾的人之间做出选择，特别是他们的需要相对而言是平等的？关怀本身并没有考虑到女性生活和工作的压迫性环境。接受关爱是女性固有的这一理念，有可能被用来决定女性的社会发展可能性和角色，将她们定型，带领她们奔赴特定的职业和任务（Bowden，1997）。因此，女性有可能被引导或自我引导去往数量较为有限的可能职业和角色。关怀伦理还有一个可能的不足值得一提。班克斯（Banks，2004）提出了关怀并非没有陷阱的观点，并指出关怀可能有阴暗的一面，"当关怀成为控制性的、家长式的或不容拒绝的"（p.54）。它可能扼杀主动性，降低自决的重要性。

女性主义伦理

女性主义伦理也以女性为中心,主要关注女性的道德体验。因此,它注重女性生活和工作的压迫性环境。女性主义伦理是政治性的,因为它致力于消除女性和所有受压迫者的从属地位。权力支配和从属问题比善与恶、关怀与公正或者母性或父性思维问题更为重要(Tong,2003)。

在女性主义理论中对专业伦理有重要意义的内容如下:
(1) 对统治的批判和相伴的对互惠价值观的表达,平衡传统上权力的差异。
(2) 认识到他人独特的个性。
(3) 投身于关爱理想。
(4) 拒绝抽象的普适性,树立关心具体情境的推理模式。

根据沃雷尔和雷默(Worrell & Remer,2003)的观点,"性别的社会建构将女性的问题从个人和内部迁移到社会和外部。女性主义的性别建构从权力的表达和维护的角度重新定义了男女关系的性质"(p.5)。因为任何形式的统治和压迫在道德上都是错误的,所以女性主义伦理关心各个情境的特殊性,也关心社会结构状况,如种族歧视、阶层歧视和性别歧视。在做伦理决定的时候,私人的麻烦会被放到公共问题的大背景下去审视。个人的境遇和社会的背景不应该被分开看待(Abramson,1996)。

然而,没有单一的女性主义的伦理决定方法,目前已经发展出了不同的模式(自由主义、马克思主义、激进主义、多元文化、存在主义、女同性恋和其他)。而且,如同格拉斯曼(Glassman,1992)指出的那样,女性主义者还会发现"其女性主义信念会与其他深受尊重的社会工作传统、价值观和原则发生严重的冲突"(p.161)。社会工作者能尊重一些种族群体的文化价值观和习俗实施并持续维持压迫吗?尊重服务对象的自决权的社会工作者在遇到接受父权制或其他社团共有的价值观的服务对象时应该怎么做呢?

帕顿(Parton,2003)将一个政治维度引入女性主义关怀伦理的讨论中,并指出关怀工作"作为一种社会活动和实践价值通常被贬损,并且也通过假定它与隐私、情感和'贫困者'联系在一起而在概念上贬值"(p.10)。帕顿认为,与公共领域的成就、理性和自主性等"有价值"的品质相比,关怀是缺乏价值的。他还指出,将情感视为充分的人的理性的核心至关重要。人是相互关联、相互依存的生物。把关怀作为一种政治概念来对待,会支持一种更民主、更多元的专业实践形式的理想。

美德伦理

美德伦理起源于亚里士多德,他认为没有关于善或正确行动的总的规则。只有每种情况下的人才能知道什么是最好的,是发生特定情况的正确原因。一个人做正确的事情,是因为从小就受到的美德教育。人们受培养并使自己的品行端正，行为举止有实践智慧，从而学会做好人。道德培养是灌输习惯、礼节和风俗传统，即可接受的方式和行为。一个公正诚实的人之所以如此是因为他被变成了这种类型的人，是这种类型的人。人的美德正义、勇气、慷慨、节制、温柔都是由于培育个人品格而激发出来的（Broadie，1991）。

品格是决定因素。道德不能被条文化成一个通用的伦理决定模式。在任何情况下，正确的做法都是一个有美德的人在这种情况下会怎么做。例如，在这种情况下，摩西、耶稣、佛陀或其他榜样会怎么做？卓越品格是通过实践培养出来的。当德行成为习惯时，就会成为决定个人身份的个人品格或固定性格的一部分。共同目标是鼓励有益于善的习惯和外部行动（Tessitore，1996）。

近几十年来，美德伦理复兴，相关问题受到重视。例如，什么使一个特定的人的品质成为美德？美德知识与美德实践有怎样的联系？如何用美德来实现特定的人的"好"？西方的主要宗教，如基督教、伊斯兰教和犹太教，都把谦卑、耐心、缔造和平和慈善作为美德（MacIntyre，2001），因为他们认为只有通过运用美德，我们作为人类才能发挥作用。

谁列出的美德是正确的？有人对美德伦理提出了一些批评。美德伦理似乎主要关注个体获得美德，因此一些人认为美德伦理是以自我为中心的，主要关注的是特定的人拥有的品格。美德伦理未能帮助提供实际行动指南。最后，正确的教育、习惯和影响虽然可以促进美德，但是错误的影响也可以促进罪恶。有些人会很幸运，得到他们所需的帮助，变得成熟和品行端正；另一些人则不会。因为一些个人无法掌控的东西而赞扬品行端正的人，责怪其他人，这公平吗？（Athanasoulis，2006）

麦克比思和韦伯（McBeath & Webb，2002）提倡把美德伦理作为社会工作"越来越被问责制、质量控制和风险管理常规化"强调规章和职责"的解毒剂（p.1016）。根据麦克比思和韦伯的说法，强调这些产生了一种遵循得到认可的或典型的工作流程的文化，导致防御型的社会工作。他们反对机械地运用义务论和实用主义伦理，而是提倡美德和关怀伦理。这种观点使他们认为"美德伦理……也许不能告诉我们在这种或那种情况下必须做些什么来满足社会工作作为道德载体的形象，但可以用来提供塑造'是'一个好的社会工作者的道德依托。更简单地说，根本问题不是什么是好的社会工作，而是什么是好的社会工作者"（p.1020）。然而，他们并没有明确指出，如果没有适当的伦理决定工具，一个有美德的社会工作者如何在有冲突的价值观和伦理标准之间做出选择。

儒家伦理

儒家伦理一直是传统中国人生活和思想的主要伦理取向和影响来源。儒家思想最早从古代（公元前6—前5世纪）发展而来。它的伦理思想没有任何系统性的表述，很少涉及定义，而是强调根据不断变化的环境对情境做务实的评估。没有固定的或绝对的原则或规则。其他特征还有：儒家伦理追求社会负担和利益的公平分配。它特别强调符合美德或卓越标准的和谐人际关系，以引导人们通往伦理上的理想美好人生。因此，品格的塑造和个人美德的培养是必不可少的。美德，而不是规章或原则是儒家伦理的主要元素，包括勇气、信念、智慧、善良、礼节和敬畏等个人品格。伦理上的困惑很大程度上源于未预料到的、不断变化的情形。疑难个案的解决不是诉诸规章，而是合理判断在每一特定情况下做什么是正确的或适合的。伦理行动和决定源于对什么适合当前情况的判断，也源于执行的勇气（Cua，2001）。

印度教伦理

传统的印度教伦理源自印度教和吠陀经文（用梵语书写的古代印度经文），它们提供了良好行为的道德准则。正确的行动将人从对转世的需要中解放出来。因此，伦理生活是通往精神自由的手段。正确的引导、宗教仪式和社会结构旨在确保社会和谐和见证神；正确的行动导致体验神性。印度教伦理主要关注的是正确的行动作为手段带来宗教上的圆满。因为宇宙有秩序，人的生活也可以和谐有序。个人可以达到完美，整个系统可以促进精神上的进步。因为神性无处不在，所以要敬重万物。解放和履行个人的义务是人生的两大目标（Francis，1995）。

当代印度教伦理受到人类平等、印度民族自决、经济公正和社会服务等观念的影响。一个传统的主题（三摩地）表达了确保社区，特别是国家社区的福祉的规范。这些规范适用于所有人，不论其种姓如何或处于什么人生阶段：诚实、慷慨、不杀人或偷窃，并避免以任何方式伤害他人。一个人有责任在所有事情上都自我节制。第二个主题（业瑜伽）鼓励按照职责的要求采取无私的行动，这应该会带来个人精神上的圆满和维持一个有合适秩序的社会。

与此同时，寻求印度独立促进了以一切必要手段抵制英国统治的伦理观的发展。然而，印度受人尊敬的精神和政治领袖圣雄甘地采取了不一样的做法，强调非暴力、真理和爱的美德，这既是抵抗英国占领的手段，也是为了净化印度教中的各种不公正现象，如寡妇自焚。甘地还促进了社会服务、经济改革和大众教育计划（Reynolds，2001）。

当代伦理取向综述

随着这些取向找到处理各种伦理困境的方法，它们可能迟早会挑战和改变社会工作实践中更为传统的伦理决定模式。特别是在英国和澳大利亚，社会工作者最近关于伦理决定以及女性主义和美德伦理的著作，反映了传统伦理决定方法面临的挑战，因为他们寻求不同的伦理观点，包括关怀、美德和宗教立场。这个人的"关怀"可能明显不是其他人的"关怀"，而且，很难确定"关怀"本身如何帮助社会工作者在好与好或坏与坏的伦理选择间做出抉择。正如临床实用主义和人本主义伦理等其他视角对社会工作中的伦理决定产生了影响一样，关怀、美德和女性主义伦理也可能在不断演进的当代伦理决定过程中占有一席之地，尽管它们的最终影响尚不清楚。同时，传统的伦理决定模式通过给专业社会工作者提供做伦理选择的原则和工具，为如何做伦理决定提供了一定的指南。在这本书中，我们强调理性、科学、系统和不那么模糊的做决定过程，而不是做决定的人的个人特质。

个人、群体、社会和专业的价值观

价值观在做伦理决定的过程中是一个核心要素。难怪利维（Levy，1976b）会称伦理是"行动中的价值观"。澄清个人和群体的价值观，以及社会和专业的价值观的目的，是要增加个人对这些价值观之间潜在的冲突的认识，以及这些冲突对伦理决定的潜在影响的认识。认识个人的价值观并非易事，而是要求细致的思考和努力。我们认为正确和错误的东西取决于我们的个人背景，是经年累月通过与家庭成员、同伴、权威人士以及我们是其中一员的团体和机构的互动形成的。认识我们自己的价值观和各种实际工作情境中的服务对象、机构、社区和其他人的价值观，包括专业人员的价值观，是准备做出更为有效的伦理决定的重要一步。做伦理决定要求对价值观的影响保持警惕，以便减少冲突，协助社会工作者基于服务对象的需要、社会的期许和对自己的伦理操守的维护做出伦理决定。

在澄清价值观和伦理的关系之前，先去区别不同层次的价值观之间的差别可能会有所帮助：

(1) *个体或者个人的价值观*指的是一个人持有的价值观，但别人不一定持有这些价值观。

(2) *群体的价值观*指的是社会中的亚群体持有的价值观，诸如宗教群体、种族群体、残障群体、性取向群体、语言群体等持有的价值观。

(3) *社会的价值观*指的是整个社会系统大部分人，或者至少是领导成员或系统的发言人认可的价值观。

(4) *专业的价值观*指的是专业组织——诸如社会工作者组织——宣称的那些价值观。

一般来说，这四套价值观是互补性的或者是互惠性的，尽管有时也可能会有冲突。大多数时候，大多数场合，不同层次的价值观尽管常常会在诠释上、优先权上和强度上有所不同，但彼此不和谐的情况并不多见。

澄清个人的价值观

有些社会工作者质疑或者轻视个人的价值观对于专业实践的重要性。他们提出社会工作者在为服务对象提供服务的时候必须把个人的价值观搁置到一边，或者保持价值中立。

利维（Levy，1976a）曾主持全国社会工作者协会的工作委员会起草过一套早期版本的伦理守则。他说道："成为一个专业的从业人员要放弃一些个人的自主权，一些自由发挥作用的人的权利。"（p.113）然而，在日复一日的工作中，个人和专业的价值观之间的冲突很少能像这样一清二楚。要求专业社会工作者在许多情况下压制个人的价值观，尽管适宜，但仍然是过于雄心壮志的、有问题的、非常艰巨的任务。

还有些人提出个人的价值观对符合伦理的专业行为相对来说没太大影响。他们声称社会工作者凭本能或直觉知道做什么是正确的。应当承认，感觉和直觉是重要的，确实会影响行为上的选择。然而，对什么有强烈的感受并不一定就能拿它当理由做伦理选择。一位社会工作者可能感觉想同一个服务对象发生性关系，或者是亲近这个服务对象，但是这一直觉反应即使可能很强烈，也不能让这一行为在伦理上成为正确的。

弗兰肯纳（Frankena，1980）指出，个人的文化经历和背景，包括个人的价值观，都会暗中引导他做出伦理上的决定。除非这些能昭示出来，否则偏见和成见，而不是专业的价值观和伦理，会塑造专业行为。这一危险加布（Garb，1994）和弗拉纳根与布拉什菲尔德（Flannagan & Blashfield，2005）都曾报告过，他们的研究发现显示，男女临床医师和学生社会工作者在做人格评估的时候都存在性别偏见。

莎士比亚对此给出了殷切劝告，他写道："尤其要紧的是，你必须对自己忠实……对自己忠实，才不会对别人欺诈。"（《哈姆雷特》，第一幕，第三场，78-80）同一忠告可能在当今的社会工作者考虑个人的价值观与伦理决定的关联时会有所帮助。不管社会工作者运用什么取向，澄清自己的价值观，使之明朗化，都十分重要。赞同赛伯林（Siporin，1985b）所说的"社会工作者在道义上有责任充当道德媒介"（p.20）的人知道持有清楚的、毫不含糊的、明确具体的个人和专业价值观的重要性。只有这类价值观在影响和指导行为的时候才是有效的。然而，以明确的、非模糊的方式确定一个人的价值观是一项困难的任务，即使成功地完成了这项任务，有时专业人员和服务对象也可能并不完全能意识到影响其行动的价值观。

比如，社会工作者只是嘴上说说赞成（或反对）协助自杀是不够的，她还必须能清楚界定自己有关协助自杀的价值观。她是否认为如果一个人在6个月内就要去世，精神病大夫认为这个人没有抑郁症，他便有权在医生的协助下自杀？或是认为有了临终关怀照顾，所有病入膏肓的人都应该好好利用去世前的这段时间寻找重要的人生价值，与家人和好，让这段时间过得有意义？抑或在任何情况下都不赞成协助自杀，尽管临终前的日子十分艰难，也不应放弃生命？对于其中的任何一种选择，人们还必须考虑协助自杀的含义，从移除生命支持设备到停止管饲，再到使用致命剂量的止痛药，再到服用致命剂量的其他药物，以及其中任何一个选择是否比其他选择更容易被接受。在此提出这些问题是想强调，社会工作者想要忠实于自己、忠实于专业，就必须先搞清楚自己对实践中遇到的涉及价值观的问题的价值立场。

在俄勒冈州临终关怀机构工作的社会工作者，在某些情况下协助自杀是合法的，他们为要求协助自杀的病人提供照护（Ganzini, Horvath, Jackson, Gay, Miller, & Delora, 2002）。这是符合伦理的专业行动吗？如果病人要求你帮助他策划和合法地实施协助自杀，你会有什么回应？在一项评估俄勒冈州临终关怀护士和社会工作者对合法协助自杀的态度的研究中（总数为306名护士和85名社会工作者），近三分之二的受访者报告说，在过去一年中，至少有一名病人与自己讨论过协助自杀作为一种可能的选择（Miller, Harvath, Ganzini, Goy, Delorit, & Jackson, 2004）。与护士相比，社会工作者通常更支持俄勒冈州《尊严死亡法》（Oregon Death with Dignity Act）和病人选择协助自杀。在所有受访者中，有22%的受访者不愿意与患者讨论协助自杀。然而，两组中95%的人都赞成临终关怀政策，即允许患者在进入临终关怀机构时选择协助自杀，并允许临终关怀医生继续提供照护。社会工作者可以在全国社会工作者协会的《安宁疗护和临终关怀标准》（Standards for Palliative and End of Life Care）中找到指南（NASW, 2003）。

澄清群体的价值观

像所有人一样，社会工作者从属于不止一个群体，并从自己的家庭、社区、专业、宗教和其他参加的群体那里生成自己的价值观。分析个人的价值观体系，部分工作是要澄清自己认同的那些参照群体的价值观。群体成员身份和情境很有影响力，常常能对价值观起决定性的作用。社会工作者像其他人一样，除了接受所在群体的熏陶，可能别无选择。

大多数美国人在成长的过程中接受的是独立的价值观。然而，社会工作者遇到和持有的群体价值观和文化准则正越来越多样化。一些群体喜欢成员间深深地相互依赖（忠诚、依靠、与群体结为一体），而另一些群体培养独立性（搬出家住、不依赖人、自谋生路）。男人和女人看重的东西可能不一样。有些价值观可能与美国的主流文化所持有的价值观截然相反。总体上美国人崇尚独立做决定，但是一些群体可能持有其他的价值观。举例来说，太平洋岛屿上的人（同其他群体的人相比）更注重群体做决定，而不是个人自决（Ewalt & Mokuau, 1995）。尽管如此，《全国社会工作者协会伦理守则》（NASW, 2008, 1.02）在社会工作者的伦理责任中仍把自决放到了优先位置上。这样做是鼓励社会工作者尊重和推动服务对象的这一权利，除非服务对象的行动或者潜在的行动对自己或他人构成了严重的、可以预见的、近在咫尺的威胁。

移民常常和亲友或者其他家庭住在一起，因为他们的文化强调家人亲密无间和互相依靠，或者是出于经济上的原因。这一注重扩大式家庭的做法对许多美国人来说是陌生的，因为他们被教导核心家庭的重要性，在单独一家人居住的公寓和房子里生活长大，看重自己的隐私。许多社会工作者所属的群体不欣赏亲密无间和相互依靠的居住安排。类似的情况是，一位专业人员可能因为移民向亲友和家乡的人求助，而不是找社会工作者工作的机构求助而不开心，尽管研究发现这些非正式的助人富有成效（Padilla, 1997; Chow, 1999）。

就像社会工作者不能臆断出自己所属群体的价值观一样，要概括出特定服务对象群体的价值观也常常是件困难的事。社会工作者应该谨记下面几点：

（1）在社会工作者的价值观和服务对象的价值观有可能出现冲突的情况中，有些时候分歧可能缘于社会工作者或者服务对象是某个特定群体的成员。

（2）对于群体的概括性描述是有局限的，社会工作者必须小心提防个人的刻板印象。由于移民的时间、是否在美国出生、受教育水平、家乡所在地、社会阶层，甚至语言的关系，服务对象的价值观可能与其*所属*的文化群体的其他人的价值观有所不同（Agbayani-Siewert，1994；Fellin，2000）。同一群体中的差异可能比两个群体间的差异更大。

（3）专业社会工作者不应该假定自己的服务对象一定会有或者追随所属群体的价值观。

社会工作者若能够了解和澄清自己的价值观以及这些价值观与影响自己和服务对象的群体的联系，就可能会有更好的机会识别和处理做伦理决定时的价值观冲突。

澄清社会的价值观

美国日益成为多元文化、多元宗教、多元价值观的社会，这使得社会工作者越来越难以识别和运用社会的价值观作为伦理指南。从那么多不同的国家和文化涌入美国的人和家庭不断扩大了价值观的多元化，尽管如此，社会工作者仍必须准确了解各种社会价值观立场，并在评估问题情形时加以考虑，以便做出有效的伦理决定。然而，也可能在有些情形下，社会工作者有正当理由，甚至是有义务，对于意识到的社会规范反其道而行之。但是，在每种情况下，工作者首先有义务澄清相关的社会的价值观。

当社会接受的价值观是以前并不看重的价值观，尤其是社会中不同的群体对于采纳新的价值观有不同的态度时，运用社会规范可能会带来问题。比如，当今许多人，但不是所有美国人，接受个人可以自由选择自己的生活方式，特别是这样做不会影响其他人的生活的时候。其他一些问题，如同性恋婚姻、学校祷告、流产、协助自杀等，仍然会引起美国人不同的看法，因为在美国社会对这些新价值观还没有取得一致意见。当这些问题影响到做决定的过程时，社会工作者就不能依靠"社会的价值观"来做出符合伦理的决定。

澄清专业的价值观

社会工作专业伦理建立在"服务、社会公正、人的尊严和价值、人际关系的重要性、诚信和称职等社会工作的核心价值观基础上。专业的价值观体现在了其基本使命中，即增强人的福祉，帮助满足所有人的基本需要，特别是关注弱势人群、受压迫的人和生活贫困的人的需要和充权"（NASW，2008，Preamble）。在本质上，社会工作的价值观体系反映出民主的*精粹*，即帮助个人和群体获得自我实现。它呼吁尊重个人及其个体的差异，同时认识到互助和社会支持的需要，这样所有人都能最大限度地实现自己的潜能。

要在群体或社区的权利和个人的权利之间找到正确的平衡常常不是一件容易的事，这并非社会工作的独特挑战。这类选择会带来严重的困境，因为能用作指导的东西寥寥无几。然而，在这种平衡中，伦理决定明确要求要坚持民主的精粹。

社会工作实践总是脱离不了做伦理决定。有关道德和价值观的假设是社会工作者在理论、政策和实际工作决定上的基石。与特定情境有关的社会工作者个人、群体、社会和专业的价值观彼此发生冲突的时候，就会出现伦理上的困境。"没有"冲突对社会工作者来说可能意味着她意识不到自己所面临的选择的道德本质，或者她非常清楚自己的价值观和社会的优先次序，所做的选择显而易见是正确的。另一个没造成问题的原因可能是对这个工作者来说做这类决定已成例行公事（Fleck-Henderson，1991）。这并不能保证这类情况下做出的决定在伦理上是正确的。当做这类决定成了例行公事，不会让社会工作者再去多想时，可能是做伦理决定需要格外小心的时候。

批判性思考练习

1. 在我们进入第四章，介绍伦理决定模式和工具之前，请对下述做决定的原则进行排序，排第一位代表最为重要或最优先，排第七位代表最不重要或最不优先：
   a. 保证服务对象的自决、自主和自由。
   b. 确保服务对象获得社会公正。
   c. 确保你所做的决定造成的伤害最小。
   d. 保证服务对象的隐私，并确保从他接那收到的任何信息的机密性。
   e. 保护服务对象的生命。
   f. 保证服务对象的生活质量。
   g. 确保所有你说的都是真实的，并披露全部信息。

   请保存你的排名顺序，以便在第四章我们讨论伦理决定模式时你可以用。

2. 社会工作者要处理不同的情况，这些情况可能与他们个人的价值观一致，也可能不一致。你能找出与下述问题有关的个人的价值观吗？它们是：流产、遗传疾病排查、有宗教信仰或无宗教信仰、个人和家庭责任、计划生育和避孕、婚前性交和色情淫秽物品。你个人的价值观是从哪里来的？你能说明自己的价值观在个人生活中发挥了什么作用吗？在你的专业工作中又会发挥什么作用呢？关于社会工作实践的说法对伦理决定同样适用："与自我意识同样重要的是价值观意识。如果助人者不了解自己的价值观以及这些价值观对助人过程的影响，他们就无法发挥作用。我们作为助人者所做的许多决定都是基于我们所持有的价值观。"（Alle-Corliss & Alle-Corliss，1999，p. 11）

3. 设想你所在的州有发展性残障的年轻人生孩子的数量直线上升，州立法机构对此感到震惊。即使这些出生的孩子身体健康，许多父母也不能给他们的孩子提供适当的照顾。结果，大部分孩子必须送去寄养，花费了大量公共资金。一群强有力的州参议员提出了一项法案，要求对所有精神发育迟滞的男女实施强制性的绝育。这些参议员认为这是有效率、有效果又没有痛苦的处理这一问题的方法。你应当地全国社会工作者协会分会之请，准备反对这一法案的证词。在你的证词中，应当考虑效率和效果问题，在当今紧缩预算的时代，不能将这些抛到一边。尽管如此，你可能还是要争辩，伦理上的考虑有时更为重要。但是要记住，在准备证词的时候，你要说服的是立法委员而不是社会工作者。

4. 组织一次班级讨论，议题是："一个真正的专业人员必须愿意放弃一些个人的自主权和一些自由行事的个人的权利，特别是在个人的价值观和专业的价值观发生冲突的时候，更应如此。"

5. 今晚的天气预报说气温要降到零度以下。市长下令警察搜寻所有无家可归的人，把他们带到市庇护所。警察要求庇护所的社会工作者帮助他们安置无家可归的人，说服他们来庇护所。你是庇护所的一位社会工作者，知道许多无家可归的人会拒绝来庇护所。你同意这一要求在伦理上有什么意味？合乎专业伦理的做法是什么？

6. 大多数专业协会（如医生、工程师、律师）的网站上都有伦理守则。在网上搜索除第一章所列专业外的某个专业的伦理守则。在具体性和实用性方面，将该守则与全国社会工作者协会的伦理守则进行比较。

7. 在这一章，那些社会工作者中有个人咨询了巴桑蒂的情况，发现遭受家庭暴力的妇女可能不太情愿离开施暴的丈夫，如果她们真的离开，也可能会重返家中，有时会重返多次。你怎么看这个发现？如果你还不熟悉这方面的研究，可以做一下文献检索，了解更多关于家庭暴力情境下的离家和返家模式。你所学到的东西如何影响你给一个正在经历亲密伴侣暴力的女人的建议？

8. 阿伯特（Abbott，2003）的《专业观点量表》是用于社会工作者的价值观评估量表。你对这40个题目会怎么回答？你认为这些题目是否反映了《全国社会工作者协会伦理守则》的内容（NASW，2008）？

推荐阅读

兰道（Landau，1999）研究了专业的社会化对社会工作者伦理判断和决定取向的影响。她发现社会工作教育在传递核心社会工作价值观方面具有重要作用。克洛斯特曼和斯特拉顿（Klosterman & Stratton，2006）研究了简·亚当斯（Jane Addams）的价值观，她是一位杰出的社区工作者和社会工作者，其影响使她成为一名国际知名的社会活动家和和平主义者，她寻求一个更加人道和和平的社会。克利福德和伯克（Clifford & Burke，2005）研究了在社会工作教育课程中发展反压迫伦理对社会工作和社会工作教育的影响。曼宁（Manning，1997）在《作为道德公民的社会工作者：行动中的伦理》一书中主张用道德公民身份来引领伦理方面的社会工作实践。阿伯特（Abbott，1999）研究了跨文化和不同地理边界内的社会工作价值观以及价值观根基的含义。几年后，阿伯特（Abbott, 2003）对她开发的包含40个题目、4个价值观分量表的《专业观点量表》进行了验证性因子分析，该量表"反映了全国社会工作者协会的会员所关注的广泛的公共社会政策问题"（p.645）。布里尔（Brill, 2001）的《透过〈全国社会工作者协会伦理守则〉看社会工作专业》提供了一个看待社会工作实践和专业伦理的观点。潘查纳德斯瓦兰和科韦罗拉（Panchanadeswaran & Koverola, 2005）呈现了一项对印度90名遭受虐待的妇女的研究结果。安德森和桑德斯（Anderson & Saunders, 2003）讨论了与离开施虐伴侣的过程相关的研究和理论。洛瓦特和格雷（Lovat & Gray, 2008）在《走向比例主义社会工作伦理：哈贝马斯的视角》中主张比例主义伦理。

推荐网站

有很多网站致力于澄清价值观。我们不特别推荐其中任何一个，但用你最喜欢的网络搜索引擎搜索"澄清价值观"你可能会发现很有趣。请注意某些组织使用的特定价值观和活动类型。有关社会工作价值观的信息，请访问全国社会工作者协会网站 www.socialworkers.org，输入"价值观"作为要搜索的关键词。

能力要点

教育政策2.1.1：**认同专业社会工作者身份并以此要求自己。**本章我们讨论了澄清个人、群体、社会和专业的价值观。

教育政策2.1.2：**运用社会工作的伦理原则指导专业实践。**本章我们呈现了几个当代的伦理取向，讨论了伦理与价值观的关系。

教育政策2.1.3：**运用批判性思考告知和沟通专业判断。**我们用一个案例让你去思考和决定自己会如何回应一个伦理困境。此外，批判性思考练习也与章里的内容有关。

教育政策2.1.4：**将多样性和差异性融入工作实践。**文化多样性在澄清价值观的内容中有所述及。

第四章

伦理决定的过程与工具指南

> 本章呈现社会工作实践中伦理决定的指南和模式。这部分内容共两章，本章是其中的第二章。它描述的是社会工作教育委员会 2008 年《教育政策与认证标准》第 2.1.2 条关于运用社会工作伦理原则指导专业实践。我们会给你提供几个机会，试手运用这一做伦理决定的模式。这个模式不是"处方"，而是一个指引，让你能运用批判性思考告知和沟通专业判断（与社会工作教育委员会 2008 年《教育政策与认证标准》第 2.1.3 条保持一致）。

上一章，我们察看了哲学元素、当今的伦理流派和价值观等伦理决定的背景因素。这一章，我们要看伦理决定本身的实践因素。我们的观点是，社会工作者应该追求实现个人的美德，但是，除了有良好的品格之外，还需要训练有素，技能丰富，用系统的方法做出伦理决定。本章我们会转向做决定本身实操性的内容。有时社会工作者会马上意识到必须做出符合伦理的决定。而更为典型的情形是，它是一个过程，或者是持续一段时间的系列思考和活动，让一个人或群体以特殊的方式采取行动（或不采取行动）。尽管这一过程不一定是有意识的，但它总是出现在做伦理决定之前。这一过程如果是有意识的，决定就会更好、更有成效、更符合伦理。

理想的情况下，伦理决定可以一步一步地循序渐进，直到最后做出这个决定。认为只有一个人参与这一过程是错误的。事实上，可能会有许多人参与了做决定的过程，但是最终只有一个人负责决断。许多人提供了信息，对评估给予反馈，提出其他的选择，或者改变环境，这些反过来又改变了伦理决定所依据的数据资料的性质，或者是所做决定的性质。但是，仍是最终只有一个人为做决定负责。

观看伦理决定过程就像是观看海浪冲击海岸一样。前面的决定总是影响后面的抉择，引向新的方向。伦理上的决定太过复杂，无法形成简单的"如何做"的问题解决模式。但是我们还是要运用一些模式，帮助社会工作者了解在伦理决定中会涉及什么。这样一个模式，就像所有科学模式一样，只把着眼点聚焦在一个决定上，从而会简化现实。模式是一种用于传授东西的设置，前提是要了解在真实生活的每个决定中，都是前面有其他决定，后面又跟着其他决定的，其中许多都与要考虑的问题有直接的关系。

图4-1中我们提出了一个做决定的通用模式。它可以用于许多不同的情况，并不仅限于做伦理决定。这一模式的前提是，社会工作者能够针对人们所处的情形理性地制订干预计划，明了需要做什么。他们想把有目的的行动中非理性的、冲动的、没有预计后果的情况降到最低限度。

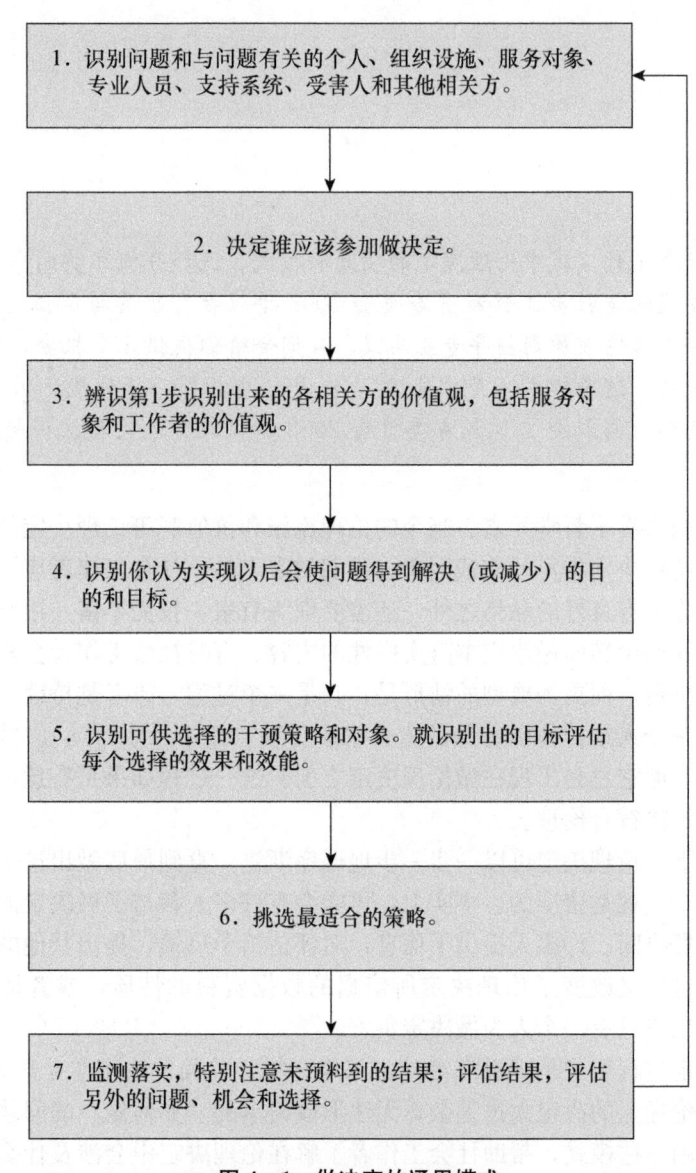

1. 识别问题和与问题有关的个人、组织设施、服务对象、专业人员、支持系统、受害人和其他相关方。

2. 决定谁应该参加做决定。

3. 辨识第1步识别出来的各相关方的价值观，包括服务对象和工作者的价值观。

4. 识别你认为实现以后会使问题得到解决（或减少）的目的和目标。

5. 识别可供选择的干预策略和对象。就识别出的目标评估每个选择的效果和效能。

6. 挑选最适合的策略。

7. 监测落实，特别注意未预料到的结果；评估结果，评估另外的问题、机会和选择。

图4-1　做决定的通用模式

伦理评估筛查

对实践中的伦理问题保持警觉的社会工作者会查看和评估可以有的各种选择和出路,这在某种程度上不同于她那些不关心实践中的伦理问题的同事。这一点在我们考虑各种评估标准时就变得一清二楚。图 4-2 我们呈现了一个伦理评估筛查工具,用于帮助社会工作者进一步澄清和整合在社会工作实践中做决定时涉及的伦理问题。

---

1. 识别相关的专业价值观和伦理、你自己的相关价值观,以及与这一伦理困境有关的该伦理决定涉及的社会的价值观。
2. 你可以做些什么来把个人、社会和专业的价值观之间的冲突降到最低?
3. 识别你或许可以采用的变通的伦理决定选项。
4. 哪个变通的伦理决定选项能把你的服务对象、其他人和社会的权利之间的冲突降到最低,最大限度地保护你的服务对象和其他人的权利和福利,保护社会的权利和利益?
5. 哪个选项最高效、最富成效、最合乎伦理并能让你有最小伤害?
6. 你是否考虑和掂量过长短期伦理上的后果?
7. 最后核查:订立的行动计划不偏不倚、被广泛采用并有正当理由吗?

图 4-2　伦理评估筛查

保护服务对象的权利和福利

时光荏苒,权利和优先权的界定发生了变化。这些变化可能造成了伦理问题。曾经一度被视为一项权利的可能在另一个时代不再如此。比如保密曾经是对社会工作者的要求,不管遇到什么障碍都要做到。今天,社会工作者虽然仍珍视保密,但是鉴于各种原因,可能做不到在任何情况下对服务对象提供的信息都保密。造成这些变化的原因有法律或法庭裁决的改变、引用新技术、管理型照顾及出资方和审核组织保存行政记录的要求、团队成员参与和咨询,包括其他学科的人的参与和咨询以及要向督导员和法庭尽责,在第八章,会讨论 2003 年实施的《健康保险携带与责任法案》(Health Insurance Portability and Accountability Act,HIPAA,1996) 中的隐私条例的要求。

对权利构成的界定有所改变,也会给社会工作者带来伦理上的问题。被领养人对生身父母的知情权在法庭裁决中得到越来越多的承认,可以想象会给从事领养工作的社会工作者带来伦理上的问题。曾经有一个时期,生身父母和领养父母都会得到保证,这方面的资料会保密,决不会透露给被领养人。而今,当法庭裁决或一些州通过的立法支持被领养人有权获得这方面的信息,社会工作者面对这些法律上的判决没太多选择,只能透露有关资料,即使在这之前社会工作者真心实意地对生身父母和领养父母保证这些资料会永远保密。在目前还没有通过此类立法的州，社会工作者向生身父母和领养父母保证这些资料会永远保密符合伦理吗？这一问题并不仅限于领养领域。当今时代，没有哪个社会工作者能向服务对象保证完全保密，因为社会工作者常常不能控制自己恰当分享的资料其他人（如跨学科团队的成员、保险公司等）会怎么处置。将此类资料放入计算机数据库，这是许多社会服务机构现在常见的做法，只会加剧这方面的困境。

保护社会的利益

社会工作者是关爱性的社会服务专业人员，同时要关注个人、家庭和社会。因此，他们必须对个人和社会的需要都给予关切。但是许多时候社会工作者要去扮演社会控制角色。社会常常给予社会工作者权力去迫使那些边缘化的、偏离社会常规的和弱势的服务对象服从。这一权力可能是法律上的、道德上的或者是经济上的。威胁找法院或警察出面可能会用来胁迫惧怕进监狱或失去孩子的风险的服务对象。社会工作者在一些情形下会控制服务对象所能获取的服务，设置前提条件，让服务对象满足所期许的与主导的社会规范有关的行为标准。社会工作者还会为有攻击性行为或调皮捣蛋的学生定出规矩；介入针对儿童、成人、老人的暴力和家庭暴力，将其尽可能降低到最低限度；采取行动减少校园霸凌或是限制吸毒成瘾等。这些都是在扮演社会控制中介角色。尽管关于关爱角色在文献中有许多描述，控制角色不大能见到，但是它却十分重要并可能会非常强有力。期待社会工作者同时扮演好关爱和社会控制角色不可避免地会带来角色冲突和伦理上的困境。

有时社会的利益和服务对象的利益会难以平衡。设想一位服务对象告诉社会工作者他一直失业，但花了大量时间跟朋友在一起消磨时光，有时还会把家里有限的钱花在喝啤酒上。他特别享受跟朋友在一起的时光，所以一直没有着手找工作，还打算在失业补贴到期后给家里申请公共援助和医疗补助计划。他没做什么违法犯罪的事情，但是他对于身为父亲和丈夫应尽的义务视而不见，把家庭的需要推给州里。尽管他没有违法犯罪，但是他没有满足社会或是家庭对他作为丈夫和父亲应当有的担当的期待。社会工作者必须掂量自己对服务对象应尽的义务和对其家庭与对社会应尽的义务。虽然社会控制是每个社会工作者的一个作用，但是维系助人关系也是社会工作者应该做的事。如果两者不能同时兼得，从业人员应该给哪个优先权呢？他的行为是否对妻子和孩子造成了伤害重要吗？如果服务对象在实现认定的、建设性的干预目标上有进步，比如，治疗酗酒或戒毒，是否就可以忽略其行为呢？在评估下面案例4-1中涉及的伦理困境时，想着这些问题。

案例4-1　　　　　　保安还是保护？

约翰·牛顿是个有出息的22岁的小伙子，尽管工作不稳定，但总是愿意帮助别人。甚至在社区工作者雷·邓克走马上任前，牛顿就已组织一些年轻人成立了一个俱乐部。这个俱乐部在邻里中家喻户晓，因为它提供了许多有益的服务。社区的老人尤其感激他们提供的保安服务。自从社区有了这个俱乐部以后，偷窃和绑架老人的事就销声匿迹了。邓克也渐渐察觉牛顿恫吓当地商店的业主，从他们那儿定期收费，允诺为他们提供"保护"。雷·邓克该做些什么？他考虑有如下几个选择：

（1）看在牛顿做了许多造福社区的有积极作用的事的份上，他可以对牛顿的保护勾当视而不见。

（2）他可以把牛顿的保护勾当报告给警察，因为非法行为绝不应当姑息。

（3）他可以加强和牛顿的关系，帮助指导他远离非法行为；同时，他不会向警察报告牛顿违法的事。

雷在挑选最佳选择时遇到的伦理问题是什么？其中一个问题是如何在涉及的不同公众的利益间求取平衡，包括老人、商店的业主、社区、更广大的社会和其他人的利益。另一个问题也有关伦理，即所做的事可能使社区中针对老人的暴力行为卷土重来。下面的讨论目的是帮助社会工作者应对这些冲突，找到这些问题的答案。

"最小伤害"原则

有时社会工作者遇到的问题没有正向的选择。不管服务对象和社会工作者选择什么，都会对一个人或另一个人，甚至服务对象或社会工作者自身造成某些伤害。在这样的情形下，什么才是符合伦理的选择？**"最小伤害"**原则建议挑选带来最小伤害、最少的永久性伤害或者是最容易抚平的伤害的方案。这并不总是简单的决定，在一些情况下包含着错综复杂的考虑。社会工作者必须考虑"对谁有最小的伤害"。特定的选择可能虽然对一个人造成了最小的伤害，但对另外一个人却造成了严重得多的伤害。

想想埃伦·阿什顿这位要考虑马杜赖的家庭的情况做出选择的社会工作者（案例1-1）。最小伤害原则是否能为她选择最符合伦理要求的决定提供指导呢？怎样提供指导？

有人说程式化地运用最小伤害原则可能会减少选择最有效的干预措施的可能性。可能有些时候有理由采用伤害大些但却增加了成功获得想要的结果的可能性的方案。然而，这样的选择只应该在服务对象完全知情同意的情况下才可以做出。

效率和效果

许多人认为效率和效果是同义词，但两者之间有重要的区别，特别是在涉及做伦理决定的时候，更是如此。**效率标准**关心的是实现陈述的目标的相对成本（包括预算、员工时间、机构和社区的资源）。两个选择都能获得同一结果的时候，资源要求更少的那个就更有效率。而**效果标准**则指的是向往的目标实现的情况。比如，如果落实一个方案使邻里街区儿童受忽视的个案数量减少了一半，而另一个方案能把儿童受忽视的个案数量减少80%，那么后者的效果更好。但是后者的成本可能太高，会被认为没有效率。

当两个选择中效果更好的那个效率也更高时，二选一容易。但当更有效率的选项效果却较差时，或者反过来，就成了选择上的难题。而且，仅以效率和效果为依据做决定可能会产生有悖伦理的决定。许多时候由于伦理上的意味，最有效率或最有效果的选择可能要弃置不用。举例来说，1975年古巴曾追踪在非洲生活过的古巴人，检查他们是否患病。还把艾滋病病毒检测呈阳性的人放进隔离疗养院，并强迫他们留在那儿，尽管古巴人和其他人抗议这侵犯人权。后来，有些艾滋病病毒检测呈阳性的男女如果得到准许使用避孕套和卫生措施，被允许离开隔离疗养院（Aguilera，2003）。美国权威机构的评估结果认为这些行动对于控制艾滋病传播非常有效，但是从伦理的角度对此有所质疑。或者让我们来举另外一个例子。19世纪的时候把贫困者或者患有慢性精神病的人遣送到另一个城市或者驱逐到另一个国家是常见的做法。这可能是最有效果也最有效率的消除贫困或减少长期或重复住院开支的方法，但是任何关心这一提案的伦理意味的人都会摒弃这类决定。

常有的情况是，估量一项选择的伦理含义不像这些例子这样一目了然，所以社会工作者会发现难以做出决定。比如，强迫贫困者工作的伦理意味是什么？工作在我们社会受到高度推崇，但是**强迫**意味着限制一个人的自由，而自由是我们社会看重的另一个价值观。在这个个案的伦理评估中，我们要掂量工作和独立相对于失去自由哪个分量更重。过去，社会工作思想体系拒绝各种迫使贫困者工作的"工作福利"方案。随着《困难家庭临时救助法案》（Temporary Assistance for Needy Families，TANF）的实施，社会和社会工作的思想观念和价值观发生了变化。尽管对于这一问题仍然缺乏专业上的共识，但是同过去相比，对于"工作福利"是否有悖伦理的共识似乎少了（Dolgoff，2002）。

另一类伦理上的问题来自让精神病人脱离机构照顾的不懈努力。当多年前这一政策首次提出的时候，许多专业社会工作者支持和落实这一方案，因为他们认为这样做是拨乱反正。在有些情况下，即使知道大多数社区没有足够的资源照顾这些人，还是会把患有精神病的病人从医院里放出去。许多州政府不能帮助社区解决这一问题，因为他们自己正面临着预算的大幅削减。如果落实一项策略会带来一些长远的改善，但是短期看可能伤害到许多脆弱的人，它有几分合乎伦理呢？没有先保障社区得到足够的资源就这样做是否合乎伦理呢？请运用伦理评估筛查工具（图4-2）来考虑这一问题。伦理评估筛查工具提供了一系列要系统解答的问题，它能让人一步一步地思考伦理决定中涉及的重要因素，以便做出深思熟虑的、审慎的伦理决定。

伦理原则的等级次序

在前面部分我们讨论了一些社会工作者发现的在评估伦理选择时有帮助的几个伦理标准。其中有保护服务对象的权利和福利,保护社会的利益,最小伤害原则,效率和效果。这些标准并没有设定任何优先次序。一旦伦理决定中不同的选择涉及其中两个或更多的标准时,就需要有更加具体的指导。尽管一些社会工作者有不同意见,但是我们认为要解决此类伦理原则间的冲突,较好的方式是给这些原则排列出次序。即把它们从最重要到最不重要排列出等级次序。当两个或更多的标准发生冲突时,各项原则有优先次序会特别有助益。这样一个排序是有必要的,即使"给原则排序不是一件容易的工作"(Christensen,1986,p. 82)。

给伦理原则排序能给社会工作者提供一个指南,但是这样一个指南并不意味着有了神奇的配方。

社会工作者在实际工作中做决定的时候很少会直接使用理论知识或哲学原则。取而代之的是把知识和价值观整合成一套实践原则,它才是社会工作者在做决定的关键时刻会使用的东西。我们提出了以下两个指南或者筛查方法,我们认为它们会对做伦理决定有所帮助。我们把这些指南称为伦理准则筛查方法(Ethical Rules Screen,ERS)和伦理原则筛查方法(Ethical Principles Screen,EPS)(见图4-3和图4-4)。这些指南意在充当工具,不应盲目使用。

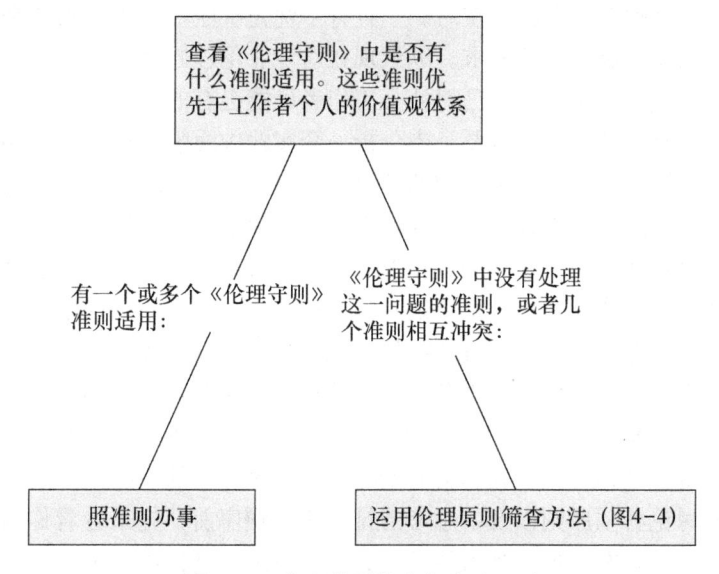

图4-3 伦理准则筛查方法(ERS)

```
        1.保护生命
       2.社会公正
      3.自决、自主和自由
     4.最小伤害
    5.生活质量
   6.隐私和保密
  7.诚实和毫无保留地披露信息
```

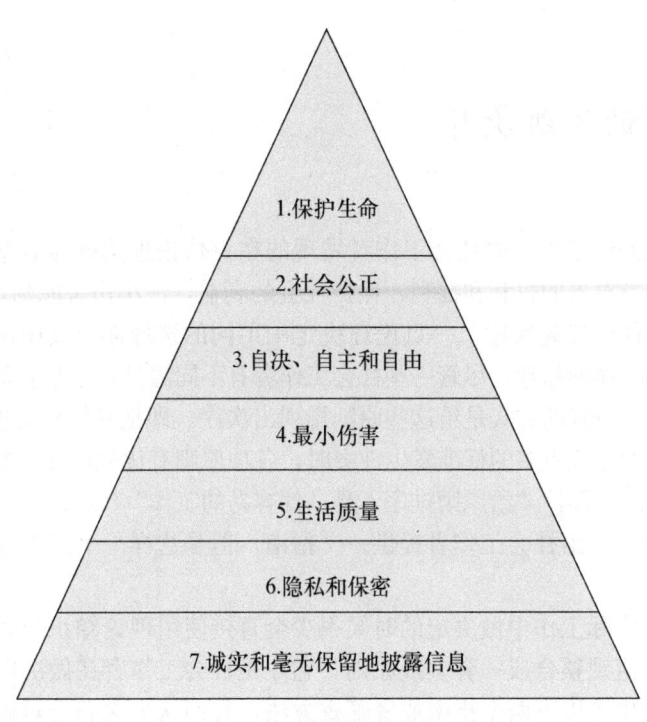

图 4-4　伦理原则筛查方法（EPS）

　　应当永远先用伦理准则筛查方法。只有当这一筛查方法不能提供满意的指导时，社会工作者才应该转而使用伦理原则筛查方法。为了实用，排列出等级次序的伦理守则指南必须清楚指出这些守则哪个在前哪个在后。一旦有了优先次序，使用原则就是先满足高一级原则的要求再满足低一级原则的要求。纵然现在对专业伦理原则的等级次序还没有任何大体上一致的看法，我们还是基于自己对社会工作者可能会有的共识的认识，发展出了伦理原则筛查方法。所有伦理原则都重要。当分析一套实践中面临的选择时，相关的伦理原则不止一个，运用不同的原则会带来不同的结果，此时应该用伦理原则筛查方法建议的等级次序来做决定。换言之，以伦理原则 1 为依据做出的评估要比用伦理原则 2 或者 3 为依据做出的评估更应该付诸实施。这一原则由基奇纳（Kitchner，1984）基于罗尔斯（Rawls，1971）有重大意义的工作而提出。基奇纳专门将这些原则用于伦理问题上。她教导说，一个原则意味着一项义务，但是如果有特殊的情况，或者应尽义务之间有冲突，那么永远应该按照从更高级别的原则推导出的义务行事。比如，如果保密（原则 6）和毫无保留地披露信息（原则 7）都适用，保密原则应该有优先权。鉴于伦理原则筛查方法是解决实践中的伦理困境的关键性评估工具，我们会对这几个原则做详细的说明。

　　在我们开始讨论各项原则以及要思考的排列优先顺序前，先来看看你给出的第三章中批判性思考练习 1 的答案。那个练习要求你为 7 个伦理原则排序。你为什么会给这 7 个原则这样排序？读了上文的讨论，你仍然觉得自己的排序没问题吗？如果不是这样的话，调整你的排序。

伦理原则1 *保护生命*。这一原则适用于所有人，既适用于保护服务对象的生命，也适用于保护所有其他人的生命。在伦理原则筛查中，这一原则高于所有其他各项义务。"生命权是所有权利中最基本的权利，因为如果践踏了生命权，就不可能享有任何其他权利。"（Kuhse & Singer，1985，p.509）

大多数医生会遵循这一原则拯救和延长人的生命，而不理会生命质量或者是经济上的代价。卡伦·安·昆兰（Karen Ann Quinlan）和特丽·夏沃（Terri Schiavo）案使保护生命原则家喻户晓。在这个案子中，昆兰的医生拒绝撤下维持其生命的设备，即使这个病人已失去知觉多年，没有什么进一步好转的希望。当今，医生通过运用高科技的维持生命设备使许多美国人"活着"。而社会工作者更倾向于注重改善个人、群体和社区的生活质量。大多数时候社会工作者感觉不到生物机体维持生命的原则与改善生活的心理社会原则有什么冲突。然而，两者间或也会有冲突。这方面的一个例子是一位中年男子患了严重的高血压，药物治疗把危及生命的血压降了下来，但也造成了性无能（Roberts，1989）。如果社会工作者支持这个人停止服药，以便再次享受性关系，这样做合乎伦理吗？这样的决定可能会使他的生活质量有所改善（伦理原则5），但是可能会缩短他的生命（伦理原则1）。

伦理原则2 *社会公正原则*。这一原则提出所有人在相同的条件下都应该得到同样的对待，即同等情况下有权得到平等对待。同时，如果不平等与待解决的问题有关，不同情况的人应该有权得到区别对待。当其他的考虑，诸如行善（做好事不伤害他人的义务）的益处大于遵循社会公正原则的益处，或者这样的不平等对待会推动更大的社会公正时，采用不平等对待原则就是正当的。

运用这一原则的例子来自虐待儿童或老人的个案。因为被虐待的儿童（或老人）与虐待者没有处于"平等"的位置上，即使没有生死存亡问题，虐待者的保密和自主权也要低于保护儿童或老人的义务。另一个运用这一原则的情形是有几个家庭同时申请有限的资源，比如，许多家庭在遭遇自然灾害后可能都需要紧急安置。但是优先顺序应该是先给有小孩或体弱老人的家庭寻找住房，而家中都是健康成人的要排在其后。在评估选择时，是否应该考虑这些家庭的构成或之前的生活方式？在一个家庭显而易见近乎营养不良，或者面临其他灾难时，伦理原则允许，甚至要求不平等地分配稀有资源。你能发现一些其他情形适用于社会公正原则吗？

伦理原则3 社会工作者的实际工作决定应当培养个人的*自决*、*自主和自由*，服务对象自己做决定的权利和能力。尽管自由高度重要，但是也不能超越个人自己或其他人的生命权或生存权。一个人无权基于自己有自主决定权而决定伤害自己或他人。当有人要这样做的时候，社会工作者有义务加以干涉，因为伦理原则1要比这一原则有优先权。

风险收益率也可以帮助决定什么时候可以用自主原则，什么时候不理会服务对象的"决定"是合乎伦理的。如果情况是服务对象的生命正受到威胁，干预的风险很小（而干预可能会带来的好处却非常大），社会工作者可以考虑采取干预措施，甚至无须得到服务对象的同意。在这样的情形下，服务对象拒绝采取行动可能会，也可能不会被视为表明其缺乏行为能力①。与此同时，如果风险巨大，可能带来的收益却很小，服务对象拒绝就情有可原，应该接受。

伦理原则 4 *最小伤害原则*。这一原则认为，当面临的困境有造成伤害的可能性时，社会工作者应该尝试避免这样的伤害。当不管怎么做伤害都在所难免时，社会工作者选择的方案应该是造成的伤害最小、带来的永久性伤害最少和伤害最容易弥补的方案。如果已经造成了伤害，社会工作者应该尽一切可能弥补伤害。把孩子从虐待他的家庭环境中带走，可能会既给孩子也给家庭造成伤害。最小伤害原则提示社会工作者，要尽最大的努力掂量自己的决定怎样才能带来最大的好处、最小的伤害。

伦理原则 5 社会工作者选择的方案应该推动服务对象以及社区有更好的*生活质量*。这一原则与《全国社会工作者协会伦理守则》是一致的，即"社会工作者的首要职责是提升服务对象的福祉"（NASW，2008，1.01）。尽管"社会工作者应促进从本地直至全球社会整体的福利，并推动民众、社区和环境的发展"（NASW，2008，6.01），但是对于服务对象的责任优先于对其他方的责任。

伦理原则 6 社会工作者的实际工作决定应该加强每个人的*隐私权和保密权*。不泄露机密信息就是直接从这一义务中演变出来的工作准则。专业人员有义务在与法律和专业伦理保持一致的情况下，最大限度地保护服务对象和群体的隐私。然而，如果不保密能防止对他人实施和造成性质严重的暴力或伤害的话，保密就不是神圣不可侵犯的原则。正如我们在第八章将要介绍的，塔雷索夫法庭判决将防止严重的、可信的暴力威胁置于较保密原则优先的位置。

伦理原则 7 社会工作者的实际工作决定应该能让她讲真话，能向服务对象和其他人*充分披露所有相关信息*。社会关系和专业关系要有信任才能保持良好状态。而信任反过来又以诚实待人、待事方法为基础，即把意外降到最低限度，相互的期许一般都能实现。社会工作者要恰当告知服务对象自己所受的相关培训和教育、将要运用的方法、费用、机密性、服务对象的权利、获取档案的途径等等。

伦理决定筛查方法的应用

让我们运用这两个伦理决定筛查方法来分析案例 4-2、案例 4-3 和案例 4-4。

---

① 行为能力是法律上的定义，不取决于社会工作者的诊断。各州法庭确定一个人无行为能力的标准有所不同。社会工作者应该知晓自己从业的州宣布某人无行为能力的程序和要求。

案例 4-2　　　　　　等待吉米·普雷戈的是什么？

吉米·普雷戈是个被动消极、深受困扰的少年。他住在一个治疗之家，有时需要脱离集体单独保护。他现在准备好换到一个限制较少的环境中，但是毫无疑问仍需要住在治疗性的寄养家庭，这是你的督导员最早建议过的。你联系了一个这样的家庭，着手计划让吉米两周后搬过去。当你告诉督导员你已经开始安排吉米搬家，一切正常进行的时候，他告诉你，你们机构开办的一个限制更少的集体住宿设施有了空位，若能让吉米搬到这个集体居住的设施中，不去治疗性的寄养之家会挺合适。

你告诉督导员自己去查看一下，但是督导员似乎有些不自在。当你去查看这个集体住宿的设施时，发现住在那儿的人年龄都比吉米大，也比他更壮，更有攻击性。你告诉督导员这个集体居住设施肯定不适合吉米这样的男孩，因为他在现在住的地方就不擅长保护自己。与此同时，你得知机构给所有督导员施加了压力，要他们提高集体居住设施的入住率，这与机构的财政状况有关。吉米的母亲不能协助做决定，她自己也有巨大的个人和精神健康问题。吉米自身的问题和他的年龄也使他没能力做决定。他的母亲普雷戈太太坚持说她信任你，你会为吉米做最好的安排。

在这个案例中涉及几个问题。特别相关的是伦理原则 4（最小伤害）和伦理原则 5（生活质量）。是否对抗你的督导员，成功地帮吉米在治疗性的寄养之家安置好，就是落实了最小伤害原则，即使这样做会减少机构所需的收入？当查看《全国社会工作者协会伦理守则》找适用的标准时，你会发现，你的"首要职责是提升服务对象的福祉"（NASW，2008，1.01）。谁是你的服务对象？你应当忠于谁？是吉米？吉米的母亲？你的督导员？你所在的机构？还是你自己——你做了自认为正确的事？谁的最佳利益应当放到首位？服务对象的、机构的还是工作者的？对吉米和他母亲来说怎样做才最好？此外，有些社会工作者会主张这一情形适用伦理原则 5，因为工作者想要让吉米·普雷戈的生活质量更好一些，正确的处置方案应该支持这样的结果。

其次，谁能胜任做决定？在服务对象缺乏"知情同意的行为能力时，社会工作者应该通过寻求合适的第三方的许可，保护服务对象的利益"（NASW，2008，1.03c）。吉米没有能力在知情的情况下做出选择。普雷戈太太信任你，想要你为她儿子做最好的选择。你的督导员是合适的第三方吗？如果她优先考虑机构的需要而不是吉米的需要。此外，"社会工作者不应该允许雇用机构的政策、程序、条例或行政命令干涉自己符合伦理地从事社会工作"（NASW，2008，3.09d）。身为社会工作者，只有你和你的督导员可能是这一情形下有能力为吉米的最佳利益做决定，保护吉米，倡导正确的处置方案的人。吉米的需要高于督导员、机构和你自己的需要。让我们来看一下案例 4-3。

案例 4-3　　开始私人执业

克里夫·巴克斯特是位经验丰富的社会工作者。他最近辞掉了机构的工作，要把全部时间用于私人执业。在克里夫离开机构之前，同事丹尼斯·诺顿同他讲愿意给他介绍服务对象，收取些"介绍费"。正在初创时期，克里夫面临着难以为继的困境。他上月的收入甚至不够付办公室的房租。他应该接受丹尼斯的提议吗？

我们用伦理准则筛查方法和查看《全国社会工作者协会伦理守则》来决定是否有任何与这一情形相关的准则。《全国社会工作者协会伦理守则》（NASW，2008，2.06c）指出："禁止社会工作者在转介的社会工作者没有提供任何专业服务的情况下，支付转介费或接受转介费。"这一准则提供了明白无疑的指导，没必要做进一步的筛查。克里夫不应该打电话给丹尼斯，从他的提议中获得好处。如果克里夫打电话给丹尼斯，告诉他很开心接受转介，但是他不能支付转介费，这会有伦理问题吗？又如果作为现在转介服务对象的交换条件，克里夫提议在丹尼斯转年私人执业的时候可以每周用几次他的办公室呢？这类的安排是符合还是不符合伦理呢？

在案例 4-4 中我们会运用伦理原则筛查方法。

案例 4-4　　不该坐牢的人进了监狱

劳尔·洛瓦斯参加了一个戒毒康复工作项目，戒除可卡因。项目的治疗内容包括药物治疗、小组治疗和个人治疗。你是他的社会工作者，在日常的治疗活动中你与劳尔成功建立了良好的关系。一天早上，劳尔告诉你，多年前他在一起抢劫案中意外地打伤了一位银行的保安。他没被警察抓住，但是另一个人被顶罪判刑，在监狱里度过漫长的刑期。你花了好几天的时间说服劳尔把这事告诉警察，好把那个无辜的人放出来。劳尔不仅拒绝听取你的建议，而且对你说希望你对他告诉你的事完全保密。你该怎么做？

这是你的一些想法：

（1）你打破保密原则所犯的错误跟一个无辜的人被判刑入狱所造成的错误很难相提并论。

（2）如果知道社会工作者不总是对从服务对象那里获得的信息保密，整个工作项目的效果可能会打折扣。

（3）与此同时，举报劳尔参与抢劫会使一个误判的人得到释放。

有几个伦理原则都应该加以考虑。伦理原则 3，自决、自主和自由原则，特别是现在在监狱里的无辜的人的自由；伦理原则 6，保密的原则，特别是尊重你的服务对象劳尔提供的机密信息。

我们会把分析的重点放到后两个考虑上,因为第一点尽管明显,但是没有直接与你这位社会工作者应该做的事有关,而是同服务对象从伦理上看应该做的事有关。有些人还会以伦理原则2社会公正原则为依据做出决定。一个关在监狱里的无辜的人明显地处于不平等的位置上,需要额外的资源来重新获得平等的机会。由于伦理原则6(保密原则)比伦理原则3和2的等级都要低,第2个考虑会让社会工作者决定在伦理上有充分的理由不予保密,向警察报告她从劳尔那儿知道的事。

从实践的角度看,另一个考虑可能特别重要,因为大多数时候我们在所做的事有可能会破坏干预效果的时候会犹豫不决。可能有人会说,一个能改善许多吸毒者的生活质量(伦理原则5)的方案应该比改善一个人的生活质量更有分量,即便这个人是被错误地关进了监狱。然而,这样的推理很可能有许多谬误。包括:

(1)我们对于这个康复项目的成效一无所知。它在改善参加者的生活质量上是对所有人、大部分人还是一小部分人有效?

(2)不保守秘密即使会对方案的成效有影响,我们也不知道影响会是什么。可能其他参加者会感到高兴,因为社会工作者在让一个无辜入狱的人重获自由上发挥了作用。

(3)统计上的概率绝不能替代伦理上的筛查。

换言之,生活质量原则(伦理原则5)在这一情形下跟做决定没有什么关系,即便有的话,也比伦理原则3和2要靠后。所以第3个考虑也是不相干的,应该在做伦理决定的时候不予考虑。所以,我们的结论是,如果你不能说服劳尔自首的话,就有义务告知警察。

识别自身伦理原则等级的重要性

尽管《全国社会工作者协会伦理守则》(NASW,2008)认识到"守则中的价值观、原则和标准有可能会发生冲突",但是却并没有指明哪个价值观、原则和标准更为重要,应该在发生冲突的时候优先考虑。不管怎样,社会工作者都会频繁遭遇标准和忠于谁上发生的冲突,而等级排序会有助于挑选出依据的原则。毕竟每个社会工作者在遇到伦理标准或忠于谁的冲突时,都必须在《全国社会工作者协会伦理守则》、上文建议的伦理标准和自身的价值观框架之下,运用这样一个阶梯性的优先顺序。

最初洛温伯格和多戈夫是基于自身对一般常识的认识发展出了这样一个等级排序。排序中列出的原则在后续的版本中有所变化(Loewenberg & Dolgoff, 1992)。拜厄斯特(Beyerstein, 1993)提出,由于专业伦理守则是通过民主程序产生的,专业成员只能同意显而易见的原则。他们通过妥协,回避或推脱有困难和可能引起争议的原则,把这些原则的排序问题留给了每个工作者定夺。

随着时间的推移,由于移民和其他社会与专业方面的因素,包括代际和其他差异,这些可能带来对伦理原则相对重要性的更为不同的意见,专业队伍的构成本身也变得更具多样性。我们发现，有关伦理原则的排序没有多少共识，表明认识可能会随时间而改变。哈林顿和多戈夫（Harrington & Dolgoff, 2008）发现，建议的伦理原则排序与国际社会工作者联合会和国际社会工作院校联合会提出的人权、人的尊严和社会公正原则有良好的呼应。他们在举办几个有关伦理决定的工作坊时，曾让参加者按照自己的价值观列出伦理原则的排序，然而，没有一致赞同的原则排序。所以在遭遇伦理困境的时候，不同的排序导致了不同的决定，这并不奇怪。

总结

在本章，我们察看了社会工作者可以用来做伦理决定的一系列指南和工具。我们注意到，每个社会工作者都会遇到伦理上的困境，这些困境要求社会工作者必须在采取行动前有所选择。艾瑟森（Iserson，1986）建议我们在迈向行动阶段前对伦理决定做最后的检查时，问三个问题：

（1）*公平性*。如果你处在另一个人的位置上，你愿意按自己所做的选择采取行动吗？这个问题是要让社会工作者考虑如果她自己、家人或是其他所爱的人是行动的接受者会有什么结果。它的目的是纠正偏颇之处和利己之心，尽可能减少或防止自己在做决定的时候太过主宰。

（2）*通用性*。你是否愿意在类似的情况下采取这一行动？把一个特殊决定推而广之后加以审视，可能会减少偏见和偏颇，但是也可能会蒙蔽人的眼睛，使她看不到特事特办，不会普遍用于许多情况的独特性质。当考虑一个特定行动在类似的情况下一般的适用性时，要关心的既有效果的广度、范围，也有短期和长期后果。这个问题的目的，是让社会工作者不只思考行动的短期效果和把它作为一个特殊情况来对待，还要考虑在类似的条件下它是不是站得住脚的通行方法。

（3）*正当性*。你能向他人解释和说明自己的决定是正当的吗？这个问题的目的是要肯定在允许的时间内你已经有意识、有计划地考虑了面临的选择，你肯定基于专业的价值观和标准，你所采取的专业行动已经维护了服务对象的权益和最佳利益。

批判性思考练习

1. 在上一章，我们要求你给七个伦理原则排序。对照伦理原则筛查工具，你的排序是怎样的？如果你的排序跟我们不同，这会如何影响到上面案例的决定？经过进一步的思考和阅读前面的讨论，你会对自己的排序进行调整吗？为什么会或者为什么不会做调整？把你的排序跟班里其他人的排序做对比，讨论为什么你们对伦理原则的排序会有所不同。

2. 找出两个你最近在社会工作实践中做出的或知晓的伦理决定。基于伦理评估筛查和伦理原则筛查方法，你会改变自己或者其他社会工作者所做的伦理决定吗？

3. 你认为《全国社会工作者协会伦理守则》有没有假定某个特定的伦理标准对社会工作者的伦理操守来说是至高无上的？如果有的话，你认为是哪个标准？你的理由是什么？

4. 戒毒康复项目的主管遇到了一个预算分配难题。他有足够的资源去实施所在机构愿意做的两个项目中的一个。一个项目是面向小学生的。项目会为本市问题最突出的街区的500个学生提供服务。过去的经验表明，如果不提供服务的话，200个学生在16岁前会染上毒瘾；而如果实施该项目，数量会减少到不足50人。另一个是有毒瘾的青少年康复项目，每年能服务50位十多岁的青少年，成功率为60%。这位主管要考虑的伦理问题是什么？什么伦理准则和伦理原则能帮助他做决定？能否获得效果数据应该影响决定吗？

5. 案例4-2显示了服务对象的需要与机构的需要发生冲突的情况。提供直接服务的社会工作者和从事督导与行政管理工作的社会工作者可能会有不同的看法。安排跟从事督导和行政管理工作的社会工作者做个交流。他们对这一问题的观点是什么？跟他们的讨论会影响你的看法吗？

推荐阅读

迪安（Dean, 1998）在《临床社会工作中的首要伦理目标：其与社会公正和精神健康的关系》中描述了她对临床社会工作占首位的伦理目标的看法。库里（Kurri, 2005）在《伴侣治疗中的责任和道德推理的位置》一文中说明了在家庭和伴侣治疗中道德和伦理判断的重要性。哈格曼（Hugman, 2003）论争道，后现代主义可能会协助社会工作者查看社会工作所有方面多元的、暂时的、不确定的性质，包括知识和技能、价值观和伦理。兰道和奥斯莫（Landau & Osmo, 2003）探索了"专业和个人的伦理原则排序"。史密斯（Smith, 2004）认为，社会工作不只是什么有效做什么的一系列技术性的活动，特别是不仅仅基于角色期待、管理规定和法律框架做事。社会工作者与被服务者之间的个人接触，在道德上要对服务使用者的福祉造成的影响负责。布莱恩（Bryan, 2006）认为伦理应该将自身与一种普遍性道德相关联，即与"不应该是什么"，而不是先入为主地与"应该是什么"相关联。她提出寻求避免伤害是所有道德践行者都接受的共同立场。制约专业行为的道德律应该来自所有人都同意信守的道德律，不管专业角色是怎样。我们介绍这一理念是因为它观点独特。然而，鉴于我们的社会在价值观上的复杂多样性，很难看到对某个观点毫无异议，即使是关于"不应该是什么"。

能力要点

教育政策 2.1.2：运用社会工作的伦理原则指导专业实践。本章我们呈现了一个做伦理决定的模式并要求你将这一模式用于几个案例中。

教育政策 2.1.3：运用批判性思考告知和沟通专业判断。有几个案例要求你考虑和决定如何运用本章介绍的工具对某个伦理困境予以回应。

第二部分

专业实践中的伦理困境

第五章

服务对象的权利与专业知识技能

> 本章谈论的是专业知识技能和服务对象的权利之间有时发生的冲突，比如与自决权。我们会演示如何运用社会工作的伦理原则来指引专业实践。我们会通过例子和问题来提供机会，练习前一章的伦理决定模式，希望你能运用批判性思考去告知和沟通专业判断。本章探讨的问题可参见社会工作教育委员会2008年《教育政策与认证标准》第2.1.2条和2.1.3条。

谁是服务对象？

"谁是服务对象"的问题可能是几个伦理困境的根源。典型的专业，诸如法律和医学，传统上服务对象指的是同工作者建立关系并付费给她的人。抑或服务对象是专业人员要采取干预措施去改变或修正其行为的个人（或系统）。然而，这些定义可能并不完全适用于大多数社会工作者，特别不适用于那些身为雇员的社会工作者，如社会服务机构、政府部门或是社会服务设施中的社会工作者。按照传统的定义，组织付给社会工作者薪水，应该视为服务对象。但是学校真的能是学校社会工作者的服务对象吗？监狱是矫正社会工作者的服务对象吗？因为最初对服务对象的界定，指的是私人执业的独立的专业从业人员的工作对象，所以现如今传统的定义可能已经过于狭窄。

另外一个定义也是有问题的，因为服务对象并不总是行为需要改变的人或系统。社会工作干预常常并不是以服务对象系统的改变为重点，而是要改变其他系统，诸如法庭、雇主、社会机构或者是当地的住房管理部门。社会工作者或许可以帮助服务对象成为自己权益的倡导者，或者帮助服务对象倡导或者尝试改变影响他的其他系统，这样服务对象就能得到所需的资源。过去,社会工作者会自动地把前来求助的人视为服务对象,然而,今天回答"谁是服务对象"这一问题不再如此简单。案例5-1和5-2就说明了这一问题。

在案例5-1中,谁是罗宾·奥斯本的服务对象?阿琳·约翰逊?早产儿?谁的利益应该优先考虑?案例5-2与5-1完全不同,但也有类似的问题。

案例5-1　　　　　　　　　阿琳·约翰逊的流产

阿琳·约翰逊18岁,单身,怀孕近6个月。昨天,她来到妇女辅导中心请求帮助流产。实施流产的时候,医生认为胎儿能存活,把他作为高危早产儿放到了新生儿特护室。阿琳在得知"流产"的结果是有了一个活婴儿的时候沮丧极了。她拒绝看孩子一眼或是照看孩子。不仅如此,她还威胁说如果婴儿违背她的流产意愿活了下来的话,就要告医生和医院。阿琳要求医院的社会工作者罗宾·奥斯本保证不给婴儿提供特护,把他单独弃置,这样孩子就会很快死去。

案例5-2　　　　　　　　　林登太太的教室

林登太太是亚伯拉罕·林肯小学的5年级教师。学校所在的街区新近搬来了大量中美洲家庭。琼·拉米雷斯是这所学校的指定的社会工作者。她负责的个案里有几个学生是林登太太班上的学生。昨天,林登太太要求琼帮忙让学生安静地坐在座位上。她告诉琼,执教20年她从未像今年这样遇到这么多麻烦。她认为这些麻烦是许多讲不好英语的学生造成的。当然,琼能向她提出一些建议,告诉她如何处理这些孩子,让他们安静地待在座位上。

同样,问题还是谁是服务对象?林登太太?学生?学生的家长?或是学校?谁的利益应该优先考虑?如果琼对问题的根源有不同的看法,比如她认为问题源于种族歧视或是家长、老师或者学校的行政管理缺乏弹性,又会怎样?琼·拉米雷斯该如何平衡涉及的各个人的利益?其中有些人的期望可能还相互冲突。案例5-1和5-2中的两个问题的情形似乎大相径庭,但是在每个个案中服务申请人的要求都给社会工作者带来了伦理上的困境。阿琳·约翰逊不想要孩子,然而现在孩子却生下来活着,她对产科医师的期望(和向社会工作者的要求)就与婴儿的权利发生尖锐的冲突,也与社会对这些专业人员的期望发生严重的冲突。林登太太来找琼·拉米雷斯,但是这些学生已经是她的服务对象。问题是出在学生身上、林登太太身上还是学校环境上?琼该怎样处理这一角色冲突?她应该忠于谁?这位社会工作者一点也不能肯定问题就是出在学生身上,或许老师是真正的问题所在。怎样做才合乎伦理呢?

"谁是服务对象"的问题之所以造成如此多的伦理困境,其中一个原因是问题建立在过于简单的、并非完全准确的专业关系模式上。传统模式的专业关系只包括从业人员和服务对象，而现今的模式则可能包括服务申请人、服务对象、改变对象、受益人、从业人员、机构、社区和其他人。图5-1标示出的四类人，每类都可能包括一个或不止一个人或组织设施。有时，同一个人既是服务申请人，也是服务对象、改变对象和受益人。而在其他时候或其他情况下，不同的人充当了这些角色。服务申请人可能不是服务对象（如母亲为孩子申请服务），服务对象并不一定是改变对象（举例来说，改变对象可能是某个雇员或是学校的校长），服务对象也不一定是干预的受益人。

服务申请人	有特定问题或感受到问题要求获得帮助的个人（人们）或系统
服务对象	跟社会工作者建立正式的、有合约的、有目标性的关系的申请人
目标对象	必须加以调整以便实现服务对象和工作者一致想要的结果的个人（人们）或系统
受益人	从成功实现目标中受益的个人或系统，但伦理问题的解决可能不完全符合法律上的要求

图5-1 社会工作过程中的一些参与者

从事遗传咨询的社会工作者常常会遇到涉及伦理问题的议题。现代医学的羊膜穿刺术和绒毛膜的绒毛取样化验等可以在子宫内检测出几百种不同的遗传问题。当确有这样的发现时，社会工作者必须要帮助父母思量对胎儿、父母、家人和相关的健康从业人员所有可能的结果，以便父母做出最佳决定。然而，会有些医生希望社会工作者说服怀孕的母亲做流产。也有的医生希望社会工作者劝说母亲不要做流产。这些期望可能是基于医生最佳的专业判断或者是自身宗教或其他方面的原则。尚未出生的婴儿的最佳利益是否要加以考虑呢？最佳利益又是什么？是否即使父母不想终止怀孕，社会工作者也应该强调流产的益处呢？社会工作者应该采纳什么伦理立场？社会工作者是否应该基于预计遗传缺陷会带来的后果的统计概率知识，即后果是轻微还是严重地导致生活不能自理或是需要持续的照顾和协助，来做出决定呢？在这一情形下你的决定会怎样受到自身价值观和宗教信仰的影响？

在刑事司法系统工作的社会工作者也面临类似的伦理问题。在缓刑服务中，社会工作者要定期向法庭的法官提交报告。法官要结合这些报告为案子做出最终的判决。在这里社会工作者面临的伦理困境是，自己既要对有偏差行为的青少年负责，也要对法庭负责。她是助人者也是判决依据的搜集者。服务对象和工作者的求助关系在与触犯法律的少年初次接触时就已经开始，远远早于社会工作者做评估或是向法官提交报告的时间。社会工作者要把谁放在优先考虑的位置上？是被拘留的少年还是法官？谁是她的服务对象？值得注意的是，在刑事司法系统，社会工作者常会遇到的情形是，法律上的要求与专业伦理原则不完全契合。如果社会工作者向服务对象解释自己对法庭负有的责任会对解决问题有帮助吗？如果有帮助的话，社会工作者该告知自己的服务对象什么？

专业知识技能与自决

伦理上的一个困境源自两个专业义务之间的冲突。它们是：（1）支持和保证服务对象的自决或自主，即受决定影响最大的人应该来做决定；（2）根据专业社会工作者所具备的知识和技能来做决定，确保有积极的结果并保障服务对象的最佳利益。

社会工作者一直认为每个人都有权自己做决定。经验丰富的社会工作者夏洛特·托尔（Charlotte Towle，1987）几十年前就指出"一个人有权管理自己的事务"（p. 15）。《全国社会工作者协会伦理守则》（NASW，2008）陈述："社会工作者尊重和推动服务对象的自决权并协助服务对象努力识别和澄清自己的目标。"（1.02）这一准则似乎是明白无误的。该伦理守则还声明："（只有）在社会工作者根据专业判断，认为服务对象的行动或者可能采取的行动对自己或他人构成了严重的、可以预见的、近在咫尺的危险时，才可以限制服务对象的自决权。"（NASW Code，2008，1.02）

曾几何时，服务对象的自决权和社会工作者的专业知识技能间的冲突没这么严峻，因为那时对专业技能远比现今更为尊重，即使对于社会工作知识是否足够以及社会工作干预是否有效相当没有把握。尽管运用专业知识和适当的技能能给服务对象带来积极的结果（Claiborne，2006；Cummings，Cooper，& Cassie，2009；Harris，2009；Lundahl，Nimer，& Parsons，2006；Nissen，2006；Rizzo & Rowe，2006；Roseborough，2006），但是实际工作中有可能带有重大意味的伦理困境，即如何平衡服务对象的自决与使用专业知识和技能。如果服务对象做的选择与循证实践不一致，可能带不来正向的结果，那么社会工作者克制自己运用知道的有效的专业知识和技能，这样做符合伦理吗？

社会工作者可能知道实现服务对象选择的目标的最佳策略。但社会工作者实施这一更有效的策略而不是服务对象偏爱的另一个策略，这样做合乎伦理吗？社会工作者可能了解服务对象的需要和愿望是什么，甚至可能先于服务对象知道这些。同样，这也会有伦理上的问题：社会工作者该遵循自己的知识和洞察力提示的策略去做，还是采用服务对象由于无知或知识片面而提出的另一个不太有益的决定？如果服务对象是基于自己文化的价值观做出的决定，这会有什么不同吗？

有些社会工作者会毫不犹豫地先选基于自己的专业知识和技能做决定，即使这样做意味着无视服务对象的意见。早期专业人员在自决和父权主义的干预间的冲突正被重新审视。泰勒（Taylor，2006）研究了320位平均有25年从业经验的精神健康服务临床社会工作者，他询问他们对于自决和非自愿性的治疗的看法，所有人对于自决的重要性和运用都持积极的态度。然而，他们指出，随着时间的流逝，他们对于问题的思考方式发生了改变，所以在实际工作情境中出现与自决价值观发生冲突时，相对而言没有那么棘手，比如服务对象需要非自愿性的治疗干预。他们知道有些情况下病人或服务对象不能现实地做出知情决定或判断（即，不能基于可靠的信息决断或者糟糕地估计现实），所以社会工作者有必要采取让其受益的行动。英国的一项有关社区照顾的研究有类似的发现，社会工作者也有为服务对象好的说法和父权主义的干预。

金及其同事（Kim et al.，2008）对一个样本为193人的跟精神病人打交道的直接服务提供者进行了研究（大多数人有证照和工作经验），以了解他们对于精神病人预留医疗指示和健康照顾授权委托书的态度和观点。精神病人预留医疗指示是一些法律文件，描述了一个具有行为能力的人在出现本人可能不能沟通治疗选择的情形时，对于将来的精神疾病治疗（精神健康专业人员、服务方案、设施和代理做决定的人）的特定指示和偏好。预留指示增强了自决，因为个人可以在有行为能力的时候来做决定。预留医疗指示的支持者认为，它鼓励服务对象和服务提供者之间进行讨论，有助于制订计划，应对未来的危机。支持者还相信，服务对象在危机期能获得他们首选的心理健康治疗方案有可能会增强治疗的依从性和治疗联盟。另一些人意见不一，认为预留医疗指示有可能减少服务对象的自主与强制治疗之间的紧张关系，而这种指示在实践中有可能会遇到法律方面的问题。相较于预留医疗指示，受访者更倾向于接受健康照顾授权委托书（Kim et al.，2008）。那些认为健康照顾授权委托书更有利的社会工作者之所以这样选择，是因为他们认为同预留医疗指示相比，代为做决定的人（一般是家庭成员）是更为合情合理的治疗决定仲裁者。代为做决定的人的参与为共同决策提供了更多的机会。

尽管如此，大多数社会工作者不仅相信服务对象有权利尽可能多地参与社会工作过程的各个阶段，而且也相信这样做的有效性。重视服务对象的自决权与工作者运用专业知识和技能之间可能会有的冲突常常会因谁是要接受专业知识和技能的服务对象而愈加复杂。现在我们来更详细地审视自决问题。

自决

现代哲学的早期巨匠之一伊曼努尔·康德主张，个人决定自身命运的权利是无条件的。他教导说，人本身即是目的，决不应当作工具来对待。自决也是美国社会占首位的原则。尽管在宪法中没有专门提及这一点，但是美国最高法院在一系列诉讼程序案、平等保护案和隐私案中形成的立场是，自决是一项基本权利，受第9和第14修正案的保护。

个人拥有自我决定权是社会工作自决价值观的来源。许多人主张自决是一项绝对权利，但大多数社会工作者会同意罗斯曼（Rothman，1989）的观点，在把自决原则用于实践时，其应用会受到限制。对从业人员而言，自决原则所能解决的问题跟其带来的问题一样多。难怪罗斯曼（Rothman，1989）会说："自决在行业中受到极大的尊重，（但是）其寓意和应用却笼罩着阴云。"（p.598）自决权会成为最常遇到的、最令人迷惑的难题之源。服务对象在什么对自己最好的认识上与社会工作者有分歧，工作者又如何能做到尊重和支持服务对象的自决权呢？或者服务对象的看法与受服务对象的决定影响的人的看法有所不同，又当如何尊重和支持服务对象的自决权呢？如果有许多积极品质的服务对象想要做出自我毁灭或犯罪的决定呢？精神病患者（或任何人）是否应被允许拒绝治疗或允许在街上生活？什么程度的精神不稳定需要限制自决？

哈特曼（Hartman，1997）指出，尽管许多社会工作者认为他们在实践中总是尊重服务对象的自决权，但这只是一种错觉，因为许多服务对象无法充分行使这一权利。因为真正的自决需要"获得资源、获得机会和获得权力"，所以自决有实实在在的限制（Hartman，1997，p.216）。这尤其正确，因为真正的自决需要权力和资源，这是许多服务对象所欠缺的。

随着生命中的重大决定涉及大多数人常常理解不了的高科技问题和专门知识，这些伦理上的困境会出现得更加频繁，越来越令人困惑。依赖有必要知识的专业人士正变成寻常之事。在这种情形下，把给予指令作为助人技术似乎也更能为人接受。随着社会工作者要应对有关伤残人士和特别脆弱的人的新的服务授权和要求，迫切需要重新审视自决和自主问题。在一些个案中，服务对象不能守护自己，致使社会工作者出面进行保护性干预，尽管服务对象反对这样做。比如，自杀的服务对象需要住院，但他不想住院，社会工作者采取行动符合伦理吗？使用指令方式带来的一个伦理上的问题是，结果的合理性能否支持手段的合理性。社会工作者确定所用方法会有助于解决或缓解服务对象的问题，是否就可以强迫服务对象做他不想做的事？社会工作者若向服务对象隐瞒情况，以便让他参加一项治疗，因为服务对象如果知道了实情就会拒绝，这样做符合伦理吗？可能解答这些或类似的问题的实质不是社会工作者使用直接做决定的方式，而是谁有权来确定服务对象在特定的时间、特定的情况下能或不能自己做主。

有些专业人士会毫不犹豫地运用自己优越的知识和权力驱使服务对象沿着"正确的"方向前进。有些学者如德沃金说，不管采用什么理论框架，在所有专业关系里都存在工作者对工作对象的控制（Dworkin，1985）。一般情况下，这一控制不是外显的，而是以潜在的方式出现，或者是在无意识中表现出来。德沃金还提出，如果这种控制能够开诚布公地说出来，并系统地、明确地付诸实施，情况会好些。专业人士应考虑：（1）她的意图符合服务对象的最佳利益；（2）她个人在这种情况下的投入是清楚的，未受不当驱使；（3）由于权力差异，她的最佳利益与服务对象的利益之间没有冲突。伯林（Berlin，2005）推测社会工作者行使自己的权力是出于基本的同情心，并建议"认可他人的自主性和能力可以缓冲同情心的主导，从而增强服务对象的自决和自主"（p.485）。

控制和操纵是不可接受的专业方法。社会工作者必须有意识地加以避免，并时常重新掂量服务对象自决的意义和在实际工作中的应用。一位社会工作者确信一个（独自在家已经应付不了的)老年服务对象应该尽快入住有人协助起居的老人院,但是凭过去与这位服务对象打交道的经验,她知道每个工作者提出的建议得到的回答都会是"不"。她该按照什么伦理上的考虑来指导自己的工作呢?如果这位老年服务对象有近亲,应该让他们来做决定吗?如果没有近亲,社会工作者是否应该在没有让服务对象完全参与的情况下做决定?

让我们设想有一位上了年纪的住在护理院的老人,身体行动不便,需要坐轮椅,大小便失禁,不能很好地进食。这位婆婆终其一生一直非常独立,尽管需要特别护理,但还是想回自己家。她年长的姐姐说能在家照顾她。尽管这位护理院的老人在法律上有这样的权利〔1990年的《病人自决权法案》(Patient Self-Determination Act)和1993年的《统一健康护理决定权法案》(Uniform Health Care Decisions Act)〕,但是她的社会工作者应该反对她自行决定出院,如果这样做看来会带来生命危险(Sasson,2000)。诸如此类的干预在服务对象的生活中可能是一次性的,也可能是持续性的,其参与也可能有多有少,必须视服务对象事实上心智能力受损伤的程度和是否有能力做决定而定。还要考虑在这一情形下会有多大的风险或危险性。

伯杰龙(Bergeron,2006)探讨了与老年虐待和疏于照顾的受害者有关的自决问题。他质疑自决权让虐待和疏于照顾的受害者拒绝干预的观点。典型的情形是,成人保护工作者可能会以老人无心智能力为由无视老人的自决权。然而,有关能力和自决的指示往往缺乏。这让成人保护工作者在本人拒绝服务时了结某些个案,然而却衍生出拒绝服务的权利(自决权)和社会工作者尽保护义务之间的冲突。

有证据表明,与阶级和年龄有关的标准有时会被用来充当评估不同的服务对象群体的自决能力的标准。同老年服务对象打交道的工作者对这一问题最有体会,但这一伦理问题并不仅仅是局限于老年群体。对于青少年群体、种族和民族群体、性别群体、富人和穷人,以及其他群体同样也存在成见。案例5-3列举的情况既涉及"谁是服务对象"的问题,也涉及自决问题。

案例5-3　　　　埃莉诺·波默应该回家吗?

埃莉诺·波默8岁,是家里6个孩子中最小的一个。由于确诊患有唐氏综合征,近3年一直住在一所特殊学校里。她的乡村父母、心理学家、教师和社会工作者认为她的功能水平属于中等,但是某些特定的日常活动需要人协助。埃莉诺的父母双双工作。他们租了一个两户人家合居的房子,住楼下的公寓。房子坐落在工人家庭的聚居区,离埃莉诺的学校有大约1小时的车程。过去一年,波默夫妇一个月探视埃利诺一次。埃莉诺每个月还回家度一次周末,进行得很好。埃莉诺和家人都盼着这每月一次的探访。

学校的员工感觉埃莉诺现在已经准备好离开学校,重新住到家里。社会工作者让埃莉诺的父母了解了员工们的这一评估结果,告诉他们可以在所在城市的社区中得到的资源,敦促他们把埃莉诺接回家。然而，波默夫妇不同意这一提议。他们对目前的安排感到满意，觉得埃莉诺又住回家里，会给其他孩子带来太多的压力。社会工作者相信对埃莉诺来说最好的安排是离开学校，恢复更正常的家庭生活。她知道埃莉诺对可能跟父母和兄弟姐妹生活在一起感到兴奋不已。

在这一情形下，伦理上的问题来自运用专业知识与尊重服务对象的自决权之间的冲突。而谁是服务对象的问题又使情况更为复杂。对于波默夫妇的希望，社会工作者要给予多大的重视？对埃莉诺的希望呢？做决定要考虑的最重要的准则应该是什么？对埃莉诺最好吗？由谁来决定怎样做对埃莉诺最好？波默夫妇其他孩子的福利要怎样看待和处理？社会工作者是否有伦理上的权利操纵环境（比如说，增加学费），"帮助"波默夫妇做出员工们认为对埃莉诺最有好处的决定？《全国社会工作者协会伦理守则》中是否有条款可以帮助工作者做出正确的决定？第四章的伦理原则筛查方法能提供什么指南吗？

社会工作实践中出现的另一个基本的伦理困境来自所有社会工作者都接受，但又不时相互抵触的两个专业原则。它们是：（1）在服务对象需要或提出要求时提供帮助，以确保或改善这个人的福利的原则；（2）不干涉个人的自由的原则。理想的情况下，这两个权利（或原则）不应该让社会工作者感到有任何冲突。但是，如果一个人的福祉只能是在以牺牲自由为代价的情况下才能够实现，情况又当如何？谁来界定福祉是什么？谁来判定需要专业协助？谁有法定权利要求给另一个人专业协助？

除非有明显的迹象表明需要干预，否则没有哪个社会工作者想要干涉另一个人的自由，即便这个人是她的服务对象。然而，人们一般也同意有些情况下干预势在必行，即使要以牺牲自由为代价。大多数人赞成个人行使自决权会伤害到他人时，其自决权应该受到限制。但是如果受到伤害的仅仅是本人，又当如何呢？尽管有理由采取干预措施的前提看似一清二楚，但是社会工作者还是有许多不清楚的地方。什么才是*明白无疑的、近在咫尺的危险*？它怎样才能被证明？什么时候伤害使工作者足以有理由采取强制行动？谁来执行强制行动？社会工作者在对干预会防止伤害有多大的把握时，才有理由剥夺一个人的自由？请思考一下案例 5-4 中的情形。

案例 5-4　　　　　危险是否近在咫尺？

社会工作者玛丽亚·埃斯皮诺萨一个月来一直在做阿莉森的工作。她非常消瘦，几乎骨瘦如柴，是一个拘谨寡言的 17 岁的大学一年级新生。阿莉森是由牧师转介给家庭辅导中心的，因为她告诉牧师自己感到孤独，有一些强迫性的念头。她获得了父母的赞同和支持前来寻求帮助。阿莉森的功课还过得去，但在学校一直交不到朋友，这五个月她没有什么社交生活。这天下午，阿莉森告诉玛丽亚她的月经停了。玛丽亚探寻后得知阿莉森正在节食，并每天做两三个小时的运动来减轻体重。她有些轻度抑郁，但仍能集中精神应付课业,并说她很少烦躁。基于所有这些资料,玛丽亚相当肯定阿莉森患有厌食症,并建议她去大学的健康服务部门找医生咨询。阿莉森一听这个建议就拒绝了。

厌食症是否是明白无疑的、近在咫尺的危险,需要马上采取行动?如果每周一次的工作再多做几周以帮助阿莉森采取行动保护自己的健康,但也延迟了她看医生的时间,会造成什么伤害?玛丽亚应该联系阿莉森的父母吗?又或者玛丽亚应该打电话给学校的负责人和医务人员,迫使阿莉森去看病吗?正确的伦理选择是什么?

比问题的类型或者康复的机会更紧要的是服务对象做决定的能力。只要服务对象在知情的情况下能做出决定,社会工作者就无权加以干涉,除非(1)问题对服务对象来说生死攸关,(2)情况对其他人构成严重的危险(保护的义务将在第八章更详细地讨论),(3)依法社会工作者要报告情况。社会工作者的任务是尽最大的可能使服务对象能在知情的情况下做出决定。

这一伦理问题的另一个侧面是社会工作者有责任不止步于遵守消极的不干涉个人自由的训谕,而是要比这多做一些事。此外,每个社会工作者都有专业义务采取积极的行动,增强或提升服务对象的自由。如果提升涉服务对象的自决而不干涉其自由不是说说而已,那么社会工作者必须明白一个人只有在下述所有条件都得到满足的情况下,才能有真正的自主。这些条件是:

(1) 现有情形为个人提供了不止一个选择。
(2) 社会工作者或其他专业人员没有强制个人做出这个或另一个选择。
(3) 个人意识到所有可以有的选择。
(4) 个人对于每个选择的代价和后果有准确的信息,这样便能做出现实的估量。
(5) 个人有能力或者主动提议基于所做的估量做决定。
(6) 个人有机会根据自己的选择来行动。

从这些条件可以看出,并不需要有广泛深入的研究来揭示大多数社会工作服务对象的自由是相当有限的。任何人的自由受到限制时,社会工作者都必须加以关心。尽管美国人比许多其他国家的人享有更多自由,但是社会和经济状况限制了几乎所有当今社会中的大部分人的某些自由。特别是加深了不平等、种族主义、性别歧视和年龄歧视的那些情况,使自由受限制更加明白无疑。正如史蒂文斯(Stevens, 1998)提醒我们的,选择上的自由和做决定的权利是深受珍视的权利,然而,"当社会流动的机会被阻断的时候,自决便令人悲哀地受到束缚"(p.294)。

社会工作者投身于运用专业技能和知识不仅帮助服务对象而且帮助所有人获得充分的自由。这一伦理上的承诺或许可以解释为什么许多社会工作者一直站在最前沿,为了所有人能更自由、更平等而斗争。但是,伦理上对更自主的关注也必须在社会工作者日复一日的工作中体现出来。

是否做到自决与服务对象对从社会工作者那得到的好处的依赖程度也有关系。服务对象得到的物品或服务越重要、越有价值，他对社会工作者的依赖感就越大，越不太可能做出自己认为社会工作者会不赞成的选择。所以，接受公共援助的人中，那些认为自己要对靠福利生活负责的人不太敢肯定自身的权利，不大可能不赞成个案工作者的意见，较少倾向于对某个决定提出上诉。污名、丧失自尊、心理上的磨难和经济上的举步维艰，以及缺少其他出路，都损害了自决的能力（Goodban, 1985）。随着要求工作的规定变得愈加严格，接受公共援助的服务对象可以有的选择所剩无几（Pear, 2006; Soss, Schram, Vartanian, & O'Brien, 2004）。举例来说，根据《个人责任与工作机会法案》（Personal Responsibility and Work Opportunity Act）（1996），不遵从工作规定的人会失去所有或某些现金援助、食品券和医疗补助。失去任何一项，即便是一项中的一部分都可能给他们的家庭带来严重的后果（Lens, 2006）。

当一个人拥有的权力有限，要依靠某个专业人员或机构时，这个人的脆弱性会增加以至于影响到他的自由。这样的情况不仅仅发生在公共援助领域（Fawcett, 2009）。举例来说，许多老年妇女面临收入和健康问题；同时，可以获得的支持网络变得非常有限，而这反过来又可能导致丧失自信和不良的应对能力。某些残疾人，包括被确诊有心理健康问题的人，也可能更加脆弱，因此变得更加依赖社会工作者。

许多服务对象在自主做决定方面的知识和能力有限，因而给社会工作者带来了重大的伦理上的义务，因为她有义务帮助他们做出深思熟虑的选择，以便能最大限度地得到益处，与此同时，保留和增强他们所拥有的不管是怎样的状况的自主和自由。即便是在最后做分析的时候认识到助人的重心仍然是落在专业人员手中，这一伦理困境依然存在。根据这样的思路，罗斯曼（Rothman, 1989）总结道："对于用什么方式帮助服务对象的专业决定，主要责任落在从业人员身上。"（p. 608）

在此，我们要提出另一个随着美国人口越来越多样化，特别重要的有关自决要注意的事。美国社会对自决权的高度珍视源于其文化对个人和个人主义的重视。弗隆（Furlong, 2003）指出，尽管西方文化把这些观念放在优先位置上，但是这些观念也会带来难题，因为在许多其他文化中，它们的重要性可能远没有这么高。换言之，美国社会工作普遍接受的观念在限制个人主义、更加重视社区和群体的文化中，可能会有不同的意义和重要程度。

模糊性和不确定性

实际情况的模糊性和不确定性会增加出现伦理困境的可能性。所谓模糊性，我们指的是社会工作者对所面临的情况掌握的信息不完全或不完整。在社会工作实践中有三种类型的模糊性和不确定性给工作带来了伦理上的困境。它们分别是：（1）对价值观和目标不确定；(2) 对任何特定情形的相关科学知识和事实真相不确定；(3) 对干预的后果不确定。

同许多其他专业的从业人员相比，模糊性对社会工作者来说是一个更重大的问题，因为社会工作者要处理的问题常常不是很具体，因为同许多其他专业领域的从业人员相比，社会工作者一般对干预的结果不大能掌控。人们带给社会工作者的问题的性质可能说不清，评估结果可能含糊其词。服务对象尽管经历了痛苦和不适，但是常常并不真正知道他们的问题是什么，他们的目标是什么，或者如何实现这些目标。不管是他们自己还是他们的社会工作者都可能无法认识这些麻烦的确切性质，或者可能没有任何方法可以帮助服务对象。此外，在此情境下可能有许多不同的参与方，如服务对象、家庭成员、邻居、其他心理健康专业人员和保险公司，他们对想要的结果可能有不同的想法（Kirk & Kutchins, 1992）。

因为有如此之多的不同因素同时在对一个人发生作用，所以对社会工作者来说常常难以评估自己所实施的干预的具体影响。结果不成功可能（但不一定）是因为受了社会工作者做了或没做一些事的影响，可能是社会工作者无法控制的因素造成的结果。同样的干预行动在两个看似没有什么不同的情形中实施可能带来完全不同的结果，这源于社会工作者无法控制的一些因素。没人会知道如果自己不加干预或是运用不同的干预策略结果又会怎样。举例来说，在一宗疑似儿童虐待案中，社会工作者没有把握预测如果让孩子继续留在父母身边会出现什么情况，也不确切知道如果强行把孩子从家中带走会发生什么。案例 5-5 探讨了一个这类存在许多模糊性的情形。

案例 5-5　　　　　虐待儿童的牺牲品

几个月前，温迪·吉利斯女士告诉自己的公共福利社会工作者，她怀疑楼上的邻居乔治·希尔先生常常粗暴地殴打自己两岁的儿子勒鲁瓦。每周都有几个晚上她能听到极其骇人的声音。偶尔几次她看到孩子，他总是缠着绷带，看起来非常悲伤。工作者把这些记在了个案报告里，但没有采取任何进一步的行动。

上个月，乔治的妻子安妮把勒鲁瓦带到了湖畔总医院的急诊室。勒鲁瓦身上有多处骨折，按他妈妈的说法是从房前的楼梯上摔倒造成的。接诊的大夫不相信这一说法，因为 X 光检查显示，除了现有的骨折，以前还有大量骨折。按法律上的要求，他通知了儿童保护服务部自己怀疑有虐待儿童问题。一位经验丰富的儿童保护社会工作者安德烈·康蒂被派往希尔家做调查。他与父母双方做了长谈。他们承认勒鲁瓦做错了事的时候偶尔会打他，这是他们管教孩子的方法。安德烈向他们指出教导孩子举止恰当还有其他的方法，但是得出的结论是孩子眼下没有危险。

两个星期后，另一位社会工作者追踪探访了希尔家。这位工作者名叫米莉·沃克，她同意康蒂的评估结果，认为目前没必要把勒鲁瓦从家中带走。米莉探访十天之后，安妮·希尔叫了救护车，说儿子呼吸有困难。救护车的医护人员抵达时，发现勒鲁瓦已失去知觉。入院12个小时后，医生宣布他死了。尸体解剖的结果确定死亡是用钝器重殴所致。

这一案例引出了几个有伦理意味的问题，包括：温迪·吉利斯的社会工作者对报告的疑似儿童虐待事件给予了足够的重视吗？温迪的担心是否能够成为干涉希尔家事务的充足理由？安德烈·康蒂或是任一社会工作者怎样才能有把握确定勒鲁瓦的生命有明白无疑的、近在咫尺的危险？什么时候家长的管教构成儿童虐待？在什么情况下把孩子从家中带走可以成立？决定把有危险的孩子留在自己家中之前，社会工作者对可能造成的后果必须有多大的把握？

应当注意在勒鲁瓦·希尔的案例中，有三方面是模糊不清的。它们来自：
(1) 缺乏清楚的社会规范带来的模糊性（即，父母管教孩子的界限在哪儿？）。
(2) 缺乏相关知识带来的模糊性（即，什么样的证据可以成为实施干预的充足理由？）。
(3) 不能知晓将来的结果会怎样带来的模糊性（即，干预的后果是什么？）。

在这一个案中涉及的社会工作者做出的专业判断是勒鲁瓦没有危险。由于他们的错误判断，勒鲁瓦现在死了。错误也可能是另外一种，把一个自身生活本来没有危险的孩子判定为有危险，因而毫无必要地把他从自己家里带走。每个社会工作者在这一情况下都面临着严峻的伦理上的两难处境，因为两种类型的错误不可能同时避免。模糊性和不确定性是社会工作实践中特有的情况。不仅社会工作者不能，任何其他人也不能确切知道父母的某个特定行为是否会导致孩子的死亡。对有效的社会工作者的考验就在于即使是要应付情况模糊不清和不确定所带来的伦理上的困境，她仍然能够发挥作用。

实务困境给社会工作者带来了角色冲突、不确定性、模糊性和不安全感，他们无法感知到在任何特定伦理决定情境下运作的所有力量。布雷和普雷斯顿-舒特（Braye & Preston-Shoot, 1990）识别出了在儿童福利领域做决定涉及的大量困境。我们仅列举其中的一些例子：

- 涉及的人的权利与风险。
- 需要与可获得的资源。
- 义务（我们必须做什么？）与权力（如果想做的话，我们可以做什么？）。
- 法条主义（纯粹依照法律做决定）与专业性（专业意见的分量有多重？）。
- 人道主义与经济学。
- 专业性（有多大的自主权？）与机构（指导和方向）。
- 社会工作的专业性与另一个学科的专业性。
- 专业人士与消费者（对他们的观点和他们的盟友的观点要给予多大的重视？）。

社会工作者在帮助个人的同时也代表社会，必须考虑到上述每一种困境。社会工作者必须在帮助个人和代表社会采取行动间穿梭，既是服务对象的代表，又是机构的代表。每一个存在模糊性的伦理困境，社会工作者都必须基于评估和社会工作技能来处理。这也许让人不舒服，但是，如果对可接受或不可接受的风险的清楚界定即便有也寥寥无几的话，那么就没有什么正确的答案。

批判性练习

1. 用本章提到的社会工作者判定自己上了年纪的服务对象不适合再单独生活在家中的案例来做角色扮演。我们知道这个服务对象对工作者的每个建议的回答都是拒绝。尝试各种途径来解决这一问题。记住伦理方面的考虑。

2. 罗斯曼（Rothman, 1989）和其他人主张在做专业决定时社会工作从业人员要负主要责任。与此同时，许多社会工作者认为服务对象有其独有的权利来决定跟自己生活有关的事。就这两种专业观点采访一位社会工作者。询问他们在决定担负主要责任，对服务对象的个人生活状况做出专业决定时，考虑了哪些伦理方面的因素。

3. 假定你是儿童保护社会工作者，被派去调查举报勒鲁瓦·希尔受虐待的个案（案例5-5）。你会用什么标准来决定是否把勒鲁瓦从父母身边带走？记住伦理方面的考虑。

推荐阅读

希利（Healy, 2000）探索了从业人员试图影响服务对象接受她所偏爱的一系列行动的程度，以及这样做时运用的方式。穆迪（Moody, 2004）描述了受聘负责制定医院病人出院方案的社会工作者怎么面对病人的权利与管理型照顾的压力间频繁的冲突。德怀尔（Dwyer, 2005）检视了社会工作的复杂性与艰难的社会工作环境所导致的处境，它让工作者难以保护老年人的自决权。

推荐网站

- 自决中心。网址：http://www.centerforself-determination.com/index.html。
- 自决理论以及可以引用和链接大量有关自决的文章的有广泛资讯的网站。网址：http://www.psych.rochester.edu/SDT/index.php。
- 伊利诺伊大学芝加哥分校的精神健康服务研究与政策中心提供了几个工具，可用来提升有精神残障的人的自决。网址：http://www.cmhsrp.uic.edu/nrtc/tools.asp。

能力要点

教育政策 2.1.2：**运用社会工作的伦理原则指导专业实践。**本章我们讨论了服务对象的权利、自决、专业知识技能和模糊性，因为它们都与伦理困境和专业实践中的决定密切相关。

教育政策 2.1.3：**运用批判性思考告知和沟通专业判断。**有几个案例和批判性思考练习，让你考虑和决定怎样回应伦理困境。

第六章

价值中立与强加价值观

> 本章的重点是社会工作教育委员会2008年《教育政策与认证标准》第2.1.1条教育政策：成为一名专业社会工作者，特别是聚焦在价值观上。我们还会继续呈现第2.1.2条教育政策有关运用社会工作伦理原则指导专业实践的内容。我们会通过案例和问题给你提供一些机会来查看你个人的价值观和专业的价值观，去运用做伦理决定的模式。我们希望你能将批判性思考贯穿其中，告知和沟通专业判断（第2.1.3条教育政策）。

当今世界一些科学家尽力避免一切价值观和道德问题，因为他们坚信知识只能从经验数据中获取。同样，许多社会工作者也旨在完全遵从科学原则来开展工作，因此，力求避免所有价值观方面的考量。传统上对专业社会工作者的一个期望，就是不把自己个人的价值观强加给服务对象，停止对服务对象的行为举止做评判，即便是自己的价值观或社会的价值观想要做评判。然而，在现实的社会工作实践中，事情并不总是这么简单。《全国社会工作者协会伦理守则》（NASW，2008，Purpose）认识到，社会工作者应该"意识到服务对象和自己个人的价值观、文化和宗教信仰与习俗对伦理决定的影响。他们应该意识到个人的价值观与专业的价值观之间存在的任何冲突，并认真负责地加以处理"。价值观是无法避开的，因为重大的专业上的决定总是会包含价值观上的选择，不是涉及工作者的价值观，就是涉及服务对象或社会的价值观。社会工作者有关手法和目的的专业决定不单单是技术上的选择，还源于社会工作者和所有其他参与者扎根其中的历史境况、文化和价值观（Iversen，Gergen，& Fairbanks，2005）。

正如在第二章中提到的，价值观在社会工作中扮演了一个核心角色。除了考虑个人和社会的价值观外，社会工作者还必须考虑专业的价值观对伦理决定的影响。社会工作专业的核心价值观包括：服务、社会公正、人的尊严和价值、人际关系的重要性、诚信和胜任力（NASW Code of Ethics，2008，Ethical Principles）。

服务对象与工作者之间在价值观上的差异

工作者的价值观与社会工作服务对象的价值观有明显的差异并不鲜见。社会工作者个人的价值观体系就与一般人的价值观体系不同。社会工作者更看重个人关系,服务他人和开放的态度,以及平等(所有人机会平等),助人(为他人谋福利)和开放的心态(思想开放)、社会公正、人权、服务对象自决和尊重多样性,这些与一般人群持有的价值观有所不同(Abbott, 2003; Horner & Whitbeck, 1991)。这些差异是一些伦理问题和困境的基础。另外一个伦理困境的来源可能是许多服务对象的宗教信仰和宗教活动与许多精神健康专业人员持有的非宗教的价值观也存在重大的不一致。霍奇(Hodge, 2002)比较了很大比例的一般美国人自身对神明的信仰和很大百分比的社会工作者不信仰神明。他指出所有宗教团体成员持有的许多价值观都与大多数社会工作从业人员持有的价值观有所不同。

在为数不多的关于社会工作者所信奉的价值观与普通工人和中产阶级的价值观有什么不同的研究中,霍奇(2004)位列其中。他使用了"综合社会调查"(General Social Survey)的数据(1972年至1998年),该调查有美国大陆全部没有住在机构设施中的家庭户讲英语的人口的具有代表性的样本。尽管每年的样本中只有少量社会工作者,但是由于每年问问题的措辞都完全相同,所以社会工作者的答案随着时间的推移可以形成一定的量。研究生学历的社会工作者坚信的价值观在许多方面不同于美国工人阶级和中产阶级。

霍奇(2004)发现,社会工作者更倾向于认同民主党;更偏自由派;认为在军事上开支太多,而在福利、解决大城市问题和改善非裔美国人的状况上开支太少。与工薪阶层和中产阶级相比,社会工作者更倾向于支持大麻合法化;社会工作者反对对杀人犯判处死刑的可能性是前者的两倍。在枪支拥有方面也存在着很大的不同(社会工作者拥有枪支的比例不到20%,而近50%的工人阶级和40%以上的中产阶级拥有枪支)。研究生学历的社会工作者比工人阶级和中产阶级的成员明显地更可能属于自由宗教派(几乎50%的人有此归属)。而且,在流产问题上,超过四分之三的研究生学历的社会工作者持支持自由选择流产的立场,而大约三分之二的工人阶级是持支持保护生命的立场。与工薪阶层和中产阶级相比,社会工作者更倾向于将婚外性行为视为道德上可接受的行为。同样,社会工作者比工人阶级和中产阶级更倾向于将同性恋行为视为道德上恰当的行为(Hodge, 2003)。值得注意的是,这项研究的数据是从1972年到1998年收集的,我们无法知道从那以后这些差异是变得越来越大还是越来越小。

服务对象对特定宗教的虔诚程度以及对特定宗教价值观的了解和信守情况都是社会工作实践中一定要考虑的,因为工作者的价值观和服务对象的价值观可能会出现冲突。这些在宗教方面价值观上的不同只是有价值观相异的一个领域，反映出在许多其他领域价值观存在的差异，如经济、社会经济地位和政治。尽管有这些差异，知识、技能、经验、自我管理和有意识地运用自我仍能让社会工作者做出恰当的判断和决定。

共同的价值观有可能大大增加获得成功结果的机会。然而，继续工作的基础是认识到在做决定的时候应该优先考虑服务对象的价值观。工作者需要确保服务对象了解所有相关的风险和后果等等，但最终必须由服务对象做出决定，即使所做出的选择与工作者的价值观背道而驰。在检验病人和治疗师所持的价值观的一致性与治疗效果之间的关系时，最佳的结果出现在"病人和治疗师之间的价值观……大致类似，既不太接近也不太相异"（Holmes，1989）的情况下。

尽管服务对象的价值观与工作者的价值观可能需要相契合，但是在实际工作中这并不总是有可能性。当服务对象和工作者的价值观存在重大差异时可能出现各种各样的问题，在此我们所关心的仅限于这些问题中与伦理有关的事宜。它们主要是当工作者和服务对象的价值观有大的差异时，把价值观强加于人的可能性。由于服务对象和工作者在权力上的不对等，这一伦理问题常常很尖锐。案例 6-1 是一个服务对象与工作者在价值观上有差异的典型事例。

案例 6-1　　　　　　　　有孩子还吸毒

儿童保护服务工作者杰夫·巴茨接到社区医院社会工作者的一个电话。吸毒的单身母亲莫娜·科斯两天前生下了一个女婴。母女俩明天就要出院，但是医院的社会工作者认为如果孩子跟母亲回家住会不安全。莫娜·科斯没有长期住所。眼下她与一个毒贩住在一起，这个人过去有身体虐待和性虐待的情况。

杰夫·巴茨与莫娜·科斯可谓是生活在天南地北两个世界。他们的生活方式和价值观截然相反。对社会工作者巴茨来说，处理这个电话的一个方法是启动法律程序（这可能是他从业的州的法律要求），将婴儿从母亲身边带走。这样做可能与他个人的价值观和他认为的社会的期许一致。然而，他能无视莫娜想把孩子留在身边的愿望吗？对新生的婴儿来说怎样安排才最好？杰夫应该在做出任何决定前同莫娜探讨这些问题吗？

服务对象与工作者在价值观上有差异常常是不可避免的。社会工作者和服务对象在助人系统中处于不同的位置：一个是服务对象，另一个是专业人员；服务对象有问题，社会工作者没有。因此，社会工作者必须找到处理这些由于地位上的不同而出现的价值观差异的方法。有人发现以下方法有用：

（1）识别差异及其可能对服务对象和工作者的影响。
（2）如果可能的话用避免发生价值观冲突的方式来认定问题。
（3）在接案/预估/诊断阶段，社会工作者应确定这些价值观上的差异与当前问题之间的关系。

（4）先从问题中不涉及价值观差异的部分入手开展工作。

（5）社会工作者应该同服务对象讨论自己的发现，这样他们能一起来确定这些价值观上的不同是否会使社会工作过程复杂化。不应事先假定服务对象没有准备，不能参与这样的共同决定过程。

（6）共同决定是否继续下去，还是鉴于双方差异巨大，由工作者把工作转给另一个价值观与服务对象更加吻合的同事更好，前提是如果有这样的同事的话。

价值中立

威克（Weick，1999）提出，专业实践要"不强加个人的价值观、信仰或评判地"去倾听服务对象实际上在说些什么（p.331）。一些临床工作者视价值中立为基本的临床工作和伦理上的原则（Simon & Gutheil，1997）。例如，切尔韦拉（Cervera，1993）敦促做怀孕少女工作的社会工作者对女孩的行为持中立的态度，这样才能真正起到帮助作用。把对诸如吸毒、生活方式选择或个人关系等问题的价值判断暂时放到一边的一个理由，是社会工作者的角色不是强加自己的价值观。另一些人则认为，在我们这个多元社会已经不再有什么绝对的对或错。对一个人来说似乎是不对的事，对另一个人来说可能就是对的。今天是对的，明天可能就是错的。索菲·弗洛伊德（Sophie Freud，1999）察觉，即使是常态这一概念也"已经变得模模糊糊，使正常这个词本身成了有问题的词……我们不再能就我们的价值观达成一致看法"（p.338）。

对于价值中立立场还有一些至关重要的问题必须要考虑。其中一个问题是价值中立或者暂时搁置自己的价值观对社会工作者来说是否现实。特纳（Turner，2002）提出："在与另一个人互动的时候不可能对其没有一系列的评判和观感，因为那些构成了我们对他人的反馈。"（p.61）当打交道的服务对象持有与工作者相反的价值观时，工作者又将如何处理自己的价值观？他们真的能避免非刻意地用巧妙的或者非语言沟通的方式传达自己的价值观吗？

尽管这些问题没有轻松的答案，但是每个从业人员还是必须要加以考虑。许多人认为，暂时搁置评判这一社会工作中的基本概念一直被人曲解，以致成为许多有悖伦理的专业行为的借口。赛伯林（Siporin，1985a）认为避免道德评判并不能帮助服务对象实现目标。他在文章中写道："要对人有帮助，需要做道德伦理评判，也要帮服务对象这样做。"（p.202）戈尔茨坦（Goldstein，1998）提出，社会工作从业人员不应该只关心什么有效，还必须建立一个道德取向。因为社会工作实践中的情况和问题呈现了道德上的难题，戈尔茨坦认为社会工作者有伦理上的义务充当道德工作者——他们不能无视什么是好的，什么在伦理上是正确的，什么是"对"的与"错"的。社会工作过程中的每一步都有道德和伦理问题，要避免是不可能的。马斯洛（Maslow，1969）指出："科学上的价值中立哲学不适用人的问题，因为对于了解任何人而言，其个人的价值观、目的、目标、意图和计划都是绝对至关重要的。科学上的价值中立、避免价值观的介入模式非常不适合用于研究生活。"（p. 724）研究人类行为不能价值中立。如此道德中立、价值无涉的科学不仅错误，而且假定价值中立是社会工作必要的特点也可能是危险的。

价值观中立在下述情况下可能会带来伤害：

（1）对可能的自毁或其他破坏性行动不予关注。

（2）社会工作者不区分什么是发挥功能，什么是功能失调，什么是正常行为，什么是病态行为。

（3）尽管社会工作者沉默的用意可能是表示价值中立，但是服务对象可能会认为工作者赞成自己的所作所为，因为工作者没有质疑这些行为。

价值中立本身也是一种价值观。有的时候社会工作者并不知晓自己的道德判断。当今持价值中立立场开展工作的社会工作者可能会通过接受服务对象有绝对的自决权来回避所有道德上的难题。从历史来看，搁置价值观是专业上对友好访问员（志愿者，19世纪最后10年专业社会工作者的前身）道德观念上的家长作风的回应。这一取向效仿了早期精神分析的观点，认为治疗应该是价值无涉的科学活动。最初，把评判暂时放到一边的意思是社会工作者要全面地看待一个人，要看到其长处，而不仅仅是看到他的弱点和问题。它要表达的是社会工作者要尽量通过了解个人的整个经历、环境、文化和社区来了解本人。如果服务对象的行为有问题，那么社会工作者就要准备好帮助他改变行为，而不是对他横加指责。这常常是通过"我接受你这个人，但不接受你的行为"表达出来。老实说，我们能不在乎服务对象做了什么吗？我们能接受儿童性骚扰、疏于照料孩子、暴力行为、欺骗、盗窃或是撒谎吗？社会工作者敢不谴责人身虐待和性虐待、强奸、殴打他人、不负责任的性行为和类似的反社会行为吗？

根据克拉克（Clark，2006）的观点，"核心价值观，如尊重和自决，必然在落到实处时不可避免地偏爱一个可信的解释胜于另一个……表达核心的价值观不能脱离个人的同情心"（p. 76）。伯金（Bergin，1980，1991）认为，治疗上的中立是一个神话，即使是最"非指导性"的治疗师也持有坚定的价值观，这些价值观会以这种或那种方式传递给服务对象。

克拉克（Clark，2006）提出，社会工作者应该认识到价值观必然会进入专业关系，并提议更加开放地对待此事是正确的，并且对于实现服务对象的目标也是有效的。以下观点清楚说明了他对价值中立悖论的立场：

● 社会工作者声称的价值中立在实践中是虚假的。当专业人员暂时搁置跟手头工作有关的个人对服务对象生活的某些方面的失望或谴责时，人不可能做到在真实的人际专业关系中表达的真诚投入……

- 社会工作者及其机构在实践中不可避免地要制定良好或适当生活的标准，即使他们希望避免。他们不应逃避这些选择，而应积极、公开地，非隐晦和遮遮掩掩地做出选择。(p.79)

社会工作角色涉及塑造生活方式，就道德问题提供咨询，并提供有胜任力的服务。在当今的工作背景下，社会工作者不得不平衡服务对象的自决权和给予指导。在服务对象没有行为能力在知情的情况下做出决定，又面临着自身或他人有可能会受到伤害并有危险时，需要运用指导，这一点是比较清楚的。从业人员注重使用指导方式可能是迫于管理型照顾的压力，迫于要保住机构的资金来源或是维持机构的收入，以及对工作成果的考核。

罗斯曼及其同事（Rothman et al.，1996）发现，所有社会工作者，包括运用心理动力以及认知行为疗法、任务中心疗法和简短治疗方法的工作者，都在工作中广泛运用了指示的方式。尽管他们运用指示的方式受到具体情境因素的影响，但他们都避免走极端，把家长制作风或是服务对象自决作为自己固定的一个实际工作模式。然而，这种灵活性和一致性反映出了社会工作者持中立立场在实践中所受到的限制。有时候，当情况要求干预时，价值中立实际上减少或规避了社会工作者"提升服务对象的福祉"的伦理和法律责任（NASW，2008，1.01）。然而，与此同时，如果社会工作者是指导性的，他的指导可能导致将价值观强加到弱势服务对象身上的问题。

强加价值观

社会工作者所做的大部分工作涉及帮助人在现有的选项中做出抉择。工作者和服务对象的价值观在做这一抉择时都是重要的考量。社会工作者在提供这一帮助时能不把自己的价值观强加给他人吗？这一问题特别紧要，因为社会工作者常常要捕捉用来修正或改变服务对象的行为、信念和价值观的策略。

有些助人解决问题的理论派别主张，系统地改变人们的价值观和思考模式，代之以更具敏感性的、理性的思考和价值观是有必要的。诸如代之以社会工作者持有的此类思考模式和价值观。阿尔伯特·埃利斯发展出的理性情绪疗法（Rational Emotive Therapy，RET）就是一个推崇这一观点的治疗流派。治疗师的价值观一定要影响服务对象的价值观。举例来说，理性情绪疗法"持有伦理上人道主义的观点，*鼓励人们把重心放到关注人（人自身和社会）上而不是关注神明、物品和低级动物上*"（Dryden & Ellis，1988，p.232，斜体是另加的）。追随这一流派的人提议，这些价值观应该以有所控制的方式有意识地加以运用（Frank，1991）。但是许多人并不赞成试图把价值观强加给别人。

即便某个社会工作者不想强加自己的价值观，但是可能无意间也带入了自己的价值观。隐含的价值观信息，诸如身体语言、面部表情和语调等往往比公开的价值观信息更有威力。社会工作者可能没有意识到她用这些方式微妙地传达出了自己的偏好或价值取向。社会工作者还可能无须说出她认为什么是恰当的就能订立处置的目标和结果。她不给服务对象提供自认为不恰当的选择,这样她就有效地强加了自己的价值观。怎样才能在伦理上判定这样的工作者单方面的控制是可以成立的?一些人提出清楚说明社会工作者的价值观会有助于捍卫服务对象的权利,阻止工作者有可能出现的滥用权力。索菲·弗洛伊德(Freud,1999)甚至提出"向我们的服务对象承认我们的偏见,并诚恳地与他们辩论可能是最好的方式……"(p.338)。社会工作者以这种自我披露的方式敞开自己的价值观可能会让服务对象在跟工作者相处时更加感到舒服自在,增强服务对象对工作者的信任感。但是,自我披露价值观若运用得不恰当,或是时机不对,特别是在建立专业关系的早期,可能也会造成伤害。斯珀罗(Spero,1990)和斯特林(Strean,1997)的结论是,工作者披露价值观在短期内带来的任何好处都可能会被长远的害处所抵消。

案例 6-2 描述的贝丝和托德·摩尔的个案中社会工作者面临的问题说明了围绕强加价值观问题伦理上的种种困境。

案例 6-2　　　　　　　　　拯救婚姻

贝丝和托德·摩尔达成一致意见,要寻求帮助以"拯救"他们的婚姻。贝丝最近发现托德过去几年一直与几个其他女人有性关系。托德对社会工作者说他与其他女人发生性关系只是生理上的需要。因为他在性方面的需要比贝丝强,所以他不能终止这些关系。尽管如此,他还是爱妻子的,想要维系自己的婚姻。贝丝准备原谅托德过去的事,但是知道他会继续与其他的女人有性关系就不能接受还跟他一起生活。

不同的社会工作者对婚姻和婚外情有不同的看法。社会工作者应该保留自己的价值观,不影响摩尔夫妇的决定吗?这样做可能吗?还是社会工作者应该开诚布公地说出自己的价值观,然后让贝丝和托德找出解决自己问题的方法?哪种做法更符合伦理上的要求呢?

最近发展起来的一个学派提出了第三种方法,挑战客观性、价值中立和科学专长的假设。艾弗森、格根和费尔班克斯(Iversen, Gergen, & Fairbanks, 2005)聚焦在预估上,提出了与服务对象进行对话和合作的重要性和有效性。社会工作者应该与服务对象积极协商,确定问题所在,而不是假设自己知道问题所在。从这个角度出发,他们建议将预估理解为一种关于服务对象的生活、关系和未来的各种可能性的协作性商议。然而,社会工作者不能仅仅让服务对象参与协作性预估,却避开预估中的做决定和价值观冲突。

社会工作者有责任与服务对象一起察看他们带来的问题的伦理特性吗?还是忽略这一情形下的道德含义会更有帮助?社会近乎完全一致地谴责对儿童进行性骚扰和乱伦。社会工作者应该抱着价值无涉的立场,聆听服务对象述说乱伦行为是怎样的,就像倾听他说的其他问题那样有同样的平静心态吗？她应该对服务对象说出社会对乱伦的评价吗？社会工作者的服务对象是施暴者还是受害者会有所不同吗？文化上的因素可能会使预估这类行为的伦理意味有所不同吗？如果服务对象的民族文化不禁止不发生性交的父女亲密关系，那又当如何？如果乱伦关系发生在彼此同意的成人间，又该如何对待？如果虐待行为发生在20年前又会怎样？法律要求举报的虐待该怎样对待？保持沉默到什么程度会变成纵容此类行为？作为社会的代理人，社会工作者在这些和类似的情境中的角色是什么？

我们以上的讨论是基于社会工作中普遍存在的关于差异权和强调多样性的假设。并不是每个人都同意社会工作这一执着于差异性和多样性的做法。韦伯（Webb，2009）认为，从伦理角度来看，这是一个不能成立的视角，在这种视角下，社会工作伦理是建基于依赖地方性、特定性和多元文化的意识形态之上的人权伦理。接受这个假设，这个行业就无法产生真正的政治变革。对差异和多样性的强调导致阶级作为不平等和不公正的象征被取而代之，根据韦伯（Webb，2009）的观点，这会导致差异成为支持不平等、区隔和分离主义的保守原则。

韦伯（Webb，2009）还指出，《国际社会工作者联合会伦理守则》中关于人权和社会公正有明确的条款，是社会工作行动的正当依据。他认为，人权比表面上看起来模糊。而且，人权总是与其他一些对应的权利（父母的权利与儿童的权利、老年人的权利与子女的权利、一个群体的权利与另一个群体的权利）之间存在潜在的紧张关系。他认为，聚焦在身份差异（以及相伴的政治和伦理）上会导致忽视社会资源分配不均的问题。

评判价值观

在本章讨论的三种类型的价值观情境（服务对象与工作者在价值观上的分歧、价值中立和强加价值观）构成了伦理方面考量的矩阵。超出了某个临界点，即便是持价值无涉立场的社会工作者也会放弃这一立场。举一个明显的例子，没有哪个社会工作者能在一位父亲讲述他怎么把1岁大的孩子从三楼阳台上扔出去时坐着默不出声。然而，伦理上的困境要比这些非同寻常的例子所提示的严重得多，因为事实上在社会工作过程中的每一步都会出现涉及社会工作者的价值观和评判在伦理上无所适从的窘境。社会工作者在服务对象参与性乱行为或有攻击性行为时"搁置"自己的评判，可能会像毫不犹豫指出自己不赞同此类行为的同事一样，表明了评判的态度。当一位服务对象对某个行为感到内疚但却继续这样做时，如果工作者只处理内疚问题，她得出的结论可能是工作者认为这类行为是可以接受的。对社会工作来说这样的立场合乎伦理吗？

也有人建议在这些情况下和类似的情况下，社会工作者可以让服务对象决定想要做什么，是想帮助他解决"内疚"问题，还是帮助他解决"偏差"行为，这样就可以避免做价值评判。乍一看这一服务对象自决的提议似乎解决了所有伦理上的困境。但转念一想，结论就可能是对于迫不及待想要得到帮助或者非自愿接受服务的服务对象来说，这是不负责任的，甚至可能是有悖伦理的。即便服务对象求助的是很明确的事，社会工作者也可能有不容逃避的社会责任。比如，社会工作者帮服务对象处理和减少内疚感，让他可以继续婚外情，继续虐待妻子或者继续从雇主那盗窃资金合乎伦理吗？

随着美国的人口构成由于不断变化的移民类型而变得更加多样化，这样的伦理上的困境可能会有所增加，社会工作者正更频繁地遇到在自己的文化中不曾有的事情。思考一下案例6-3。

案例6-3　　　　　忠实于自己还是家庭？

洛萨·阿里加太太是家庭服务机构的一位社会工作者，见一个新移民阿迪拉·萨利玛女士已有三次。阿迪拉一直抑郁，在家中同父母和其他亲属有许多冲突，对只有最低薪水的包装工工作也感到非常焦虑。所有家庭成员，包括阿迪拉自己，都是最近移民到美国的。全家人都必须工作，因为每个人的收入对于家庭勉强维持生存都必不可少。阿迪拉的领班喜欢她，介绍她到机构寻求帮助。阿迪拉告诉洛萨她家里仍然保留了原来国家的传统文化。她父母不会允许她过正常的美国社交生活，因为他们想包办她的婚姻。不允许她约会。她不能离家，因为赚的钱养活不了自己。她的英语水平和其他技能也不足以让她能找到一份更好的工作。

阿迪拉一方面为做了家中文化期望自己做的事而自豪，另一方面由于想要更美国化地约会和决定自己应该嫁给谁而在这两者间徘徊不定。

洛萨应该做些什么？知道他们一家相依为命，他们是阿迪拉在美国仅有的亲属，她应该支持阿迪拉忠于家庭吗？她应该支持阿迪拉向着更加独立抗争吗？除了约会还可能有其他的社交生活吗？如果阿迪拉有可能与过去认识的家中的远亲或朋友一起生活，应该鼓励她离家与他们共同生活吗？洛萨是一位女性主义者，她应该如何回应这一情况？对她来说在跟阿迪拉讨论可以有的选择时，价值中立可能或者恰当吗？如果洛萨来自和阿迪拉的家有同样文化的家庭，是他们社区的一员，这会导致处理上有什么不同吗？

有些人为了试图避开伦理上的困境，就建议对服务对象讲自己只是支持或是不支持服务对象的某个特定行为，而不是服务对象本人。这是个很好的、几乎可以成为条文的态度区分，看似可以避免在此情境下的伦理问题。然而，这样的解决方式带来了其他的实际问题，并不能真正避免出现伦理问题。或许申明这一伦理义务的更为现实的方法，是要求社会工作者绝不可以把自己个人的价值判断作为唯一的或主要的决定标准。没有哪种关系是价值无涉的。同时我们也必须牢记，识别指导自身行为抉择的价值观是服务对象的责任，社会工作者绝不可以认定自己有这一责任（Frankl, 1968）。

价值观的不可避免性

本章我们分几部分讨论了价值观中立、强加价值观和服务对象与工作者之间价值观上的差异。必须牢记的一点是，社会工作者的实践应该反映出《全国社会工作者协会伦理守则》中所陈述的社会工作专业的价值观原则。戈尔茨坦（Goldstein，1998）对有伦理根基的社会工作者做了这样的描述："对道德选择、社会公正和流行的道德操守等问题能保持警觉并给予回应，并且在任何对他人的生活幸福有影响的专业活动中，不管是做研究、应用理论、做计划还是从事实际工作，都不会把个人应负的责任降到最低限度。"（p. 246）不管服务是放在个案上还是社会和政治行动上，从直接服务人员到督导员再到行政管理人员，每个层面上社会工作者的伦理决定都是十分重要的。在实际工作中社会工作者要从遇到的大量伦理问题中做出选择，一个途径就是使用筛查工具。行为可以看成是一个连续统。知道自己处在这一连续统的哪个位置上能帮助工作者预见到可能会出现价值观冲突的时点。你从图6-1中可以看到工作者价值观的连续统，社会工作者可能会发现，在一些情况下服务对象的价值观明显地与自己的价值观相反，与他们一道工作是不明智的。这个连续统可以帮助社会工作者用系统的方式来考虑有关自己、服务对象和机构在价值观上的差异。

服务申请人	有特定问题或感受到问题要求获得帮助的个人（人们）或系统
服务对象	跟社会工作者建立正式的、有合约的、有目标性的关系的申请人
目标对象	必须加以调整以便实现服务对象和工作者一致想要的结果的个人（人们）或系统
受益人	从成功实现目标中受益的个人或系统，但伦理问题的解决可能不完全符合法律上的要求

图6-1　社会工作过程中的一些参与者

在案例6-3中，文化价值观上的冲突正在上演。问题在于一个对女性主义价值观坚信不疑的社会工作者要如何处理这种情况下的价值观冲突。有伦理操守的社会工作者应该怎么做？

然而，对于社会工作者来说，还有先于工作者自身价值观连续统的一些影响。如果知道可能的聘用机构的价值观，社会工作者（鉴于自身的价值观与之有冲突）是否应该找的单位或接受的工作就是反对或支持计划生育，或者就主张自由选择人工流产，公开或暗中歧视特定群体，认为严厉管教孩子是恰当的？因此，甚至在从事该机构的工作之前，社会工作者就不得不考虑谁的价值观应当优先。

本章描述的情形对服务对象和社会工作者来说可能都是痛苦的难题。诸如疏忽、虐待和暴力等也带来了社会工作者应该代表谁、谁的福利应该优先、社会工作者作为道德代表人应扮演什么角色等问题。《全国社会工作者协会伦理守则》表明"社会工作者应促进……社会整体的福利"（6.01），"社会工作者的行动应该拓展所有人的选择和机会，特别是脆弱的、处境不利的、受压迫和受剥夺的人和群体的选择和机会"（6.04b）。"社会工作者应采取行动，防止和消除基于种族、民族、国籍、肤色、性别、性取向、性别身份或表达、年龄、婚姻状况、政治信仰、宗教、移民身份或精神或身体残疾对任何个人、群体或阶级的支配、剥削和歧视。"（6.04d）当社会工作面对本章讨论的这类伦理困境时，这些伦理守则条款能给出明确的指引吗？

批判性思考练习

1. 《全国社会工作者协会伦理守则》有很强的价值观基础。某人如果不赞成伦理守则中的价值观，能做一名社会工作者吗？就这一问题组织一场班级辩论。

2. 有人说即使社会工作者不公开宣布自己的价值观，她的生活方式和非语言的沟通行为常常也会显示出她持有的价值观。找出你自己的生活方式和非语言的信息怎么会让服务对象阿迪拉·萨利玛知道你所持有的价值观。这会给维持专业关系造成什么问题？

3. 有人把通过性活动感染艾滋病的风险同发生致命的机动车事故的风险相类比。如果有人用这样的类比，那么这一比较是否道出了一种价值观，或者它是一个价值中立的例子？为你自己的答案做辩护。

4. 你的服务对象对有某一行为感到非常内疚。假设这一行为并不违法。他向你求助，但是没有明确表示是想要你帮忙解决他的内疚感还是根除这一行为。讨论这两个不同选择的伦理意味。具体行为是什么会使你的伦理评估有所不同吗？尝试用这两个不同的途径去评估以下类型的行为：暴食、吸烟、赌博、手淫、吃医生建议避免吃的食品、有婚外情，或者锻炼每周5次每次1小时。

5. 如果你接到和杰夫·巴茨接到的一样的电话（案例6-1），你会怎样回应？

6. 社会工作者对于诸如自杀、通奸、吸毒或非法行为能价值中立或价值无涉吗？有些社会工作者可能支持个人有权从事这些行为，因为他们认为自己应该采取价值无涉的方法。分组讨论，决定哪个观点是正确的。找出每个观点对做伦理决定的意义。在处理此类问题时，社会工作者都有哪些选择？由谁来做决定？什么价值观会胜出？

7. 有些学生认为婚前性行为、同性关系和流产是有罪的。某个社会工作导师和《全国社会工作者协会伦理守则》（NASW，2008）都说成人的这类行为是可以接受的。这一价值观上的差异在课堂上应该怎样处理？

8. 选择一个你有强烈的价值观取向的问题（如流产、协助自杀、体罚等），做角色扮演，跟一个与你有相反的价值观取向的服务对象一道工作。请观察员记录你的非语言沟通是否与你的语言沟通一致，是否其中一种沟通或两种沟通方式都表明了你对这一问题的价值观。

9. 访谈一位社会服务专业人员，询问社会工作者保持价值中立，不让自己的价值观影响服务对象是否可能，是否必要。

推荐阅读

克拉克（Clark，2006）认为价值观在社会工作实践中至关重要，社会工作者必须是道德代言人。西蒙和古特海尔（Simon & Gutheil，1997）捍卫治疗师保持中立的义务。比斯曼（Bisman，2004）讨论了作为"专业道德内核"的社会工作价值观，艾弗森、格根和费尔班克斯（Iversen, Gergen, & Fairbanks, 2005）将社会工作中的评估程序追溯到经验主义，指出它们是建基于客观性、测量的精确性、价值中立性和科学的专门知识的假设。

推荐网站

尝试用任何一个互联网搜索引擎来搜索"社会工作价值观"或"社会工作中的价值中立"，你很可能会得到成千上万的结果。如果你对这个主题感兴趣，试着做这样的搜索，感受网络上难以置信的信息量。如果你不想这么宽泛地开始浏览，那么你可能希望访问以下网站。

● 苏格兰行政院刊物刊登的一篇文章，题目是《二十一世纪社会工作者的作用：文献综述，第4部分 社会工作专业的价值观和伦理学》。网址：http://www.scotland.gov.uk/Publications/2005/12/1994633/46349。

● 社会工作学士课程主任协会（Association of Baccalaureate Social Work Program Directors，BPD）设有一个社会工作价值观和伦理课程资源信息技术分委员会。网址：http://www.uncp.edu/home/marson/nhome.htm。

● 伊利诺伊理工大学职业道德研究中心提供了数百个专业伦理守则和有关伦理守则的作用的链接，包括运用伦理守则的个案研究。网址：http://ethics.iit.edu/%20codes/。

● 国际社会工作者联合会（International Federation of Social Workers）提出的社会工作价值观。网址：http://www.ifsw.org/en/p38000208.html。

● 美国劳工部劳工统计局（Bureau of Labor Statistics，BLS）编辑出版的《职业展望手册，2010—2011版》（*Occupational Outlook Handbook, 2010-11 Edition*）的社会工作者部分，为社会工作和其他学科描述了职业前景；注意有关社会工作的讨论，包括价值观。网址：http://www.bls.gov/oco/ocos060.htm。

能力要点

教育政策2.1.1：**认同专业社会工作者身份并以此要求自己。**本章我们讨论了价值观以及价值观如何与社会工作者的伦理困境联系在一起。

教育政策 2.1.2：**运用社会工作的伦理原则指导专业实践**。本章我们讨论了价值观与做伦理决定以及合乎伦理的社会工作实践的关系。

教育政策 2.1.3：**运用批判性思考告知和沟通专业判断**。有几个案例要求你考虑和决定如何回应伦理上的困境并在本章结尾处的练习中学习批判性思考。

教育政策 2.1.4：**将多样性和差异性融入工作实践**。本章我们讨论了文化多样性与价值观的关系。

第七章

专业关系：限制、困境及问题

> 本章会探讨社会工作教育委员会 2008 年《教育政策与认证标准》第 2.1.1 条教育政策中有关成为一名专业社会工作者的内容。我们还会继续呈现第 2.1.2 条教育政策中有关运用社会工作伦理原则指导专业实践的内容。由于本章的议题对个人来说可能具有挑战性，所以我们提供了 9 个案例和许多问题，帮助你查看围绕专业关系的这些问题。我们希望通过这些活动你能把批判性思考用到告知和沟通专业判断上（教育政策 2.1.3）。

社会工作实践的精华体现在社会工作者与服务对象的关系中。信任是这种关系中的一个核心要素。助人关系要求服务对象能信任社会工作者（对于非自愿的服务对象来说可能有难度），而且社会工作者必须至少能将自己对服务对象的怀疑搁置到一边或者消除疑虑。然而，社会工作者认识到对于服务对象来说"信任就是要变得软弱，要仰仗那些我们信任的人的良好意愿和动机"（Pellegrino，1991），这十分重要。去找社会工作者或其他专业人士寻求帮助，要求服务对象相信专业人士的所作所为会有道德，相信他们有能力履行专业上的职责，会关心服务对象带来的问题。服务对象要仰仗专业人员的深谋远虑。服务对象要接受任何服务，常常需要解除隐私权通常会给他提供的保护性外衣。服务对象只有在认为专业人员会运用她的良好判断和技能为其谋福利时才会这样做。

专业关系与特殊义务

"专业人员与服务对象之间的关系是一种专业关系。服务对象信任专业人员，把自己，而不仅仅是自己所拥有的东西交托给专业人员。"（Sokolowski，1991，p.31）专业人员表现出来的是自己值得信任，因为她是获得证照的专业人士。这意味着她对服务对象和本专业都有应尽的义务。实际上，大多数服务对象不能评估给自己指派的或者自己去求助的这个社会工作者是否值得信任，他们信任的是用人单位的声誉、政府的证照和专业证书。我们旅行的时候不会自己去查验每个飞行员或铁路工程师。我们是靠用人单位挑选合格的专业人士，靠政府的证照确保专业人员的知识技能储备。类似地，服务对象也相信自己的软弱无力不会被专业人员妄加利用，用来达到其个人的目的，诸如获得权力、好处或是乐趣。

鉴于服务对象对社会工作者的信任或者是信心，社会工作专业人员同服务对象的关系有一些要承担的特定职责。专业角色表明了在专业关系中权力上的不平衡，它指的是服务对象在这一关系中有特定的需求，而社会工作者有满足这些需求的各种各样的权力。专业人员的知识以及权力能主宰和影响服务对象。因而，社会工作者必须为了服务对象的最佳利益而工作，不可以利用服务对象为自己（或所在机构）谋福利。保密和知情同意义务就是为了防止专业人员滥用权力。这一关系最基本的要求是社会工作者诚实待人。同样，社会工作者要认识到专业关系的伦理性质以及它对社会工作者处理服务对象的事宜给予的限制。这一点也十分重要。这些伦理上的义务反映在了《全国社会工作者协会伦理守则》中，但是社会工作者应该意识到认识到实践的伦理性质并不能避免所有利益上的冲突。

上面介绍的社会工作者的许多责任是基于他们与服务对象在伦理上的*委托关系*。委托关系包含了信心或信任（Webster's，1989）。对于社会工作者来说，委托责任意味着社会工作者负责主要为每个服务对象的益处而行动。服务对象信任社会工作专业人员与服务对象具有委托特性的关系以及专业人员操守的法律和伦理标准（Kutchins，1991）。

尽管不信任所有专业人员和许多社会服务机构很普遍，但是许多社会工作者还是假定服务对象信任他们，也信任聘用他们的机构。许多人在信任任何专业人士，包括社会工作者时，都小心翼翼，对社会工作者也是一样。信任尽管需要，但却不能强求。即使服务对象所需要的服务没有其他可以求助的地方，也不能迫使他信任某个社会工作者或社会服务机构。同样地，也不能迫使社会工作者信任服务对象，即使实务理论要求他们应该这样做。今天，服务对象的小心谨慎可能不仅仅是反映出他们自身的问题，而且反映出弥漫在整个社会的怀疑主义和不信任的氛围。有几个其他因素影响了信任关系，包括专业判断的局限性、民主化与权利革命以及隐私感的消失。

专业判断的局限性

健康和精神卫生服务领域管理型照顾的出现，需要专门的技能和专业判断，通过限制临床医师和其他人员对治疗方案的选择，植入插手专业决策的成效报告系统，扭转治疗上的选择和方案，倾向于削弱临床医师和其他人员的专业权威和权力。霍尔和基夫（Hall & Keefe，2006）在一项针对社会工作者、心理学家和精神科医生的全国性研究中发现，这些专业人士并不认为自己有足够的技能与管理型照顾组织有效互动，以确保他们提供的照护得到认证，并遵循最佳实践指南。专业人士很难捍卫他们的干预选择。此外，由于是管理型照顾，社会工作者常常不能决定可以提供什么样的服务，因而传达给服务对象的是，存在一个隐藏的、不可接近的、难以解释的影响他的生活的另一方。与此同时，管理型照顾可能能保护服务对象和社会免于夸大的或扭曲的专业判断，避免提供可能对从业人员有利可图但对服务对象无效的治疗。然而，服务对象可能不知道是谁在做决定，是临床医生还是保险公司的某个人。这里就有了诚信的问题。当社会工作者不来做决定时，她有义务告知服务对象这一情况吗？这样做对专业关系有怎样的影响？

班尼特、纳勒、佩里、雪莉拉和基尔班（Bennett, Naylor, Perri, Shirilla, & Kilbane, 2008）研究了伊利诺伊州全国社会工作者协会成员对管理型照顾的态度以及管理型照顾对其实践的影响。他们发现，管理型照顾对临床工作者偏好的工作方法、收入和工作满意度有负面的影响。研究人员还发现，更容易受到管理型照顾影响的决定是治疗次数、降低费用和为服务对象做倡导。作者建议呼吁改变政策、程序和实际工作方法；教育和培训社会工作者，以更有效率、更有成效和更符合伦理地运用管理型照顾系统。这些建议呼应了霍尔和基夫（Hall & Keefe, 2006）之前提出的意见，反映出社会工作者没有准备好与管理型照顾组织打交道。

民主化与权利革命

消费者权利革命追随公民权运动及其立法、自助组织的发展、去医疗化和日益强调个人照护、精神病治疗的去机构化，以及身体伤残人士独立生活运动，并从中演变而来（Tower, 1994）。这些消费者运动常常抨击专业人士。抨击包含了两个方面的用意：（1）服务对象想要影响自己所得到的服务的品质；（2）他们渴望通过参与来对服务标准有更大的控制。这些发展的结果是，专业人员现在要向服务对象解释他们能怎样提供帮助，会用多长时间，服务预期会有什么样的结果，强调处置的有效性和问责。以前不向服务对象出示的服务决定和记录现在也公开面向服务对象和其他人，供其查对。这些改变增强了服务对象的权力，在更大程度上让服务的传输民主化。然而，改变总有其代价。问题在于这一分量更重的问责制对服务对象、工作者和助人系统的成效有怎样的影响。许多专业人员对这些问责制系统的理解是对其判断缺乏信任，而社会工作者对要把什么放到记录中的谨慎态度，可能会减少记录作为一个工具帮助社会工作者分析和制订计划的用途。

隐私感的消失

曾经个人隐私似乎是绝对的。当今时代几乎每个人都意识到个人隐私是有限的。超市和其他商业机构会追踪个人的购物信息，身份信息会被窃取（如使用的社会保障号码、非法获得购物的信用卡信息、黑客进入医院的个人健康档案）；上网会被记录下来；电子信息会被非接收者追踪到；报道出来的发送给某个接收者（例如保险公司）的信息会被其他人接收到。这是公民不再信任专业人士声称隐私权和保密会受到尊重的大背景。如今，没有专业人员可以保证隐私权或保密。服务对象和专业人士都认识到，专业人员不再能掌控服务对象提供的数据。

专业关系的限制

　　首属关系，特别是家人或朋友间的首属关系，没有多少限制。而服务对象与社会工作者之间的关系不是一种首属关系，因为它是受限制的、聚焦在寻求帮助处理的问题上的关系。专业人员有责任帮助服务对象处理他的问题。传统上，一旦实现了这些目标，关系就会中止。因此，同大多数人珍视的更广博的首属关系相比，它是一种有限的关系。我们将关注社会工作者因致力于专业关系中的某些价值观而面临的伦理问题和困境。这一领域伦理问题的一个主因，是社会工作者确定其服务对象所需要的帮助超出了传统专业关系所允许的范围。但是，正如本章的讨论将显示的那样，还有其他同样令人困惑的伦理困境。我们会重点讨论社会工作者面临的伦理问题和困境。这些问题的起因是社会工作者在专业关系中信守特定的价值观。专业关系中造成伦理问题的一个主要原因，是社会工作者确定帮助服务对象处理问题所需建立的关系超出了传统上对有限的专业关系的界定。然而，随着本章讨论的深入，我们会看到还有其他因素造成了同样令人迷惑的伦理上的困境。

　　专业关系的限制有可能带来一些伦理方面的问题。有些社会工作者喜欢躲在受限制的专业关系后面，因为他们对服务对象的生活方式和文化感到不舒服。与此同时，许多社会工作者想要认同服务对象，表达出对他们的命运的感同身受。他们并不是想要模仿一种对自己来说不现实的生活方式，而是想要知道服务对象的生活，更完全地深入服务对象的生活中。他们知道没有这样的深入了解就做不到有效助人。但是这种深入了解不能限定在朝九晚五、周一至周五的工作时间内。

　　凭良心办事的社会工作者常常不完全清楚什么才是正确的专业操守。社会工作者接受邀请周日晚上去服务对象家吃晚饭或者是跟服务对象周五晚上在本地酒吧见面符合伦理原则吗？社会工作者是否该有来有往，邀请服务对象去自己家或是到餐厅共进晚餐？一个想要了解服务对象的特殊文化的社会工作者接受他的邀请，去了解他同一民族的邻居，这样对服务对象的文化背景能有更好的了解。这样做合适吗？直到最近，实践中得来的真知相当清楚地回答了所有这些问题，而且总体上是否定的。但是，社会工作者却越来越对立在自己与服务对象之间的樊篱感到不自在。

　　《全国社会工作者协会伦理守则》（NASW，2008，1.06a，b，c，d）表明，如果运用专业自由裁量权，不存在剥削或伤害服务对象的风险，那么可以在坚实可靠的社会工作实践中容许双重关系和利益冲突。双重关系发生在社会工作者"与服务对象有第二种关系，可能导致他们的专业职责与其社会、宗教或商业关系产生实际或潜在的冲突"（Johner, 2006, p.2）。波兰-普雷姆和安德森（Boland-Prom & Anderson, 2005）探讨了这一问题，并提出有这样的双重关系在某些情况下也可以给出恰当的决定。除了禁止与服务对象发生任何性关系外，他们提出专业关系在很大程度上取决于法律和其他情境因素、社会工作实务的类型、这一关系的历史以及服务对象依赖和脆弱的程度。

尽管专业关系应该是受限制的，但是社会工作者常常对服务对象做不到无动于衷。这样一些感受可能是自然而然的，但是由此而来的工作者的行为却可能会造成伦理上的问题。当工作者自身的需要与专业关系纠缠在一起时，情感可能会成为破坏性的力量。在这样的情形下，社会工作者可能会失去其客观性，不是给服务对象带来帮助，而是有可能造成伤害。

澳大利亚社会工作教育家梅德门特（Maidment, 2006）指出，服务对象和社会工作者之间恰当边界的模糊性问题，必须放到包括组织的和管理型照顾的风险管理和问责制的背景下加以处理。我们越来越充斥着诉讼的社会倾向于鼓励对超出平常界限的专业关系持谨慎态度。这些因素汇聚到一起都促使社会工作者小心考虑在和服务对象的关系中，什么是个人性关系，什么是专业性的关系。同时，社会工作者应该小心不要过度卷入服务对象的生活中，例如，工作者应该"保持一定距离"：不拥抱，不接受礼物或是聚会或晚餐邀请。然而，社会工作者要意识到发生专业关系的文化背景。在许多文化中，如果社会工作者在家访时拒绝喝一杯茶，吃一块饼干，人们可能会认为她粗鲁，甚至无礼。

梅德门特（Maidment, 2006）的观点可能反映出在实践中对双重关系的更普遍的重新定义。她争辩道，服务对象有很强的归属感需要，以及与其他人，包括社会工作者建立有意义的关系的需要。她不排除使用抚触方法，服务对象和社会工作者之间互惠的重要性，包括爱和关系的精神性，强调所有人之间存在相互联结和相互依赖。她质疑严格的专业的双重角色界限是满足了谁的需要。她的回应表明，有效的服务对象/社会工作者合作伙伴关系和所提供的服务，可能会因太严格遵守避免双重角色关系而受到削弱。保持距离可以满足社会工作者的需要，而不是服务对象的需要。最后，她认为，我们的环境和服务提供方式的迅速变化，要求社会工作者重新考虑双重关系和边界准则。她选择了比传统的定义更宽泛的恰当的双重关系定义，当然，基于对服务对象情况的专业评估，包括身体接触、互讲故事和社会工作者的自我表露。

服务对象的利益与工作者的利益

把服务对象的利益置于优先地位是社会工作专业伦理守则的一根柱石。《全国社会工作者协会伦理守则》（NASW，2008）表述了这一专业义务："社会工作者视为他人服务高于自身利益。"（伦理原则）"对服务对象承诺：社会工作者的首要职责是提升服务对象的福祉。一般情况下，应当把服务对象的利益放在首位。"（NASW，2008，1.01）

这一伦理原则是要捍卫服务对象，使他免受剥削，因为大多数服务对象既不能控制从业人员的活动也不能对此进行评估。践踏这一伦理原则的一个例子是提供不必要的治疗。专业人员（精神科医生、社会工作者和其他人）以及社会服务机构、设施一次又一次地被指控为了经济上的原因或其他原因，毫无必要地延长服务期，或者是提供多余的服务。有些人认为对受聘于机构的大多数社会工作者来说，这个伦理问题几乎不存在，因为他们提供这些不必要的服务自己也得不到任何经济上的好处。可能偶尔某个私人执业的社会工作者会试图把赚钱看得比服务对象的利益更重，但是即使是机构雇用的社会工作者也可能会面对这样的伦理问题，如果督导员敦促把孩子留在并无必要的较为严格的处置设施中，这样处置设施就可以有足够数量的服务对象，能继续运营或者解决机构可能正遭遇的财务上的困难。

还有一些不涉及机构和个人经济上的收益的这种类型的伦理问题。一位社会工作者正在家中准备晚饭，此时接到了一个服务对象的紧急求助电话。她是否该放下手头的一切，冲去帮助服务对象，即使这意味着家人又要自己弄晚饭？另一位社会工作者1小时内要赴个非常重要的约会，但是此时她接到通知，她负责的一个寄养孩子离家出走了。她该怎么办？符合伦理的做法是什么？

当遇到生命安全受到威胁时，社会工作者会面临严峻的伦理问题。社会工作者必须优先考虑服务对象的利益，即使这样做会使自己或是家人有可能受到人身伤害吗？自我保全和生存上的考虑是否能让一般情况下视为违背伦理的事也能说得过去呢？

在考虑这些问题时，格维尔斯（Gewirth，1978）的通用的一致性原则可能会有所帮助。他说："按照你的接受者（即你的服务对象）以及你自己的一般权利去做。"（第135页，斜体是另加的）格维尔斯提出，即使是与服务对象接受专业服务的权利发生冲突，工作者也没必要放弃自身福利的权利。由于格维尔斯制定的原则并不是用来指导专业活动的，所以一些人争论说它并不适用于专业从业人员。相反，他们主张身为专业人士应该永远遵循把服务对象的利益放在优先位置上的伦理义务，而不管如此一来会给自己带来什么后果。他们采取这一立场是因为《全国社会工作者协会伦理守则》（NASW，2008）要求："社会工作者视为他人服务高于自身利益。"

追随格维尔斯的主张的人必须要考虑伦理是不是相对的（参见第三章有关伦理相对主义和伦理绝对主义的讨论）。伦理上的义务是否会由于其可能导致的结果而有所改变？有可能造成的伤害必须到了什么程度才可以舍弃服务对象利益优先的伦理原则？还是不管后果如何，社会工作者在任何时候都必须服务于服务对象的利益？对他们来说，如果宣布在特定的非同寻常的情况下服务于服务对象的利益不再是主要的专业义务，这符合伦理吗？对于案例1-3你会怎么回应？在这个案例中社会工作者遇到了要求她离开有可能有危险的家，以便帮助有需要的服务对象的情况。现在你的回答跟第一次阅读第一章时的回答还是一样吗？如果不一样的话，为什么你的回答变了？

考虑一下迪格斯（Diggs，1970）观察的结果：“在特殊情况下对一项原则的诠释或者违背，与对每个单独个案的处理都好像没什么原则的做法是有区别的。"（p.267）这一论点表明要保留服务对象优先的伦理原则，除非情况特殊，诸如工作者的生命受到威胁。因为在这样的个案中，无条件地忠于原则（服务对象的利益高于一切）会不现实，也不明智。

专业关系中的双重角色

在这一部分，我们会看一下与双重角色关系（或者说双重关系）有关的问题。对于**双重角色关系**，我们指的是社会工作者同服务对象的角色关系除了专业角色外还可能有另外的角色。举例来说，这类的角色是老师、教会委员会的成员或者性伙伴和商业伙伴。请记住，利益冲突与双重角色是有区别的。**利益冲突**是社会工作者把自身的利益或者是其他人的利益放在靠前的位置上，对服务对象或者是其他人的利益造成了不利影响。社会工作者可能同时还是父母、宗教团体或政党的成员，或者其他团体的成员。利益冲突可能是面临的情形与社会工作者个人的利益有冲突：她身为家长的利益，身为一个宗教团体成员的利益，或者是身为商人的利益。其结果是，社会工作者有可能会面临个人利益上的冲突。此外，社会工作者还会面临的利益冲突是先于服务对象获取自身利益的满足。《全国社会工作者协会伦理守则》（NASW，2008，1.06b）告诫社会工作者不得不正当地利用专业关系剥削他人来谋取个人、宗教、政治或商业利益。

社会工作者在社区居住和从业，除了跟服务对象发生关系的专业角色外，还可能有一些社会上的、生意上的、经济上的、宗教上的或者其他的角色。在一些情境下，要避免双重关系明显是困难的。双重关系的可能性在大都市可能会大大减少，但是在较小的城镇和乡村地区却有可能比较频繁地遇到。然而，即使是在城市地区，双重关系难题也难以避免，特别是在小型的亚社区中，诸如宗教、政治、性取向、新移民群体和与身体疾病与化学品依赖有关的自助群体等等。下面是一些双重角色关系的例子：

（1）你发现自己的服务对象波莎·马丁斯是自己的牙医的母亲。

（2）你女儿的新老师凯瑟琳·奥瑟兹女士是汤姆·奥尔兹的妈妈。汤姆是你去年以来一直开展工作的一个十来岁的问题少年。

（3）洛琳·辛金斯是你的服务对象，她丈夫艾尔·辛金斯是股票经纪人。她不经意地透露了你持有股票的本地企业的内部消息。

（4）你的服务对象辛西娅·戈达德参加了一个休闲娱乐性质的篮球俱乐部联合会，她分到的队常与你所在的队打球。

在这类双重角色的情形下，总有可能服务对象对双重角色感到混乱，专业人员用某种方式剥削或伤害服务对象，或者是另外的角色介入专业关系中，给从业人员制造了利益冲突，给服务对象带来了角色模糊和混乱。《全国社会工作者协会伦理守则》（NASW，2008）表明："社会工作者不应该同服务对象或前服务对象保持双重或多重关系，以免有可能对服务对象造成剥削或潜在的伤害。一旦避免不了双重或多重关系，社会工作者应该采取步骤，保护服务对象，并有责任设定清楚的、恰当的、具有文化敏感性的界限。"（1.06c）这些指南也同样适用于做督导员的社会工作者（Code，2008，3.01b，c）或者是学生的教师或实习老师（Code，2008，3.01d）。这些标准强调了双重角色关系问题，要求社会工作者采取步骤为这类关系设定界限，或者尽可能地避免此类关系，由此就可以避免他们的行动给服务对象、被督导对象和学生带来不利影响。避免剥削或者是伤害到服务对象、前服务对象、被督导对象和学生是这些标准的重心所在。

双重角色关系是否一定会干扰专业关系？它们总是会带来冲突吗？在现代社会，每个人都有多重角色，许多情形下社会工作者和服务对象可能会有双重或多重关系。两者有可能是同一政党、教会、清真寺或犹太教堂的成员，或者孩子在同一所学校或同一个班就读。没必要仅仅是因为服务对象跟这些组织有关系，社会工作者就退出。问题在于要区分开专业关系和其他关系。跟服务对象的关系要避免的是约会、服务交易、买卖、投资或者是生意上的钱财来往。比如，二手车销售员是你的服务对象，他可能会提出打折卖给你一辆车。为什么这些关系要避免，如果避免不了的话要减少到最低程度？对社会工作者来说伦理上的意味是什么？

重新思考和进一步界定双重关系

非常重要的是，双重关系问题很多，因为它可能会带来伤害。最近有人对是否有必要禁止所有双重关系提出了质疑。祖尔和拉扎勒斯（（Zur & Lazarus，2002）列出了支持和反对与服务对象或病人有双重关系的双方的论点，由此喻示双重关系常常难以避免，特别是当社会工作者私人执业或者是在某个教派或特殊群体的机构中工作时更是如此。他们辩称，逾越专业关系的界限有时可能有害、造成剥削，但在有些时候或者是有些情况下也可能是建设性的（比如去卧床不起的服务对象家探望，或是参加诸如婚礼等重大的家庭活动）。严格刻板的界限有可能反映的是拒人于千里之外和冷漠。而且，认为一个拥抱、一次家访或是接受一份礼物就会导致剥削是毫无根据的。如果是发生在一定的框架内，这些可能会强化专业关系。服务对象，特别是在精神健康设施中的服务对象，但也不只是在那里的服务对象，能从"归属感、联结感和与包括社会工作者在内的他人的有意义的关系中受益"（Maidment，2006，p.117）。

在临床和其他社会工作场所中都可能出现双重关系。波兰-普雷姆和安德森（Boland-

Prom & Anderson, 2005)认为, 随着社区规模的缩小, 除了专业关系之外, 接触其他人的可能性会有所增加。此外, 还有一些社区(如农村、宗教、女权主义、同性恋和少数族裔社区), 可能不希望严格地避免双重关系。而且, 从药物依赖中康复的社会工作者可能会发现, 自己正与现在或以前的服务对象一起参加自助群体的会议。

在许多情况下, 双重关系是现实情况, 可能涉及许多服务对象。事实上, 有些治疗情境要求从业者与服务对象进行非正式接触, 例如一起吃个饭、与服务对象一起去社区中心或图书馆, 或者是参加有助于服务对象进步的戏剧表演或体育赛事。当社会工作者自愿进入双重关系时, 这种关系应该"建立在经过深思熟虑的分析的基础上, 是在一个坚实的实务模式中, 能说得清楚、有档案记录, 最终有正当理由"(Boland-Prom & Anderson, 2005, p.505)。仔细评估情境问题是至关重要的, 包括所涉及的人的心理健康、脆弱性、少数族裔角色和自助社区的作用, 以及实务工作的类型(临床、社区组织、政策和规划、评估和行政管理)。在可能的情况下, 在进入双重关系之前仔细考虑伦理、法律和风险防范问题是至关重要的。

在某些情况下, 社会工作者对于双重角色关系可能别无选择。祖尔(Zur, 2009)描述了几个法律上的强制要求导致社会工作者与他人的关系有所改变的例子。最常见的情况是, 军队和惩教机构可能要求工作者有双重角色。心理治疗师在与病人有治疗性关系的同时, 对患者之外的其他人负有法律和伦理上的责任, 会出现双重角色。军事法规定, 部队的心理治疗师要优先考虑国防、作战单位的完整性和战备, 而不是关心个别的心理治疗服务对象。"须知"条款明确规定了这一优先权, 让指挥官有权查看或了解与国家安全或战备有关的具体服务对象的信息。在监狱工作的心理治疗师必须优先考虑安全、逃跑风险和暴力等事宜, 而不是个别服务对象的福利。类似地, 当与警察一起工作时, 心理治疗师也可能会有其他角色, 在这些角色中, 他们可能必须去评估与他们一起工作的人并做出决定, 例如他们提供培训、咨询和其他活动的人。这些都是社会工作者必须为两个主管服务的情况, 服务对象和所在机构、单位或国家。在这种情况下, 社会工作者是否会受到《全国社会工作者协会伦理守则》(NASW, 2008)第1.01条标准的保护?这一标准是:"一般情况下, 应当把服务对象的利益放在首位。但是, 应该告知服务对象, 社会工作者对广大社会的责任或者特殊的法律义务在一些限定的情况下可能会高于忠于服务对象。"而且, 标准1.07c允许鉴于令人信服的专业理由打破保密原则。

同服务对象发生性关系

《全国社会工作者协会伦理守则》(NASW, 2008)相当清楚地表明:"在任何条件下, 社会工作者都不得与目前的服务对象发生性关系, 或者有性接触, 不管这种接触是经双方同意而产生的还是强迫的。"(1.09a)大多数专业的伦理守则中都有这一伦理规定。此外，还有类似的条款禁止"同服务对象的亲属或其他与服务对象有亲密的个人关系的人，在有可能会带来剥削服务对象或对服务对象造成伤害的风险情况下"发生此类性活动(1.09b)。或者"鉴于可能对服务对象造成伤害而禁止同前服务对象"发生此类性活动(1.09c)。此外，要求社会工作者"不得向以前有性关系的个人提供临床服务"(1.09d)。

尽管如此，与服务对象发生性不当行为仍然在全国社会工作者协会保险信托基金所涵盖的针对社会工作者的索赔指控中排第二位，排在它之前的只有不当处置，排在它之后的是服务对象企图或实施自杀。在2002至2005年间，指控与病人有非涉性的双重关系构成了第二大索赔来源，排在性不当行为之后（Imbert，2006）。一个较近的对过去差不多40年的投诉的累积汇总数据显示，相对频繁出现的不当处置、性不当行为和服务对象企图或实施自杀仍保持不变。在2002年至2005年间（NASW，2006）以及整个40年期间（NASW，2009），针对全国社会工作者协会会员的指控中，性不当行为占17％以上。对这些数据的解读应当谨慎，因为它们只代表对全国社会工作者协会成员的投诉，这可能导致低估这一问题，因为证照委员会接到的投诉和责任事故保险公司收到的索赔要求不包括在里面。此外，未举报社会工作者和服务对象发生性接触的人数也不详（Freud & Krug，2002），也不知道是否所有的投诉都能成立。

米特多夫和施罗德（Mittendorf & Schroeder，2004）对144名在私人执业场所工作的社会工作者进行了探索性研究，调查了他们对与服务对象在性方面有牵连的态度和信念以及他们对这一行为流行程度的认识。当受调查者被问到他们是否曾经有过一个服务对象报告与以前的治疗师有过性接触时，54％的人给出了肯定的回答。这77位给出肯定回答的人声称，共有245名服务对象报告曾与以前的治疗师发生过性关系，包括社会工作者、精神病医师、心理咨询师、神职人员和咨询人员。90％的受到性剥削的服务对象是女性。只有不到三分之一的受调查者向证照委员会或其他管理机构报告了有这一剥削行为的治疗师。

与当前服务对象或病人有性不当行为可能会造成几个方面的伤害：（1）它会造成情绪和精神伤害；（2）它带来损害社会工作者的判断、损害治疗的有效性的风险；（3）这样做带来有损专业声誉（和总体上获得成功）的风险（Gorman，2009）。心理治疗师的病人往往不能充分认识到与自己的心理治疗师发生性关系的风险，因为他们对风险的自主决定能力有所减弱。心理治疗师与当前的服务对象发生性关系有产生利益冲突的风险，从而可能降低治疗的有效性。因此，与病人的性不当行为会损害其健康，损害治疗的有效性，损害本专业的声誉（Gorman，2009）。

关于与前服务对象发生性关系，至少有一点还在争论，即眼下有悖伦理的事是否时过境迁仍然有悖伦理。对那些同前服务对象发生性关系的社会工作者来说，或者是宣称可以有特例的社会工作者来说，必须要证明："前服务对象没有有意或无意地受到剥削、胁迫或操纵。"（NASW，2008，1.09c）一项对654名全国社会工作者协会会员有关服务对象的界定的调查研究表明，近一半的人认为"服务对象身份"在服务终止的时候就已经终止，而另一半的人认为："一旦成为自己的服务对象，就永远是自己的服务对象。"还有些人认为，服务终止后间隔一定的时间，服务对象的身份就不复存在。在社会工作硕士中对前服务对象的界定以及终止直接服务后不同的时间对于各种双重关系该如何处理才恰当，缺乏共识（Mattison, Jayaratne, & Croxton, 2002）。缺乏共识意味着从业人员在做这些方面的决定时需要审慎。州里的立法以及从业人员对于服务对象身份的认定会影响这些情形。很明显，缺乏共识表明需要进一步讨论这一问题。在一些州，对从业人员与正式终止治疗关系的服务对象有性接触不会免于采取法律行动，而在另一些州，对终止服务对象身份后的性接触可能违法有不同的时间界定（Gorman, 2009; Perry & Kuruk, 1993）。

专业社会工作者与服务对象之间的性亲密接触还不只是违背伦理原则的问题。在所有50个州，这类同服务对象的亲密接触还可能会被绳之以法，社会工作者有可能面临对服务对象进行殴打、渎职、有意漠视而造成其精神痛苦和性虐待等指控。虐待服务对象能造成类似创伤后应激障碍的症状，让服务对象受侵扰、受伤害并有持久的情绪上的影响，并且会对家庭、朋友和工作关系有影响。与当前以及过去的服务对象发生性关系违背伦理、违法、不专业，因为服务对象依靠自己的社会工作者。利用这一依靠剥削服务对象谋取个人的好处，不管是涉性的还是性无涉的，都是禁止的，不管社会工作者的行动是否会影响治疗的结果。

知晓其他社会工作者的性接触也给了解这些行为的社会工作带来了重大的伦理问题。如果一位社会工作者得知自己现在的服务对象与另一位社会工作者在过去发生过性行为，她该怎么做？性接触发生的时候服务对象有多大年纪（比如，如果服务对象不满18岁）重要吗？如果当下服务对象跟另一位社会工作者有性行为，她该怎么做？如果这位与服务对象发生性行为的专业人员是另一个（非社会工作）学科的成员，她的责任是什么？

尽管有明确的专业警告，禁止与服务对象发生性接触，但这种情况仍在继续发生。不过，也有一些人认为，可能有其他方式来看待这种关系。梅德门特（Maidment, 2006）主张在符合伦理的行为的框架内考虑另外的观点。她认识到，"服务对象与工作者的关系侧重在专业实践中性接触的有害性"。她申明，她不支持"工作者和服务对象之间存在性关系"，但她补充道："对此类案件的道德谴责的声浪有效地压制了关于管理这方面符合伦理的做法的替代模式的任何争论。"（p. 118）

那些说社会工作专业人员与服务对象之间发生性关系没什么问题的人，低估了此种行为对专业关系以及服务对象的生活造成的影响。由于社会工作者和服务对象之间的这些关系会给卷入其中的人带来不利后果，这些关系要相当严肃认真地对待。对治疗师来说，其后果是渎职并有可能陷入法律诉讼。此外，这一行为扭曲了专业关系，影响从业人员对问题的思考，让客观性面临风险，因而给专业处置带来损害。对服务对象来说，造成的后果有：矛盾、内疚、空虚和自闭、性混乱、信任他人的能力受到伤害、角色混乱和界限不清、情绪不稳定、愤怒被压抑、自杀风险增加，以及认知功能上出现问题，包括注意力和记忆问题、往事闪回、侵入性念头、身不由己的意象和噩梦（Pope & Vasquez, 1998; Pope, 2000）。

贾亚拉特尼、克罗克斯顿和马蒂森（Jayaratne, Croxton, & Mattison, 1997）研究了社会工作实践中 6 个范畴的问题：亲密关系、双重角色关系、混合疗法、提供忠告、边界行为和财务往来。他们的研究是基于对全国社会工作者协会密歇根分会会员的一个大型抽样调查数据进行的。一些研究发现汇总在了表 7-1 中。尽管只有很少的从业人员报告同前服务对象有过约会，但是超过 6% 的人认为这样做是合适的。与此类似，非常少的人报告说跟前服务对象发生过性关系，但近 5% 的人认为这样的行为没什么不合适。有非常大比例的人报告同服务对象有双重角色关系（如朋友关系，在同一理事会或委员会工作）。只有少数社会工作者在工作中使用了按摩，然而超过 1/8 的人认为这样做合适。近 40% 的人认为把与服务对象的身体接触作为常规治疗的一部分是恰当的。梅德门特（2006）认为，需要思考其他有关伦理标准的观点，并提出"带有尊重的、适当的身体接触在服务对象和工作者之间传达了一种联结感，它是口头安抚和同理所无法企及的"(p. 118)。

表 7-1 对社会工作专业人员行为恰当性的认识的频数分布和百分比

行为	有过		感觉合适	
	人数	%	人数	%
与前服务对象约会	7	0.8	53	6.4
与前服务对象有性关系	9	1.1	37	4.6
与服务对象形成朋友关系	174	21.2	170	21.0
与服务对象有另外的关系	185	22.5	270	33.5
同服务对象在同一社区理事会或委员会任职	187	22.6	471	58.7
使用了按摩	15	1.8	107	13.7
把与服务对象有身体接触作为治疗常规的一部分	253	31.2	319	39.9
给予金融投资方面的建议	37	4.5	64	7.7
建议服务对象做些可能违法的事	25	3.1	30	3.7

资料来源：JAYARATNE S, CROXTON T, MATTISON D. Social work professional standards an exploratory study. Social Work, 1997 (42): 187-198.

案例 7-1 提出了一个所有社会工作者在实践中可能遭遇这一情形前都需要思考的伦理问题。

案例 7-1　　　　　　　　治疗自卑情结

吉尔·乔丹是个 35 岁的离婚女人，她成为家庭咨询中心的服务对象已经有几个月了。

她表现出来的问题是觉得自己不行、没吸引力、事业上进退维谷。她觉得是自己的负面形象导致了离婚,这也是事业进一步发展的障碍。她感到要对自己有更积极的看法和更乐观才能在事业上有所突破,并拥有更完满的人际关系。

鲍勃·坦普尔是一位经验丰富的社会工作者,被指定做她的治疗师。俩人订立了工作协议,将呈现出的问题作为处置的重点。在工作过程中,鲍勃对吉尔非常理解、非常温暖。他的目标是恢复吉尔对自己的信心。随着工作的推进,吉尔毫不犹豫地表示仰慕鲍勃。在一次见面活动结束的时候,她主动地拥抱了他,并说如何感激他所给予的所有帮助。随着她在生活中体会到更多的成功,她会要求鲍勃拥抱她,作为对她的支持。再后来她明确表示对鲍勃有好感,不会拒绝他对自己感兴趣。鲍勃也对吉尔有好感。他想进一步跟她建立私人关系,但是他知道专业伦理要求他不可以这样做。

处理这一问题最符合伦理要求的做法是什么?

(1) 他最好否认自己的感受,继续开展工作,但是不再与吉尔拥抱。如果加以控制的话,这些情感应该不会干扰做吉尔的治疗工作。

(2) 他可以在办公室与吉尔保持专业关系,但加入吉尔的教会,在那他们可以有工作时间和地点之外的见面机会。

(3) 他可以接纳对吉尔的好感,但同时认识到作为专业社会工作者不能与服务对象有私人关系。下次吉尔提到这个话题时,他应该告诉她自己喜欢她,如果自己不是她的社会工作者的话,或许会同她有深入的关系。然而,由于是她的社会工作者,他的任务就是给她专业帮助,有其他关系是不可能的。

(4) 他认识到控制不了自己的情感。因此,最好终止专业关系,把吉尔转介给另一位社会工作者。

(5) 他认识到控制不了自己的情感,所以最好不要否认对吉尔的好感,而是同吉尔约会,同时继续做她的社会工作者。

(6) 他考虑作为一项治疗性活动同吉尔有性关系,就像不时拥抱她给她支持一样,这样做会让她重拾自信心。

第(5)和第(6)个选择明显是不能接受的。在大多数司法判决中,这一行为都被判为违法,甚至是犯罪。《全国社会工作者协会伦理守则》(NASW, 2008)禁止这样做,其他专业的伦理守则也是如此。尽管这样做没有伦理上或专业上站得住脚的理由,但是我们还是提到了这一选择,因为我们意识到仍有少数社会工作同行有此类公然有悖于专业操守和伦理的行为。一些其他选择也违背了伦理并与《全国社会工作者协会伦理守则》背离。请运用第四章的两个伦理决定筛查工具决定在鲍勃·坦普尔所面临的处境中该选择哪个处理方法。

学生与性关系

社会工作学生与实习指导老师或其他指导老师之间的性关系也会造成伤害,并且有可能造成学生以后的效仿。这种性关系有可能被复制和强化到学生其后与服务对象的工作中。巴尼特-奎因(Barnett-Queen, 1999)研究了教育人员/实习导师和学生/受督导者性导向的关系。研究对象是1 104位全国社会工作者协会精神健康分会的会员(人数=568人)和美国辅导协会下属的分支协会美国精神健康辅导员协会的会员(人数=536人)。巴尼特-奎因(Barnett-Queen, 1999)发现,就他研究的样本而言,社会工作专业对于教育人员和受培训人员间的性恰当行为要比辅导员更为小心。三个易受影响的群体(性接触参与者、性追求参与者和有意识的非参与者)中的大多数人对这些经历的伦理影响和胁迫性质做出了负面评价。博诺斯基(Bonosky, 1995)在一项对报告同督导员有过性关系的女性心理学家的研究中发现,几乎四分之一的人(23%)报告说,她们后来与一个服务对象发生了性关系,而在当学生的时候没有与教育者发生性关系的人中,发生这一事件的比例只有6%。

跟学生的性关系还有另外一个方面。伯克曼、特纳、库珀、波尔诺和斯瓦茨(Berkman, Turner, Cooper, Polnerow, & Swartz, 2000)研究了349名社会工作学生对与服务对象有性接触的态度和他们在该地区所受的培训和教育,发现他们对社会工作者和服务对象之间在某些情况下的性接触(例如,当社会工作者的角色只是给服务对象提供协助的具体服务;临床关系已经终止,只提供了两节辅导)的认同程度相对而言比较高。社会工作经验较少、认为性伦理课程内容不足的学生更倾向于赞同社会工作者与服务对象之间的性接触。附带说一下,学生们觉得他们没有受过足够的性伦理教育或培训,许多人感到没有准备好处理服务对象对自己的性感觉或是自己对服务对象的性感觉。你认为与服务对象或导师发生性关系合适吗?如果是,在什么时候和什么情况下是适当的?如果指导老师或服务对象试图与你发生性关系,你会如何回应?

身体接触

20世纪60年代末70年代初,随着交心运动的流行,身体接触成为受追捧的实际工作技巧。有些人质疑身体接触在伦理上是否合适,认为这类行为只是第一步,它不可避免地会导致完全意义上的性关系。另有一些人如杜拉纳反对这一假设,认为有许多类型的身体接触,包括治疗性的身体接触(Durana, 1998)。杜拉纳在对心理治疗中的非色情身体接触的实证研究综述中发现，这类的研究寥寥无几，大部分的研究重点放在了有色情意味的身体接触上。杜拉纳得出的结论是，身体接触已经成为"许多心理治疗师临床实践的一个组成部分"（p.15），而且在某些情况下运用它会有益处，尽管如此，他还是认为，法律和伦理上的考虑，再加上移情和反移情问题，使身体接触在心理治疗中成为一个敏感的事宜。《全国社会工作者协会伦理守则》认识到身体接触是一种实践模式，但告诫"社会工作者在同服务对象有身体接触（诸如拥抱或者是爱抚服务对象）可能会给其造成心理上的伤害时，不应有身体接触。社会工作者若与服务对象有恰当的身体接触，应负责为此订立清晰的、适当的、具有文化敏感性的界限，控制此类身体接触"（NASW，2008，1.01）。

其他社会关系

尽管几乎所有社会工作者都同意伦理上应禁止与服务对象有性接触，但是对于同服务对象有其他的社会关系在伦理上是否恰当却没有多少共识。表7-1的研究发现清楚表明专业社会工作者对于什么是恰当的专业行为缺乏一致的看法。表中的一些结果也表明社会工作者对于哪类社会关系不符合伦理还没有达成共识。尽管没有出现在表7-1中，贾亚拉特尼、克罗克斯顿和马蒂森（Jayaratne, Croxton, & Mattison, 1997）发现，有相当多的人认为拥抱服务对象（参见NASW，2008，1.10）、和服务对象一起祈祷、推荐一种宗教性质的治疗方法、评论服务对象的外表、讨论个人的宗教信仰或者不收服务对象的钱而是接收服务对象的物品或服务（参见NASW，2008，1.13）是合适的。

实话实说与传递虚假信息

《全国社会工作者协会伦理守则》表明："社会工作者不应参与、纵容不诚实、欺诈或欺骗或与之有关联。"（NASW，2008，4.04）讲真话、避免欺骗是基本的伦理义务。人际交往的前提就是互动的每一方都要讲真话。欺瞒就是有意误传事实，让另一个人相信不真实的情况。它践踏了每个人都应当受到尊重的权利。因为专业人员的受托责任，对服务对象讲实话的义务甚至比一般的讲实话的义务更为重要。这一专业伦理扎根在特定的服务对象与从业人员的关系中，也是从业人员对服务对象负有的义务的根本。

有些从业人员可能会认为，如果不诚实是为了服务对象好，就无所谓违背伦理。但是在接受这一立场前需要深入地思考。比如，社会工作者该签署一个错误的诊断结果以便为服务对象提供服务吗？因为不这样做服务对象就得不到服务。贝尔斯（Bayles，1981）

的结论是，对服务对象诚实的义务并不要求对第三方也诚实，特别是当专业人员代表服务对象行事的时候。你同意贝尔斯的结论吗？为什么同意或者为什么不同意？对社会工作者来说，诚实总是最佳策略吗？黑利（Haley，1976）对总是诚实做事的绩效提出了几个问题，包括：

（1）当社会工作专业情境中的关系并不是坦诚的人与人的关系，而是收费的利益关系时，治疗师有伦理上的义务在专业关系中讲实话吗？

（2）有哪个治疗师，不管她的治疗取向是什么，能宣称愿意与服务对象分享自己所有的观察资料和对问题的理解？

（3）治疗师必须回答服务对象有关处置或干预所用方法的一切问题吗？了解治疗师所用的理论会怎样帮助病人实现自主？

（4）"诚实分享"对事情的理解会解决病人花钱求助的问题吗？

尽管黑利（Haley，1976）讨论的只是治疗师，但是他的评论也适用于社会工作者。黑利提出了对问题的一种看法，但并不是每个人都赞成。除了黑利所提出的问题，一些伦理上的困境可能是由要讲真话引起的。考虑一下案例7-2中盖尔的社会工作者所面临的伦理上的困境。

案例 7-2　　盖尔找到了一份工作

盖尔·席尔瓦是个单身母亲，她抚养着两个女儿，一个6岁，一个7岁。从小女儿上幼儿园以来，她一直在找一份兼职工作以弥补微薄的儿童抚养补助。因为以前没有工作经验，她的求职一再被拒。现在她非常沮丧，对自己的看法非常消极。

她认为不管是作为配偶还是作为员工都没人想要她。今天早上，她兴奋地告诉你，她认为自己已经找到了一份工作。她描述这份工作的时候，你意识到她找到的老板是个尽人皆知的剥削雇员的人，他支付的薪水低于最低工资标准，甚至根本不给工资。你是否该告诉盖尔可能会成为她的雇主的那个人的情况？还是跟她一起充满热情，寄希望于事情会有圆满的结果？怎样做才符合伦理呢？

有几个选择可能可以考虑：
- 什么都不说。
- 告诉她一切，敦促她不要接受这份工作。
- 指出好处（一份工作、一次就业经历）和坏处（收入低、受剥削），让她自己做决定。

你会选择怎么做？理由是什么？

在我们的生活中，蒙骗已经成了家常便饭，人们几乎毫不在意说点谎话，说点半真半假的话，每个人都这样做，也懂得如何为自己找到正当的理由。纽伯格（Nyberg，1996）

提出，欺瞒是我们生活中必要的一部分："……欺瞒不仅只是要忍受在一个讲真话的世界里偶尔谨慎地偏离一下轨道说说假话，它更是生活中必不可少的组成部分，它让我们能够组织起这个世界，解决各有不同的人之间的协调问题，应对不确定性和痛苦，做事通情达理，获得所需的隐私，作为物种得以生存，作为人得以成功兴旺。"(p.187) 或者如他所言："要彼此得体地相处，我们并不需要道德上的纯洁，我们需要斟酌决定，也就是说就讲真话而言要懂得变通。"(p.202)

对说谎的社会工作者来说，伦理上有什么意味？对另一个人讲的话稍稍偏离事实真相会涉及什么伦理问题？当一位社会工作者决定向服务对象隐瞒真相或欺骗他时，她一般想的是这样做是为了服务对象好。但是她的决定是否在伦理上站得住脚不能通过实证来检验。

下面的理由能让社会工作者蒙骗服务对象或者不告诉他全部真相说得过去吗？

- 为了让服务对象所选的目标不那么志在必得。
- 为了有一个新目标。
- 为了模糊一些选择。
- 为了增加一些选择。
- 为了改变一个或多个选择的成本/收益估计。
- 为了增加或减少服务对象的不确定性。
- 为了增加或减少服务对象的焦虑。
- 为了保护服务对象免受"伤害性"真相的打击。
- 为了保护现有干预策略的有效性。
- 为了得到服务对象的"知情"同意。
- 为了保护从第三方得来的机密信息。
- 为了增强同服务对象的关系在他的请求下对第三方说谎。
- 为了增加工作者对服务对象的控制能力而扣留信息。
- 为了让工作者看起来挺好而"掩饰"她所犯的错误。

在案例 7-3 和案例 7-4 中，上述理由中有适用的吗？如果有适用的，能让不诚实合乎伦理吗？

案例 7-3 脚上长了东西

阿特·埃尔德 34 岁，是位高中老师。眼下他是大学医院的一个病人，因为他脚上长了个东西。医生告诉他有两种治疗方法。两者都有些风险。阿特问医生他的建议是什么，他推荐手术。萨莉·布朗是在外科工作的社会工作者。在与住院病人的交谈中她得知那位库特纳医生没有告诉病人所有可能的选择，他隐瞒了风险最小的选择的信息。很明显，他更看重自己现在正在研发的实验性治疗方法的成效。

在此我们关心的不是库特纳医生,而是萨莉·布朗。她该跟库特纳医生讨论这一问题,让他告诉阿特真相,然后管好自己的事,把提供医疗信息的事留给医务工作者吗?还是该建议阿特听取另外的意见?像库特纳医生这样的行为可能并不常见,但是萨莉仍面临伦理上的困境。以什么为依据她可以判定怎样做才符合伦理?不告知阿特这一情况与萨莉直接对他撒谎或者提供假信息性质一样吗?

从事直接服务的社会工作者并不是唯一会遇到涉及讲真话的伦理问题的人。案例7-4来自社会工作行政领域,也提出了与讲真话有关的伦理问题。

案例7-4　　　　　　　　弗兰斯音乐欣赏室

弗兰斯家给上城社区中心捐助了相当大一笔钱,用来装备一间音乐欣赏室,以纪念母亲。房间挂上了适当的标示牌。自从中心接受捐助以来,社区经历了来自东南亚的移民潮。由于这些人的需要,音乐室并没有按捐助者指定的用途使用,而是被挪作他用。

你是中心的副主任。你知道音乐欣赏室对于这个家庭来说有多重要。其他的项目也很有可能从这个家庭募集到额外的捐款。但是,如果这个家庭发现他们的房间不再被用于音乐欣赏活动,他们可能对上城社区中心失去兴趣。在理事会的月会上,你碰到了杰拉尔·德·弗兰斯先生,他问你音乐欣赏室现在怎么样。

你该如何回答?你会实话实说吗?你会避免谈论这个问题而转移话题吗?你会撒个小谎,说"移民们喜欢音乐"吗?或者不会这样做?怎么回答伦理上是正确的?你会怎样决定?

在每个层面工作的社会工作者有时都不得不在忠于朋友或同事还是讲真话之间抉择。案例7-5中这位督导员就不得不在要不要讲真话的问题上做出选择。

案例7-5　　　　　　　　督导员的决定

卡尔·萨米是庞大的社会服务部的一名督导员。同事罗杰·刘易斯申请升职,卡尔成为被征询意见的人之一。他知道以前有几次罗杰做过对机构有害的事,包括在几次机构间的委员会会议上他不恰当地批评本机构,他的所作所为有可能会损害机构的老年人虐待工作团队的声誉。一年多来,卡尔注意到罗杰对目前的工作不专心,规避职责。他工作所在地的大多数同事也对他的做法心知肚明,但是出于对朋友的忠实都不置一词,并常常替他掩盖。让事情更为难办的是,卡尔和罗杰从大学毕业以来,每周都在一起打牌。即使是在打牌的地方,罗杰的举止也一直有点变化不定。卡尔对罗杰说他看来不同寻常地情绪低落和心不在焉,罗杰三言两语应付了过去。如果得到提升,罗杰会到机构的另一处地方工作。

卡尔是否该出于私交给出积极的评价,这样罗杰·刘易斯就能转到另一个不知道他的局限的工作场所工作？如果罗杰得到了升职却把工作做得一团糟，他是否该拿自己的信誉冒风险呢？对自己和自己的家庭的忠实又该怎么处理？他是否该背弃机构和本专业？或者，他是否该再跟罗杰谈一下，建议罗杰推迟升职请求，处理一下自己的问题？

讲真话还是欺瞒的问题与说话人的意图有关，而与所说的话是否与事实有出入没有关系。知道真相并不一定就会讲真话，而不知道真相并不总是会造成欺骗。客观情况与讲话者的意图之间的关系总结在了表7-2中。

表7-2 本意与事实

所说的话事实上是	说话人本意是要讲真话	说话人本意是要欺瞒
真实的	说话人打算讲真话，也这样做了。	说话人打算欺瞒，但是在不知不觉的情况下说了真话。他的本意不符合伦理要求，但是实际行动并没有引起任何伦理上的问题。
虚假的	说话人打算讲真话，但是未能做到，因为他没有得到正确的信息。这种情形下问题可能在于缺乏能力或技巧，或者两者都有所不足。尽管所做的事不是有意的，但是仍可能违背伦理。	说话人打算欺瞒，也说了谎话。这一情形涉及行为上违背伦理的问题。

欺瞒也可能不直接说谎话而是夸大情况或操纵服务对象。比如，某位社会工作者想要劝阻一位服务对象别把有智力障碍的女儿送到机构设施中。她会安排孩子的父亲去参观最差的收养机构，但闭口不提还有其他的选择。这位社会工作者绝没有说谎话，但是她说了实话吗？一位社会工作行政人员夸大新工作方案的好处，这样机构来年就能得到更多的预算拨款。这些社会工作者的做法符合伦理吗？还是这仍是另一个版本的结果的合理性决定手段的合理性？

卡格尔（Kagle，1998）坚称，通常认为违背伦理、践踏信任的欺瞒，是社会工作者建立个人边界和处理人际关系的常见的、可以接受的方式。她将欺瞒视为一种工具，可以帮助那些感到特别脆弱的服务对象，在诸多事宜中寻求保护自尊、隐私和控制权，或者保留可能导致惩罚的私人敏感信息。她声称，社会工作者也可能会而且确实是为了一时之便、控制权和家长作风而隐瞒信息或使用其他形式的欺瞒。事实上，她的观点是："社会工作者可能利用欺骗手段不仅调节他们与服务对象的关系，而且把控他们的工作。"（Kagle，1998，p.241）

诊断与错误诊断

关于诊断在社会工作实践中的地位的争论涉及一些伦理方面的问题。许多社会工作者认为诊断是每个专业干预的要素，但其他人拒绝使用诊断，因为他们认为将医疗模式用于社会工作实践不合适。对于许多人来说，诊断问题已经变得更加紧要，因为使用美国精神病学协会的《精神疾病诊断和统计手册》（*Diagnostic and Statistical Manual of Mental Disorders*，DSM IV-TR）（APA，2000）在社会工作者中迅速扩展。许多社会工作者被要求使用这一手册，是因为许多政府项目仅在适当的按照手册诊断的基础上授权服务或报销服务；同样，大多数保险公司在授权第三方支付之前需要这样的诊断（Shamess，1996）。通常，授权和报销仅限于某些诊断类别；在其他情况下，报销金额（或授权治疗的长度）取决于所提交的诊断。这些要求给社会工作者施加了使用这种诊断工具的压力，尽管他们可能认为这样做并不适合社会工作实践。有些人为了达到规定的报销社会工作治疗的要求，可能会有意做出错误的诊断。案例7-6说明了这样做会造成的一个伦理问题。

案例7-6　　　　　　　让保险公司支付账单

克莉丝汀·赛尔斯正在看一位私人执业的社会工作者。在她们上周的初次见面会上，她提到她希望自己的保险公司能赔偿这些疗程的费用。今天，克莉丝汀带来了保险单，让她的社会工作者填写。熟悉这家保险公司要求的社会工作者立刻意识到，如果要让服务对象符合报销要求，她可能不得不报告一个比临床症状表明的更加严重的诊断结果。

对社会工作者来说，在什么情况下不如实提供诊断符合伦理？服务对象和社会工作者潜在的风险是什么？如果某个人获得服务的唯一途径是社会工作者伪造诊断，那么该怎么做才符合伦理？早前，我们提到贝尔斯（Bayles，1981）建议，当代表服务对象行动时，对服务对象诚实的义务并不需要实话实说。你接受他的观点吗？

虽然一些社会工作者会报告一个更严重的诊断，以获得第三方付款，其他人可能报告比实际情况轻的诊断，证明没有什么大碍或是为了服务对象的最佳利益。一般来说，社会工作者会用尽可能少的可能会带来伤害的诊断（也称为仁慈诊断），因为：

● 它把与非社会工作者，特别是保险公司和其他人沟通有损害的、机密的信息降到最低限度。

● 它避免了更严重的诊断的标签效应。

● 如果要让服务对象得知诊断结果，它能让对服务对象自尊的负面影响有限。

● 对服务对象而言，它可以保护未来的就业前景（并可能保住当前的工作）以及未来保险覆盖的可能性。

这些理由被用来为诊断不足开脱，意思是这样做是为了服务对象好。一些社会工作者承认，有时他们故意报告一个没那么严重的诊断结果。例如，他们可能会使用调适类的障碍而实际上更精确的诊断是较为严重的疾病。与此同时，有些社会工作者有时会过度诊断。他们可能会使用实际上并没有必要的轴 1 诊断，以便服务对象有资格报销。尽管声称过度诊断是为了服务对象的利益，但是真正的受益者可能是社会工作者或机构，其报酬由第三方支付就有了保障。

并不是所有的错误诊断都是为了给服务对象带来好处；一些错误诊断是由于从业人员不能胜任工作，受到一些诊断类别存在模糊性的影响，没能考虑生物和生理因素，或未能确保做该做的医学审核。胜任社会工作实践是预期的伦理规范。另一个伦理问题源于社会工作者报告的是对某个人的诊断结果而主要问题却是在家庭系统中。由于《精神疾病诊断和统计手册》(DSM-IV-TR) 只是针对个人的问题进行诊断，这种故意的错误诊断通常用来获得保险公司的保险（这种情况也可能引起关于谁是服务对象的问题，这在第五章中已经讨论过）。

即使是在最好的情况下，就像所有其他专业人员一样，社会工作者有时也会在他们的诊断中犯错误、出差错。犯错误尽管不幸，令人后悔，但可能在所难免，它往往有伦理上的后果。诊断中的这些错误包括：

- 缺乏使用《精神疾病诊断和统计手册》(DSM-IV-TR) 等诊断工具的足够知识。
- 专业判断差。
- 故意错误诊断，通常与第三方保险索赔和/或政府项目报销有关。

这些错误可能涉及既违法又违背伦理的行为。请查看案例 7-7 并考虑做诊断所涉及的伦理问题。

案例 7-7　　　　　巴里有学习上的问题

巴里是一年级的学生。他有两个哥哥，分别是 8 岁和 10 岁。他的大哥在学校成绩很好，但他二哥被认为是一个"学得慢的人"，在一个特殊教育班。巴里的老师说巴里也有一些学习上的问题，很难跟上班里其他同学。学校社会工作者和教育心理师一直在讨论对巴里该怎么办。他的测评显示分数相对较低，但刚好在正常范围内。这位社会工作者知道巴里会从特别照顾中受益，这是他所在的普通班级的老人所不能给予的。然而，把巴里送到一个不分年级的班可能会给他的余生都贴上标签，导致他被污名化，可能学的东西对他而言太浅显，并可能真的限制了他未来的可能性。

在这种情况下，就像在许多其他情况下一样，诊断的技术性任务有一些伦理方面的意涵，每个审慎的社会工作者在做出决定前都必须认真考虑。必须考虑对直接涉及的人可能的短期和长期影响，包括巴里和他的兄弟以及其他的家人、学校、这位社会工作者和教师。此外，一个似乎只影响那些直接涉及的人的决定，可能会对那些没有这么直接相关的人也造成影响。

同情疲劳、二次创伤压力及心理上的淡漠对处理伦理问题的限制

今日世界几乎每个人都体会到感知超负荷。信息通过口中的言语、传呼机、手机、计算机、电视、收音机和其他技术手段源源不断地传送给我们。我们生活在一个表意浓缩的时代,简短的留言要传达复杂的信息。社会工作者和其他社会服务人员一道,也经历了工作上的挤压、个人生活上的困顿和出工作成果的压力,以及无数的其他困扰。在许多情况下,职业倦怠既是个人异化也是压力应对机制的反应,是为了防卫对个人生活和专业工作空间的侵入。社会工作者有时会开小差,做些表面功夫,感到自己无能为力,疏远服务对象、同事和工作(Powell, 1994; Soderfeldt, Soderfeldt, & Warg, 1995)。

在照护行业工作会有代价。向危机中的人们提供专业帮助可能会导致情感、身体和社会生活方面的巨大付出。当充当助人者的社会工作者倾听创伤,同情疲劳或继发性创伤应激可能是"与受苦的人一起工作的后果"(Figley, 1999, p. 4)。人们可能会在没有实际受到伤害或威胁的情况下受到创伤。只是了解到其他人经受的创伤事件就会影响到助人专业人员。了解到暴力的人身攻击、严重的事故和伤害、突然的死亡或者是小孩子的去世,都可能会对助人专业人员在情感上造成浩劫(Figley, 1999)。

布莱德(Bride, 2007)发现:"几乎所有(97.8%)的受访者(在他的研究中)都说他们的服务对象群体经历过创伤,大多数人(88.9%)表示,他们跟服务对象的工作是解决与其创伤有关的问题。"(p. 67)在布莱德的研究中,超过一半(55%)的参与者至少符合创伤后应激障碍(PTSD)的一个核心诊断标准是由于他们接触到服务对象的创伤,他称之为继发性创伤应激。布莱德总结说:"独立于社会工作者可能直接经历的任何其他创伤,社会工作者只是由于间接暴露在这类创伤之下而遭受创伤后应激障碍的比率(15.2%)是普通人群的两倍(7.8%)。"(p. 68)斯普林、克拉克和惠特-伍斯利(Sprang, Clark, & Whitt-Woosley, 2007)发现了相似的比率,他们的样本中大约有13%的人属于高风险同情疲劳或倦怠者,而女性的风险又高于男性。此外,在农村工作的临床工作者比在大都市地区工作的临床工作者更有可能经历倦怠(p. 273)。

与这些发现相反,德维利、赖特和瓦克(Devilly, Wright, & Varker, 2009)没有发现与经历过创伤的服务对象一道工作同替代性创伤或继发性创伤应激有关系。然而,刚刚进入该专业、安全上的担忧和倦怠都与情感压力有关(Devilly et al., 2009, p. 384)。虽然目前还不清楚与经历过创伤的服务对象一道工作是否直接与同情疲劳、替代性创伤或继发性创伤应激有关,但很明显社会工作者是这些状况的高风险人群,这影响了他们对服务对象开展工作的能力。你对案例 7-8 中的情况会怎么回应?

案例 7-8　　　　　压力多大才是压力太大？

艾莉森·韦伯斯特是一名社会工作者，自2010年1月12日海地发生地震几个月后她就一直在那儿工作。艾莉森是单身，最近完成了她的社会工作硕士学业，喜欢旅行，所以当她得到一个在太子港工作的职位时，非常兴奋。现在她来海地工作已经有一年多的时间，她和那些在地震中失去一切的家庭一起工作，他们仍在努力让生活重回正轨。她见的每一位服务对象都对地震有着鲜活的记忆，许多人都想分享自己的经历。最近，服务对象的故事一直闯入艾莉森的思想和睡梦中，她觉得哪怕是再多听一个地震故事，她都会尖叫。艾莉森知道她的工作很重要，但最近她想知道她是否真的能成为一名社会工作者，因为她经常对她的服务对象感到不耐烦和冷漠。马蒂·詹姆斯和艾莉森都在同一个社会工作支持在线聊天室，当他们聊天时，马蒂开始怀疑艾莉森是否有同情疲劳、替代性创伤或继发性创伤应激。

在这一情形下有什么伦理困境？马蒂应该如何回应艾莉森的求助？马蒂能（或者应该）基于在线聊天诊断艾莉森的问题吗？如果马蒂怀疑艾莉森不再能有效地、符合伦理地为服务对象提供社会工作服务，马蒂是否有责任向聘用艾莉森的机构报告自己的怀疑？

心理上的疏远有可能带来的后果之一，是很少留意在实际工作中遇到的伦理困境。汉娜·阿伦特在《耶路撒冷的艾希曼》（1977）中描绘了这种导致"平庸之恶"的人类能力。美国人从越南马莱大屠杀中并再次从伊拉克的阿布格莱布虐囚中懂得了这种待机而动的危害。这种心理上的疏远会使社会工作者在履行职责的时候逃避责任，与服务对象保持距离，不大能把服务对象作为独立的个体对待并维护其尊严，在正确的行动是服务于服务对象的时候却服务于机构或社会。在案例7-9中，那位行政人员该做些什么？

案例 7-9　　　　　一位行政人员来决定做什么

约瑟夫·帕罗查是负责流动送餐工作的主任，他工作超负荷，疲惫不堪。送餐司机近期汇报说在给待在家中的老人送饭的时候，在几个做粥的地方见到等候领粥的人排的队越来越长。而且，司机还发现他们送餐的地方，有几个带小孩的母亲家中没有足够的食物。在跟理事会的主席哈康·奎里汇报的时候，约瑟夫提出机构也有责任帮助这些人。说到底，他们的工作就是帮饥饿的人吃饱，不管他们年纪多大。哈康严厉地表示，机构维持自身的运转已经够麻烦了，他和理事会的其他成员会反对向做粥的地方或是有小孩的家庭提供任何协助。无家可归的人和小孩的年轻父母归其他机构管，本机构应该着重完成自己的首要使命，给老年人提供食物。约瑟夫感到十分苦恼，他觉得应该做些事来帮助所有饥饿的人。他知道员工尚有余力，可以多做一点，尽管他个人并不需要压力再大一些。跟妻子谈这件事的时候,她提醒他身体也很重要,今年秋天他们的儿子就要开始上大学了,女儿也需要支持和鼓励。约瑟夫感到心烦意乱,但最终决定此时最好还是不要混淆机构的使命,尝试新方向。

约瑟夫决定不采取行动是出于自我保护和保护家庭,还是出于职业倦怠,或者是务实的结果?约瑟夫应该做些什么?不管怎样,他对司机报告的那些有问题的人没有准确的数据,帮忙支持城市中所有贫困的人也不是他所在的社会服务机构的责任。他确信任何处在他的位置上的人都会做出同样的决定。他的决定正确吗?是符合伦理的吗?约瑟夫遇到了一个问题情境,他决定忍受年轻母亲及其家庭以及无家可归的人得不到足够的食物这一情况,而自己则努力工作保住流动送餐工作,顺便或同时保护自己的家庭。他应当首先忠于谁?工作的机构?理事会的主席和委员?做粥的厨房?无家可归者?年轻母亲及其家庭?他自己?或是他的家庭?

帮助来源

社会工作者互助组织(Social Workers Helping Social Workers,SWHSW)成立于1980年,是一个全国性协会。它为社会工作同人提供处理与物质滥用、饮食障碍、工作成瘾和其他相关问题的协助,想要获得更多资讯可访问下述网址获得资源列表:http://www.socialworkershelping.org/ 或 http://www.socialworkershelping.org/index.php/resources。

批判性思考练习

1. 如果你所在的地方有全国社会工作者协会的分会,邀请分会调查委员会主席跟你的班级一起讨论如何处理对伦理操守失当问题的投诉。你可能想跟主席一起探讨一下这些处理程序的有效性。

2. 《全国社会工作者协会伦理守则》(NASW,2008,1.09)禁止与服务对象发生性关系。一些社会工作者争辩说,没有科学依据表明这样的关系一定是有害的。他们说这样的规定在允许生活方式广泛多样的社会里已不再适用。列出支持和反对更改这一规定的理由。

3. 你认为服务对象身份什么时候结束?除了社会工作者的角色之外,什么角色(如果有的话)适合与前服务对象打交道?是否一段时间后,一些或所有这些非专业角色都是可以接受的?

4. 服务对象与工作者的关系是一种受限制的专业关系,这一特点令许多服务对象困惑。这种关系与服务对象熟悉的正式的、科层制性质的关系相当不同,它也不同于服务对象与亲朋好友保持的非正式关系。从伦理的角度看,这一原则有何重要性?

5. 分两组列出两个单子：（1）符合伦理的、得到准许的与服务对象的社会关系；（2）肯定不符合伦理并因此被禁止的与服务对象的社会关系。将你所在小组列出的单子与另一个小组列出的单子做比较。讨论两组有不同意见的地方。

6. 文化的问题对专业上界定什么可以接受、什么违背伦理有影响吗？

推荐阅读

凯尼格和斯帕诺（Koenig & Spano, 2003）探讨了教育人员和学生、督导员和受督导者之间的性边界侵犯问题（有悖伦理、有害，并且常常对涉及的各方造成情感上的损害）。斯特罗齐尔、克姆泽克和赛尔（Strozier, Kmzek, & Sale, 2003）探查了身体接触在社会工作实践中的应用，并指出运用身体接触并非没有潜在的危害。约翰纳（Johner, 2006）讨论了非涉性的双重关系在社会工作实践中的正当性问题。贾亚拉特尼等人（Jayaratne et al., 1997）报告了双重角色与亲密关系和边界行为的研究结果。亚当斯、博斯卡里诺和菲格利（Adams, Boscarino, & Figley, 2006）查看了为有创伤的服务对象工作的照护专业人员及其情绪耗竭（同情疲劳）。布莱德和菲格利（Bride & Figley, 2007）为2007年7月出版的《临床社会工作杂志》（*Clinical Social Work Journal*）特刊撰写了一篇介绍文章，其中有七篇是关于同情疲劳的文章。布什（Bush, 2009）提供了一个详尽的个案研究，并比较了同情疲劳与倦怠和继发性创伤应激。

推荐网站

- 关于倦怠和同情疲劳的一系列广泛的资源，包括自我测试和对抗倦怠的点子。网址：www.friedsocialworker.com。
- 心理学训练和从业中的性问题在社会工作中有相似性。与服务对象有性接触相关的许多信息可以在这一网站查看到。网址：www.kspope.com/sexiss/。
- 与社会工作有关的各种主题。网址：www.nyu.edu/social work/ip/。

能力要点

教育政策 2.1.1：认同专业社会工作者身份并以此要求自己。本章我们讨论了一些专业关系以及专业关系怎样跟社会工作者的伦理困境联系在一起的问题。

教育政策 2.1.2：运用社会工作的伦理原则指导专业实践。本章我们讨论了专业问题如何与合乎伦理的社会工作实践息息相关。

教育政策 2.1.3：运用批判性思考告知和沟通专业判断。有几个案例要求你考虑和决定如何回应伦理上的困境并在本章结尾处的练习中学习批判性思考。

第八章

保密、知情同意与保护的义务

> 本章会探讨社会工作教育委员会2008年《教育政策与认证标准》第2.1.1条教育政策中有关成为一名专业社会工作者的内容。此外，我们还会继续呈现第2.1.2条教育政策有关运用社会工作伦理原则指导专业实践的内容，特别是与保密、隐私、知情同意和保护义务有关的问题。我们会继续提供案例、问题和批判性思考练习，希望你能把批判性思考用到告知和沟通专业判断上（教育政策第2.1.3条）。

在美国，尊重个人的隐私权是占第一位的价值观。每个人有权决定什么时候怎样与他人分享个人的资料，以及分享到何种程度。即使宪法没有明确提到隐私权，新泽西州高等法院的首席大法官理查德·B. 休斯还是写道："最高法院的裁决承认个人有隐私权，宪法保障特定领域的隐私。"（In re Quinlan, 170 NJ 10, 1976）在特定条件下，隐私受到宪法的保护。最高法院的标志性案件格列斯伍德诉康涅狄格（Griswold v. Connecticut, 1965）裁定宪法保护隐私权。该案涉及康涅狄格州禁止使用避孕用品的法律。最高法院的裁决使这一法律无效，理由是它侵犯了婚姻的隐私权。尽管隐私权没有出现在《权利法案》中，但一些最高法院的裁决仍支持这项权利。因此，隐私是一项受保护的权利，但有一些限制。例如，学校记录的隐私权是有限的，《家庭教育权与隐私权法案》（Family Educational Rights and Privacy Act）给予了这一权利，个人无权起诉学校透露法案规定的记录（Gonzaga v. Doe, 2002）。《美国爱国者法案》（USA Patriot Act, 2001）作为反恐怖主义分子的立法用来进一步减少隐私权，使执法人员更容易实施电子监控。

专业伦理中的保密原则是从社会尊重隐私权的价值观中演变而来的。保密在所有像美国这样注重个人权利的国家都受到高度重视（Congress & McAuliffe, 2006）。这一原则并不是现代社会的一个发明，而是有些人在古代早已认识到的。希波克拉底（公元前460—前370）提出的医生的誓言写道："凡我在业务关系中所见所闻……我愿保守秘密，并以向人提及为耻。"在《全国社会工作者协会伦理守则》（NASW, 2008）中，这一原则表现为一个标准：

> 社会工作者应尊重服务对象的隐私权。社会工作者不应向服务对象索取隐私资料，除非这类资料对提供服务或者是从事社会工作评估或研究至关重要。一旦获取隐私资料，必须按照保密标准加以对待。（1.07a）

伦理守则有17个其他段落（1.07b～1.07r）对保密原则做了额外的阐释和限制。比如，在社会工作者可以透露机密信息前，必须先征得服务对象有效的许可（1.07b），应该告诉服务对象对机密信息的透露会到何种程度，以及透露这些可能会有的后果（1.07d）。然而，如果有迫不得已的专业上的原因，如对服务对象或另一个人有近在咫尺的伤害，也可能要透露机密信息。在需要透露机密信息的时候，只应当透露实现目标所需共享的最低限度的信息（1.07c）。社会工作者应该同服务对象和其他利益相关方讨论保密权利的性质和限制（1.07e）。

此外，社会工作者在向配偶、家庭或其他群体提供辅导服务的时候，"应让有关各方就个人隐私权和保护他人分享的机密信息的义务达成一致意见"（1.07f）。他们也应该告知服务对象"有关在辅导过程中所涉及的各方披露机密信息"的政策（1.07g）。社会工作者"在讨论服务对象的情况作教学或培训用途时，不应透露可识别性信息，除非服务对象准许透露这些机密信息"（1.07p），或者除非获得了服务对象同意透露机密信息的许可，或有迫不得已的需要，否则也不应当用于咨询服务（1.07q）。机密信息不应该在公共场所讨论（1.07i）。服务对象的记录，包括电子档案应该存放在安全的地方（1.07l）。此外，"在社会工作者终止服务、丧失能力或去世的情况下，（应该采取）合理的防范措施保护服务对象的秘密"（1.07o）。

隐私与机密

隐私和机密常常会被混淆（Congress & McAuliffe，2006）。**隐私**是指每个人固有的权利，决定如果与他人分享关于自身的信息的话（如果有的话），分享的内容。**机密**是指社会工作者或其他专业人员（或官僚）在未经服务对象事先同意的情况下，不得向任何人透露的其从服务对象处获得的信息。然而，对于社会工作者来说，实施这一规定并非总是易事或者是有可能。《全国社会工作者协会伦理守则》本身就承认可能出于"迫不得已的专业上的理由"，"当有必要披露信息以防止给服务对象或其他可以确定的人造成严重的、可以预见的、近在咫尺的伤害时"，社会工作者要披露得到的机密信息（NASW，2008，1.07c）。一些迫不得已的理由的性质会放在本章后面"保护的义务"部分讨论。即使是立志要以符合伦理的方式从业、想要小心留意保密原则的人也会面临伦理上的困境。由于跨学科团队工作需要专业人员间共享资料,由于问责制要求提供信息资料,由于要回应付费的第三方的要求,社会工作者可能会发现难以尽保护服务对象隐私的义务,对机密信息保密。此外,有些情况下,法院命令披露机密信息,或在某些情况下,如缓刑和假释,依法可能要求披露机密信息。

保密是一项原则。它明确承诺或订立契约,确认除非服务对象知情和同意,否则不会披露任何有关服务对象个人的信息。尽管保密原则本身可能概莫能外,但是出于不得已的专业上的理由,也会有限制,诸如来自更高的原则(例如保全生命)的要求、法律上的要求和/或需要确保服务对象的最佳利益的需要等。当从业人员面临相互冲突的诉求,但都同样有能成立的理由却鱼与熊掌不能兼得时,便会有伦理上的困境。诸如要在服务对象的隐私权和其他人和社会获得特定信息的权利间权衡抉择。

社会工作者一般认为服务对象靠保密来促进对工作者的信任。许多人认为如果服务对象意识到保密是有限制的,就会伤害他们与专业人员的关系。然而,实证研究并不支持有限的保密一定会危及服务对象与社会工作者的关系。斯坦伯格、莱文和杜伊科(Steinberg, Levine, & Doueck, 1997)发现,只有27%的接受心理治疗的服务对象会在治疗师按照强制性要求报告了儿童虐待案后马上或很快退出了治疗。当服务对象知情同意的程序比较明了,以及当被举报的施虐人是没参与治疗的第三方时,继续治疗的比率较高。类似地,温斯坦及其同事(Weinstein et al., 2000)发现,当精神健康专业人员报告疑似儿童受虐待和儿童没受到良好对待时,3/4 的服务对象没有终止治疗,在许多个案中,治疗进程有所增强。

保密之所以问题特别多是因为这一伦理原则建基的实务模式过于简单,只包括了社会工作者和服务对象双方。然而,在现实当中情况却要复杂得多。举例来说,儿童虐待个案一般不只包括被虐待的孩子和实施虐待的成人,还会包括孩子的父母、其他兄弟姐妹和亲属,社会及其代理机构(如警察和法院),儿童保护服务工作者,其他社会工作者,其他领域的同事,行政人员,保险公司和付费的第三方。每一方都可能要求获取机密信息从而带来伦理上的冲突。每种情形下与这些参与者的每一方共享机密信息要做的伦理上的考虑会不同,因为要共同尽的法律和伦理上的义务有所不同。马歇尔和所罗门(Marshall & Solomon, 2004)指出,"尽管保密政策的重要性显而易见,但是实施这些政策往往阻碍了服务提供者、消费者和家庭之间的沟通"。在接下来的讨论中,我们会把保密问题与跟其他各种专业的从业人员以及各种服务系统,包括电子治疗一道工作时加以考虑。

其他社会工作者

常有的情况是,我们对与其他社会工作者共享机密资料的伦理意味想得不够多。在此我们指的不是鸡尾酒会上的短暂交谈(这当然明显违反了保密原则),而是正式、非正式地向其他同事或督导员咨询，以及把这类信息传给其他对此有专业上的兴趣的社会工作者（如跟同一家庭的其他成员一起工作的社会工作者，工作者去休假时另一个接手工作的同事，等等）。这种类型的信息传递意图是为了服务对象好，因为它是要保证提供更有效的服务，但是在没有得到服务对象知情同意的情况下，把这一信息提供给另外的人符合伦理吗？在许多情况下，只要有服务对象总的知情同意书就可以了，但是不少服务对象在签署这个协议的时候是作为例行公事对待的，可能并未理解其意义或含义。要特别关注一下，确保服务对象理解知情同意书的用意，并可能需要定期再检视一下保密和知情同意问题（我们会在本章的后面讨论知情同意问题）。

《全国社会工作者协会伦理守则》（NASW，2008）给这一问题提供了一些指南。在专业关系建立之初要与服务对象讨论保密的限制（1.07e）。当服务对象之前在另一个机构或另一位同事那里获得服务时，"社会工作者应该同服务对象讨论是否咨询以前提供服务的人符合其最佳利益"（3.06b）。守则的这些部分意味着没有事先获得服务对象的首肯，一般来说与其他社会工作者共享有关服务对象的信息是有悖伦理的。然而，社会工作者也应该考虑不向现在做服务对象工作的同事提供关键信息可能会造成的伤害。正是出于这种考虑，泰勒和阿德尔曼（Taylor & Adelman，1989）得出结论，"对信息保密会严重妨碍实施干预的人提供帮助"（p.80）。社会工作者该如何平衡保护服务对象的机密的需要与共享信息的需要，以便提供最好的服务？

其他领域的同事

许多社会工作者在多学科的团队或场所中工作，信息资料必须与其他专业的同事共享，这些同事的专业对保密的要求可能会与社会工作专业的保密要求不同。所有社会工作者都知道"及时有效的机构间的合作对服务对象和工作者都可能会有很多好处"（Darlington，Feeney, & Rixon，2005，p.1086）。即使保密重要，但是在需要的时候向他人咨询和与他人合作也重要。虽然各机构保密政策的不同有可能成为有效合作的障碍，但是两家或多家机构可以将知情同意过程规范化并加以协调，建立具体的信息交换方法，可能会减少这一潜在的障碍（Darlington et al.，2005，p.1094）。弗罗斯特、罗宾逊和安宁（Frost, Robinson, & Anning，2005）发现，保密和信息共享政策问题是参与多学科团队的社会工作者主要担心的事宜。问题可能在于社会工作者无法从其他机构获取信息（例如健康记录），也无法与其他机构的专业人员分享从自己的数据库获得的信息。

有些社会工作者要与别人共享信息是由于自己所处的位置。比如，从事个案管理服务的人有义务分享有关服务对象的信息。然而，在社会工作者提供共享的机密信息之前，对于哪些信息要提供给哪些机构，一定要征得服务对象的同意。在给予同意之前，服务对象必须知道会与什么人共享哪些信息，否则他的同意没多大意义。

社区

格林（Green，2003）认为，保密和隐私尤其给农村社区的社会工作者带来了严峻的困境。在这些小型社区，可能很难保护服务对象的隐私，因为邻居可能看见他去了社会工作者的办公室。社区成员可能觉得有权获得某些信息，并可能为了保护社区成员而给社会工作者施压，要求共享信息。例如，社区成员可能认为他们有权被告知性犯罪，特别是针对儿童的性犯罪。根据《梅根法案》(Megan's Law)① 和 2006 年《亚当·沃尔什儿童保护与安全法案》(Adam Walsh Child Protection and Safety Act)（H. R. 4472），社区有权通过国家性犯罪登记处和州登记处知晓已定罪的性犯罪者。然而，这种保护只有在一个人被认定有性犯罪之后才存在。如果社会工作者知道自己的服务对象有性犯罪，但还没有被定罪，她有什么样的责任呢？

行政和电子记录

出于行政和问责制上对数据的需要，社会服务机构和其他用人组织要求所有社会工作者报告服务对象和与服务对象接触的相关信息。刚开始要求提供这些数据的时候理由可能十分正当，但是一旦索要的信息到手以后，从业人员对保护其机密性就无能为力了。由于社会服务机构用计算机保存工作记录越来越普遍，这方面的保密问题甚至变得更加紧要。《全国社会工作者协会伦理守则》特别谈到了这些问题，要求社会工作者应"采取防范措施确保和维护通过使用计算机、电子邮件、传真机、电话和录音电话以及其他电子或计算机技术传送给其他方的信息的机密性。只要有可能，应该避免透露可识别信息"（1.07m）。《健康保险携带与责任法案》(Health Insurance Portability and Accountability Act, HIPAA)（1996）中的要求可能对此有所帮助，它要求健康照顾机构制定出程序，保护服务对象信息的机密性（本章后面会更为详细地讨论《健康保险携带与责任法案》）。然而，不只是电子传输的数据需要采取防范措施。今天，计算机也频繁地用于储存个案记录和工作过程记录，必须严肃认真地考虑确保其安全性的举措，以防范意外错误、黑客以及那些将收集的信息作商业用途的人。

莫林及其同事（Morin et al.，2005）研究了老年人对电子健康记录的接受度，发现大多数老年人能接受自己的健康数据电子化。只有少数人担心出差错和机密性。几乎所有这些患者都提供了适当的知情同意书，以允许访问他们的电子健康记录，但许多人不记得他们可以随时撤回同意书，这意味着他们可能还没有完全理解同意书的信息。

有趣的是，一些人喜欢互联网提供的匿名性，认为它实际上保护了机密性。此外，

---

① 即《对儿童犯罪者及性侵犯者登记法》。——译者注

"互联网改善了那些可能无法获取服务的人得到服务的途径。那些感到分享个人问题会被人污名化、害羞或尴尬的人在万维网上是'身份不明（faceless）'的，研究发现他们更愿意参与处理微妙问题的团体"（Parker-Oliver & Demiris，2006，p.130；引自 Vernberg & Schuh，2002）。然而，目前还不清楚那些感到更加匿名和安全的人这样做是不是因为他们还不完全了解在这些情况下被认出来的可能性。

电子治疗

越来越多的电子治疗网站，包括那些有社会工作者参加的网站，对一些精神和情感障碍进行干预，如抑郁、压力、药物滥用和进食障碍。圣维兰（Santhiveeran，2009）研究了69个社会工作者的电子治疗网站。约三分之二（68%）的有社会工作者的网站告知其服务对象电子治疗过程的性质和范围。告知服务对象潜在风险的比例略低（62%）。网站认识到有三种类型的风险：技术困难（例如计算机崩溃、缺乏对网络安全的信任）；第三方损害（例如与 PayPal 服务和网络主机服务相关的问题）；电子治疗的缺点，它被认为是带有实验性的，不能取代能观察肢体语言和其他手势等的面对面治疗。不到一半（44%）的电子治疗网站告知服务对象在使用计算机治疗时需要采取的安全措施，比如设防火墙，不要在计算机上保存登录信息。只有三分之一的治疗师表示，他们只在自己有执照的州为服务对象提供服务。60%的网站有处理紧急情况的程序，因此剩下40%的网站没有做好这方面的准备。圣维兰（Shanthiveeran，2009）得出结论，按照伦理原则网站没有提供足够的信息。

此前，我们探讨了社会工作者保存的电子数据的机密性问题。此外，虽然使用电子治疗是一个日益增长的现象，但是提供电子治疗的人的治疗范围和教育背景、证书以及专业经验在很大程度上还是未知数。各州法律法规的确切性质以及当两个或两个以上州都涉及某一情况时如何互动，使用过的干预措施的类型以及治疗的有效性，仍有待充分调查。基本问题仍然是：电子治疗合乎伦理吗？

保险公司与第三方付费人

随着越来越多的在机构的和私人执业的社会工作者要向保险公司或其他付费的第三方报告诊断结果，以确认服务对象有资格报销费用，保密问题又添加了新的要考虑的东西。尽管因为想要获得第三方为其支付从社会工作者那儿得到服务的部分或全部费用，服务对象可能同意他人得到自己的资料，但是他们并不总是知道报告的诊断结果是什么或者谁会知晓这一信息。除了保密问题，诊断结果对于问题的严重性可能会言过其实，以便让服务对象有资格报销费用（参见第七章对与诊断和错误诊断有关的问题的进一步讨论）。如果服务对象意识到第三方付费可能要把自己的机密资料提供给其他人，诸如雇主和将来提供服务的人，他们可能愿意自掏腰包支付社会工作者的服务费。《全国社会工作者协会伦理守则》（NASW，2008）特别说明："社会工作者除非得到服务对象的授权，否则不可以向支付费用的第三方披露机密信息。"（1.07）

警察

在许多州，法律要求社会工作者以及其他专业的从业人员，不管什么时候，只要获得犯罪活动的信息或者筹划犯罪活动的信息就要向警察报告。比如，一位社会工作者在一个青少年团伙筹划抢劫的时候在场，她要做什么？把这个团伙的打算报告给警察她应该有伦理上的顾虑吗？当第三方（比如父母或邻居）告诉她这样的计划时，她的义务是什么？至少她必须问自己几个问题：这一消息有多可靠？能提供这一信息而不透露消息来源吗？透露了消息对助人关系会有什么样的影响？报告警察后能避免或带来什么伤害？

这一情形涉及几个法律和道德方面的因素。社会工作者要忠于谁？青少年团伙、父母、邻居、警察还是社会？她报告可以避免什么伤害？所有这些问题和其他问题都有法律上、专业上和伦理上的含义。许多社会工作者对于各种违法行径引发的伦理困境感到茫然失措，特别是青少年的看来似乎不会对其他人构成伤害的行为。案例8-1描述了这样一个情形，涉及报告可能的违法行为引发的一些伦理问题。

案例8-1　　　　　　　　　　欺诈与老母亲

社会工作者琼·费希尔是老城家庭咨询中心的一位婚姻辅导员和家庭治疗师。她工作的机构不属于任何宗教派别。休和迪安·克恩过去两个月一直找她做婚姻治疗，一周一次。尽管他们的问题不是太紧要，但是仍想在婚姻还有挽救余地的时候寻求帮助。他们进展得不错。在今天的见面会中，迪安提到他一直收到给年迈的母亲的补充保障收入。母亲两年前去了国外，在这之前一直跟他们住在一起。她现在和家在英国的姐姐住在一起。

琼是否应该报告这一可能存在欺诈行为的个案？服务对象与工作者的保密约定是否包括这一沟通内容？按照《全国社会工作者协会伦理守则》（NASW，2008），依照法律、法规披露情况属于迫不得已的原因要打破保密约定（1.07e），所以，十分重要的是社会工作者知道自己所在的司法管辖区内有什么是按规定必须报告的，并遵照执行。同时，琼还必须考虑如果她真的报告了知道的情况，服务对象与治疗师的关系可能会怎样。她是否应该与服务对象一起讨论这些行为可能会带来的后果，尝试说服他们加以改变，这样她就不必报告他们的事情？如果知道迪安十年前从监狱中逃了出来，琼的义务是什么？或者知道休在非法销售毒品，她又有什么义务？犯罪的严重程度是否会改变伦理上的考虑？对服务对象或其他人造成的伤害的程度是否会使采取的行动有所不同呢？

亲属

服务对象的亲属是否有权接触他们可能会受到影响的机密信息？如果一个儿子要求知道自己的父亲是否快去世了，而他病入膏肓的父亲特别要求不要告诉任何亲属他的病到了什么程度，社会工作者该怎么做？社会工作者该怎样决定是保密还是说出真相？一个艾滋病病毒感染者的亲属是否有权知道这个人的健康状况？关系的类型（如配偶或兄弟姐妹）是否会起作用？这种类型的伦理困境可能对那些工作场所是健康照顾和遗传咨询，知道可能会对其他亲属的健康有影响的医疗或遗传信息的社会工作者来说，特别尖锐（Freeman, 1998）。

父母是否有权知道有关自己孩子的机密信息？孩子的年龄是否会使情况有所不同？比如，威斯康星州"计划做父母"项目的研究者发现，如果必须告诉父母她们正在找指定的避孕用品，大多数18岁以下的女孩会中止或少使用家庭计划诊所的健康服务（Flaherty, 2002）。考虑一下讨论在学校场所保密的案例8-2。

案例8-2　　　　戴比·罗伯茨怀孕了

戴比·罗伯茨是12岁的8年级学生，怀孕10周。她一直是个好学生，老师说她从未有过什么问题。学校的护士将戴比转介给学校社会工作者，因为戴比拒绝跟护士讨论自己的情况。起初，戴比还是拒绝跟社会工作者说自己的事，但后来她告诉社会工作者自己不想流产。她一再强调不想让父母知道她怀孕的事。戴比不会透露谁是孩子的父亲，社会工作者怀疑戴比可能一直受到性虐待。

是否应该告诉戴比的父母他们的女儿怀孕的事？社会工作者在跟她的父母沟通前应该先弄清楚谁是孩子的父亲吗？是否应该告诉儿童保护服务组织这一情况？在这一模糊不清的情况下，合乎伦理的决定是什么？

服务对象

服务对象想要看有关自己的资料，比如想读自己的个案记录时，社会工作者的义务是什么？依据《全国社会工作者协会伦理守则》（NASW, 2008），"社会工作者应该给服务对象提供合理的途径获取与服务对象有关的记录……只有在特殊情况下，有不容置疑的证据表明获得这些资料会对服务对象造成严重伤害，社会工作者才应该限制服务对象得到有关自己的记录或部分记录"（1.08）。然而，什么构成"合理的途径""特殊情况"和"严重伤害"是模糊的，这使实施这一标准有困难。

对于向服务对象提供机密信息有一些反对意见，特别是反对让服务对象不受限制地接触自己的记录。具体理由如下：

（1）个案记录可能包括一些由第三方，如另一位社会工作者、教师、邻居或亲属在保密的前提下提供的情况。按照《全国社会工作者协会伦理守则》（NASW，2008）的要求，"当向服务对象提供接触自己的记录的途径时，社会工作者应该采取步骤保护记录中提到的或讨论过的其他人的机密"（1.08b）。这即是说，尽管社会工作者需要保护在个案记录中提到的其他人的机密信息，但是这不是拒绝服务对象接触自己记录的充足理由。

（2）个案记录可能包括了还没有核对或评估过的"原始资料"，或者普通人会曲解的测验结果或其他资料。《全国社会工作者协会伦理守则》（NASW，2008）要求社会工作者"协助解释记录并向服务对象提供与记录有关的咨询"（1.08a）。所以，这一拒绝服务对象接触记录的理由可能也不够充分。

（3）社会工作者可能会用个案记录探索各种可能性，或者问自己一些需要进一步澄清的问题。服务对象阅读这样的资料，可能会有损其对社会工作者的信任。在这一情况下，社会工作者需要评估阅读记录对服务对象造成严重伤害的可能性，如果的确有这样的可能性，那么就要限制或拒绝服务对象接触记录（NASW，2008，1.08a）。

（4）读到或听到有关自己的负面东西可能会使服务对象受到伤害。处理方式还是一样，如果存在造成严重伤害的可能性，那么，就可能要拒绝服务对象接触记录。

不论什么时候社会工作者拒绝服务对象接触记录，"服务对象的请求，拒绝给予部分或全部记录的理由，都应该记录在服务对象的档案中"（NASW，2008，1.08b）。

与此同时，还有些人赞同应当提供途径让服务对象接触自己的个案记录。理由如下：

（1）阅读资料让服务对象有机会纠正错误。

（2）服务对象只有在知道资料的内容的情况下才能给予与他人共享信息的知情同意。

（3）对情况的了解会带来改变，而一无所知只会造成维持不尽如人意的现状。

（4）开放个案记录会证明服务对象与工作者合作的效能，可能甚至会引来服务对象更多地参与社会工作进程。

我们展示了支持和反对向服务对象开放个案记录的几个论点（并不是全部），目的是帮助社会工作者做出合乎伦理的决定。应当承认，受雇于机构的社会工作者很少有人必须单独做出这方面的决定，因为，一般来说机构的政策和指示对这一点已说得既具体又明确。然而，如果要你向机构的理事会陈述服务对象接触记录问题，你会提什么建议？如果你是私人执业，对于服务对象接触记录一事会采取什么政策？

机密性的限制

很明显，保密不是绝对的。在服务对象和社会工作者的初次面谈中，保密的性质就应该向服务对象和其他有利害关系的各方解释清楚，包括解释对服务对象的保密权的限制。

这一点在专业关系的整个过程中都要不断地定期审视（NASW，2008，1.07e）。然而，有关这些限制应该怎样同服务对象详细讨论？温斯坦等人（Weinstein et al.，2000）发现大约40%的有经验的精神健康从业人员没有向服务对象说明保密的限制，直到出现依法必须向权威部门报告的情况。同时，温斯坦等人还发现，告诉服务对象保密的限制并不会把服务对象吓得不接受治疗。我们会在本章的后面更详细地讨论知情同意概念。

社会工作者在某些情况下有打破保密规定的法律义务。由于各个管辖区或地方对此的限制和认定条件不同，社会工作者应仔细查询以确定自身的责任。邦德和米切尔（Bond & Mitchell，2008）回顾了英国强制报告作为一项法律义务的个案的类型。其中包括法院命令、防止或协助侦查恐怖活动、防止严重犯罪、贩毒和洗钱、保护儿童免受虐待、保护服务对象不自我伤害和打消其自杀意图，以及防止服务对象对另一成年人可能造成严重的人身伤害。

《健康保险携带与责任法案》

《健康保险携带与责任法案》（HIPAA，1996）中的隐私规定保护由涵盖的实体及其业务伙伴以任何形式或媒介持有或传输的所有个人可识别的健康信息，不管是电子的、纸制的还是口头性质的。此信息称为受保护的健康信息。个人可识别的健康信息包括与个人过去、现在或未来的身体或精神健康或状况相关的人口特征数据，向个人提供的健康照顾，以及过去、现在或将来支付的可识别个人身份或有合理理由相信可用于识别个人身份的个人健康照顾费用。

社会工作者和其他人员（健康计划、健康照顾结算所和用电子方式传送健康资料的健康照顾人员）要遵守《健康保险携带与责任法案》的要求。卫生与公众服务部（Department of Health and Human Services，DHHS）为8项常见的健康照顾往来业务订立了标准化的电子格式。这8项业务是：索取付款和汇款意见，协调保险金，加入一项健康计划的资格审核，加入和不加入一项健康计划，健康照顾保险金索赔状况，保险费支付，转介证明与授权。2002年的《健康保险携带与责任法案》（P. L. 104-191；Standards for Privacy，2002）修订了最初的法案，只需告知服务提供方有关治疗、支付或健康照顾实施的信息方面的隐私政策代替了病人授权。《健康保险携带与责任法案》在1996年通过，但是直到2003年4月才完全付诸实施。

杨和孔巴拉卡兰（Yang & Kombarakaran，2006）认为2002年的《健康保险携带与责任法案》条款同1996年最初的条款相比对隐私的保护要少，为打破保密要求提供了更大机会。但是这一修正的条款并没有让社会工作者可以在未获得书面的知情同意书前发布治疗和付费信息。服务提供者每次非常规地使用和披露健康信息仍需得到服务对象单独的书面授权（Yang & Kombarakaran，2006）。《健康保险携带与责任法案》对于心理治疗记录有特殊的隐私保护。

在未成年人可以授权同意接受健康照顾治疗的州，他们也有权自己决定是否向外发送受保护的健康资料。在这些州未成年人的父母不可以代表他们发表这方面的意见。在一些州，未成年人可以自行决定参加戒毒和戒酒辅导、精神健康治疗或是与怀孕有关的健康照顾服务，无须得到父母的准许。在这些州，社会工作者可能要行使斟酌决定权，让父母接触记录或不让父母接触记录。如果父母自愿同意未成年人和社会工作者之间的保密协议，未成年人个人也可以决定是否能使用和披露自己受保护的健康资料。如果该州的法律有具体的条款说明了是准许还是拒绝父母接触未成年人的健康资料，则要参照该州的法律执行（NASW，2002 年 10 月 1 日）。

《健康信息技术与临床健康法案》

2009 年 2 月 17 日，巴拉克·奥巴马总统签署了《健康信息技术与临床健康法案》（Health Information Technology and Clinical Health Act，HITECH）作为一项经济刺激计划《美国复苏与再投资法案》（American Recovery and Reinvestment Act）的一部分。该法案通过医疗保险和医疗补助金计划为采用健康信息技术的服务商提供为期四年 190 亿美元的支持。该法案还扩展了安全和隐私条款以及对《健康保险携带与责任法案》所涵盖实体的业务伙伴的处罚。全国社会工作者协会（NASW，2009）在《〈健康保险携带与责任法案〉和〈健康信息技术与临床健康法案〉对于社会工作者的意义》中识别出了这两个立法对于社会工作者在某些方面的影响：

(1)《健康信息技术与临床健康法案》明确规定，其任何条款均无意影响已建立的患者特权法律，如美国最高法院在杰菲诉雷德蒙案（Jaffee v. Redmond，1996）中确立的心理治疗者-患者特权，并且不会抢先制定对隐私加强保护的州法律。

(2) 该法案要求对侵犯隐私的行为发出通知，包括泄露任何受保护的健康信息，而不仅仅是人口统计信息。当隐私侵犯涉及 500 人以上时，《健康信息技术与临床健康法案》的隐私侵犯和安全通报条款实质上改变了《健康保险携带与责任法案》的要求。法案所涵盖的实体必须向卫生与公众服务部报告侵犯隐私行为，在某些情况下，它们还必须向媒体报告侵犯行为。

(3) 隐私侵犯通报要求法案所涵盖的实体通知到受此侵犯影响的每一个人，发现侵犯隐私的相关商户应通知法案所涵盖的实体受泄露隐私影响的人的身份。

(4) 隐私侵犯通报的内容必须包括：对事故的简要描述，包括日期；所涉及的信息类型（如社会保障号码、姓名、地址等）；个人应采取的保护自己免受因隐私泄露而造成的可能伤害的措施；简要介绍所涵盖的实体进行调查、减轻伤害和防止未来再发生此类事件的行动；咨询或获取更多信息的联系方式，包括免费咨询电话的号码、电子邮箱地址、网站或邮政地址。

全国社会工作者协会建议那些要执行《健康保险携带与责任法案》标准的人在电子的服务对象记录的数据加密上有所投入（Pace，2009）。尽管没有人要求对服务对象的数据进行加密，但是有人要求制定好政策，防止和识别可能出现的泄露服务对象信息的情况，并及时做出响应，发出所要求的通知和采取减轻损失的措施。如果被泄露的数据是加密过的，而且泄露后他人无法使用，那么《健康保险携带与责任法案》不要求发泄密通知。

只要是第三方处理服务对象诸如账单之类的信息，那么这些信息也要按《健康保险携带与责任法案》的标准处置。因此，与第三方签订的任何合同都要说明其在出现泄密情况时发出通知的责任。此外鼓励社会工作者建立监察泄密的系统，制定一旦出现泄密情况时的处理程序；制定好泄密应对计划；在修订合作伙伴协议时，纳入具体的泄密通知责任。就像对待任何有可能对社会工作实践产生重大影响的新法律或政策一样，社会工作者对这一问题要掌握最新资讯，了解联邦和州的法律以及机构有关《健康信息技术与临床健康法案》和《健康保险携带与责任法案》的管理政策。

儿童福利与保密

社会工作者和其他专业人员依法要向儿童保护服务机构（Child Protective Services，CPS）或其他指定的权威机构报告所有疑似虐待和疏于照管儿童的个案。尽管具体的细节州与州有所不同，然而，报告此类事件在美国的每个司法管辖区和许多其他国家都有要求。在虐待和疏于照管儿童的个案中，不太关心违背保密原则带来的伦理问题，因为在伦理上更为紧迫的事是找到方法确保孩子的安全。

调查显示，每3个专业人员就有一人接触过至少一宗疑似儿童受到虐待的个案但并没有报告，他们只报告了大约1/3的疑似虐待儿童的个案（Kalichman，1999，p.4）。儿童保护服务机构接到报案后，会派一位儿童保护工作人员调查举报的虐待情况，并采取任何必要措施保护孩子。那些仍对举报涉及自己的一个服务对象的疑似虐待儿童情况是否符合伦理，会在实践上带来什么影响心存疑虑的社会工作者，在需要举报的时候可以考虑以下几点：

（1）做服务对象的工作，（如果足够有能力的话）帮助他自己报告；社会工作者应该追踪服务对象，确认的确报告了这事。

（2）同家庭讨论为什么需要报告，对家庭来说报告可能会有什么好处和风险，调查过程会按什么程序进行，如果报告的情况属实，可能会有些什么处置方案可以选择。社会工作者应该清楚她工作的地方之后的程序是什么，这样她就能准确地告诉服务对象等待他们的是什么。

（3）如果不举报孩子马上会有危险，那么无须通知家庭就可举报。

需要注意的是，并非所有患有精神疾病或有物质滥用问题的父母都会虐待自己的孩子，尽管这样的父母有更高的风险虐待和疏于照顾孩子（参见 Darlington et al., 2005；Kroll, 2004）。因此，在这些领域工作的专业人员更有可能涉及报告涉嫌虐待儿童的案件，或者可能被要求与儿童保护服务工作人员分享有关父母的精神健康或药物使用的信息。克罗尔（Kroll, 2004）还指出，孩子们可能会对谈论父母吸毒酗酒感到不自在或觉得这样对父母不忠，专业人士需要"清楚说明保密问题，这样孩子们才（知道）怎么对待他们提供的信息，他们不会因为谈论父母的行为而受到惩罚、评判或责怪"（p. 137）。

家中脆弱的儿童并不是唯一需要保护其不受虐待和不被疏于照顾的孩子。保护在家中的孩子和另外的弱势儿童群体要靠专业人员之间的沟通。例如，儿童福利、教育、卫生、精神健康、青少年司法和其他系统之间的合作也很重要，因为接受寄养照顾的儿童和青少年"是教育上最弱势的群体之一……没有哪个机构拥有（所有）资源或专门知识能提供更好地呵护这些年轻人所需的服务和支持"（Zetlin, Weinberg, & Shea, 2006, p. 166）。泽特林等人（Zetlin et al, 2006）运用焦点小组访谈的方式探查了支持寄养青少年受教育的方法。他们发现的主题包括担心受教育的档案记录不够完整（如无法记录就读过的所有学校和在每所学校上了什么课程）、机构间协助困难和保密问题。由于每个机构通常都有自己的保密和数据共享政策，与所有记录都由一个机构保存相比，各相关工作方对青少年的信息掌握得更为有限（Zetlin et al., 2006）。保护机密记录是否可以到妨碍提供有效干预的程度？社会工作者应该如何平衡这两个目标？

特许保密通讯

特许保密通讯是被赋予的法律权利。它确保特定的信息没有最初提供信息者的同意可以不在法庭上披露。特许保密通讯是一项证据法规，允许法律程序中的一方（在这一情况下是服务对象）限制最初在保密的情况下提供的陈述作为呈堂证据提出，所以使得目击证人（即社会工作者）"没有资格"为一个特定的事件作证。在不存在特许法规的情况下，沿用公法的原则，公众有权得到每个人的证词。任何人在被传唤时都不可以拒绝出庭作证。不愿作证的人有可能会收到法院的传票或命令，要求其作证。收到传票后未能出现在法庭上作证可能会被视为藐视法庭。历史上特许关系一直限于丈夫和妻子、律师和委托人、神父和忏悔者。其他特许关系只限于州立法法规指定的关系。所有 50 个州和哥伦比亚特区都颁布了有关特许保密通讯的法律。社会工作者对这一问题必须特别注意，因为各个州特许保密通讯的具体规定都不一样。

"每个美国管辖区对病人为了得到治疗向心理治疗师所做的陈述都认可有某种形式的证供上的特许权"（Harris, 1999, p.36）。在联邦一级，美国最高法院在联邦法庭对贾菲诉雷蒙德（Jaffee v. Redmond, 1996）一案的裁决中，确立了心理治疗师与病人的关系的特许保密通讯权。法庭以前没有处理过这一问题，但是在涉及一个拥有执照的临床社会工作者的案子中，触及了这一问题，同时也确立了精神病医师和心理治疗师与患者关系的原则。出于实际上的考虑，最高法院的裁决把特许权扩展到了联邦法院的民事诉讼案中，因而使心理治疗师与病人关系的特许权得到了制度化的认可。随着特许权的展开，通过个案裁决，特许权所涵盖的准确向度会逐渐形成。举例来说，在美国诉蔡斯（United States v. Chase）案中，美国第9巡回上诉法院2002年8月裁决，*存在危险的病人不适用贾菲案的特许权的例外情况*，这一裁决与第6巡回法院在"美国诉海斯"案中采取的立场截然不同。2001年，第9巡回法院裁决未获得执照的"员工协助计划"的辅导员和病人间的沟通依照贾菲案确立的特许权受到保护，不必强制披露保密资料。特许权属于服务对象，而不是社会工作者。在服务对象放弃特许权时，社会工作者必须出庭作证，即使服务对象并不知道或不能肯定自己的个案记录中有些什么资料，即使证词可能会使他受到伤害，也要执行。其他有利害关系的人无权控制特许权。比如，父亲或丈夫不可以压制或放弃治疗其孩子或妻子的社会工作者的证词（VandeCreek et al., 1988）。

在许多州，如果服务对象在向社会工作者沟通保密资料的时候有第三方在场的话，特许权就会中止。但是，有些州的法律把特许保密通讯权特别扩展到了涉及小组治疗、婚姻治疗和家庭治疗的情况，即有第三方在场的情况（VandeCreek et al., 1988）。在其他一些州，法院决定特许权的规定是否适用，但是有关第三方在场的沟通是否给予特许权还没有形成明确的趋势。明尼苏达高等法院在明尼苏达诉安德林（Minnesota v. Andring）（10 FLR 1206, 1984）一案中谈到了这一问题，并做出裁决：

> 参加小组心理治疗活动的人不是偶然碰到一起的陌生人……恰恰相反，每个参加者同参加活动的那个专业人员都有这样一种关系，在小组中，参加者因为共同参与实际上成了诊断和治疗过程的组成部分。
>
> 把小组治疗排除在心理治疗师与病人之间的关系（特许保密通讯）之外的诠释，会严重限制小组心理治疗作为治疗工具的效用……在小组心理治疗中对沟通保密对于维护小组治疗作为一个治疗工具的效用十分重要……

在缺少特许保密通讯法规的情况下，自愿为从服务对象那获得的机密资料作证的社会工作者可能面临双盲的情况——如果作证的话，服务对象可能会起诉她泄露机密材料；如果拒绝作证的话，可能会判她藐视法庭。特许保密通讯是一个法律概念，而不是一个伦理概念。有关特许保密通讯引发的问题要做法律咨询。

知情同意

专业伦理准则知情同意是从道德原则自主演变而来的，它申明所有人都有能力自我主宰和自我决定。所有助人者在任何时候对这一能力都必须给予尊重。知情同意意味着社会工作者或是另一位专业人员除非得到服务对象在自愿情况下的首肯，否则不会介入服务对象的生活或者给他人发送有关他的机密信息。不能假定服务对象过去同意现在还会同意。因此，每次服务对象开始一个新的处置程序，开始接受一位新社会工作者的服务，当机密资料要发送给第三方时，获得其首肯都十分重要（Manning & Gaul, 1997）。

《全国社会工作者协会伦理守则》（NASW, 2008）清楚表明：

> 社会工作者只有在建立了专业关系的基础上，如果适宜的话，在建立了获得知情同意的专业关系的基础上，才应该提供服务。社会工作者应该用清楚的、通俗易懂的语言告知服务对象服务的目的、服务会有的风险、由于付费的第三方的要求服务所受的限制、相关的费用、合理的选项、服务对象拒绝或收回授权的权利和授权的有效期。社会工作者应该向服务对象提供提问机会。（1.03a）

如果服务对象无法提供知情同意书，那么应该向合适的第三方寻求许可（1.03c）。如果社会工作者是为非自愿的服务对象提供服务，那么她"应该告知服务的性质和范围，以及服务对象在多大程度上有拒绝服务的权利"（1.03d）。此外，当出现社会工作者可能被要求报告调查或评估结果的情况时，诸如参加儿童监护权听证会或是涉及缓刑和假释，征求知情同意应包括警告服务对象保密的限制（Luftman, Veltkamp, Clark, Lannacone, & Snooks, 2005）。帕尔默和考夫曼（Palmer & Kaufman, 2003）强调以具有文化敏感性的方式获得知情同意的重要性。社会工作者不能认为个人主义、自决、服从和民主等基本价值观对于自己的意义和对于服务对象的意义是相同的。牢记这一点，社会工作者可以给服务对象提供一个有意义的自决体验。

虽然每个人都同意服务对象应该在开始处置前或在共享机密信息前给予知情同意，但是对于哪些信息需要包括在知情同意中，以及是否需要书面的知情同意书，却没有多少共识。哈斯兰和哈里斯（Haslam & Harris, 2004）在对37份书面的家庭治疗知情同意书进行质性研究分析时发现，其所包括的主要信息类别总体上一致（如治疗的过程或性质、机密性、保险问题等），但在一些细节上存在很大的差异，比如指出所提供的处置的风险。波拉克（Pollack, 2004）警告提供过多信息的风险：

> 没有哪个方法能确保服务对象可能会有的每个问题都能充分地兼顾到。我们所能做的是警惕导致服务对象依赖的家长作风，牢记以良好的专业手法之名给予服务对象

太多自主权会导致他们没人领航，孤立无援……自尊、自我引导和公平竞争感便岌岌可危。

信息披露、自愿性和能力

知情同意涉及三个问题：信息披露、自愿性和行为能力（Grisso & Appelbaum, 1998; Moreno, Caplan, & Wolpe, 1998; Palmer & Kaufman, 2003）。涉及其中任何一个都会给社会工作实践造成伦理上的困境。我们将一个一个地简要讨论与这三个问题有关的伦理问题。

信息披露　一个人只有在知道了干预或治疗过程中会发生些什么，干预的结果会怎样，如果不同意干预后果会怎样，才能视为在充分知情的情况下去给予同意。他应该知道如果他同意干预情况会好多少（或坏多少），如果他不同意又会怎样。这不仅是服务对象的难题，也是不确切知道究竟会发生什么的社会工作者的难题。服务对象还应该完全知道可以有的选择及其相关的风险和好处。在要求服务对象同意披露机密资料给第三方的情况下，他应该知道将要发送的资料是什么，会向谁披露，目的是什么，会有什么后果。他也应该知道不同意的后果。最后，必须以清楚、易懂的方式向服务对象披露信息（Grisso & Appelbaum, 1998）。

在一些个案中，特别是服务对象正处于受困扰的情况，试图说明技术性信息和有价值偏好的信息时，可能会遇到基本的沟通问题。比如，一些人可能会理解不了概率概念，或者不同的沟通风格可能会让一些服务对象感到害怕（Moreno et al., 1998）。大多数要给服务对象的信息社会工作者都可以提供，但是即使是社会工作者也可能没有认识到许多可能会有的后果，因为总是会有次生的、预料不到的结果。事实上，任何选择的性质和后果不可能完全清楚，不同专家可能会有不同解释。

还有许多证据表明，不管如何仔细地解释细节和可能有的风险，很多人还是常常不注意或没完全理解向他们提供的信息。这种情况是选择性倾听还是压抑不愉快的信息，并不总是能搞清楚。一项对全面体检后病人与医生沟通的研究发现，病人不记得近70％被医生诊断出的问题（American College of Physicians Observer, 1997）。有人估计只有20％的成年美国人能阅读、理解健康照顾信息，并按照接收到的这些信息行事（Dent, 2000）。还有些病人就是不想知道办理的手续或提供的处置会有的风险。

尽管社会工作者在许多方面都与内科医生不同，但是也有许多社会工作者说自己的服务对象真的不想知道所有的细节。他们遇到了一个问题，只想要从一个信任的专家那得到帮助。尽管如此，社会工作者在伦理上要信守只有在服务对象知情同意的情况下才提供服务和处置的原则。有关知情同意社会工作者面临的一个伦理困境是，既不想让太多的资料把服务对象弄得无所适从，同时又有义务提供充足的资料好让服务对象能做出有意义的决定。是否即使怀疑服务对象并没完全理解提供的信息及其意义，但是社会工作者有了服务对象给予的许可就应该感到满意并往下进行？还是社会工作者应该推迟帮助，这样就能向服务对象提供更多的自己认为获得知情同意所必需的资料？

回想一下第一章开头的例子，社会工作者埃伦·阿什顿怀疑巴桑蒂·马杜赖陷入了暴力关系。你认为社会工作者应该如何应对这种情况？如果马杜赖夫人有受到伤害的危险，社会工作者是否应该鼓励她离开丈夫？如前所述，离开暴力关系的女性往往会在永久性离开前多次返回暴力关系。充分提供信息是否要求阿什顿女士告诉马杜赖夫人，即使她离开，她也有可能重回丈夫身边？这样的信息会对马杜赖夫人离开的决定产生怎样的影响？

自愿性 同意只有在非胁迫的情况下自由给予才有意义。尽管对这一伦理准则有广泛的认同，但是有些社会工作者工作的场所服务对象就没有多少自由或完全没有自由。犯人、缓刑犯和因精神病住院的病人是非自愿性服务对象的经典例子。当做法庭指定的服务对象的工作时，有关知情同意会有三个障碍。第一，不能完全预计到法庭指令的评估的风险和好处。第二，权力上的不平等造成的服务对象的脆弱性损害了同意的自愿性。第三，尽管"法庭看重结成治疗联盟，获得相关的资料，但是治疗联盟可能并不总是致力于服务对象的最佳利益，服务对象可能意识不到关系的复杂性"（Regehr & Antle，1997，p. 301）。

在一些场所，同意也可能并不是完全自愿的。自愿常常被视为有两种情况，即一个决定或者是自愿的或者是不自愿的。然而，仔细审视的话，在这两个极端之间还有跨度很大的各种可能性。比如，一个认为赢得工作者的好感颇为重要，这样能获得渴望的服务或物品的服务对象，他所给予的同意在多大程度上是自愿的？一位贫穷的单亲母亲可能会近乎同意社会工作者提出的每个建议，因为她非常渴望有资格得到救助。急于与疏远的妻子取得和解的丈夫可能会同意社会工作者所说的一切，因为他以为这样就有可能挽救自己的婚姻。那些迫切需要给孤独症孩子提供帮助和服务的家庭知道，他们只能通过社会工作者才能获得这一切。即使这些人都不是被迫来社会服务机构的，也不是被迫要赞同社会工作者的评估和建议，但是他们的知情同意真的是自愿的吗？

建立服务对象的信任可能导致另一个伦理困境。研究显示，信任或者对从业人员有信心是带来有效改变的关键因素。然而，信心或信任也常常导致服务对象放弃参与做决定。不仅是给予自愿性的同意，盲目地对自己的社会工作者有信心的服务对象会同意她所说的大部分东西。发展和鼓励信任一方面有助于增强服务对象在自愿情况下给予同意和对做决定的参与，但另一方面对每个社会工作者来说也是一个挑战。格里索和阿普尔鲍姆（Grisso & Appelbaum，1998）认为："除非有不公正的威胁，否则鼓励病人争取特定的选择不是强迫。临床工作者要做的不只是简单地向病人列出选择。他们可以区分这些选择，说明在他们看来行得通的机会是多是少。"（p. 9）

能力 知情同意假定给予同意的人有做这一决定的行为能力。然而，许多社会工作服务对象并不是完全有行为能力。患认知障碍、阿尔茨海默病的人或者有发展性残障、情绪严重混乱的人以及小孩子，可能没有能力为一些决定或所有的决定提供知情同意。然而，即使服务对象有严重的精神或身体疾病，也可能有能力提供知情同意。莫瑟和同事

(Moser et al.，2002）发现，参加研究的 80% 的患精神分裂症的人、96% 的艾滋病病毒感染者都有足够的能力给予知情同意。只有法庭才能宣布一个人无行为能力，但是有许多情况，社会工作者必须做正式的评估，看一个人是否有能力参与做决定。

伦理问题是复杂的，因为表面上行为能力问题只是在服务对象不同意社会工作者的建议时才会出现。如果服务对象跟自己意见一致的话，我们很少会质疑他是否无行为能力。这方面的伦理问题对从事领养、寄养安置、监护权、流产、避孕和临终决定相关工作的社会工作者来说特别熟悉。社会工作者的困境可能会变得越发棘手，特别是当问题涉及小孩子的时候。尽管对于多大的孩子可以视为有行为能力还没有一致的看法，但每个人都同意婴儿没有做决定的行为能力。就像成人一样，孩子可能并不总是说的和想的是一码事，说出来的偏好可能并不是真正的偏好。

决定干涉一个人的生活绝不是轻飘飘的事。限制一个人的自由，把他从家中带走，放到一个设施中，是非常严肃的决定，一般没有这个人的同意是不应该决定的。同时，总按字面意思接受服务对象同意或拒绝某个决定可能会犯错误。服务对象可能暂时抑郁，可能没有理解现实情况或者其中隐含的危险，可能进一步思考后会改变主意，或者可能是害怕某个情境的反应。请思考一下案例 8-3 中涉及的伦理问题。

案例 8-3　　　　　　阿奇·沃克的黄金年代

缪里尔·帕尔米耶里是下城老人项目的外展工作者。她组织了一个志愿者小组定期访问出不了家门的老人。这些志愿者接受了如何识别需要额外帮助的老人的培训，这样他们就能向下城老人项目人员报告这些老人的名字。有一位志愿者最近告诉缪里尔她发现了一个卧床不起的老爷子，他住在一个又冷又脏的公寓里，房间在四层，需要爬楼梯才能上去。

阿奇·沃克可能并没有他看起来那么老或那么虚弱，但是这位志愿者认为他需要更多的照顾，而不仅仅是他 79 岁的邻居想起来的时候给他买些食物这样的偶尔的帮助。当这个邻居忘记来的时候，尽管不常发生，沃克就靠冷水加面包维持这些日子。沃克从上一次看医生到现在已经有好多年了。他似乎很高兴有志愿者来探望，恳求她尽快再来。缪里尔告诉这位志愿者她会看一下可以做些什么让沃克过得更舒服些。

缪里尔拜访沃克的时候，他热烈欢迎了她，她证实了志愿者观察到的情况。沃克相对来说似乎还是蛮机警的。缪里尔认为他对自己的现状不满是面对现实、有希望的迹象，表明他有能力参与制订未来的计划。沃克说他唯一的收入来源是社会保障金，他从未听说过联邦补充保障收入（Supplemental Security Income，SSI）方案。沃克怀疑自己是否有资格申请补充保障金。沃克说他住不起另外的公寓，但他坚持不想去"老家伙"们住的地方。缪里尔向沃克说明有许多工作方案可以帮助像他这样情况的人。她为每个方案列出了优点和不足，并指出每个工作方案或服务从申请到实际提供可能要花多长时间。她也说明了会怎样帮助他得到申请资格。他们讨论的服务方案有补充保障收入、流动送餐服务、健康探访、家务助理、第八条房屋①和贫民化的公寓。沃克似乎对有这么多可选的方案、这么多必须要做的决定感到迷茫。他让缪里尔什么对他最好就做什么。

如果你处在缪里尔的位置上，你会做什么？下面是尝试帮助沃克时有可能会出现的一些伦理问题：

（1）沃克说什么对他最好就做什么是什么意思？这是否意味着他准许缪里尔代表他全权做出安排？这是不是一个让人满意的给予知情同意的方式？如果不是的话，它在哪方面有欠缺？

（2）为了不让沃克感到选择太多，难以应付，缪里尔是否应该把他要决定的事简化，一次只给他几个选择或者方案？可能让沃克先决定是否用送餐服务，把他是真的想留在现在的公寓里还是搬到别处去住放到稍后讨论，这样处理更好？他是否可以在不完全知道所有选择的情况下做出任何一个决定？社会工作伦理是否要求服务对象要完全知道*所有*相关的选择？

（3）缪里尔尽力说明每个选择的所有好处和后果。她真的知道*所有*后果吗？沃克真的在乎*所有*后果吗？他是不是不那么在意接下来几个月自己会发生什么事？服务对象必须了解多少社会工作者才能确认自己满足了《全国社会工作者协会伦理守则》的要求？

（4）缪里尔若是基于自己的评估和沃克的愿望设计出一个一揽子服务方案，然后问沃克是否接受这个一揽子方案，这样做符合伦理吗？

关于这一情况还可以问许多问题，但是已经很清楚，社会工作实践中知情同意为许多难题所困扰，这些难题常常导致了伦理上的困境。

社区组织与知情同意

当工作对象是一个社区或街区时，获取知情同意在伦理上的问题尤为严重。对从事社区组织工作的社会工作者来说可能情况就是这样。参加街区更新计划的社会工作者必须考虑：是否选出的代表真的能代表所有居民？他们提供知情同意就够了，还是必须征得每个居民的同意？如果干预提议来自外部，情况又怎样？如果社会工作者的初始目标是提升居民的意识，让他们认识到本社区存在问题，他们可以对此有所作为，那么获得知情同意意味着什么？在后一种情况下要求征得每个人的同意，就可能是等同于排除了采取任何干预活动的可能性，然而，没得到知情同意就进行干预便违背了专业伦理。在这些情形下，社会工作者应该做什么？哈迪纳（Hardina，2004）建议，确保大多数参与者同意一种做法

---

① 对于负担不起房租的低收入家庭，美国政府有房租补贴项目，俗称为"第八条"（Title 8），因为这个补贴项目是根据《住房法》第八条的规定以及后来的补充规定来运作的。——译者注

的最佳方法是举行一次"会议，让全体成员辩论提议的行动的风险和好处，尝试达成共识"（p.599）。这种方法可能会耗费时间，而且无法保证能够达成共识，但是"参与者应充分知晓其行动的后果，特别是当个人要做出的牺牲很大时（如失业、被捕或背负社会污名）"（Hardina, 2004, p.599）。

知情同意的方式

奥利弗·戈德史密斯（Oliver Goldsmith, 1764）认为"沉默便是同意"，但是社会工作者知道沉默和其他非口语符号，如点头，甚至是口头上的"可以"都可能有欺骗性，说的并不是同意。服务对象可能不好意思不同意，或者干脆不明白要求他们同意些什么。社会工作者有义务充分解释干预都涉及什么，预计的好处和风险是什么，还能有什么选择，如果服务对象不同意会怎样。所有这些都要用服务对象明白的语言来交代。语言本身很重要。但更重要的可能是社会工作者如何提供这些信息。许多服务对象的注意力只能保持短暂的时间，超过了注意力保持的时间可能意味着即使语言十分简单，也会出现"服务对象断电"的情况。

除了披露信息、自愿性和行为能力问题，征求知情同意的不同形式也可能造成伦理问题。考虑一下下述可能性：

（1）*指示或沉默*。指示指的是服务对象给予口头意见，而沉默指的是服务对象不说话。社会工作者假定服务对象没有对社会工作者的建议做出反馈，就意味着同意，这样做符合伦理吗？

（2）*口头或书面*。人们一般偏爱书面的同意方式，但是采用口头同意是否就一定不合伦理呢？用书面同意的方式是否就能自动规避掉所有伦理上的困境？主要是通过电话提供的服务（如自杀热线）是否应该暂停直到得到了书面同意？其他形式的获得同意的文件（如口头同意录音或电子邮件的副本）是否能代替书面同意？

（3）*过去/现在*。现在不同意是否使过去给予的所有同意都无效？这种情况属于改了主意，行为能力下降，一时害怕，还是别的什么？对这一难题换个说法，社会工作者知道过去服务对象一直秉持相反的观点，现在他改了主意，那么该给予多大的信任呢？

（4）*现在/将来*。社会工作者是否能设想如果服务对象更多地意识到待决定的事都涉及什么（或者开始意识到这一点），就会同意她的决定？社会工作者是否可以等到服务对象和工作进程经过了足够的时间，服务对象完全明白了决定的后果，再征求知情同意？

（5）*强迫同意*。征得服务对象授权的一个方法是把选择讲得服务对象除了同意别无出路，而不管反响会怎样。比如，社会工作者问："你想这周还是下周搬去护理老人院？"这是符合伦理的征求知情同意的方法吗？另一种形式的强迫同意是威胁除非服务对象同意，否则就有不想要的后果。如果情况是机构只提供一种服务，服务对象不同意的话，就不能得到服务，又会怎样？在这种情况下，威胁除非你同意否则就不提供服务合乎伦理吗？

正如我们已经说过的，这些征求知情同意的形式每个都有伦理上的问题和困境。有一点是肯定的：让服务对象提供知情同意不是一次性的事，而是一个持续不断的过程。有些人提出良好的临床工作能避免或解决所有围绕知情同意的问题。比如，如果一个服务对象完全参与到了做决定的过程中，知情同意的难题就不会出现。然而，事实是，即使是正式签约也解决不了获取知情同意涉及的所有问题。服务对象和工作者之间在权力上的差距常常导致协商签约的双方在地位上是不平等的。一些无意间施加的压力可能会在其中发挥作用，这可能会导致服务对象同意不是完全出于本意的选择。

你可以使用哪些方法来改善服务对象的能力以便能给予知情同意？尽可能给服务对象时间考虑各项选择是否恰当？给服务对象提供一份书面的不同选择的简介，让他带回家思考，有什么利弊？有时提供书面文件是否会使服务对象面临风险（例如，如果马杜赖夫人的丈夫发现了她所在地区妇女庇护所的列表，可能会发生什么情况）？鼓励服务对象在做出决定之前与其他人讨论各种选择会有帮助吗？

保护的义务

因为一宗具有里程碑意义的司法判决，制约包括社会工作者在内的所有精神健康专业人员处理有暴力行为或有潜在暴力行为的服务对象的基本原则有了根本性的改变（塔雷索夫诉加利福尼亚大学校务委员案，Tarasoff v. Regents of the University of California）。一个名叫普罗森吉特·波达尔的年轻男子是加利福尼亚大学伯克利分校学生健康服务部的自愿门诊病人。他告诉自己的治疗师打算等前女友一从外地旅行回来，就杀了她。这之后不久，年轻姑娘塔蒂亚娜·塔雷索夫就被这个年轻男子杀害了。后来，年轻姑娘的父母控告治疗师玩忽职守。治疗师抗辩自己无罪，因为自己与年轻服务对象/杀人犯的专业关系意味着他所获得的所有信息都要保密。然而，法官主张：

> 公共政策支持保护病人与心理治疗师之间关系的保密性质，在情况是透露信息对规避对他人造成的危险至关重要时，要退居次要地位；这一保护性的特许权在公众有危险的时候终止。

> 当一个治疗师判定，或者应该判定他的病人对另一个人有严重的施暴危险时，*他有义务运用合理的关照措施保护其所针对的受害人，防范这一危险。这一义务可能要求他（1）警告针对的受害者，或者（2）（通知）其他有可能告知受害者有危险的人，（3）报告警察，或者（4）采取任何在这一情况下合理的必要措施*（Tarasoff v. Regents of the University of California，1976，551 P 2d 334 at 340；斜体是另加的）。

我们之所以从塔雷索夫裁决中引用这么多是因为它对所有精神健康专业人员，包括社会工作者都变得极为重要。尽管这是加利福尼亚法庭的一宗案子，但是却有全国性的影响。它不仅改变了精神健康专业人员处理有暴力行为或有潜在暴力行为的服务对象的基本原则，而且也在许多精神健康专业人员中引发了焦虑。当时许多专业人员表示的主要担心是，害怕这一决定会毁掉治疗工作的保密性质从而破坏治疗工作。

从1976年以后，精神健康从业人员被要求采取合理的措施保护可能的受害人不受服务对象可以预见的暴力行为的侵害。其后的法庭判决进一步界定了塔雷索夫原则。一项裁决说明，根据塔雷索夫原则，社会工作者或其他专业人员（1）必须能预测"遵循本专业的准则"服务对象有暴力危险，并且（2）必须能明确有一个或多个能清楚辨识的受害人（Brady v. Hopper, 1983, 751 F 2d 329）。

另一项裁决涉及谋杀受害人未成年的孩子，加利福尼亚高等法院引申了塔雷索夫原则，除了可以辨识的针对的受害人之外，还包括了可能也有危险的其他人。在同一判决中，法庭裁定治疗师没能采取合理的关照措施保护第三方受伤害，构成了"专业上的玩忽职守"罪，而不是"一般性的玩忽职守"。这一界定允许在伤害发生后的三年内起诉，而不是通常的一年（Butz, 1985, p.87；引自 Hedlund v. Superior Court, 1983, 669, P 2d 41）。

近年来各种法律判决保护的义务（有时称为警告的义务）有了进一步的延伸，但是其在实践上的应用还不总是完全清楚。不同法庭的新判决澄清了专业从业人员遭遇的一些问题。比如，1994年"加利福尼亚上诉法院的一宗格罗斯诉艾伦的案子（Gross v. Allen, 22 Cal. App. 4th. 354）扩展了塔雷索夫义务的适用范围，包括了自杀威胁。它也明确了心理治疗师的'警告义务'包括告知后续治疗师病人已知的危险"（Meyers, 1997, p.365）。在尤因诉戈尔茨坦案（Ewing v. Goldstein, 120 Cal. App. 4th 807［2004］）和尤因诉北岭医院医疗中心案（Ewing v. Northridge Hospital Medical Center, 120 Cal. PP. 4th 1289［2004］）中，加利福尼亚上诉法院发现家庭成员报告受威胁也有可能触发临床工作者尽警告义务，这表明临床工作者不需要直接听到威胁就要尽保护的义务（Ewing, 2005）。

不同的州对保护的义务的要求不一样（Beck, 1998）。在一些州管制专业的法律（或者诠释这些法律的裁决）可能没有以塔雷索夫义务为参照，保护的义务可能界定得不好。一些州实施了塔雷索夫立法，其他州则没有。一些州采用和延伸了塔雷索夫原则，而另一些州在州的保护性信息披露法律中"包含了"第三方的连带责任。再有一些州申明了限定性的警告或保护的义务（Felthous & Kachigian, 2001）。即使是加利福尼亚州也在一宗犯罪案件（People v. Felix, Court of Appeals, 2001）中重新审视了这些问题，查看了保护的义务的范围。法庭认为采纳报告的义务意味着那些因杀人想法而需要治疗的人不会寻求治疗，因为他们会把治疗看成是自己证明自己有罪。尽管精神健康专业人员赞扬这一裁决，但是执法人员声称它暗中损害了可能的受害者的权利和安全（Ewing, 2002）。

社会工作者应该对法律上有关保护的义务的规定保持警觉，因为这些规定州与州不同，专业与专业不同。一些专业有优厚待遇，打破保密原则也会免责，而其他的专业则不会。一些州的法律将合法保密权作为当事人的一项权利，但却没有免除精神健康从业人员警告可能的受害人的连带责任。对于"严重的身体暴力威胁"指的是什么没有总的一致性的意见，对于"意欲""具备实施能力"等的意思也是指代不明。但是，"大多数州的法规要求有实实在在的或严重的威胁；因此在这些管辖权工作的治疗师不用再必须尝试去预测危险程度"（Almason，1997，p.481）。

不同的州对于如何履行保护的义务有不同的要求，如警告可能的受害人或者是接近受害人的人、通知警察、开启拘禁程序或者告知精神健康评估人员威胁的性质。每种处理办法可能都有新的伦理上的困境。举例来说，报告警察可能尽了保护的义务，但是警察使用这一信息的方式可能在社会工作者看来有悖伦理（Egley，1992）。如果社会工作者从业的州没有法律规定的警告的义务，当她的服务对象表现出对另一个人构成危险时，她是否有伦理上的责任要尽警告的义务？

有关保护的义务除了州立法的不同和法庭在裁决上的不同，一个根本性的问题是评估发生暴力行为的可能性。比如，考虑一下案例8-4中的情况：

案例8-4　　随便说说吓唬人还是认真的？

鲁弗斯·霍尔正在为四年的婚姻寻求帮助。按照霍尔的说法，他妻子萨拉拒绝和他一起来接受辅导，还一直威胁说要离婚。霍尔说偶尔他会非常生妻子的气，还动手打过她耳光一两次。有一次辅导的时候，他说自己爱妻子，如果她坚持威胁离婚的话，就杀了她。

他的社会工作者吉尔安·亚当斯住在霍尔和萨拉所在的社区，知道萨拉最近为离婚的事见了律师。到目前为止，霍尔只说打了妻子几耳光，但是吉尔安不能确定该对他所说的如果妻子跟她离婚就杀了她做出什么反应。

吉尔安应该把这位丈夫的话当成一个威胁报告吗？如果是的话，该向谁报告？她该怎样估计他讲的话的严重程度？如果知道他打的耳光比所说的要凶狠得多会不同吗？什么信息能帮助决定对萨拉安全的威胁应该报告？

必须承认，暴力预测不是硬科学。尽管研究发现一些人格特质与发生暴力行为有更高的关联，但是没有任何把握能预测可能的暴力行为。贝克（Beck，1998）对预测暴力行为的困难，特别是预测容易冲动的服务对象的行为，诸如某些精神失常病人的行为的困难，提出了一些看法。到目前为止，"不管是出于什么原因，暴力显得是一时冲动的结果时，法庭不太会判被告玩忽职守"，只因为她没有警告可能的受害人（Beck，1998，p.381）。

关于塔雷索夫义务还有其他一些伦理上的问题，这些问题在《全国社会工作者协会伦理守则》（NASW，2008）中找不到现成的答案。社会工作者应该透露机密信息只有是出于"迫不得已的专业上的理由。总体上期待社会工作者为获得的资料保密，但当有必要披露信息以防止给服务对象或其他可以确定的人造成严重的、可以预见的、近在咫尺的伤害时，这一原则不适用"（1.07c）。然而，"可以预见和近在咫尺的伤害"的确切含义还是不很明晰。

当前还没有法规或示范法律可以为保护的义务涵盖的所有内容下一个完整的定义。主要的问题是在什么情况下社会工作者有义务保护可能的受害人。由于这一领域的法规目前变动太频繁，即使社会工作者从业的州没有明确的先例，还是强烈建议在情况允许时寻求法律和专业咨询。

有些人主张塔雷索夫原则不会给社会工作者带来任何新的伦理问题，因为要求打破保密原则和保护意图伤害的人只是用于特殊情况。贝克（Beck, 1998）指出，围绕警告的义务的法律和伦理问题"与好的临床工作非常一致"（p. 375）。当保护的义务的确适用时，第四章的伦理决定筛查方法提供了指南，因为从直接和近在眼前的危险中拯救人的生命是比保密要更高一个层次的伦理原则。伦理上之所以会有麻烦是因为对生命构成威胁常常模糊不清。

自从为保护第三方不受暴力伤害而开始确立临床工作者的警告的义务以来，法庭采用和扩展了类似塔雷索夫案确立的义务。然而，与此同时，渐渐地，法庭对这一临床工作者的义务开始设立范围。这些保护的义务的范围常常被编入州的法规，明确参照塔雷索夫义务并说明可接受的履行这一义务的方式。鉴于保护的义务的"混合"特性和在法律上的界定不断变化，社会工作者应该确定，自己知晓本州的法律并通过专业督导和法律咨询来决定合适的行动（Walcott, Cerundolo, & Beck, 2001）。

批判性思考练习

1. 调查你所在的州（或者邻近州、家乡州）有关保密、特许保密通讯和报告义务的法律，看这些法律如何用于社会工作者。

2. 如果你在实习，找一下都有什么方式的知情同意文件。如果机构允许的话，在课堂上分享这些文件，对比所使用的不同类型的知情同意方式。每个方式的优点和局限是什么？

3. 准备一份给州立法机构的简短发言，敦促把特许保密通讯法规引用到服务对象和社会工作者的关系中，包括小组治疗、夫妇治疗和家庭治疗。如果有的话，你会建议对特许保密通讯设定什么限制？

4. 将班级分为两个小组。每个小组有一人扮演社会工作者，其他人扮演申请服务的人，所寻求的服务是应对酗酒问题和对亲友动手问题。社会工作者的具体任务是告诉申请人或服务对象保密的限制。学生应该尝试几种不同的方法，然后向班级报告他们认为最有效、最符合《全国社会工作者协会伦理守则》要求的方法。

5. 将班级分为两个小组。每个小组有一人扮演社会工作者，其他人扮演申请服务的人，所寻求的帮助是如何做父母的问题。社会工作者的具体任务是告诉申请人或服务对象保密的限制，特别要说明有可能要向合适的机构报告儿童没受到很好对待的问题。学生应该尝试几种不同的方法，然后向班级报告他们认为最有效、最符合《全国社会工作者协会伦理守则》要求的方法。

6. 在本章的前面部分，我们讨论了英国要求打破保密原则的一些情况，邦德和米切尔（Bond & Mitchell, 2008）对此进行了描述。你能找出你所在的州要求强制打破保密原则的情况吗？

7. 你所在机构的社会工作者或你认识的人用什么方法确保他们遵守向服务对象或病人提供知情同意的规定？他们遇到了哪些实际困难？他们是如何解决问题的？

8. 你所在的机构正在回顾总结准许服务对象接触其个案记录的政策。几乎所有成员都同意遵守《全国社会工作者协会伦理守则》，但是对于如何界定"合理的途径"和"有确凿的证据表明接触资料会给服务对象造成严重的伤害的特殊情况"（1.08a）有不同的看法。试着用与专业伦理和服务对象的权利相契合的方式界定清楚这两个情况。如果你的班上有不同的观点，组织一个讨论会，探查每个观点的长处和不足。班上能对如何最好地界定这些问题达成共识吗？

推荐阅读

帕尔默和考夫曼（Palmer & Kaufman, 2003）探讨了知情同意以及怎样将其用于许多治疗和其他情形下的多元文化背景。加兰博斯（Galambos, 2005）检视了农村社会工作实践中与保密有关的问题，以及在面对双重关系时维护保密原则。雷默（Reamer, 2005）回顾了儿童工作中跟伦理风险管理有关的涉及保密问题的情况。斯劳特和同事（Slaughter et al., 2007）提供了获得痴呆患者知情同意参与研究的指南；虽然这些指南是为了做研究而制定，但是其中许多内容也可以加以调整用于开展实际工作。扎亚斯、卡巴萨和佩雷斯（Zayas, Cabassa, & Perez, 2005）报告开发了用于筛查知情同意能力的工具。

推荐网站

- 获得广泛的有关《健康保险携带与责任法案》的资讯，包括法规和消费者信息。网址：www. hhs. gov/ocr/hipaa/。
- 全国社会工作者协会给社会工作者提供了《健康保险携带与责任法案》方面的广泛资讯。网址：http://www. socialworker. org/hipaa/default. asp。
- 有关《梅根法》的资讯，该法要求有过性犯罪的人登记和告知社区，以及查询州法律的链接。网址：www. klaaskids. org/pg-legmeg. htm。
- 关于2006年《亚当·沃尔什儿童保护与安全法案》（Adam Walsh Child Protection and Safety Act）的信息。网址：http://www. fd. org/odstb_Adam Walsh. htm。

● 有关法律问题（包括塔雷索夫义务和《梅根法》）的出版物的详细名单（此网站受密码保护，因此，如果你是全国社会工作者协会的成员，你才有权访问这些文件）。网址：www.socialworkers.org/ldf/legal_issue/。

能力要点

教育政策 2.1.1：**认同专业社会工作者身份并以此要求自己。**本章我们讨论了有关保密、保护的义务和知情同意方面的问题，这些都是专业社会工作实践的重要方面。

教育政策 2.1.2：**运用社会工作的伦理原则指导专业实践。**本章我们讨论了与保密、保护义务和知情同意有关的伦理问题。

教育政策 2.1.3：**运用批判性思考告知和沟通专业判断。**贯穿整章的案例和问题以及在本章结尾处的批判性思考练习都提供了学习批判性思考的机会。

第九章

社会公正、资源限制与权益倡导

> 本章会探讨社会工作教育委员会2008年《教育政策与认证标准》第2.1.1条教育政策中有关成为一名专业社会工作者的内容。此外,我们还会继续呈现第2.1.2条教育政策有关运用社会工作伦理原则指导专业实践的内容,特别是与社会公正、资源限制和权益倡导有关的问题。我们会继续提供案例、问题和批判性思考练习,希望你能把批判性思考用到告知和沟通专业判断上(教育政策第2.1.3条)。本章通过讨论与多样性和社会公正有关的问题,学习教育政策第2.1.4条将多样性和差异性融入实践之中。最后,本章讨论了促进人权和社会与经济公正的教育政策第2.1.5条。

人人享有平等的社会受益权和平等地尽义务承担社会负担,是当代民主社会的一个基本法则。这一法则建基于平等这个一阶(first-order)社会价值观,并意味着物品应尽可能广泛和平等地分配。情况类似的人应该受到同样的对待,除非其他的考虑如公平和行善比平等对待更为重要。这种一阶价值观的必然结果是,最贫困和最脆弱群体需要获得更多的资源和更多的服务,以便获得"公平的份额"和"公平的机会"(Rawls, 2001)。从这一社会价值观出发,社会工作者发展出了专业规章,要求他们有义务为社会公正而工作,并在平等的基础上向所有服务对象分配可得到的资源,除非为了行善和公平要不平等地分配资源。

投身社会公正

许多社会工作者赞成每个人都有资格平等地分享现有的资源,然而,当现有的资源有限,不可能做到平等分配又必须对把资源分配给谁做出选择时,就会出现伦理困境。换句话说,有些人会得到这些资源,而有些人得不到,因而导致申请者受到不平等的对待。举例来说,一个县只有20个床位给患慢性病的老人,但有资格又迫切需要这一服务的老人却有30个,就做不到平等分配床位。甚至是供工作者平均分配的物品和服务(如工作者的时间或是部门的预算),平等的价值观也可能会带来一些伦理方面的难题,因为另一个专业价值观可能要求从业人员拿出更多的时间或资源去满足某个服务对象的具体需要。在下面的章节中,我们会讨论时间、不平等、社会因素、多样性和歧视如何与致力于平等和社会公正息息相关。

时间

在社会工作过程中,时间是非常有限的、宝贵的资源。举例来说,一位家庭服务机构的社会工作者可能一周只能向服务对象提供30个小时的直接服务。那么她的30位服务对象是否每人每星期该得到一小时的见面时间?对一些服务对象来说,可能并不需要一周一小时,但对其他的人来说这样的时间安排可能不够。社会工作者这周花几个小时给一个服务对象提供服务,帮助他应对出乎意料的、突然的家庭危机,即使这样做会让他的其他服务对象得到的服务时间较少,这样做符合伦理吗?许多社会工作者都能想起一些情形,如果有更多的时间,服务对象就能得到更有效的服务。不管是涉及公正(公平)还是平等(同等情况的人得到同等对待)都会有伦理上的困境。举例来说,在力求遵守公平原则向服务对象分配时间时,却产生了几个伦理上的困境。其中一个困境呈现在了案例9-1中。

你会怎么做呢?除了公平问题,这个工作者还面临着什么其他伦理问题呢?社会工作者对多琳的义务是什么?对她的父母呢?对其他有约在先的服务对象呢?对社区呢?社会工作者该怎样准备处理这样意想不到的情况?

不平等与分配稀缺资源

美国人认为人生而平等是不言而喻的真理。从这个一阶价值观,社会工作者引申出了"平等分配资源"和"机会平等"的伦理原则。平等常常被等同于民主和社会公正。在这一传统中抚养长大的人常常难以理解有些人怎么会对此有疑问。讲到平等分配资源并不总是符合伦理,可能会导致严重的不公正,他们就感到沮丧。

所有人都有权得到最好的医疗服务是不言而喻的,但是有些人质疑医疗资源,特别是稀有的、昂贵的延长生命的技术手段和器械,不考虑病人的年纪平等分配是否合适。丹尼尔·卡拉汉(Daniel Callahan, 1987)是一位哲学家和医学伦理学家,似乎不认为不分年纪平等分配是符合伦理的。他在著述中写道,医学工作应该"抵制把主要是用于帮助年轻人避免英年早逝和不合时宜去世的延长生命的能力提供给上了年纪的人的趋势"(p.24)。他提议年龄应当作为分配延长生命治疗的决定性标准。这是否意味着体外循环心脏手术不给超过某个指定年龄的人做，比如说超过 80 岁？84 岁人的生命不是像 74 岁人的生命一样有价值吗？有些人辩称，随着人们年纪变大，手术成功的机会会大大降低。也有些人避开用统计资料作辩解，指出用有限的资源增加 20 年的生命比增加 1~2 年的生命更可取，特别是年轻人仍能为社会做有价值的贡献，而老人的余生可能要完全依赖他人。近些年，俄勒冈州便出现了这样的问题，它在医疗补助计划中的健康服务中启用了优先次序名单。根据对所服务人群的相对益处，将服务从最重要到最不重要列出了名单（Oregon Health Services Commission，2006）。

案例 9-1　　　　　　　　　希尔德家的乱伦

多琳·希尔德是个逗人喜爱的 13 岁孩子，曾经逃学、酗酒和吸毒，也有几次试图离家出走。她父母看起来温暖、亲切，但是家庭服务机构过去四个星期一直见多琳的工作人员怀疑真正的问题出在她的家庭生活上。今天是第五次跟多琳见面。谈话一直是例行事务，没有什么重要的事，直到只剩三分钟就到了和下一个服务对象约定见面的时间。突然，多琳开始说父亲和哥哥一再想要和她发生性关系，但是迄今为止她没让他们为所欲为。当她告诉妈妈这一切时，妈妈让她忘了有这回事。多琳谈到这些事时，可以看出她变得更情绪低落。

社会工作者意识到这次会谈不能就这样因为时间到了就结束。多琳很激动不安，这次会谈不能在这个时候结束。后面，工作者会需要向儿童保护服务报告这一疑似儿童虐待个案。她不知道跟多琳谈这件事要花多长时间，担心会让下一位服务对象等多久。多琳很容易就占用完了下个服务对象的全部时间，但对其他约定今天见面的服务对象来说这是不公平的，他们可能也正遇到严重的困难。

俄勒冈州是美国第一个制定医疗优先权正式程序的州。《俄勒冈州健康计划》（Oregon Health Plan，OHP）主要由私人健康计划管理。该健康计划背后的原则是，当资金有限时，国家应该把较少的服务提供给更多的人。当成本上升或收入减少时，应削减优先级别低的服务，而不是覆盖的人数（Saha，Coffman，& Smits，2010）。然而，联邦医疗保健财政管理局开始拒绝俄勒冈州调高优先级别线的请求，结果服务覆盖的人数稳步下降。优先级别名单仍然有效，覆盖了 150 万人，否则的话这些人不会覆盖到。目前还不清楚《患者保护与平价医疗法案》（Patient Protection and Affordable Care Act）（2010），即一般人们熟知的"奥巴马医改"，会对《医疗补助计划》（Medicaid）和《俄勒冈州健康计划》有怎样的影响。有人说许多没有保险的人会被纳入州医疗补助计划中。

根据《俄勒冈州健康计划》，可用的医疗费用决定哪些优先事项得到满足。随着项目支出的增长，涵盖的优先事项清单也变得更短。2009 年，州只支付前 503 项的费用。2002 年至 2009 年期间，对优先事项进行了重新排序。2002 年，拯救生命排名靠前，但 2009

年,它被调到较低的位置,而与生死关系较小的事项攀升至榜首。例如,I型糖尿病在2002年排名第二,但到2009年下降到第十位,从而排在戒烟、绝育和药物滥用治疗之后。体重指数(Body Mass Index,BMI)大于等于35的II型糖尿病患者的减肥手术排在第33位。控制肥胖的胃部手术比修复内脏器官、髋部骨折手术或显示有梗阻或窒息症状的疝气手术更重要。2006年,一个公民委员会建议该计划考虑抢救法则;救死是终极目标,从事预防、延长生命和健康促进都是出于拯救生命。根据戈尔曼(Gorman,2009)的说法,这并不意味着必须不惜任何代价拯救生命,但这确实意味着,作为一般法则,处于绝望境地的人有时应该得到更多的帮助,而不是由于特殊情况才有理由施救。尽管如此,2009年的优先顺序单仍注重预防性照护和慢性病管理,因为这些服务比疾病后期的治疗费用更低、更有效。按照戈尔曼(Gorman,2009)的说法,这一政策变化是积极的政治选民在预防保健和慢性病管理方面努力的结果。

当然,这项计划也有拥护者和反对者。优先卫生保健的理由很简单。生命和健康是基本物品,人们强烈要求获得维持生命和健康所必需的手段。但这些主张必须与其他可能对社会利益更为重要的主张去竞争资源。哈克勒(Hackler,2009)提出伦理方面对于排列优先权应该考虑以下事宜:

(1) 还有其他同样重要的需求在争夺稀缺资源。
(2) 没有其他方法可以产生同等的节省资源。
(3) 拒绝服务节省的资源将使其他患者受益或被投入到同等重要的社会需求上。
(4) 限制获得治疗的政策和程序公平地适用于所有人。
(5) 限制是通过民主程序自己制定的。

根据对俄勒冈州优先权制度的描述,该方案合乎伦理吗?社会工作者在这个问题的辩论中应该扮演什么角色?像俄勒冈州这样的医疗优先制度对社会工作者开展需要医疗服务的服务对象的工作会有怎样的影响?

哈克勒(Hackler,2009)认为,如果其他核心社会物品和服务确实需要资金,如果其他限制医疗开支的方法已经试过,如果节省的资金会用于更迫切的需要,如果限制公平地适用于每个人,那么排列优先顺序是合乎伦理的。限制应该是自愿接受的,即它是公开制定的,并被普遍认为是公平的。接受排列优先顺序对大多数美国人来说是痛苦的,因为我们坚信人的生命是无价的。有人提出了一项为全体俄勒冈人制定的全面医保计划。如果获得批准,这套方案将提供最低限度的系列受益保障,首先是参加州保险的公共方案和健康计划。

以可能得到的对社会的回报为依据来决定社会资源的分配还带来了其他严重的伦理上的问题。智力高的人的社会贡献可能要比智力低的人的社会贡献更有价值,可能比有智力障碍的人更显著一些。这是否能让社会有伦理上的权利把心内直视外科手术限定给那些智商高于140的人或者高于其他人为划定的线的人?如果社会限定这一拯救生命的手术只提供给有充足收入、具备支付能力的人,这合乎伦理吗?又或者是有大学文凭的人?有特定收入的人？这种糟糕透顶的争论可以走得更远，甚至是辩论"淘汰"所有没必要存在的人这一纳粹德国在20世纪40年代实行过的政策。尽管很少人会赞成"最终解决方案"是符合伦理的、道德的，但是这一取向所蕴含的对资源的不平等分配需要进一步地仔细考虑。这些例子是来自健康领域，但是同样的问题也发生在社会工作领域。你能想到这方面的例子吗？

即使你还没有遇到这样的情况，那么也会发现许多社会工作资源在健康、心理健康和儿童福利方面的分配并不平等。2003年，美国黑人母亲所生的婴儿在出生一周岁前死亡的比率是每1 000名活产婴儿中有14个（Barr，2008）。而同年，白人母亲所生婴儿的死亡率为每1 000名活产婴儿中有5.7个。造成这一婴儿死亡率差异的一个主要因素是黑人母亲所生婴儿出生体重低或极低的频率要高得多。与正常出生体重的婴儿相比，这些体重低的婴儿在一周岁前死亡的可能性要大得多。健康状况上的差异在成年男女中也存在。例如，2002年，黑人妇女的高血压发病率最高（比白人妇女高出50%以上），黑人男子的高血压发病率比白人男子高出近50%（Barr，2008）。

少数族群成员遭受精神疾病痛苦的情况比例失调，因为他们常常缺乏得到服务的途径，得到的服务质量较低，在有困扰时不大可能去寻求帮助（Goode，2001）。这些不平等似乎是不公平的，很可能是卫生和其他资源分配的结果。一些健康和心理健康差异也可能是由于生活在不健康的压力环境和工作条件下，以及缺乏获得基本健康和其他公共服务的机会（King，2009）。

类似地，在回顾儿童福利研究时也发现"有色儿童及其家庭比白种人的儿童及其家庭的服务结果更差，服务更少"（Courtney et al.，1996，p.99）。罗登堡（Rodenborg，2004）也得出了类似的结论，他发现当非洲裔美国儿童成为儿童福利服务对象时，他们得到的服务较少，质量也较差，提供给父母的支持也较少，而且这些儿童更有可能被安置到机构中。不管在哪儿还存在这种资源分配上的不平等，这一问题都要重新检视，有必要的话，通过向那些急需的人提供不均等的（即更多更好的）服务纠正这一现象，这是当务之急。

社会服务机构中不平等地对待服务对象有可能是公开的，但是常常采用的都是巧妙的、非正式的方式。案例9-2说明了不平等对待是怎样以非正式的方式发生的。

案例9-2　　　　对方需要时援手才是真朋友

拉图娅·杰弗逊是一位在紧急食品供应处工作的志愿社会工作者。在这个供应处人们可以为自己和家人领到所需的食物。唯一的要求是要向前来领取的人询问几个问题，如姓名、家中人口和收入来源，并不需要核实。没人会问生活情况（做饭的地方、孩子的年龄或者特殊的饮食需要）。这里受薪的员工不足，由志愿者按照该有的方式运行机构。由于供应上的短缺，家庭每月只能领一次食物。但是时间长了，员工和志愿者仍然会了解领食物的人和他们的情况。

拉图娅这位拿薪水的食品供应处主任最近发现,另一位志愿的社会工作者凯沙·阿特里偏爱一些服务对象。她挑选的"偏爱的人"是那些特别友善的人,或者是身边跟着非常有规矩的"可爱"的孩子的人。她还会找出按她的标准"滥用"这一服务系统的人。在食物不足的时候,她会把"滥用的人"转给另外的食品处,而协助自己偏爱的人。当拉图娅质疑凯沙的所作所为,说她不该歧视服务对象,让有些人得到所需的供应,而另一些人被转往其他地方时,凯沙说道:"在我看来,我把食物给了那些最需要也最配合工作的人。难道他们不配得到帮助吗?我知道他们会善待这些食物。那些我转到其他地方的人可能会卖了食物,换啤酒和威士忌。再者说,我是个志愿者,不想受人督导。如果你总来烦我,我就走人,你来做这个工作好了。"

拉图娅该怎么做?如果她"烦"凯沙,食品供应处就会失去一位这里需要的有经验的志愿者,因为食品处本来就员工短缺。所谓滥用的人真的没善待这些食物吗?如果他们真的这样做了,会使事情的性质有所不同吗?如果拉图娅默不作声,一些家庭会得到食物,而另一些却不会。现在的情况是,谁得到食物常常取决于负责这项工作的志愿者是谁,只有靠碰运气决定谁可以得到什么。

正如在第四章提到的,不平等还有另外一面。那些未处于平等地位的人应该得到特别的(因而是"不平等的")帮助(包括服务和资源)以使他们能有途径得到平等的生活机会。正是这一考虑常常使不平等地分配资源能够成立。举例来说,伤残儿童可能要比其他孩子得到更多的关注和资源以弥补伤残所带来的缺失。失明的孩子不能利用像明眼孩子那样的途径受教育,除非我们能向他们提供额外的资源,包括会发声的书和阅读器。换句话说,不平等地分配资源给那些地位不平等或没有平等机会获得生活机会的人,比不计代价坚持平等分配更符合伦理。

社会对分配稀缺资源的反应

在社会层面上,美国和其他国家面临着许多问题,包括国家安全、卫生保健、教育、营养和住房,而且从来没有足够的资金完全满足全部这些需求。1946年至1964年间,美国出生人口激增,总数达7 800万,被称为婴儿潮一代。这一群体正在接近(或已经)退休,其人口比例仍在持续增长。其结果是,美国现在面临着婴儿潮一代在退休(如社会保障和其他退休基金)和医疗保健等方面财政支持的费用支出。

同时,截至2009年,美国约有1 400万儿童(占所有儿童的五分之一)生活在收入低于联邦贫困线的家庭中(National Center for Child Poverty, 2010)。如果考虑到抚养一个家庭的实际成本,估计高达41%的儿童生活在低收入家庭。这些孩子大多数父母有工作但工资低，就业不稳定或失业，使家庭难以维持生计。结果，孩子们的学习受到阻碍，而这个问题可能会发展成社会问题、情感问题和行为问题。健康和心理健康不佳与生活贫困有关（National Center for Child Poverty，2010）。

谁的需要应该优先考虑？或者，如果不能确定优先权，那么在照顾婴儿潮一代的老人和照顾贫困儿童之间应该如何平衡（权衡）？考虑到社会资源有限，你会如何回答这个问题？

让我们提出几个原则：

（1）根据约翰·罗尔斯（John Rawls，1971）在《正义论》中的观点，正义原则应该考虑的是：决定应符合社会中最弱势的成员的最大利益。最弱势成员这一点表明，这个决定应该是绝对的（义务论的），并遵循一个固定的道德律。婴儿潮一代还是贫困儿童是"社会中最弱势的成员"？有人认为，绝对正义要求所有需要帮助的人都得到帮助。如果资源不足，那么可用的资源应该平均分配给需要帮助的人。你同意这个观点吗？如果在需求程度或其他特殊情况上存在可测量的差异，你还同意这个观点吗？

（2）另一方面，伦理相对主义者（功利主义者）可能认为，根据这一决定的可能结果，应该优先考虑年轻人的生活。他们是国家的未来。不向他们提供足够的健康、教育、住房和其他资源的后果在许多方面代价太高。此外，由于他们还没有开启自己的生活，为他们提供支持将使他们作为公民和工作者有更长、更健康、更有生产力和更有建设性的生活

（3）我们介绍第三种选择。两个论点都不正确。这一决定必须是一种权衡，在这种权衡中，由实用主义伦理学来决定。国家应该尽可能多地为老年人和年轻人两方提供服务。

你认为哪个决定最合乎伦理？如果你有以下信息，你的决定会改变吗？按人均计算，美国花在老年人身上的钱几乎是花在儿童身上的两倍半。当只考虑联邦预算时，这一比例上升到 7∶1（Isaacs，2009）。此外，在历史上第一次，2009 年，在国会就任何支出计划进行投票之前，每笔年收入都已有用途。这意味着，政府的大部分基本职能都是由不断增长的（许多人认为是不可持续的）赤字支付的（Steuerle，2010）。庞大的、不断增长的没有基金支持的医疗和退休福利会要求现今的孩子在成为有劳动能力的成年人后必须背负非常沉重的税收负担。有了这些信息，你会改变你的决定吗？

歧视与多样性

尽管有许多社会工作者和其他公民在持续不断地努力，但歧视在美国依然存在。在日益多种族、多民族、高度多样化的社会中，对各种资源的竞争无疑加剧了群体之间的冲突；在经济衰退、经济变化和国际经济竞争加剧的时期，这种冲突尤其明显。但是歧视不仅是对稀缺资源竞争的结果；歧视也可能是偏见和刻板印象造成的结果，例如基于对个人和群体的未经证实的认定而对他人有偏见，以及先入为主的与实际上的这些人无关的感情

和态度。对于社会工作者来说，歧视是一个社会问题，也是专业问题，它直接影响到他们的实践、可获得的资源和社会服务的传输。《全国社会工作者协会伦理守则》（NASW，2008）指出：

> 社会工作者不应实施、纵容、为之提供方便或协助任何形式的歧视，包括基于种族、民族、国籍、肤色、性别、性取向、性别认同或表达、年龄、婚姻状况、政治信仰、宗教、移民身份、精神或身体残疾的歧视。(4.02，重点指出了在2008年修订的《全国社会工作者协会伦理守则》中增加的两项新内容)

歧视与专业伦理标准相背离。只要在任何地方任何时候还有歧视发生，社会工作者就无法实现其专业目标。

《全国社会工作者协会伦理守则》（NASW，2008）所阐明的伦理原则呼吁社会工作者"帮助有需要的人并解决社会问题"，"寻求社会变革，特别是与弱势和受压迫的个人和群体站在一道并代表他们"，要"注意个人差异以及文化和种族多样性"，以及"促进、恢复、维护和增进个人、家庭、社会群体、组织和社区的福祉"（伦理原则）。反对歧视需要开展一系列活动，从个人互动到机构到对抗机构和社会的种族歧视。有人认为，社会工作者个人的反歧视义务与社会工作专业根除歧视的义务是有区别的。然而，社会工作者个人和作为有组织的专业都有责任解决歧视问题。

全国社会工作者协会（NASW，2001）制定的《社会工作实践中的文化能力标准》呼吁社会工作者"以承认、肯定和重视个人、家庭和社区的价值并保护和保存每一个的尊严的方式，对所有文化、语言、阶级、种族、民族背景、宗教和其他多样性因素的人表达出尊重和有效的回应"(p.11)。

社会工作教育委员会（CSWE，2010）通过加入教育政策第2.1.4条和第2.1.5条来解决这些问题。具体地说，社会工作者理解多样性如何刻画了人们经验的特异性并塑造这一经验，它对身份的形成至关重要。对多样性的向度的理解是，它与多种因素相互交叉，包括年龄、阶级、肤色、文化、残疾、民族、性别、性别认同和表达、移民身份、政治意识形态、种族、宗教、性别和性取向。社会工作者意识到，差异的结果是，一个人的生活经历可能包括压迫、贫困、边缘化、异化，也包括特权、权力和赞誉。社会工作者应：

- 认识到一种文化的结构和价值观可能在多大程度上压迫、边缘化、异化或者制造或增强特权和权力；
- 与多样性的群体一道工作时有足够的自我意识，消除个人偏见和价值观的影响；
- 认识到并传达出自己对差异在塑造生活体验中的重要性的理解；
- 将自己视为学习者，并将跟自己一道工作的那些人作为提供资讯的人。(pp. 4–5 of 16)

每个人，不论其在社会中的地位如何，都有基本的人权，如自由、安全、隐私、适当的生活水平、健康照顾和教育。社会工作者认识到压迫的全球性关联，通晓有关促进人权和公民权的正义和策略理论。社会工作将践行社会公正融入组织、机构和社会之中，以确保这些基本人权得到公平和无偏见的分配。社会工作者应：
- 了解压迫和歧视的形式和机制；
- 倡导人权及社会经济公正；
- 投身促进社会经济公正。(p. 5 of 16)

全国社会工作者协会和其他社会工作专业协会有责任通过在其组织内和社会上进行宣传倡导、社会行动、法律和其他努力，消除歧视。社会上和专业里的歧视使得难以实现社会工作的目标和伦理上的目的——平等获取公平的服务和资源以获得个人和社会的至臻完善。歧视违背伦理，它的存在往往会造成另外的社会问题。各个社会工作者也有伦理上的责任努力消除在实践、就业和社会中的歧视，首先因为这是有悖伦理的，其次是因为这会产生更多的社会问题。

在本章的前面，我们回顾了一些报告，这些报告表明在提供健康、心理健康和儿童福利服务方面存在歧视。有人认为，在这些服务中，一些社会工作者可能要对严重违反伦理的行为负责。即使他们不一定故意从事有悖伦理的活动，但是如果他们面对系统性的制度性歧视保持沉默，他们的行为就是有悖伦理的。单独的儿童福利工作者可能无力改变整个系统，但这很难成为避免试图尽可能多地改变当地系统的理由。社会工作者遇到这种制度或机构践踏伦理的情况，他们有什么伦理上的义务？《全国社会工作者协会伦理守则》（NASW, 2008）为在这种情况下的社会工作者提供了什么建议？

如果你是一个针对年轻人的培训项目的员工，除非该项目同时为白人和非洲裔美国年轻人提供服务，否则资助就要削减。你该怎么办？目前，没几个白人进入这个项目。为了满足资助机构的要求，工作人员目前正在努力招募合格的白人申请人，尽管有合格的非洲裔候选人在排队等候。在这种情况下，优先考虑白人合乎伦理吗？你是否应该将这一情况公开，即使结果是项目可能失去其主要的资金基础？如果你不为更多的白人年轻人提供服务，资助就会停止，没有任何白人和非洲裔美国年轻人会得到他们现在所得到的服务。如果你真的遵照执行并招募到更多的白人参加者，那么结果将是这个项目会为更少的非洲裔美国年轻人服务。权衡各种备选方案：什么是合乎伦理的做法？

歧视与收养

可收养的孩子要比能收养孩子的家庭多得多。儿童福利机构通常从异性双亲家庭或单亲家庭中寻找收养家庭。男同性恋者和女同性恋者在尝试收养孩子时经常遇到法律和其他障碍。尽管传统的异性双亲核心家庭已经减少，而且现在在美国各类家庭中所占比例正在下降，但这种歧视形态仍然盛行。截至2006年，虽然已婚夫妇的总数比以往任何时候都多，但全国只有不到一半的家庭是已婚夫妇（有子女和无子女）（Roberts, 2006）。排除非传统家庭收养的后果，意味着一些儿童在被安置到永久收养家庭之前将在寄养的地方待得更久。然而，那些倡导把孩子交给同性恋者或同性伴侣的社会工作者可能会被人讥笑、受排挤和遭遇其他损害职业生涯的攻击（Ryan, Perlmutter, & Groza, 2004）。取消男同性恋者或者女同性恋者收养父母资格的压力可能来自主管和/或同伴的影响。同样，如果社会工作者认为被传统家庭收养符合孩子的最大利益，那么他们可能会受到来自主管和同伴的压力，促使孩子被男同性恋或女同性恋家庭收养。在这种情况下，社会工作者可能必须在忠于自己和自己的事业、忠于主管和忠于专业的价值观之间做出抉择。

孩子的监护权纠纷可能会因父母的性取向而变得复杂，例如，争夺是在一个现在被认定为同性恋的之前结婚的父亲或母亲和前配偶之间，或是两个同意共同承担父母责任但现在分开的男同性恋者之间。当两个同性恋者共同做父母时，他们可能都是养父母，或者其中一个可能通过人工授精怀上了孩子，而另一个在没有收养孩子的情况下分担了照顾工作。如果夫妻分开，谁得到孩子的监护权可能取决于社区对同性恋、对男同性恋或对女同性恋父母的普遍态度，如案例9-3所述。

案例9-3　　　　　　失败的收养

詹妮丝·麦克纳利是一位非常成功的律师，专业工作非常繁忙，包括频繁的工作出差，而维吉尼亚·巴克是一家商场的销售员，经常跳槽，两人一直保持着长期的关系。两人同意生一个孩子，由詹妮丝做生身母亲。苏珊出生时，维吉尼亚开始办收养手续，但未能完成。詹妮丝和维吉尼亚都爱这个孩子，起初平等地担负养育孩子的责任。詹妮丝的高收入使苏珊得到了许多额外的培养机会，比如参加游戏团体、日间夏令营、工艺美术课和音乐课。几年来，这对夫妇一直很和睦相处，一起照顾苏珊，孩子和两人都很亲密。苏珊8岁时，维吉尼亚和詹妮丝分开；维吉尼亚要求共同监护苏珊，但詹妮丝拒绝。

华生法官指派罗伯塔·史蒂文森这个法院聘用的社会工作者研究这一情况，并就他该如何判决提出建议。罗伯塔曾接受过女同性恋收养方面的特别培训，她向沃森法官建议，维吉尼亚应该拥有主要探视权，因为她一直担当重要的父母角色，维持双亲关系最有利于孩子的最佳利益。

然而，法官持有并没有得到所有涉案人员的过往和行为支持的观点。社会上普遍认为女同性恋者抚养的孩子会受到伤害，华生法官认为，无论合法性如何，有一对女同性恋父母本身都会影响孩子的性别认同，导致同伴的排斥，或者让孩子接触到不寻常的家庭生活形象。他认为，允许维吉尼亚获得探视权只会使情况更糟，法律也有余地让他做出决定。

罗伯塔该怎么办？她是法院的雇员，但负有双重责任——对孩子苏珊和对法院。只要她受雇于法院，她的职责就是明确的。她可以尝试说服法官，但归根结底，要由法官做出由社会工作者和其他人来执行的决定。如果罗伯塔认为法官的决定违背了她的专业和伦理判断，她应该如何回应？什么对苏珊最有利？罗伯塔应该如何回应华生法官的要求，对苏珊的未来应该提出什么建议？你能找出哪些伦理困境？在哪里可以找到处理这种情况的指南？在社会工作者被要求向法官提出建议的另外的情况下，是否还有其他的伦理困境，例如，社会工作者建议缓刑，但法官裁定监禁？社会工作者是否有权利（法律上的、专业上的和/或伦理上的）接受法官的某些裁决而不接受其他裁决？

资源限制

源于平等和不平等原则的伦理问题常常会由于资源上的限制而加剧。如果资源是无限的，给所有人提供所需的帮助就不成问题。然而，在现实生活里，绝不会有足够的资源来做所有应该做的事。生活就像是零和游戏。给一个人分配稀有的资源意味着另一个人就得不到这一资源。然而，资源有限的概念可能只是一种对语言的操控，用来掩盖某些有意决定。常有的情况是，它可能意味着可以得到的资源被用到了其他地方，或者是对资源的承诺或优先权有所转移。在小布什总统任期内，减税、伊拉克和阿富汗以及反恐战争成为头等大事。有人认为，发动反恐战争就必须降低其他重要项目的优先权，减少其可用资源，包括旨在根除贫困、消除歧视和改善社会服务的社会项目。即使整个社会的资源是有限的，如果一项决定是来自最高决策层，还是有可能将大量资源分配给某个特定项目的。如果人们普遍认为某个项目应该得到最高优先权，或者强大的决策力量认为这是必要的，那么该项目会获得资金，即使以限制其他重要项目的拨款为代价。

如果这便是资源有限的意思，那么伦理决定的焦点便从微观层面转到了宏观层面，从具体的个案转到了社会的资源分配。当一个项目被优先考虑时，这个过程发生在组织和机构层面上。其结果是，其他项目可能得不到必要的支持。即使在个人层面上，当工作者决定某个项目或群体或干预方法应获得优先权时，也会如此。这个决定总是以牺牲所有其他项目、群体或方法为代价做出的。

在一个层面上，社会工作从业人员面临的伦理问题是如何分配自己掌控的资源。而在另一个层面上，社会工作专业作为有组织的群体，以及作为公民的社会工作者个人，有伦理上的责任参与社会的分配过程，也就是政治进程。比如，家庭健康照顾这一以社区为本的长期照护计划的主要组成部分对身体虚弱的老人来说特别重要。当由于开支的直线上升这一计划的预算被削减时，许多这类老人被迫住进了护理院和医院，即使这种类型的照护会毫无必要地造成依赖，而且更昂贵。社会工作者有责任基于伦理上和其他的理由倡导继续提供家庭健康照顾服务（Beder，1998）。

社会工作者可以做什么、不可以做什么，在很大程度上取决于政治上的决策人。立法部门通过的预算案在很大程度上决定了公共服务机构和志愿机构可以得到的优先权和资源。其他对国家的经济繁荣、经济增长率、可以得到的工作，如此等等的政治上的决定也会直接或间接影响社会工作者会做什么或该做什么。社会工作者是否仅仅是这些政治进程的被动旁观者?或是有伦理上的责任要积极参与到这些社会进程中?我们同意赛伯林(Siporin, 1985b)和戈尔茨坦(Goldstein, 1998)的观点,社会工作者是道德工作者,有责任去影响组织和社区。优先权和承诺决定了资源的分配。相当多的资源被用于抗击毒品的战争和康复方案,而相当少的钱用在了解决无家可归问题上。如此决策的伦理意味是什么?社会工作者对此可以做些什么?社会工作者应该积极投身到政治竞选活动中吗?竞选政治职位?

分配有限资源中的伦理问题

许多分配政策都是位于华盛顿或是州府的最高政治领导层做出的,这些地方令大多数社会工作者感到离自己很遥远,尽管如此,却需要社会工作者在伦理上给予关注并运用技巧。其他一些时候做决策的地方却离自己很近。考虑一下案例9-4中这些社会工作者面临的决定。

案例9-4　　　　　　　韦斯特波特的难民

拉美中心是位于韦斯特波特的一家机构。韦斯特波特一直是讲西班牙语的移民大量集中居住的社区。拉美中心刚开始是由从拉美来的移民在20世纪60年代发起的土生土长的自助组织。今天,它的预算大部分来自联合之路募捐组织,有时会有州和联邦政府的专项拨款作为补充。尽管还在使用志愿者,但是大部分工作现在都由专业员工承担。决策权掌握在机构的理事会手中,理事会的成员大部分是住在本社区的讲西班牙语的居民。

去年年初,400多个来自中美洲的新难民家庭抵达了韦斯特波特。拉美中心得到了一笔10万美元的一次性专项拨款,用来帮助这些难民调整适应自己的生活。理事会经过长时间的讨论决定拿出20%的拨款另外聘用两个兼职的社会工作者,并把余款直接分配给这些家庭,帮助他们调整自己的生活。详细的分配原则要由机构的员工来拟定。当下的员工会议就是要拟订分配这些拨款的标准。机构的主任桑德拉·洛佩斯认为,按照公平原则,每个家庭应该得到一样的现金补助,大约是200美元,各家可以按照自己的意愿来使用。有几个员工赞成洛佩斯的意见。但是其他人竭力主张有限的资金应该用到刀刃上,让它最大限度地发挥效益。由于这些家庭的基本需要已经得到了满足,所以新资金应该用来满足特殊需要,集中使用资源会最好地实现想要达到的目标。两拨员工都认为自己的提议在专业上是站得住脚的并有伦理守则作后盾。

如果你在参加这一员工会议,你会支持哪一方?看一下《全国社会工作者协会伦理守则》或者其他伦理守则,你能从中发现支持你提出的意见的指南吗?考虑一下第四章的伦理原则筛查方法。做决定前哪些伦理上的考虑,包括社会公正、公平和平等,应该掂量一下？你会说怎样做才是伦理上正确的决定？为什么？

尽管社会工作者有平等对待那些情况相似的人的理想，但是稀缺资源的分配往往反映出对不同群体的歧视。全国社会工作者协会制定的伦理守则（NASW，2008）强烈主张社会工作者作为专业人员个人和专业本身，积极主动地反对正式和非正式的歧视行为。但仍可能存在与稀缺资源分配相关的伦理困境。在某些情况下，区别对待，优先对待那些最需要帮助的人，而不是简单地捍卫平等待遇的理念，更合乎伦理。

社会公正与临床社会工作

韦克菲尔德（Wakefield，1988a，1988b）认为，社会工作临床治疗是分配公正的一个因素。根据这一观点，治疗努力确保没有人被剥夺与公正有关的基本社会物品的公平的最低限。在问到什么样的心理物品对有效的追求目标的行动至关重要时，他回答说，这些心理物品包括自尊、自重、社交技能、自我肯定、自信、自知、解决问题的技能和自我组织。提高这些身心能力能提供更公平的范围广泛的机会。拥有这些心理物品使人们有可能追求自己独特的人生愿景。

正如韦克菲尔德所做的那样，斯文森（Swenson，2001）也认为减轻各种剥夺（不仅仅是经济上的）会有助于社会公正。她指出，"风险人群是那些社会资源被不公正地剥夺的人；多样性意味着尊重每个人的文化，而不仅仅是少数享有特权的人的文化；社会工作伦理和价值观强调每个人的尊严和价值，尊重差异，促进社会变革，以及多元文化能力"（p.218）。斯文森（Swenson，2001）提出，有些临床理论与社会工作伦理不一致，而有些是一致的。按她的观点来看，实践中的优势视角是一致的，但病态化、强调缺陷和指责受害者的理论是不一致的。后一种理论切断了人们潜在的内外部资源，从而增加了他们的相对剥夺。

具有民族敏感性的社会工作实践强调，种族、阶级和民族作为人们日常客观经验和主观自我意识的中介的重要性（Swenson，2001）。具有民族敏感性的实践可以使人们恢复对其特定文化经历和身份的欣赏。斯文森（Swenson，2001）认为，对人采取更为泛泛的态度，有可能剥夺人们存在的社会层面的经验，不承认种族主义、阶级歧视等等的负面影响，不注重其作为积极资源的优势。女性主义实践包括对权力的分析，并对基于支配和从属的权力关系进行了批判。这一实践提出了一种基于协作与合作而不是竞争的另一种理解和使用权力的方式。你同意斯文森认为的那些与专业伦理和价值观不符的概念是有悖伦理的吗？你认为你的决定在《全国社会工作者协会伦理守则》中的哪些地方可以得到支持？同样，你是否同意她所认为符合的理论确实符合专业的伦理和价值观？你认为你的决定在《全国社会工作者协会伦理守则》中的哪些地方可以得到支持？

权益倡导中的伦理困境

《全国社会工作者协会伦理守则》（NASW，2008）要求社会工作者"倡导有利于满足人的基本需求的生活条件，并推动社会、经济、政治、文化方面的价值观和机制与实现社会公正协调一致"（6.01）。要求社会工作者充当倡导者的其他情况包括服务对象由受损的、不称职或有悖伦理的社会工作者提供服务（Code，2.09a，b；2.10a，2.11a，d），或受聘用组织的做法与《全国社会工作者协会伦理守则》（3.09c，d）不一致。倡导的目的应始终是确保所有人都能平等地获得他们所需要的资源、就业、服务和机会，以满足其基本的人的需要和获得充分发展（6.04a）。身为一名倡导者和从事倡导工作，就是要对一个令人关注的问题采取一种特定的立场，推动一个主张，并尝试代表一个人、一个群体或一项事业的利益产生一个结果（Cohen，2004）。霍弗（Hoefer，2006）将社会工作倡导定义为"以系统和有目的的方式采取行动，在个人、群体、组织或社区层面捍卫、代表或以其他方式促进事关一个或多个服务对象的主张，以促进社会公正"（p.8）。不可否认，社会工作者面对的问题并没有终结，因此他们充当个人或是群体的倡导者也未结束。任何生活在我们社会中的人都能很容易地认识到，总是有一些人们的需要，要求为服务对象、病人和其他人做倡导。由于社会工作者的时间和资源有限，她必须认真考虑确定这方面的优先事项。

个案倡导

在单独个案的层面上，倡导工作的目标就是帮助服务对象个人或者服务对象群体获得所需的资源或服务。在阶级的层面上，是通过改变社会政策或者让抗拒或是无动于衷的制度体系有所让步，从而改变服务对象所处的环境（Mickelson，1995）。平等与不平等的伦理原则为社会工作者充当倡导者角色提供了伦理上的正当理由。工作者有必要运用充权的方法，使弱势群体和个人有机会平等获得生活机会。然而，这一伦理上的正当理由并不意味着社会工作倡导者可以避免所有的伦理困境。

假设你所在的社区只有一家老人院，这个院又只有一个空床位。你的服务对象由于在家里应付不下去了，需要住进这家机构。你也知道还有其他一些老人（不是你的服务对象）处境甚至更为艰难。你应该代表自己的服务对象积极争取吗？即使知道如果你成功了，自己的服务对象入住养老院便意味着其他更加需要这一服务的人要付出代价。如果你相当肯定自己争取成功了会给其他人造成不可挽回的伤害，你还会为服务对象争取入院吗？前面章节讨论过的"谁是你的服务对象"的考虑会怎样影响你的决定？还有什么其他方法能满足你对需要这一服务的每个老人负有的伦理义务吗？

案例 9-5 是不同类型的个案倡导的一个例子，尽管它也涉及一个老年服务对象的倡导请求，他是一家护理院的居民。

案例 9-5　　"会叫的孩子"无人理会

托马斯·韦兰德是宁静疗养院 209 室的住户。他的室友有严重的认知障碍，总体上无行为能力，大小便失禁，并不断重复地弄出噪声，让托马斯深受侵扰。一周前，他跟一位护士助手说过，要求给他换房间。他向那个助手和其他几个人重复了请求，但到目前为止没有任何改变。今天早上他请他的社会工作者凯莉·福斯贝克来见他。凯莉到了，托马斯很不安，也非常生气；他向她解释说，整整一个星期，他多次要求换房，但都没有人采取任何措施改善他的情况。他的所有要求都被忽视了。他仍然和同一个室友在同一个房间里，忍受同样的噪声。凯莉说她会和护士长谈谈，问问是否可以换房间。当她找护士长时，被告知院里没有床可以满足托马斯的要求。还有些人在等着入院。其他居民也提出了目前无法满足的要求。此外，护士长注意到，这个问题并不是托马斯和他现在的室友所独有的。其他居民也有令人不安和恼人的特点，所以不能保证托马斯换了地方，就能去一个没有任何干扰的房间。护士长不耐烦地建议凯莉尽量让托马斯平静下来，当凯莉向护士长坚持这一请求时，护士长明显变得心烦意乱。

在这种情况下，伦理困境是什么？托马斯和凯莉到底有多大的自主权？凯莉的专业角色要求她做什么？她是应该试着让托马斯安心、平静下来，希望几天后能有床位，还是强硬地为他争取，还者向他解释他几乎不可能被安排到另外的地方，但是她会继续处理他的情况？凯莉应该听从谁？托马斯，护理院，还是护士长？什么是正确的伦理决定？还有其他可能的选择吗？

原因/集体倡导

社会工作者做倡导工作可能遇到的另一个伦理困境在案例 9-6 中得到了说明，这是一个原因或集体倡导的例子，在这个例子中，社会工作者遭遇了一个对一群人来说很重要的问题。

在这种情况下你该怎么办？你是否该成为一个倡导者，迫使做出制度性改变，诸如提供更充足的公共福利津贴或是穿衣补助？你是否该动员自己的志愿者网络募集合适的衣服，这样孩子们就能尽快返回学校读书？还是应该双管齐下？前一种选择可能需要时间，不会让孩子们穿得得体，以便能在冬天结束前重返学校；而后一种选择会让孩子们穿得得体，并很快重返学校，但不会解决背后的问题。为了获得不确定的最终益处（即改变政策）而对你的服务对象造成短期伤害（即不让孩子很快回到学校），这在伦理上的意味是什么？这种情况的复杂性在于，一种策略（即倡导改变政策）中，代价是确定的（孩子们将在数周甚至数月内不能上学），而收益是不确定的，因为没法保证成功，但是如果成功，这一倡导会帮助许多人。另一个策略（即依靠志愿者为这些特定的孩子提供冬天的衣服）可能会给你的服务对象带来眼前的好处，但不会解决这个问题，许多其他孩子也有这个问题。

案例 9-6　　　　没有过冬的衣服

一个拿公共援助的家庭的三个孩子被学校打发回家，因为尽管是严寒的冬天，他们仍穿着夏天的衣服。孩子的母亲把每一分钱都用在了支付更刻不容缓的账单上，家中已经没有余钱了。你是这个家庭的社会工作者，也没有这方面用途的紧急款项帮助这三个孩子得到冬天的衣服。

在用人机构并不是完全支持的时候，社会工作者充当倡导者会遇到许多伦理上的问题。案例9-7是一个说明这一问题的例子。

案例 9-7　　　　沙迪山的交通

直到去年沙迪山还是个安静的居民住宅区，但是自从一个新的高速公路出口在这里设立以来，街道上的交通流量骤增。结果现在有几个交叉路口非常危险。上个月有三个孩子在上学的路上穿越其中一个路口时严重受伤。父母和住宅区的居民非常愤怒，要求城市要么关闭高速路出口，要么设立交通信号灯。同市长的会面毫无结果。卢·苏厄德是这个街区的社区工作者，在过去两年里，他一直在为沙迪山社区委员会工作，该委员会是海湾城市社区发展部的一个分支机构。在他的指引下，居委会完成了几个项目，改善了居民的生活质量。每个人对于这些项目的成果都很欢喜。由于目前的问题变得十分尖锐，苏厄德帮助社区委员会成员组织了一个临时联盟，由所有对这一问题感兴趣的居民群体组成，包括家长教师协会、教会和兄弟会组织。

在昨晚的联盟会议上，成员一致同意要想办法对市政厅再施加压力。会议决定明天早上召开一个新闻发布会，宣布下周一下午会在市政厅前的街道上举行抗议集会。如果得不到积极的回应，居民计划接下来的一周就封锁高速路出口。苏厄德参加了昨晚的会议，提出了几个问题，鼓励了小组的成员，并提供了一些技术上的信息和建议。在今天早上跟督导员的见面会上，苏厄德回顾了沙迪山事件的情况，看是否还有什么其他的能帮上忙的方法。他的督导员是海湾城市社区发展部的主任助理，认为他没能尽力让居民冷静下来。尽管这个问题要给予关注，但是他的督导员不认为具有攻击性的冲突策略会对解决问题有所帮助。他和机构希望苏厄德能运用自己的影响力让居民不要再吵闹不休。说到底，这也是市里给这一部门拨款的主要原因。机构所传达的信息和问题一样清楚地摆在面前。

卢·苏厄德应该忠于谁？是成功改善了街区居民生活的居民委员会吗？是他的督导员和机构，他的专业，还是身为专业人员的自己？他想把服务对象放在至高无上的位置上，但是也想保住自己的工作。

"吹哨"倡导

除了个案和集体倡导外，还有一些情况下，作为一种特殊类型的倡导，社会工作者要充当吹哨人（举报或告知相关方督导员或组织在伦理、专业或法律上的不当行为）。然而，这在社会工作中并不常见（Green & Kantambu, 2004）。此类行为的例子可能包括保护服务对象或患者免受其他工作人员、亲属、监护人或其他人的虐待，或力求保护社会工作者或其他工作人员免受其他雇员或行政管理人员的无端报复。另外的例子可能是保护一个组织，防止管理人员或其他有权接触资金的人滥用资金，它可能会导致可用于社会服务的资金枯竭，或者遭到法律制裁、筹资能力下降。

为了保护服务对象免受虐待而举报需要非常小心和注意技巧。它可能会让该机构受到公众批评，或者暴露资金的不当使用，这两种情形都可能会对服务有损害。通过曝光，有可能会提供更好的服务，但这一行动也会带来对该机构的忠诚问题。尽管联邦和州两级都有法律保护举报人不受报复，但预计要进行此类倡导的社会工作者需要特别注意咨询有经验的就业/劳工律师（Whistleblower.org, 2007）。根据国家举报人中心的一项调查，尽管有现行法律，但大多数揭露工作场所不法行为的员工都面临某种形式的报复（《纽约时报》，2002年9月3日，《一项调查显示举报人受到惩罚》，A14）。

格林和拉汀（Greene & Latting, 2004）回顾了社会工作在倡导保护服务对象的权利方面的立场，将举报解释为一种类型的倡导，并在举报是一种相关的行动选择时为社会工作者提供了处理举报事宜的指南。案例9-8聚焦于社区筹款机构的一个组织问题，它对组织、它所服务的社会服务机构、工作人员和社会工作者都有影响。

案例9-8　　　　　谁会来吹哨？

朱莉·格林纳克被社会服务筹款联盟（Alliance for Human Services Fundraising）聘为筹款人，该联盟是一个在社区范围内为社会服务筹款的组织。最近，朱莉在与执行主任的秘书莉莲·拉德金交谈时得知，执行主任一直在通过操纵开支来节省资金。他还与儿子成立了一家企业，作为该组织的一个分支，有独立的法律地位和国税局的认定。执行主任和他的儿子领取了过高的工资，并利用联盟的资源来经营这个企业。莉莲是位老朋友，也定期去她的教堂。莉莲解释说，她需要告诉她信任的人，因为自从她发现这些非法活动以来，这一直困扰着她，但她无能为力，因为她迫切需要这份工作。她问朱莉她是否会对这种情况做些什么。

朱莉是否应该相信这些指控,即使莉莲没有提供任何确凿证据?朱莉该如何回应?她是否应该想办法与执行主任沟通,让他知道有些员工知道发生了什么事,即使这意味着自己的工作可能不保或者莉莲的工作有危险(因为执行主任可以很容易地找出谁提供了有关其活动的信息)?通报给组织之外的人,如地区检察官,是否更有效、更安全?或者她就应该等着,寄希望于信息最终会曝光?朱莉应该最忠于谁?机构、社区、她自己、她的朋友莉莲,还是她的专业和伦理立场?

倡导与服务私有化

由于近年来第三方签约提供服务情况的增加,服务对象、社会机构和政府机构之间的基本关系已经发生了改变。如案例 9-9 所示,雇用第三方负责提供服务,可能会在倡导的指向和各方(服务对象、社会工作者、机构、政府和第三方服务提供者)的关系方面产生困境。

塞尔玛该如何回应?她该怎么做?如果她和这个委员会继续推进工作,他们几乎可以肯定会打乱该机构与恩波里厄姆健康服务的关系。另一方面,从委员会的角度来看,他们的努力会在社区中建立其他支持。不管发生什么事,都存在一种危险,即向西南康复护理院转介服务对象可能会放慢速度,其他的协助也会被暂停,让一些人失去所需要的帮助。这位社会工作者应该忠于谁:她的委员会?她的机构?恩波里厄姆或西南康复护理院的服务对象?她的老板?她自己?因为恩波里厄姆是一家营利性私人公司,针对这样一家第三方公司做倡导工作是否需要不同于针对政府机构或其他非营利机构的伦理立场?

案例 9-9   转介还是投诉

塞尔玛·希克斯是一位受雇于西南康复护理院的社会工作者。这是一家非营利机构,大部分转介来的服务对象都来自恩波里厄姆健康服务。此外,恩波里厄姆的医生和其他员工为西南康复护理院提供有偿服务和志愿服务,包括担任西南康复护理院理事会的理事。西南康复护理院的执行理事长麦克·格鲁姆斯一直担心,该护理院在社区中的声誉正在下降。在他的建议下,塞尔玛成立了一个社区顾问委员会,从消费者的角度为该机构提供意见建议,并改善养老院在社区中的声誉和关系。然而,随着时间的推移,委员会了解到更多有关机构和社区的需求,重点已经转移到识别对恩波里厄姆健康服务的批评上。

今天早上,麦克找到塞尔玛,说他昨晚在家里接到一个委员会成员的电话。该委员会成员告诉麦克,委员会计划通过几次社区会议、报纸和当地社区的博客公开批评恩波里厄姆,倡导变革。他表示担心,任何对恩波里厄姆的批评都不会对西南康复护理院有利,因为这可能会减少转介服务对象的数量,激怒理事会成员和志愿者,可能会让与恩波里厄姆健康服务相关的几个大捐助者跟护理院疏远，总体上，会给西南康复护理院制造问题。他要求塞尔玛设法停止和/或减缓倡导工作。

网络激进主义（电子倡导）

互联网为倡导提供了新技术（McNutt & Menon，2008）。这些工具在社会福利领域的应用越来越广泛，以保护和倡导社会变革和社会服务。事实上，2008年奥巴马成功竞选总统的一个主要因素是通过网站、新闻组和电子邮件，以及信息挑选和社区组织活动，运用电子手段作为组织和宣传工具。

在这里，我们想确定几个电子技术，供你从伦理的角度考虑。有些技术是非法的或不符合伦理的，或者两者兼而有之。当一个群体通过让网站超载来使目标服务器瘫痪，或者当一群人试图入侵一个组织的计算机系统时，有关虚拟静坐的合乎伦理的决定可能相对清晰。然而，以下问题的答案可能就不太清楚。假设一个社会工作者或社会机构希望加入一个联盟，倡导改善社会服务，那么与以前使用过不道德技术或被发现犯有非法活动罪的组织合作合乎伦理吗？如果一个社会工作者必须在几个需要更多资源的群体中做出选择，那么应该将可用的技术知识、技能和时间投入到哪个群体中呢？或者，当一个社会工作者作为倡导者所服务的社区开始与她的雇用机构的政策和管理发生冲突时，她的伦理立场会是什么？如果做倡导的社会工作者收到一个群里成员的请求，他想继续做群体的活跃成员，但想从通过电子方式发送的请愿书或群体成员名单中删除他的名字，工作者会怎么做？社会工作者是应该尊重这一要求还是试图说服这个成员在请愿书和成员名单上保留他的名字，继续公开支持倡导行动？

总结

本章探讨了社会工作者在运用稀缺资源帮助个人和社区方面不断被迫做出伦理决定的情况。可用时间、健康和精神健康照顾、儿童福利服务和食品等资源并非无限供应。事实上，它们通常供不应求。正如我们所看到的，社会工作者经常不得不在如何分配可用资源方面做出伦理上的抉择。歧视和社会公正也介入其中。服务这个群体可能意味着其他群体获得的东西比他们依法也需要得到的要少。通过描述个案倡导、原因和集体倡导、举报以及网络激进行动，介绍了实现资源公平分配所必需的倡导活动。

批判性思考练习

1. 在本章中，我们一直使用"社会公正"一词。这个术语对你意味着什么，它与合乎伦理的社会工作实践有何关系？你个人为促进社会公正做了哪些工作？社会工作机构和社区组织可以采取什么行动来促进社会公正？

2. 如果你是沙迪山的街区工作者（案例9－7），你会怎么做？这个街区工作者面临的伦理问题是什么？你会怎样解决这一问题？你认为督导员的意见与《全国社会工作者协会伦理守则》一致吗？督导员面临的伦理困境是什么？如果你是机构的主任，你会怎么做？

3. 东部居民理事会得到了一小笔资助用于向现在大量定居在东部社区的中美洲难民提供教育性方案。居民理事会正在考虑两个项目。一个是资助本地学校增加班级，另一个是给成人难民办英语班。两个项目都需要，但钱只勉强够支持一个项目。理事会中的这位社会工作面临的伦理困境是什么？她应该时刻牢记的伦理方面的考虑是什么？这位社会工作者可以在哪儿找到指南帮助她做出符合伦理的决定？如果这位社会工作者对项目做出了一个伦理上的抉择，她是否有责任告诉理事会相关的专业伦理是什么，她的立场以及决定是如何做出的？请提出该社会工作者能做出符合伦理的正确决定的方法，以及应该落实哪些伦理行动。

4. 除了全国社会工作者协会的倡导工作（参见 Websites of Interest），协会的许多州分会都有地方或州一级的倡导工作。去你当地的协会分会的网站，查看他们所从事的倡导活动。你同意识别出的最重要的问题和正在采取的行动吗？

推荐阅读

社会工作院校和社会工作教育委员会（Trolander, 1997）做出了艰苦卓绝的努力来根除个别院校和社会工作教育中存在的种族主义。见巴沙姆、唐纳、基洛和罗扎斯（Basham, Donner, Killough, Rozas, 1997）描述的史密斯社会工作学院为成为一个反种族主义机构所做的工作和经过。多德和詹森（Dodd & Jansson, 2004）认为，情境障碍通常会妨碍社会工作者确保服务对象和病人的视角在多学科环境中的伦理问题的讨论中得到充分体现。他们建议，除了理性的伦理推理之外，社会工作者还应该准备好策略和技能，以便进行有效的伦理倡导。福斯特（Faust, 2008）讨论了临床社会工作者在社区精神健康中心为患者做倡导的角色。

推荐网站

- 查看全国社会工作者协会的倡导工作，包括基层、全国和立法方面的努力。网址：

www.socialworkers.org/advocacy/。

● 社会工作教育与研究行动网（The Action Network for Social Work Education and Research，ANSWER）联盟的使命是代表社会工作教育、培训和研究机构、团体加强立法和行政部门的倡导。这一目标通过社会工作教育、研究和从业组织、社会工作教育方案和其他兴趣团体之间的合作来得以实现。网址：www.socialworkers.org/advocacy/answer/。

● 有关举报方面的法律的详细信息。网址：www.whistleblowerlaws.com。

能力要点

教育政策2.1.1：**认同专业社会工作者身份并以此要求自己。**本章我们聚焦于社会公正问题以及这些问题与伦理问题和做专业决定的联系。

教育政策2.1.2：**运用社会工作的伦理原则指导专业实践。**本章我们提供了多个机会将伦理原则用于社会工作实践。

教育政策2.1.3：**运用批判性思考告知和沟通专业判断。**我们有几个案例让你去思考和决定自己如何回应伦理困境。此外，上面的批判性思考练习针对的也是这一教育政策。

教育政策2.1.4：**将多样性和差异性融入工作实践。**文化多样性问题的讨论贯穿了本章。

教育政策2.1.5：**促进人权和社会与经济公正。**社会公正问题的讨论贯穿了本章。

第十章

组织与工作关系

> 本章会探讨社会工作教育委员会 2008 年《教育政策与认证标准》第 2.1.1 条教育政策中有关成为一名专业社会工作者的内容，重点会特别放到组织与工作关系上。我们还会继续呈现第 2.1.2 条教育政策有关运用社会工作伦理原则指导专业实践的内容。我们会通过几个案例和问题为你提供机会，让你审视自己的个人价值观和专业价值观，并学习运用伦理决定模式，我们希望你将这些用来做批判性思考，传达专业判断（教育政策第 2.1.3 条）。

迄今为止，我们讨论的主要是社会工作者与服务对象或与服务对象系统中的其他人的专业关系中出现的伦理问题和困境。在这一章，我们会把关注点转向社会工作者与同事间的关系以及社会工作者与雇主、机构、督导员和行政人员之间的关系中出现的伦理问题上。特别会关注军队社会工作。

在前面第二章我们提到，专业伦理守则的作用之一，是让同事能一道和谐地工作。《全国社会工作者协会伦理守则》要求"告知必须与特定专业人员有某种合作的其他专业人员，他们有权期盼这个专业人员做些什么，后者所应该给予的配合要受些什么限制"（Beyerstein, 1993, p. 420）。这样的信息减少了可能会让专业人员自毁的摩擦行为和钩心斗角。《全国社会工作者协会伦理守则》中有一部分是讲社会工作者对同事负有的伦理责任，还有一部分是讲其对用人单位和从业场所负有的伦理责任。还有另外几条涉及与同事的关系的伦理守则放在了有关本专业的伦理责任部分。

斯特罗穆-戈特弗里德（Strom-Gottfried, 2003）查看了全国社会工作者协会从 1986 年至 1997 年累计的 894 宗涉及伦理问题的投诉案。在这 894 宗案件中，有 93 宗（10.4%）是投诉同事的；另有 40 宗（4.5%）投诉雇主或督导员；还有 174 宗（19.4%）投诉雇员或被督导者。因此，三分之一的投诉案是针对同事、雇主或督导员的。所有这些人都与工作有关。在斯特罗穆-戈特弗里德（Strom-Gottfried, 1999）先前发表的一份基于上述 1986

年至 1997 年相同数据的报告中发现，最常见的违规行为与督导不力有关，包括未能维护工作者的工作表现标准或者未能让工作者也了解评价标准，在工作表现评估中调查和收集资料工作做得不充分，不能定期进行督导或者是督导活动做得让工作者不能理解、没有效果等。第二类常见的违规行为与解雇员工有关。这类行为被判定依据不足或者是人事政策不完善，抑或其做法偏离了一般接受的循序渐进治病救人的原则，未让工作者知晓工作表现标准（如提供辅导或纪律制裁）。1997 年的数据是最新的数据，不清楚自那时以来是否有变化。这些投诉可能只反映出谚语所说的"冰山的一角"，因为有许多这类违背伦理的行为并没有上诉到全国社会工作者协会的地方委员会，而是被以其他方式处理了，我们会在本章的后面部分和第十三章中讨论。

与专业同事的关系

如果一位社会工作者发现有个同事违背伦理或违背专业操守，她要做的是什么？如果她发现一位同伴给服务对象的服务差劲，她该怎么办？当她认为另一位社会工作者伤害了服务对象的时候，她要尽什么义务？当她发现另一个工作者从事机构禁止的活动时，她的责任是什么？当她得知一个同事践踏了《全国社会工作者协会伦理守则》的时候，她有什么责任？

伦理守则要求社会工作者尊重同事（NASW，1999，2.01a）是个一般不会造成伦理困境的规定。只要制约专业人员之间关系的规定清楚明了，没有受到其他伦理规定的挑战，社会工作者面临的伦理困境相对而言就没有多少。随着实行问责制，对服务对象和其他人负责变得日益重要，"明哲保身"的潜规则越来越成问题。一些违背伦理的例子可能包括知道一位同事：(1) 不当地把某个服务对象的机密资料分享给同事；(2) 同一位服务对象或被督导的人发生性关系；(3) 酗酒并正在训斥一些服务对象；(4) 跟服务对象或其他同事分享一位同事的机密信息；(5) 在未能说服多学科团队接受某个特定处置方案后讲团队领导的坏话。

今天，大多数社会工作者不愿再对同事违背伦理的做法视而不见，但是究竟该怎么做却不总是十分清楚。在知道某位同事有违背伦理的行为时，社会工作者可能会从以下选择中选一个或几个：

A. 不举报违规行为，因为举报可能会太麻烦，以往的经验表明即使举报也于事无补，或者这一行为比比皆是，不大可能有人认真对待投诉。

B. 非正式地找这个同事可能会解决其问题行为，特别是当违规行为在性质上比较轻微或者属于技术性的，抑或看起来是缺乏经验或知识的结果的时候。这位同事是你的同伴、被督导者还是督导员，情况又会有所不同。

C. 如果断定违规行为还违反了机构的规定，可能要把问题提交给自己的督导员，或者运用机构为处理这类问题而设立的程序，正式提交报告。

D. 断定违规的行为可能需要全国社会工作者协会的调查委员会予以关注。要启动这一程序，断定有违背伦理行为的同事在实施违规行为时必须是全国社会工作者协会的会员，投诉方必须明确指控违反了《全国社会工作者协会伦理守则》中的哪项规定，必须掌握断定的违规行为的情况，必须能够并且愿意向调查委员会提供相关的、可靠的证词（NASW，2005）。在所有的专业审核事宜上，全国调查委员会肩负着主要的行政职责。（全国社会工作者协会的专业审核程序将在第十三章更详细地讨论。）

E. 在州证照委员会管理社会工作实务的州，可以向这个州委员会举报给服务对象造成损害的违背伦理的行为。

F. 违背伦理的行为可以提请一般公众给予关注（举报），期望被唤醒的公众会要求采取适当的行动，终止违背伦理的行为（更多有关举报的内容参见第九章）。

每个选择中还有一些可能的做法。A 选择是不符合伦理的。B、C、D 和 E 选择得到了《全国社会工作者协会伦理守则》的认可。是否有些时候、有些情况下公之于众是唯一的处理方式（F）？然而，公之于众绝不可以当作常规做法，只应该在仔细考虑了所有的可能性之后再采用。在选择用哪种方式前，社会工作者要尽可能澄清自己打算采取的行动要达到什么目的。洛温伯格（Loewenberg，1987）提出可以有以下目标：

（1）终止违背伦理的行为。

（2）惩罚违规的社会工作者。

（3）识别出这个不遵守伦理守则的从业人员，这样未来的服务对象、雇主就可以避开这个人，转而使用另外一个更遵守伦理守则的从业人员。

（4）通过警告这样做是违背伦理的，会对这一从业人员实施制裁，从而防止其他人有同样的行为。

（5）保护本专业的好名声，对公众宣布本专业不准许有这样的违背伦理的行为。

案例 10-1 和案例 10-2 重点说明了涉及这一伦理困境的一些问题。

在案例 10-1 中，所报告的那位社会工作者违背伦理守则是明摆着的，但你应该做些什么却不清楚，因为对你来说许多需要做的事相互之间有冲突。你最需要严肃对待的问题是：这位服务对象的话在多大程度上值得信赖？如果你对究竟是怎么回事有疑问的话，你能做些什么？你应该做些什么？尽管如此，假设你相信服务对象的话，那么让我们逐个审视一下要考虑的事，但这些事没有排什么优先次序。

案例 10-1　威胁一位服务对象向儿童保护服务机构举报

你的同事米切尔·穆尔（昵称米奇）突然住院了。在他请病假期间，你被指定负责他的一些个案。你从他的一个服务对象那儿得知米奇威胁说，如果他的一个服务对象不帮助他获取非法毒品，他将向儿童保护服务机构举报。她说，她不愿意答应他的要求，但担心如果她不按照米奇的要求去做，她会失去孩子。她还要求你为她保守秘密，并表示米奇回来后她会处理这件事。米奇的行为明显违法，也违背了《全国社会工作者协会伦理守则》中的规定。

（1）你有义务提升服务对象的福祉（NASW，2008，1.01）。

（2）你有义务尊重在专业工作关系中获得的机密资料，除非是有迫不得已的专业上的理由，才可以披露（NASW，2008，1.07c）。

（3）你有义务"采取足够的措施劝阻、制止、揭露和纠正同事有悖伦理的举止"（NASW，2008，2.11a）。

（4）你有义务信守本专业的价值观、伦理、知识和使命（NASW，2008，5.01b）。

（5）大惊小怪可能让你看起来很可笑。

最后面的这个事宜反对你采取任何行动（A选择不报告），而前面的那些事宜支持你采取更积极的回应（可能包括：B选择非正式的途径；C选择运用机构的处理程序；D选择投诉到全国社会工作者协会并做专业审核；甚至E选择向州证照委员会举报。对这些选择的描述在本节前面的内容中。）社会工作者该怎样按重要性对这些选择排序？伦理原则筛查工具能帮你解开这个难题吗？放在首位的伦理义务是什么？

让我们再看一下另外一个情况，在这个情况下社会工作者与同事的关系出现了伦理上的难题。见案例10-2。

案例10-2　　　　未举报虐待儿童个案

杰克·登伯是个身体虚弱的5岁孩子，他被送到马特伊伯医院的急诊室的时候失去了知觉，从头到脚都是血，并有严重的内伤。他父亲海勒姆说，杰克是从二楼头向下摔下来，跌到了水泥人行道上。治疗小组尽管无法让严重受伤的大脑复原，但是能拯救杰克的生命。现在，两个星期过去了，杰克仍留在医院的重症护理区。主治医生决定要把这事作为虐待儿童个案举报上去。在这样做之前，他们要求医院的社会工作者乔西·佩里把手中所有的相关信息收集到一起，这样他们就能在举报的时候提交给儿童保护服务机构。

杰克的妈妈埃里卡·登伯不想跟乔西谈这件事。她说自己和丈夫已经在家庭服务机构接受家庭治疗，如果乔西想知道他们的事，她应该去找他们的治疗师埃德·卡斯特。乔西安排了第二天下午见埃德。埃德愿意分享他对登伯家情况的评估，因为父母都在杰克入院的时候签署了适当的知情同意书。在谈话的过程中，埃德表示他早已经意识到这个家正发生着虐待儿童的事，但是由于以为事情不是太严重，就没有举报。他害怕如果这样做会干扰他正试图与这个家庭建立的治疗关系。

这个案例和前一个案例有相似之处，但也有不同。两个个案中都有一位社会工作者意识到另一位社会工作者违背了伦理标准。在第一个案例中，继续违背伦理的行为可能会给服务对象造成进一步的伤害。而在现在这个案例中，对杰克已经造成了伤害，可能以后不会再伤害到杰克，但是埃德·卡斯特可能的违规行为，以及他未能报告其他的虐待儿童个案，可能会对其他服务对象造成伤害。乔西·佩里所面临的相互冲突的诉求与米切尔·穆尔的同事面临的问题有相似之处吗？卡斯特害怕报告服务对象虐待孩子会干扰治疗关系在多大程度上是能成立的？

研究发现并不支持报告虐待儿童会干扰保持治疗关系。对从事心理治疗并按规定至少报告过一次虐待儿童个案的心理学家的一项全国性调查发现，在做了报告之后，特别是一并提交了一些相关因素后，服务对象仍然会接受治疗。重要的一点是，要保持治疗关系就应当让服务对象在知情的情况下清楚明白地参与做决定。很重要的另一点是，要同服务对象充分讨论保密的限制。再者，如果在报告前治疗关系是积极的，犯错误的是第三方（没有直接参与治疗的某人），那么服务对象更可能持续这一关系。最令人惊讶的是，在报告了性虐待，而不是其他形式的虐待后，服务对象的反应更正向（Steinberg, Levine, & Doueck, 1997）。乔西·佩里该如何解决面临的伦理上的困境？她该向全国社会工作者协会的地方分会或者司法机构举报埃德的玩忽职守吗？或是采取另外的行动？

到目前为止，我们对案例中的问题引发的伦理上的困境的考虑都集中在与社会工作同事的关系上。社会工作者还同其他专业的从业人员打交道，同从事社会服务的非专业人员打交道。尽管这些关系的性质可能会有所不同，但是《全国社会工作者协会伦理守则》（NASW，2008）陈述，社会工作者应该尊重同事（2.01a），并且这一原则也应该包括对待其他专业的同事。从某种意义上说，在这些关系中出现的伦理问题与同社会工作同事的关系中出现的那些问题是一样的。但从另外的方面看，这方面的伦理困境可能更为复杂，因为这些非社会工作专业的同事不受《全国社会工作者协会伦理守则》条款的制约。他们可能遵循其他的保密规范或者其例行做法就是社会工作者视为违背伦理的。如果社会工作者的价值观和伦理观与来自其他专业的团队成员的价值观和伦理观发生冲突，而《全国社会工作者协会伦理守则》（NASW，2008，2.03a）中又没有明确提出相应的伦理义务，或者分歧不能通过适当的渠道加以解决（2.03b），那么还应该求助于什么其他渠道来处理他们一致关心的服务对象的福祉问题？

如果社会工作者知道某个来自另一个学科的团队成员不能胜任工作，她有什么伦理责任呢？如果社会工作者的工作伙伴是教育人员、心理学家、律师、医生或其他学科的人员，情况又怎样？是否不管是什么场所，对虐待、保密、性行为失当、专业工作不得力、利益上的冲突等等诸如此类的事，社会工作者的伦理责任总是一样的？设想你是一名社会工作者，受雇于一家由律师领导的机构。在一些州，他们可能没有法律责任报告在跟服务对象的专业活动过程中发现的虐待儿童行为；而社会工作者发现类似情况则有法律和伦理上的责任报告这一情况。在面对这些冲突和应尽义务时，社会工作者对谁负有责任？服务对象或病人？团队？自己？社会工作专业？涉及的其他专业？社会？

从业人员受损

有些社会工作者遭受某种类型的损伤，包括职业倦怠或同情疲劳（第七章讨论过）、药物滥用、因衰老而产生的心理压力、身体疾病、经济困难、极端工作条件、婚姻和家庭困难、急性或慢性心理障碍。这些问题有可能会影响社会工作者及其家人、朋友和同事。而且，这些问题可能导致社会工作者无法胜任专业服务工作。社会工作者被认为有与其他有压力的健康专业人员一样的酗酒和药物滥用问题。一项对全国社会工作者协会印第安纳州分会所有成员的调查显示，53%的人认识一名其表现受到情绪或精神健康问题、药物滥用、职业倦怠或性行为不端影响的社会工作者（Hiratsuka，1994）。

西伯特（Siebert，2003）报告了对全国社会工作者协会北卡罗来纳州分会成员（总数为751人）的代表性样本的匿名调查结果。她发现12%（约八分之一）的受访者有酗酒或滥用其他药物的严重风险。28%的人报告说在前一年有过暴饮；21%的人在成为社会工作者后曾非法吸毒。此外，34%有酗酒或滥用其他药物严重风险的受访者至少报告了一次伤害事故，39%的人同意他们曾在压力太大以致无法有效工作的情况下工作。9%有严重风险的人报告了当下的问题。西伯特（Siebert，2003）指出，否认是酗酒或滥用其他药物患者的一种有特点的辩护，并认为受访者也不例外。而且，她的结论是，这项研究的发现很可能报告的流行情况偏低。她还说，根据所研究的样本，社会工作者的饮酒率似乎高于其他助人专业人员和一般公众。西伯特（Siebert，2004）还发现，19%的受访者报告有抑郁症状，14%的人报告目前抑郁，几乎一半的受访者报告有过抑郁。一些社会工作者目前正在服用治疗抑郁症的药物，一些人报告说，他们在人生的某个阶段曾考虑过自杀（Siebert，2004）。在第三篇同样基于北卡罗来纳州数据的文章中，12%的研究组的人员在不止一个酒精或药物使用测量工具的得分上高于临界值，并且酒精和药物滥用属于高风险（Siebert，2005）。

社会工作专业在伦理上的头等大事是确保每个专业从业人员都能够提供高质量的专业服务，并奉行包括保密在内的所有伦理规范。然而，受损的社会工作者可能会表现得不守纪律、麻木不仁、反复无常、不专业和违背专业伦理。有时，他们对服务对象和同事语言或行为不当，对服务对象想起来才过问一下，未能按时完成任务，或非常多地无故旷工。损伤可能会导致不适当甚至违背伦理的行为，从而带来损害服务对象和其他人的行动，可能会降低公众对该行业的评价和信任，并给其他社会工作者带来伦理问题。

《全国社会工作者协会伦理守则》（NASW，2008）包括四项与专业社会工作者的损伤或不称职直接相关的标准。社会工作者如果知道这种损害或不称职，应在可行的情况下与受损的同事协商，并协助该同事采取补救措施。当同事没有采取适当措施解决受损问题时，了解此类情况的社会工作者应通过社会工作者协会、证照和监管机构、雇主、机构和其他专业组织建立的适当渠道采取行动（NASW, 2008, 2.09a, b; 2.10a, b）。然而，这些标准并没有为该领域所有的伦理困境提供答案。请考虑案例 10-3 中呈现的情况。

案例 10-3　　我的朋友、导师、督导员和酒

你是一个家庭服务机构外围单位的社会工作者。你和你的督导员戴维斯·琼斯是这个单位仅有的两名社工。你和戴维斯的关系至少可以追溯到 15 年前，他在你的生活中好几个关节点都发挥了非常重要的作用。他帮助你进了社会工作学院；他推荐你进入一个高级治疗机构；还有一次，你的孩子生病时，他帮助你从城里最好的专家那里获得了医疗照顾。然而，最近，戴维斯，也是负责评估给你的工资和升职可能的人，经常迟到，并错过了一些会议。你已经在他的服务对象那儿帮他顶替过多次了。尽管你仍然有些敬畏戴维斯，欠他很多，但是你怀疑他目前的古怪行为可能与酗酒和家庭困难有关。

到目前为止，戴维斯并没有造成多大伤害。你必须在什么时候采取行动？忠于你从他身上学到很多东西的导师、朋友和同事？忠于自己、事业和家庭？采取行动如果有暴露自己的风险呢？你该怎么办？符合伦理的选择是什么？请考虑一下你可能选择的下述每个选项的伦理含义。

- 尽可能收集更多信息以确认或不能确认你的怀疑。
- 鼓励其中一位你已经为戴维斯代班好几次的服务对象向机构投诉。
- 请一天病假，让一个人代班做个案，这样另一个社会工作者也会意识到这个问题。
- 不管这个情况。等别人举报。同时，替他做个案。
- 让一位共同的朋友打电话给戴维斯，说他听说了戴维斯在工作中的表现，建议他对自己的问题采取措施，这很重要。
- 向机构中更高一级的管理人员报告情况。
- 直接与戴维斯交谈。表明你想对他的情况保持沉默，但他必须在事态恶化前寻求帮助。

还有什么其他的选择你可以考虑？

坚守机构的政策和规章条例

大多数社会工作者受雇于科层制组织这一事实带来了另外一系列伦理上的困境。每个

组织都有自己的规章制度和政策。接受工作的人自愿同意遵守这些规章制度。《全国社会工作者协会伦理守则》（NASW，2008）将信守对雇用组织的承诺视为基本的伦理义务："社会工作者一般情况下应该信守对雇主和雇用组织做出的承诺。"（3.09a）然而，一些组织的目的和目标，甚至是一些社会服务机构的目的和目标，并不总是与社会工作专业的价值观一致。组织为了维持自身运转和生存，可能会有一些规定背离社会工作者把服务对象的利益放到首位的首要义务。效率上的衡量措施可能会限制干预手法，导致对某个特定服务对象来说最有效的干预方法可能无法付诸实施。预算上的考虑可能导致服务的削减，这也不是为了服务对象的最佳利益。这是社会工作行政人员特别要处理的、典型的伦理上的困境。他们必须解决一个至关重要的伦理上的困境：是优先信守机构的规定，还是优先服务于服务对象。

对这些情况的一个回应是与服务对象串通违反机构的政策。这一途径常常被社会工作者合理化，认为自己的行动促进了服务对象的福利，或者对公正和社会正义做出了贡献。违反机构的政策在什么情况下是符合伦理的呢？举例来说，如果一位社会工作者得知一个服务对象偶尔有额外的收入，按理她应该向负责公共援助的工作人员报告这件事，这样在下个月给这个服务对象的福利支票中就会扣除其中一部分收入，她该怎么做呢？或者，一位补充保障收入的受益人正在"挣外快"，但是却未申报这一额外收入，申报会让她失去补充保障收入，又该怎么办呢？如果这位社会工作者不报告这一收入，服务对象可以得到所有外快。在第一种情况下，额外的收入可能能帮助服务对象重新就业，独立生活，而第二种情况下，额外的收入能让社会保障受益人维持最低生活。对此保持沉默可能符合两个服务对象的最佳利益。额外收入的数量和稳定性是否会使问题的性质有所不同呢？在每种情况下，社会工作者对法律、雇主和社会应尽的义务是什么？

社会工作者面临的另一个特别难处理的伦理上的困境，是自己机构的政策或规章条例违背了伦理要求。比如，一位医院的社会工作者受雇不久就发现，是医院的政策迫使社会工作者鼓动心智能力完好的病人住进护理院。这一做法是想要打消医院的工作人员对病人出院后安全问题的过分担心，但却逾越了病人的自主权和自决权（Clemens，1995）。另一个例子是，儿童保护机构的行政人员发现预算迫使他雇用没有受过足够训练的专业辅助人员调查虐待儿童的投诉案，虽然这一任务需要工作者有特别高超的技能。

前面的例子呈现的问题是，对行政人员和直接提供服务的从业人员来说，什么才是符合伦理的回应削减预算的对策。案例 10-4 是另外一个情况，在这个例子中员工的目的照顾到了，但却没有对服务对象的需要给予应有的考虑。

案例 10-4　　怀孕妇女需要支持

特里·牛顿是一家被称作"奋进"的私人机构的社会工作者。这个机构从本地的社会服务部承接一些签约工作。服务对象只要报名积极参加一个为固定就业而设立的就业准备培训计划，就可以领取困难家庭临时援助计划下面的公共援助。完成了为期三周的就业准备培训后，没被吸收参加其他培训项目的服务对象必须在工作安置专员的帮助下开始寻找工作，或许还要兼职参加中学毕业考试预备班，或是必要的话，参加文化补习班。社会服务部时常转介怀孕的妇女来参加就业准备培训计划。但培训过后没一个人能找到工作，因为大多数雇主都不会雇用怀孕的妇女。怀孕的妇女会被继续招入中学毕业考试预备班以避免失去经济上的支持。"奋进"组织和社会服务部一起制定了这个非正式的政策，以便两者都可以得到州政府的资助，即使这一非正式的政策与官方州里的政策不一致。这些非正式的政策是要保住服务对象和"奋进"组织的收入来源，也是要保住社会服务部得到的拨款。服务对象需要经济上的支持，其他两个机构也一样，它们还有许多重要的、建设性的工作。

如果你是一位社会工作者，发现了这类行为，你会从《全国社会工作者协会伦理守则》的哪个部分寻找指导，以便用符合伦理的方式在服务对象及其需要、"奋进"组织和社会服务部之间做出选择？对什么人、什么组织或机构你有伦理上应当承担的义务？你如何将自己的伦理决定付诸实施？

案例 10-5 展示了因机构的利益与服务对象的利益发生冲突而造成的另一个不同的伦理上的困境。

机构的主管要求机构能平稳地运转。他也需要愿意配合机构员工工作的医生。在这个个案中，社会工作者争辩的是，戴维是有些反社会的行为，但这些行为是可以通过其他更有成效的方式来控制的。谁的福利应该优先考虑？要为之负责的是戴维及其处置方案，是机构的负责人，医生，还是机构中的其他孩子？这些孩子也有权得到社会工作者按义务应当给予的支持。

案例 10-5　　多动男孩个案

戴维生活在一家住宿机构。他被诊断患有严重的注意力缺陷多动症。过去几周他的出格行为变得越来越严重。他经常在吃饭的时候向其他孩子扔食物，还搞乱其他孩子的床，按火警警报，去哪儿都迟到，在班上扔铅笔盒，有许多诸如此类的行为。尽管他没给自己和他人带来身体上的伤害，但却极大地扰乱了机构的常规生活。辅导医生开了药以便让这个孩子平静下来，让他更容易管理，但是机构中的社会工作者基于伦理上的原因拒绝给戴维服这种药。她强烈感到这样的药物控制会不利于孩子的福利和自由，对任何治疗工作都会产生不利的作用。她的社会工作督导员支持这一决定。医生坚持要让戴维服开的药。机构的主管是位心理学工作者，他支持医生，反对社会工作者的决定。

非社会工作雇主

当社会工作者工作的地方是非社会服务类机构时,所面临的伦理问题甚至更加令人困惑。今天,社会工作者受雇于医院、企业、警务部门、监狱、军队、大学、长期护理设施和形形色色的非社会工作取向的其他组织。对这些社会工作者而言,应该首先忠于谁呢?谁是这些社会工作者的服务对象?比如,一家大型生产厂的雇员可能会向雇主聘用的社会工作者咨询个人问题。如果某个工人的问题可能会影响到工厂的生产进度或是可能会带来安全方面的问题,社会工作者是否应该告知雇主呢?警探是否可以接触监狱社会工作者从打交道的犯人那儿得到的机密信息?

社会工作与军队

在高度抽象的层面上,军人的价值观和社会工作者的价值观可能看起来相似。他们都重视诚实、正直、忠诚、责任心、公平、关怀和尊重等价值观。然而,西蒙斯和瑞克拉夫特(Simmons & Rycraft,2010)认为,在日常活动中,社会工作和军队的价值观实际上会发生冲突。"其中最突出的是社会公正的社会工作价值观,这一概念相对而言与军事活动中为社会更大的利益而牺牲个人自由相背。此外,自主、自决、隐私与保密、生活质量甚至生命权等伦理原则在军队中都具有不同的含义,在军队中,《统一军事司法法典》(Uniformed Code of Military Justice)和军队的需要占主导地位。"(p. 10)

在军事临床环境中,举例来说,保密受联邦法律、国防部条例和特定服务条例的指引。虽然要尊重隐私,但这些条例规定军事人员有知情的必要的话可以查阅机密文件。知情的必要,无可否认界定得含糊不清,不需要所服务的成员签字就可以披露。军事环境中涉及安全或保障,虽然在某些情况下,知情的必要指的是什么可能会不甚清晰,但保密并不是优先事项(Jacques & Folen,1998)。

西蒙斯和瑞克拉夫特(Simmons & Rycraft,2010)研究了部署在伊拉克和阿富汗的军队社会工作者经历的伦理上的挑战。他们的调查对象是 24 名在陆军、空军和海军工作的拥有高级临床社会工作证照和硕士学位的社会工作者。受访者面临的伦理困境包括:服务对象的需求与部队的需求(例如,有轻微创伤症状的士兵/服务对象想回家,但部队需要他的战斗技能,直到替换人员到达);保密和隐私问题(例如,对士兵/服务对象呈现的问题保密);与指挥官发生冲突(在某些情况下,指挥官可能不以心理健康为关注点);关系和界限(例如,在严峻的、具有挑战性或危险的情况下,与服务对象保持界限,与非服务对象建立私人关系);诊断与治疗(例如,伪造症状或真正受折磨)。少数受访者表示,他们在部队中没有遇到伦理困境。平衡个人的需要和部队以及任务的需要是一个重大的挑战。对于这些社会工作者来说,完成单位的任务已成为首要的价值观,因此,传统的社会工作价值观如自决和临床判断等成为低一级的要务。

如上所述,军队社会工作者可能遭遇隐私和保密问题。对在军队工作的社会工作者来说,要识别谁是服务对象和处理保密问题可能特别困难。请思考一下案例10-6。

案例10-6　　　　　军队是一个特殊环境

理查德·莫扎特中士最近和部队基地的社会工作者埃米·利奥·帕西菲科上尉讨论了一些个人问题。莫扎特中士被指派执行危险任务,并告诉帕西菲科上尉,他有中等程度的饮酒行为。帕西菲科上尉最近被调到一个新的工作地点。结果,他把莫扎特中士的案卷转交给了分配到基地的新社会工作者。当新指派的社会工作者泰德·马多克斯中尉读到档案时,他报告了莫扎特中士的情况,中士被解除了执行危险任务的资格;他在报告前没有与帕西菲科上尉商量,也没有与莫扎特中士交谈。因此,莫扎特中士对帕西菲科上尉提出了伦理投诉。

在这个案例的情形下,伦理困境是什么?帕西菲科上尉应该早点报告,以让莫扎特中士解除执行危险任务的资格吗?马多克斯中尉的行动合适吗?如果这些事件发生在战区,会有什么不同吗?如果莫扎特中士没有被指派去执行危险任务会有什么不同?

作为军队中的社会工作者,帕西菲科上尉和马多克斯中尉必须遵守《全国社会工作协会伦理守则》和国防部的指导方针。这两套准则对保密性的看法不同。这种冲突会给社会工作者带来难题,他们可能会发现军队的要求违背了专业伦理守则的标准。帕西菲科上尉和/或马多克斯中尉是否应该受到社会工作伦理委员会的惩处?在移交个案档案前,这两位社会工作者或者其中一位是否应该从莫扎特中士处获得口头同意书或书面签署的同意书?

社会工作者没在军队工作但参加跟战争有关的活动

遇到与战争有关的伦理困境并不限于在军队中工作的社会工作者。案例10-7描述了参与国际服务的社会工作者可能遇到的伦理困境,但是对在许多其他场所工作的社会工作者来说也有借鉴意义。

案例10-7　　　　　只为好人服务

阿曼达·弗兰克尔是一位社会工作者,在一个战乱地区的一家国际援助组织工作。冲突一方的武装力量特别残忍,袭击平民,强奸少女和年老的妇女,集体屠杀大量男人然后埋葬尸体，毁灭证据。直到昨天阿曼达还很愉快、很骄傲地为那些遭到袭击需要帮助的人提供服务。但今天她的督导员捎信给她，要把她转到另一方，为那儿的人提供服务。就像在这儿一样，她要为所有人服务，包括军人和军队的准军事人员。她一夜未合眼，想着该怎么做。

在这一情形下，合乎伦理的正确做法是什么？在哪方面伦理原则 2（社会公正）与阿曼达的处境和困境有关？在哪些方面她个人的价值观与雇用机构的价值观和要求发生了冲突？《全国社会工作者协会伦理守则》能为弗兰克尔女士捎指引正确的选择吗？你能否找出本地社区社会工作者个人的价值观可能会遇到的来自工作机构的类似决定的挑战？

值得军事和国土安全领域的社会工作者注意的是，美国心理学会和美国精神病协会对阿布格莱布、关塔那摩湾和其他地方被拘禁者受到严酷审讯的报道做出了回应。根据美国心理学会的说法，心理学家在美国军方和政府审问被拘禁者的过程中发挥了作用，但他们也警告说，这种活动有伦理上的危险（Lewis，2005）。心理学家被允许在国家安全相关的审讯和信息收集过程中担任咨询角色。但是，心理学家不应从事、支持、为之制造便利或提供与酷刑或其他残忍及不人道或有辱人格对待有关的培训，也不应利用被拘禁者的医疗信息损害和伤害个人。心理学家作为涉及国家安全的审讯顾问，应该意识到这些角色和背景所特有的因素，要求在伦理上有特别的考虑。该报告回避了心理学家是否可以就如何增加压力以使被拘禁者更加合作的问题向讯问者提供建议的明确答案，如果这些建议不是基于医疗档案，而是仅仅基于对被禁留者的观察的话（Lewis，2005）。

战争与和平主义

维舍尔登（Verschelden，1993）认为，海湾战争之后，社会工作的价值观和伦理观表明，社会工作专业人员应该是和平主义者。她的论点是，社会工作专业的基本价值观表明，社会工作者应该为反战而工作。根据维舍尔登（Verschelden，1993）的观点，相关价值观包括：致力于促进个人在社会中的首要性；尊重和欣赏个人与群体的差异性；致力于促进社会公正和社会中所有人的经济、身体和精神上的福祉；愿意历经挫折但仍代表服务对象持续努力。所谓和平主义，就是反对用战争和暴力解决冲突。你同意威尔舍登（Verschelden，1993）对《全国社会工作者协会伦理守则》的解读吗？当你审视伦理守则时，你能找到任何证据证明社会工作者应该或不应该是和平主义者，反对一切战争和暴力作为解决冲突的手段吗？

其他非社会工作场所

与保密相关的难题也会出现在其他场合，比如员工援助方案（Employee Assistance

Programs，EAP）。案例10-8描述了一个员工援助方案的情况及其伦理困境。

案例10-8　　　　　　　保密与威胁行为

你是员工援助方案的一个社会工作者，对玛格丽特·迪康斯坦扎很友好。玛格丽特最近告诉你，一位男性同事伊桑·斯塔基一直在她的工作场所闲逛，发出奇怪的声音。伊桑是一名普通员工，关于他不当行为的唯一报告是关于他在工作场所存放成堆的杂志和其他印刷品。这些成堆的印刷品只妨碍他办公桌周围的区域，但是不雅观，还可能会引发火灾。他已多次被要求搬走这些材料。他这样做了，然后不久，堆砌又回来了。除此以外，他的工作表现大体上是可以的。玛格丽特告诉你，她感到他的行为对她有威胁；她不知道接下来会发生什么。她让你对这种情况做些什么，但不要告诉别人。当你尝试观察伊桑接近玛格丽特时，你无法证实她的观察和投诉。

在这种模棱两可的情况下，你应该对谁忠诚：对员工援助方案，你与玛格丽特的友谊，伊桑·斯塔基，还是作为员工援助方案的社会工作者的你自己？如果伊桑的行为升级，对工作场所的其他人会有什么影响？你是否应该相信并信任你的朋友，并透露她要求保密的信息，把这些事报告给管理层？你是否应该避免报告这些事，但提请做些定期关注一下伊桑的事情，这种关注至少会让人们注意伊桑一段时间？怎么做才合乎伦理？

所有场所都存在由于要信守机构的政策而出现伦理困境的问题。我们举的一些例子选自非社会工作场所是因为在那里这一伦理困境可能表现得尤为明显。然而，就职于社会服务机构的社会工作者不应该认为这些问题自己碰不上，案例10-9就说明了这个问题。

案例10-9　　　　　　　苹果山青年交谊俱乐部

苹果山社区中心是在一个不断变动的居民区提供小组工作服务和娱乐活动的机构。在差不多50年前建立这一机构的时候，它主要是为移民服务，是让成千上万新移民美国化的工具。现在它视品格培养和加强民主决策为自己对社区的主要贡献。作为一项政策，它避免一些政治活动。不管是员工还是中心的附属小组都不允许对有争议的问题公开表明立场。

奥托·朱潘是一位社会小组工作者，在青年交谊俱乐部就职。这个小组的成员由25个年轻小伙子组成，年龄在18岁至21岁之间，几乎所有人都是高中毕业生。他们的大部分时间都在社区中心度过，因为大部分人没有工作。近来他们常常谈论为什么没有他们的工作。一些人认为要怪经济衰退，而另一些人感到没工作是因为他们是非裔美国人。奥托敦促他们做些调查，看是否能给自己的问题找到一些答案。他们实地调查的结果几乎毫无疑义地表明，他们是歧视性用人政策的牺牲品。奥托鼓励他们将这些公之于众，因为用人歧视是违法的。让公众知道他们的调查结果可能会有助于他们在下次申请工作的时候有个好点的突破。他们认为奥托的主意非常棒,决定召开一个新闻发布会。他们请求奥托在中心安排一个房间来开这个新闻发布会。

当奥托跟中心的主任谈他们的计划时,被直截了当地拒绝了。他们不仅不能用中心的房间开新闻发布会,作为中心的下属单位的交谊俱乐部也完全不可以从事这种类型的行动。而且,奥托必须尽一切努力让小组回归最初的交谊俱乐部的目标。中心的主任还加了一句,如果他做不了,就该请求做别的工作。

忠于机构的规定还是满足服务对象的需要,这是两个相互冲突的专业义务,它们给社会工作者奥托·朱潘带来了严峻的伦理问题。对他来说,遵守机构的指令,在这些年轻人人生发展的紧要关头放弃他们合乎伦理吗?他应该无视对雇用单位应尽的义务帮助小组成员在中心外组织新闻发布会吗?对面对这一情形的社会工作者所要求的伦理立场是什么?

另一种类型的伦理上的困境是机构输送服务对象参加对他们并没有益处的方案。比如,大量没有技能的男女被指定参加工作培训计划,而培训计划所针对的工作根本没有前途或者压根不存在。社会工作者应该采取行动反对机构的政策,告诉服务对象自己所知道的有关这些方案的一切吗?遵循机构的指令,保持沉默是否更符合伦理?在这些情况下,社会工作者该怎么做伦理决定?

当一个社会服务机构在工作中实施歧视政策时,伦理上意味着什么?曾几何时人们肆无忌惮地这样做,现在已不再明目张胆,但却可能同样有害。一家儿童福利机构将白人孩子安置收养,而把少数族裔的孩子放到机构中,因为没有家庭收养他们。在另一个机构,对同性恋艾滋病人是一种服务,而对异性恋艾滋病人又是另一种服务。不管是什么原因,歧视做法都不会对被歧视的服务对象有什么益处。《全国社会工作者协会伦理守则》(NASW, 2008)明确陈述:"社会工作者不应该实施、纵容、为之制造方便或协助任何形式的歧视,包括基于种族、民族、国籍、肤色、性别、性取向、性别认同或表达、年龄、婚姻状况、政治信仰、宗教、移民身份、精神或身体残疾的歧视。"(4.02)在实践中这意味着什么?社会工作者是否该拒绝到实施歧视政策的机构任职?当她发现机构实施歧视政策时是否必须辞职?她是否应该不理会这类机构的政策,尽可能在一切时候不遵照执行?或是她应该接受工作来改变这个机构?请考虑一下案例10-10。如果你做的是戴尔·詹金斯的工作,你会怎么做?戴尔正在考虑的每一个选择有什么伦理上的意味?

案例 10-10　　　　银行里的社会工作者

戴尔·詹金斯是一家大银行聘用的社会工作者,在一个少数族裔居民区做社区代表。詹金斯是个非裔美国人。他的部分工作是让社区的人知道他、接纳他。在这方面他一直做得非常成功。居民们接受了他,而且几乎人人喜欢他。过去几年,他帮几个居民申请到了商业贷款和抵押借款。他对其汇报工作的银行副总裁尼克·斯塔莫斯最近对詹金斯说,银行已经决定少给这个居民区投入资金和服务，但是他的工作不会有问题。尼克暗示几年内银行可能还会给这个居民区投入资金。与此同时，戴尔在向银行介绍申请贷款和抵押借款的居民时应该更有选择性。

因为他提供的贷款没有一笔丧失抵押品赎回权或亏本，所以戴尔对此的理解是，银行不再会给少数族裔群体的申请人提供抵押借款。他考虑了可以有的选择，包括确定自己没有理解错。如果理解错了的话，就要跟尼克讨论为什么会有误解，以后如何避免。然而，如果理解没错的话，那么他就要考虑其他的选择，诸如：尽量说服尼克和其他银行官员改变这个新的、带有歧视的政策；不管这个新政策，照旧规工作；或者告诉社区领袖这个新政策，鼓励他们运用政治压力迫使银行改变政策。

社会工作行政与督导

社会工作行政人员和督导员有伦理上的责任保护服务对象的权利，并培养一种气氛让工作人员也为此而努力。同时，他们还要对机构的赞助人负责，要出成果，要让机构按核定的预算运转。随着预算的缩减和要求的提高，这会成为难做的工作。除了对机构应尽的伦理上的义务，身为行政人员还要对雇员以及机构的服务对象负责。许多行政人员认为只有当他们的行动带来个人的收益时才会逾越符合伦理与不符合伦理之间的楚河汉界。他们觉得只要自己的行动对服务对象或机构有利，无论做什么就都是符合伦理的。如果政府的合约是拨款给员工培训而不是员工督导，他们会毫不犹豫地把督导重新界定为培训。如果政府资助休闲娱乐活动的资金减少，就把这类服务更名为喘息服务。在这些例子中，通过玩文字游戏便有了服从的假象，但是这样做符合伦理吗？

一些行政人员面临的另一个伦理上的困境是，一头是维持组织运转的责任，另一头是对于专业或社会的责任，两者之间发生了冲突。拿一个儿童之家的主任来说，几十年来一直是为出生后3天到1年的婴儿提供机构照顾。从专业的角度看，现在已经没有任何理由继续这一服务，然而，机构的主任对赞助人、员工和其他人负有责任，要保证机构继续发挥作用。你对这位社会工作行政人员面临的伦理上的困境会怎么处理？

案例 10-11 呈现了一个不同性质的困境。

案例 10-11　　为机构、社区还是员工好？

约翰·米纳汉是联合之路社区筹款和社会规划机构的一个社会规划师。午餐时，梅丽莎·布里奇沃特这位多年的老朋友和机构理事会的成员告诉他，不是社会工作者的机构理事长和他的几个亲信生活铺张浪费，滥用费用账户，虚报开支。过去她提供的所有情况一直完全准确。理事长专横跋扈、苛刻严厉，但一直非常有创造性，过去多次改善了机构的工作成效。募捐运动达到了新的高度。后来约翰在自己的办公室想了差不多一个小时为什么布里奇沃特女士要跟他说这番话。为什么她自己不将这些情况公之于众？如果要做些什么的话，他该怎么做？

约翰·米纳罕清楚，举报既能带来好处，也能造成伤害。如果他把机构腐败的信息透露给公众，可能会给机构造成莫大的损害，在未来一段时间内削弱机构募捐的能力。另一方面，如果他把信息（自己没有直接的证据）透露给公众，便起到了服务公众的作用，是在保护社区的资源，确保筹募的资金用在捐款人想要解决的问题上。但与此同时，对机构普遍存在的信任会被摧毁。机构的权威结构会受到破坏，至少在一段时间里会这样，因此有可能会给机构的行政管理造成很大破坏。如果他把问题汇报给自己的督导员或者理事会的某个成员，可能会加深自己与一些上级和同事，可能是与理事会成员的良好关系，但是理事长和其他人会很气愤，有可能诉诸法律。

《全国社会工作者协会伦理守则》（NASW，2008）中与这一情形有关的标准有几个。"社会工作者的首要职责是提升服务对象的福祉"（1.01）；"社会工作者应该尊重同事，应该准确、公正地介绍同事的资格、观点和义务"（2.01a，c）。此外，社会工作者应该"采取足够的措施劝阻、制止、揭露和纠正同事有悖伦理的举止"（2.11a，b，c，d）；"社会工作行政人员应该采取合理的步骤保证自己负责的工作环境的宗旨与《全国社会工作者协会伦理守则》一致，并鼓励遵守这一守则。社会工作行政人员应该采取合理的步骤消除组织中任何践踏、干涉或打击遵守伦理守则的条件"（3.07d）；最后，"社会工作者应该是用人机构勤勉的资源管理者，在恰当的时候明智地节约资金，决不挪用资金，或者用于非指定用途"（3.09g）。

在上面所说的个案中，谁是服务对象？或者什么应当优先考虑？是提供信息的梅丽莎吗？是工作出色，使联合之路得以维持下去的理事长吗？是从联合之路受益的社区机构吗？还是那些社区服务机构的服务对象？约翰欠梅丽莎什么？由于对开支不当没有掌握详尽的材料，如果他向前迈出一步的话，这样做尊重同事吗？他有权纠正不受《全国社会工作者协会伦理守则》制约的非社会工作专业的人吗？你会给约翰·米纳罕提什么建议？比较概括地说，督导员和行政人员都有责任支持工作者按伦理要求做事，阻止他们违背伦理。

与督导员有双重角色关系

督导员和机构的行政人员是大权在握的人，因为他们对雇用或督导的社会工作者和学生有相当大的影响力。他们给这些人指定任务、评估他们的工作、决定他们的升迁，有时还会终止他们的聘用。他们有义务行之有道，运用好手中的权力。这项准则有多重含义。行政人员和督导员同雇员或学生的任何关系若利用、剥削或伤害权力较少的一方，都是违背伦理的，即使最先主动的是雇员或被督导者。这指的不仅是性关系，其他类型的可能会对专业关系产生不利影响的有约束力的关系也都包括在内。《全国社会工作者协会伦理守则》中有关双重和多重关系问题的几个标准为社会工作者提供了更加明确的指导。这方面的违背伦理的行为近年来已经引起了越来越多的关注。在此，我们希望强调，社会工作者需要严肃思考工作场所中权力不平等的人之间可能会出现的伦理问题。

请想一想你会如何评价以下督导中出现的情况：

- 你督导的人的丈夫是保险经纪人。她对你说她丈夫会给你的汽车保险打非常大的折扣。你会为了避免任何伦理上的问题，虽然在他那儿办保险，但是支付全额的保费吗？
- 你所在的机构正在雇用你妻子做个案工作者，派你和她在一个团队工作。
- 你督导的人在山里有个夏天度假的房子。她邀请你和孩子今年夏天去那里度假，她和丈夫在别处度假。

在每一种情况下，都有可能出现道德问题。标准对这些问题是否给出了明确的答案？

其他义务上的冲突

社会工作督导员所处的位置常常是多种压力和责任的"夹缝"。在社会服务机构中督导员有许多角色和职责。除了保证提供优质服务这一主要职责外，还要参加委员会的会议，代表机构在社区中做一些工作，处理来电，处理紧急公务，还有其他许多要付出时间和精力的工作。案例 10-12、10-13 和 10-14 说明了几个可能出现的伦理困境。

案例 10-12 朋友、自己、家庭和机构——究竟要忠于谁？

托马斯·基南最近被提升为督导员，这个工作比以前的职位挣的薪水高许多。他感到幸运，因为他十几岁的女儿一直在治病，正是家中需要用钱的时候，钱就来了。他负责督导 12 个工作人员，他们在同一个工作组，负责在卫星社区戈登斯维尔落实一个新服务项目。他有堆积如山的记录工作和要写的报告。由于戈登斯维尔和总部的工作都要占用他许多时间，他不得不时常取消跟个别工作者约的督导面谈，没有完成对受督导者和服务对象应尽的职责。尽管采用小组督导的方式能让他更好地控制自己的时间，但他感觉目前还没有准备好采用这一方法。

托马斯的情况并非特例。他想要在工作上取得成功，对雇主有一份责任。但他对自己督导的工作人员的服务对象、对家庭、对被督导人也肩负着责任。在这些相互冲突的责任之间，你会如何取舍？你会做些什么？

案例 10-13　　　　第二职业的伦理问题

贝城社会服务机构的聘用合约中写道："社会工作者即使是在日常的工作时间之外也不可以运用专业社会工作技能为另一个雇主工作。"机构的每个新社会工作雇员都要知道这一条款，并用书面的形式声明同意遵照执行。有天晚上，埃伦和比尔·斯托克火速把还是婴儿的女儿沙伦送到医院，因为她发高烧。埃伦和孩子留在急诊室，比尔去办住院手续。

后来比尔告诉埃伦，在办理住院手续的办公室和他讲话的人中有一位社会工作者。她对他们生病的孩子充满温暖和体恤，令他深受感动。埃伦问比尔是否记得这位工作者的名字，然后惊讶地得知这个人是琼·吉利根，是她在社会服务机构督导的一位社会工作者。离开医院的时候，埃伦悄悄去了办理住院手续的办公室，确定那个人是否就是她督导的那位社会工作者。结果就是她本人。由于埃伦在工作单位没有用丈夫的姓，所以她确信琼没有意识到自己在帮助督导员的丈夫。

埃伦不知道对自己发现的事该怎么办。一方面琼偷偷干第二职业违背了她对机构所做的承诺。《全国社会工作者协会伦理守则》清楚表明："社会工作者一般情况下应该信守对雇主和雇用组织做出的承诺。"（NASW，2008，3.09a）另一方面，琼暗地里兼职的行为并没有伤害到任何人。事实上，她在入院处工作让许多深处危机状态的病人获益不少。是否有其他的方式可以处理这一难题，如尽力改变机构的政策？

案例 10-14 描述的是另一个与工作有关的问题。要区分开威玛的行政和督导职责与她的专业社会工作职责并非易事。但是她所做出的任何决定都少不了这两个方面。不管她的决定是什么，都会有伦理上的意味。

案例 10-14　　　　加勒比海之旅

威玛·史蒂文斯负责督导一个由六位社会工作者组成的科室，卡拉·比克是其中最称职、最有工作成效的一位。上周，卡拉没来工作。她的男朋友打电话来说卡拉得了重感冒，可能这一周都不能来上班。今天，她回单位上班了，带来了医生的假条，说她病了整整一周。除了这张假条，没有任何迹象表明卡拉生过病。她解释说昨天她去了海滩，所以皮肤晒黑了。威玛的堂妹上周在一艘加勒比海游轮上度了假。她们一起吃晚餐的时候，堂妹向她说起了这次旅行，以及她在游船上遇到的许多有趣的人。其中有一个人是位年轻的社会工作者，名叫卡拉·比克。堂妹想知道威玛是否正巧认识她。

威玛联想到卡拉上周没来工作，意识到下面几点：
- 卡拉缺席没得到批准，违反了机构的规定。

- 卡拉的行为违背了伦理、违背了职业规范。
- 卡拉可能已经对其服务对象造成了伤害，因为没能为他们提供定期的服务。
- 卡拉声称她一直生病的时候没说实话。
- 卡拉是她手下最好的工作者，威玛不想失去她。
- 其他工作人员也可能滥用了病假，但却没被逮住。是否该拿卡拉杀一儆百，让其他人与这一违背伦理的行为一刀两断。如果威玛这样做的话，代价是什么？拿卡拉开刀合乎伦理吗？因为这会侵犯她的隐私权。

机构负责人的一项工作就是为机构的决策群体理事会"组阁"。对任何成功的机构负责人来说，同理事会成员建立良好的工作关系都是十分重要的。有时，由于伦理原则间发生冲突，机构的负责人也会遇到伦理上的困境。请思考一下案例10-15。这个案例呈现的伦理问题是什么？你会怎么处理这些问题？

案例10-15　　阿尔茨海默病协会理事会

阿尔茨海默病协会是一个地方性的志愿机构。它大约在十年前成立，为阿尔茨海默病病人的照顾人提供广泛的社区服务。昨晚的会议上，理事会的成员投票通过取消所有的家务助理服务，因为保险的承保单位再次提高了家务助理必须投保的责任保险的保费。你是这个机构的负责人，知道家务助理服务一直供不应求。它不仅仅是一个广受欢迎的服务，而且还是一个资源，让许多家庭可以把患阿尔茨海默病的亲属留在家中，而不是把他们送进护理机构。你知道机构还提供其他的服务，而使用这些服务的人寥寥无几。减少这些服务可以支付增加了的保费。然而，有几个理事会成员对这些服务特别感兴趣，他们会竭尽全力护卫自己钟爱的服务。

督导员的伦理和责任

服务对象和雇员也可能会对督导员或者是督导员负责指导的人提起伦理上的投诉和法律行动，认定他们违背了伦理或者玩忽职守。对督导员应负的连带责任的投诉有两种类型。一种是直接责任，可能是控告督导员的疏忽大意或者授权做的事造成了伤害，诸如给被督导者指定他没有受过足够培训或缺乏经验的工作，或者督导员不遵守州委员会或专业协会颁布的督导指南。督导员也可能会因为被督导的人出了差错而受到指控。一些对督导员的指控可能会牵扯到长官负责的法律信条，即"主人承担责任"。这一法律信条也称作*连带责任*，指的是督导员要对被督导者在工作、培训或者实习教学过程中的所作所为负责，包括有可能出现的伦理上的失误。沃辛顿、谭和普林（Worthington, Tan, & Poulin，2002）对 230 名研究生心理咨询被督导人员进行了伦理上的问题行为的探索性研究。他们发现被督导人（也可能是专业员工）独有的伦理失误包括：故意不披露重要信息，不当地管理个案记录，不当地积极行使自主权，未能解决影响咨询的个人偏见，用不当方法处理与督导员的冲突，以及未能从事必要的专业发展活动。有两种行为被督导员和被督导者视为最有违伦理的行为：在督导中故意伪造服务对象的信息和伪造督导员的签名。被督导者暗中寻求他人的赞同，为其被督导员拒绝的计划找依据，是督导员与被督导者意见分歧最大的行为。类似的分歧是对于未能在规定时间内完成对服务对象的记录的看法。其他方面督导员和被督导者的看法大多一致。

本章表明伦理困境会在直接工作中遇到，也会在与专业同事的关系中、在机构政策和条例中遇到。伦理困境可能会在督导员和被督导的工作过程中发生，也可能发生在社会服务机构、军队和商业环境中。

批判性思考练习

1. 你所在的州是否列出了具体哪些行为违背伦理，对这些行为州社会工作证照管理机构可以提起诉讼吗？证照管理机构榜上有名的违背伦理的专业行为有哪些？你还有什么要添加的吗？证照管理机构可以做出什么制裁或处罚？你还想要添加什么其他制裁吗？

2. 重新翻看一下你就职或实习的机构的员工手册。机构的政策有什么与《全国社会工作者协会伦理守则》不一致的吗？你会如何处理这些不一致的地方？

3. 在一家社区组织中，你是参加员工会议的员工之一。在这次员工会议上，有几个员工提倡只有非裔美国人出身的专业人员才应该做非裔美国人群体和居民的工作；只有同性恋男女才能成功地开展同性恋男女团体的工作（Shillington, Dotson, & Faulkner, 1994；Tully, Craig, & Nugent, 1994）。你该怎么做？

4. 维舍尔登（Verschelden, 1993）认为，社会工作价值观和伦理观表明，社会工作者应该是和平主义者。你是否同意维舍尔登的观点，认为社会工作伦理要求社会工作者必须是一个和平主义者？

5. 选择本章中涉及督导员和被督导者的一个案例，运用角色扮演模拟两人的会面，处理案例中提到的问题。

推荐阅读

伊根和卡杜申（Egan & Kadushin, 2004）关于家庭健康社会工作者及其工作满意度的调查报告所查看的问题中包括病人获得服务与机构财务上的考虑哪个应优先的伦理冲突。专业伦理上的妥协导致工作满意度显著降低问题，参见弗罗斯特、罗宾逊和安宁（Frost, Robinson, & Anning, 2005）的文章，他们研究了儿童和家庭跨学科团队如何协同工作。探讨的问题包括专业实践模式、地位和权力、保密和信息共享。德赛（Desai，2003）在《科层制环境下的伦理决定：一个个案研究》中说明了科层制机构中对透明决策的期望如何迫使从业人员在符合伦理的决定方面寻求指导。

推荐网站

- 社区组织与社会行政协会（Association for Community Organization and Social Administration，ACOSA）的网站为做行政和社区组织工作的社会工作者提供了许多资源和链接。网址：www.acosa.org。
- 全国社会工作管理人员网络的网站提供该组织的信息以及文章和演讲的链接。网址：www.socialworkmanager.org。
- 有关军队社会工作者的信息，请访问今日军事网，搜索社会工作。网址：www.todaysmilitary.com。

能力要点

教育政策 2.1.1：**认同专业社会工作者身份并以此要求自己**。本章我们讨论了组织和工作关系及其与社会工作者的伦理困境的联系。

教育政策 2.1.2：**运用社会工作的伦理原则指导专业实践**。本章我们讨论了在工作场所符合伦理的社会工作实践。

教育政策 2.1.3：**运用批判性思考告知和沟通专业判断**。我们有几个案例让你去思考和决定自己如何回应伦理困境。章末的练习也是有关批判性思考的。

第十一章

特定服务对象群体的社会工作

> 本章会探讨社会工作教育委员会 2008 年《教育政策与认证标准》第 2.1.1 条教育政策中有关成为一名专业社会工作者的内容,重点会特别放到特定服务对象群体的社会工作上。我们还会继续呈现第 2.1.2 条教育政策有关运用社会工作伦理原则指导专业实践的内容。我们会通过几个案例和问题,为你提供机会运用批判性思考告知和沟通专业判断(教育政策 2.1.3)。本章也会思考教育政策 2.1.4:将多样性和差异性融入工作实践。

在这一章中,我们涵盖了直接实践中一些领域频繁遭遇的与伦理问题和困境相关的林林总总的主题,以及新近的几个迅速演进的问题领域,如亲密伴侣暴力、虐待老人、临终决定、艾滋病病毒和艾滋病、宗教和精神,以及身份的多元性和服务对象群体的复合性。

亲密伴侣暴力

亲密伴侣暴力(intimate partner violence,IPV)又称家庭暴力和配偶或伴侣虐待,是指亲密的成年人之间的暴力行为,无论其婚姻状况、生活安排或性取向如何。亲密伴侣暴力有几种形式:身体暴力、性暴力、心理暴力、经济暴力、社会孤立、跟踪和强迫控制(Austin & Dankwort,1999,Murphy & Ouimet,2008)。

在美国,对妇女和男子的暴力行为已经达到了流行的程度。任何一年都会有近 480 万的妇女经历人身攻击和强奸,而遭受攻击的男性略少于 300 万。2004 年,有 1 544 人死于亲密伴侣暴力。在这些死亡中,75%是女性,25%是男性。亲密伴侣暴力的经济成本估计为每年 83 亿美元,包括医疗、精神卫生服务和工作单位的产出损失。不仅受害者、他们的家庭和其他重要的相关人会因亲密伴侣暴力付出个人、经济和心理上的代价，还有提供医疗、司法、警察、庇护所、心理健康和咨询服务的社会开支，以及工作场所失去生产力的损失（Cavaiola & Colford, 2006）。

同其他行凶者相比，妇女更可能被亲密伴侣谋杀。被亲密伴侣杀害是美国妇女过早死亡的第七大原因（Hines & Malley-Morrison, 2005）。有证照的治疗师往往没能识别或轻视服务对象关系中存在的家庭暴力。服务对象可能不会诉说遭遇暴力是因为：

- 他们认为暴力轻微，或者可以忍受，或者正常。
- 他们认为暴力是解决冲突的一种方式。
- 他们担心一旦暴力事件曝光，他们的公众形象会受到影响。
- 他们感到羞愧。
- 他们害怕进一步受害。

治疗师通常不会问暴力问题或者只问伴侣其中一方（Hamel, 2005）。

尽管家庭暴力的发生阻碍了治疗，损害了家庭生活质量和服务对象的福利，但服务对象在准备揭露家庭暴力事件之前，可能需要时间与社会工作者建立信任关系。即使有人在服务对象-社会工作者关系的早期否认发生过家庭暴力，社会工作者也需要意识到可能的家庭暴力迹象，并有意识地在以后再次提出这一问题。若一个社会工作者跟一个服务对象在一起的服务时间有限，她怀疑服务对象有暴力关系，但服务对象否认，诸如案例11-1中巴桑蒂·马杜赖的情况。她该怎么做？毕竟是服务对象决定分享哪些信息。社会工作者是否应该用宝贵的时间再次回到这个问题上来？当怀疑存在亲密伴侣暴力时，社会工作者该如何平衡探查信息的需要（因为她知道在助人关系的早期服务对象不愿透露这些）和尊重服务对象隐私权和自决权的伦理责任？

处理亲密伴侣暴力情况的社会工作者常常被要求预测服务对象（或者服务对象的伴侣）的暴力行为。执法人员、儿童和老年人保护机构的工作人员以及民事和刑事法庭可能会要求他们预测被指控或定罪的施暴人未来实施暴力的可能性。总的来说，临床工作者在预测施暴者未来发生暴力行为的可能性时表现不佳。尽管评估对他人和/或自身的危险性是任何非自愿监禁或精神病处置的基本评估项，但是临床工作者个人还做不到准确预测对可能的暴力受害人的危险性（Sheridan, Glass, Limandri, & Poulos, 2007）。同时，必须记住，临床预测常常带来与之不一致的、不公平、有偏见和不准确的决定（Milner & Campbell, 2007, p. 26）。

然而，有证据表明，当临床工作者在多学科工作组互相征询意见并征询暴力受害人的看法时，就能把各自的知识和专长汇总到一起，形成共识。由于跨学科工作组从许多不同的角度来评估未来的暴力风险，因此他们往往会得出更全面和更准确的评估结果。如果评估人员再考虑一些交互影响因素，诸如年龄、性别、失业、施暴者与受害人的关系状况、施暴者的暴力史、酒精或非法毒品使用情况、精神健康问题史和枪支可获取性等，预测还有可能会更加准确。一些因素，如年龄、性别和之前的暴力史是无法改变的。然而，失业、获得枪支的途径、酗酒和违法吸毒等风险因素则可能让干预找到切入点。如果其中一些因素可以改变，那么风险就有可能会降低（Sheridan, Glass, Limandri, & Poulos, 2007, p.10）。

塔雷索夫原则（见第八章）和法律上的警告的义务要求社会工作者在任何可以预期发生暴力的时间、地点采取适当行动，保护可能的受害者。从业人员有法律和伦理上的义务保护可能的受害者。如果偏见和无知影响了一个人的判断，并导致不准确的预测，那么他可能会让另一个人因他的偏见和不准确的预测而遭遇不公正的刑事司法处罚。社会工作者要为担负这些法律和伦理责任做准备，包括尽可能掌握有关暴力动力，特别是可能的暴力升级方面的知识，以及慎重地处理好自己的偏见。

对夫妻治疗亲密伴侣暴力的有效性研究表明，治疗可以暂时减少暴力行为，但一般而言，长期来看治疗不会导致暴力行为停止（Jory, Anderson, & Greer, 1997）。巴布科克、格林和罗比（Babcock, Green, & Robie, 2004）对22项治疗评估进行了荟萃分析，得出结论："治疗的效果有限，这意味着目前的干预措施除了让施暴人被捕外，对减少再犯的影响微乎其微。"（p.1023）费德和威尔逊（Feder & Wilson, 2005）查看了法院指定的殴打者干预计划，得出了类似的结论，对这些计划的"有效性提出质疑"（p.239）。然而，新近的研究表明，一些策略，如以提高项目出勤率和改变动机为目的的整合药物滥用的治疗和干预措施，可能会减少虐待行为（Murphy & Ting, 2010, p.26）。除了可能缺乏已证明有效的干预措施外，许多机构人手不足，另外一些机构的等待名单很长，而且大多数机构（如果不是全部机构）优先为目前正在接受治疗的人提供服务。当你思考不能为卷入暴力关系的现在和过去的服务对象提供经常性的后续服务的伦理意味时，请记住这一点。在案例11-1中，我们回到了巴桑蒂·马杜赖和埃伦·阿什顿面临的情况，这是我们在整本书中一直在关注的一个案例。

案例 11-1　　　　　　　　　　离家回家

巴桑蒂·马杜赖持续参加南亚妇女支持小组七个月了。她丈夫的家人刚开始有些反对，后来认为偶尔出去一次对她有好处，他们现在支持她参加小组聚会。她的婆婆甚至一直在照看孩子，这样巴桑蒂就可以参加会议，而不需要找人看孩子。

随着巴桑蒂在小组中感到更加安心，她已承认丈夫普拉吉特经常对她大喊大叫，有时还会打她，有时还会留下瘀伤。每当巴桑蒂提及他可能需要帮助时，普拉吉特就会非常生气，说如果她做了应该做的事，他就不必冲着她嚷嚷，还动手。上个月他们吵了一架，巴桑蒂手臂骨折，不得不去急诊室治疗。她担心孩子们会感知到丈夫的暴力行为，或者她丈夫下次会当着孩子的面大打出手，于是她带着孩子们进了一家庇护所。普拉吉特对妻子和孩子搬到庇护所感到非常不安，他同意参加一个治疗计划。现在他已经完成了治疗计划，巴桑蒂正计划回家。

在这种情况下，社会工作者埃伦·阿什顿有什么伦理责任？如果你处在埃伦的位置，你会如何平衡保护巴桑蒂的愿望和她自决的权利？如果没有涉及孩子，你的选择会有所不同吗？如果你不同意她认为女人的位置就是和丈夫在一起的观点，你的选择会有什么不同吗？如果你知道普拉吉特完成的治疗计划的有效性或成功率，这会如何影响你的决定？

虐待老人

在这部分内容中，我们会简要讨论老年人成为虐待受害者的情况下可能出现的一些伦理问题。据全国虐待老人中心（National Center for Elder Abuse，2005）估计，地方当局接到的每一起报告的老年人受虐待、忽视、剥削或自我忽视的个案背后，相对应的都有大约 5 起其他未报告的个案。据估计，每年有 200 万美国老年人受到家庭成员的虐待，这一估计的数据可能并不充分（Hines & Malley Morrison，2005）。无论是住在自己家中还是入住养老机构的老人都常常成为经济虐待的目标，他们经常把自己的财务控制权交给他们的照顾人。任何非法或不当使用老年人的资金的行为都被视为经济虐待，包括伪造老年人的签名，强迫他们签署有利于强迫者或其他人的文件，以及盗用和挪用老年人的资金（Fryling，Summers，& Hoffman，2006）。除了受到家庭成员或照护者的虐待，在护理院的老年人也可能受到虐待、严重疏于照护和剥削。在美国全国范围内向州长期照护监察员项目递交的 20 673 宗投诉案中，身体虐待是被报告的最常见的虐待类型（Bonnie & Wallace，2003；National Center for Elder Abuse，2005）。

在所有虐待老人的人中，大约三分之二是家庭成员，多数是受害者的子女或配偶。此外，在许多情况下，他们在经济上依赖老人，并有酗酒和滥用药物问题（National Center for Elder Abuse，2005）。许多类型的照顾人都是虐待老人的行为人。伯格伦和格雷（Bergeron & Gray，2003）讨论了开办照顾人支持小组的社会工作者可能会遇到的伦理问题，并提出以下建议：

（1）了解虐待老人举报法。所有 50 个州、哥伦比亚特区、关岛、波多黎各和维尔京群岛都颁布了立法，授权为受虐待的老人个案提供成人保护服务（报告、调查和提供社会服务以帮助受害者并缓解虐待）。各地对虐待的界定不同，在分类方面对把虐待归于刑事还是民事的规定也不同。

（2）与成人保护服务工作者建立良好关系。照顾人支持小组中可能出现的许多伦理困境都没有确定的答案，提前与做虐待老人工作的专业人员建立融洽的关系，可以帮助开办小组的人做好一旦出现问题就能加以处理的准备。

（3）让小组成员知道有关举报虐待老人的要求所带来的对保密的限制，让成员对保密有清楚的期许。

(4) 带领小组的人需要"监察小组进程，确保信息不会被过早分享，并确保成员对其披露信息的后果有足够的了解"（p.103）。

(5) 支持小组成员为可能出现的举报做好准备；小组成员应知晓对待透露虐待行为的成员的政策。

(6) 在小组带领者中培养朋辈督导和监察。

(7) 为该领域的研究做出贡献。

这些建议为带领照顾人支持小组的社会工作者提供了一些指南。如果照顾人支持小组的目的之一是让成员发泄沮丧和担忧，那么"感受的正常化可能会向成员发出微妙的信息，即某些程度的持续性虐待行为，如叫嚷、隔离老人或者是不去获得足够的居家服务，是可接受的"（Bergeron & Gray，2003，pp.103-104）。在前面的章节中，我们提出了"谁是服务对象"的问题：这些建议针对的服务对象是谁？没有实际在场的受虐待老人是否可能是小组带领者的服务对象？带领者的唯一责任就是向虐待老人保护机构报告吗？

有人质疑在虐待老人问题上自决的重要性。伯格伦（Bergeron，2006）认为，社会工作不加限制地肯定自决为首要实践原则，是源自美国个人主义具有最高价值的观念。但是，伯格伦建议说，"专业人员对于虐待老人受害者负有保护的义务，绝对不能以遵守自决原则为主要理由，置老年受害者的人身安全受威胁于不顾，或者无条件接受受害者拒绝服务"（p.99）。抑郁的服务对象可能会因为担心什么治疗都无济于事而拒绝治疗；一个人可能会因为受虐待和殴打的打击太大，以至于认为自己的处境没人能救；或者一位年迈的父母可能会拒绝帮助以保护家庭的好名声。接受虐待受害者拒绝帮助是不是违背了"社会工作者在代表缺乏行为能力做知情决定的服务对象时，应该采取合理的步骤保障那些服务对象的权益"的标准（NASW，2008，1.14）？

社会工作者应牢记在遭遇老人受虐待的境况时，他们肩负着伦理和法律上的责任。除了伦理问题，社会工作者应该知道，对于困难的情况，可能不得不采取法律补救措施。在所有州，大多数身体虐待、性虐待和经济虐待都被视为犯罪，因为这些行为违反了禁止攻击、殴打、强奸、盗窃和其他犯罪行为的法律。在某些情况下，精神虐待和疏于照顾也可能受到刑事起诉，这取决于犯罪者的意图和给受害者造成的后果。

临终决定

全国社会工作者协会（NASW，2007）关于"临终关怀"的政策声明为社会工作者提供了政策指导，并建基于服务对象自决应适用于生与死的所有方面的原则。本政策声明声称：

在每个人的生命中,都应该无数次考虑有关临终照顾的决定,而不仅仅是在确诊患了一种终末期疾病或遭遇急性、危及生命的事件时才考虑。临终决定包括一系列医疗、精神和心理社会方面的决定,每个人都应该在临终前做出这些决定……全国社会工作者协会对临终决定没有特定的道德立场,但是肯定任何个人在临终时有权主导自己的照顾意愿。(Social Work Speaks Abstracts,2007,p. 1)

该政策声明包含下述理念:
- 社会工作专业致力于增强生活质量,鼓励探索生命选择,并倡导有途径获得各种选择,包括提供所有信息,以便做出适当的选择。
- 社会工作者在帮助个人确定可供其选择的临终方案方面发挥着重要作用。
- 有行为能力的个人应该有机会作出自己的选择,但必须在被告知所有选项以及后果之后。作选择不应受到胁迫。
- 社会工作者不应提倡任何结束自己生命的特定手段,而应开放地充分讨论各种问题和照顾选择。
- 社会工作者应基于自己的信仰、态度和价值观体系,自由参与或不参与协助自杀事宜或其他有关临终决定的讨论。如果社会工作者无法帮助服务对象做出有关协助自杀或其他临终选择的决定,他或她有专业义务将病人及其家属转介给可以处理临终问题的能胜任的专业人员。
- 社会工作者在履行其专业职责时,不宜提供或亲自参与实施协助自杀行动。
- 在法律许可的情况下,如果服务对象要求在协助自杀时社会工作者在场,那么社会工作者在场就并非不恰当。
- 社会工作者不应基于种族或民族、宗教、年龄、性别、经济因素、性取向或者残疾等原因参与协助自杀个案。

上面最后一条指南有些模棱两可的地方。尽管社会工作者不应该区别对待协助自杀个案,但是不同种族和民族群体对临终决定有不同的看法,这意味着要分群体来采取不同的干预措施。

除了关于临终和自决的声明外,全国社会工作者协会还公布了《全国社会工作者协会安宁疗护与临终关怀标准》。这一文件包括11项社会工作者处理安宁疗护和临终关怀的标准。其中包括伦理和价值观、所需知识、预估、干预/治疗计划,以及此类情况下社会工作的其他特色工作(NASW,2007)。雷伯德和阿德勒(Reybould & Adler,2006)就不同文化背景的老年人及其家庭的临终关怀检视了《安宁疗护与临终关怀标准》。他们强调来自多种多样文化背景的人们对于医疗和健康照顾人员有不同的看法,并且可能有各种传统、信仰、价值观和愿望。他们对自主和自决、死亡和濒临死亡、不确定或确定一个人是否病入膏肓、沟通(包括语言和语言障碍)、说实话与否、所需的照顾水平以及其他受文化制约的认识和价值观可能会有不同的理念。

格罗斯和穆卡迈尔（Gross & Mukamel，2005）认为，任何落脚点为个体从业人员的做决定模型都忽略了做决定所处的组织和其他环境。他们研究了3 548名参加管理式照顾项目的人的临终照顾方案制定的过程。当所有参与者已知的特征都被加以考虑后，研究发现项目效应能解释36%的不抢救选择，66%的人工进食选择，以及50%的与是否有健康照顾代理人在场有关的变化。这些研究结果表明，专业人员个人以及项目和组织因素对个人决定临终照顾方案制定事项有重大影响。

从本质上讲，临终决定有关伦理上的考虑集中在三个不同阶段上：安宁疗护、选择死亡方式或不做选择，以及遗属的哀伤。社会工作者对于面临生命末期疾病、濒临死亡过程和处理死亡后的悲伤与丧亲之痛的个体有很长的照顾历史。全国社会工作者协会颁布的临终政策是社会工作领域一个相对较新的发展，它是社会工作者和其他具有不同价值观的人共同面对的问题。此前社会工作者们对这些现象知之甚少。一些社会工作者认为，全国社会工作者协会颁布的关于社会工作者在医生协助自杀中可能的作用的指导方针实际上表明，这样做是合乎伦理的。另外一些人则反对在临终情况下协助自杀（Manetta & Wells，2001）。在一些州，协助自杀是违法的。反对社会工作者参与医生协助自杀的一个主要论点是滑坡论。尽管协助自杀最初是对那些身患绝症的人，但是有些人担心，随着时间的推移，对符合条件的人的界定会包括其他弱势群体。

沃思和罗杰斯（Werth & Rogers，2005）强调社会工作者有义务保护被识别出有自杀倾向的服务对象。他们建议，无论何时，当服务对象从事的行为在短期内可能导致严重自残或死亡时，应适用保护的义务。要做到这一点，需要对判断力受损情况进行评估，然后在评估后进行适当的干预。在这种情况下，精神健康从业人员的价值观和服务对象的价值观都要被加以考虑。沃思和罗杰斯总结归纳了在探索临终决定时要考虑的一些问题。总共包括四大类主要问题，并须考虑若干子问题：（1）评估提供知情同意，参与做审查的能力和做出知情情况下的健康照顾决定的能力；（2）决策因素，包括身体疼痛和折磨、害怕失去控制、经济上的担忧、文化因素、隐含的问题、总体的生活质量，等等；（3）个人的社会支持系统；（4）系统和环境问题。即使以上所有问题的评估结果都是正向的，社会工作者也必须确定自己跟临终决定相关的观点和价值观。

尽管全国社会工作者协会的政策声明是基于自决原则的，然而许多人怀疑，在一个人希望伤害自己或自杀的情况下，是否存在有意义的自决和自愿同意，因为"只有极度的无知或深深的情感创伤才能导致人们采取类似的极端措施"（Gewirth，1978，p.264）。但也有人批评这种观点。他们声称精神疾病本身并不排除有行为能力（Mishna, Antle, & Regehr，2002）。其他人也对自主（自决）的说法提出异议，认为主动的医生协助自杀不仅仅是自决的问题。从这个角度来看，有人认为这是两个人共同的决定，一个是要被杀，另一个是要杀人（Callahan，1994）。在某些情况下，医学上的姑息治疗或化疗等严酷的治疗会到一个限度，超过这个限度，病人就得不到最终的好处，生活质量也没有提高。有些人觉得生活质量在伦理上是无关紧要的，伦理问题在于要不要夺去一个生命。如果社会工作者面临这样的情况，第四章中介绍的伦理原则筛查工具是否有助于澄清所面临的伦理选择并排列出优先顺序呢？

该政策声明带来了许多问题，包括：谁的生活质量得到了协助自杀的支持？谁的生命受到伤害？在这种情况下，什么是有行为能力？如何判断行为能力？当人们考虑自杀时，他们是完完全全未受到强迫吗？如果他们所做的选择会给其他家庭成员、重要他人、朋友或其他专业人士带来问题，该怎么办？如果涉及的人之间存在冲突，有些人想不惜一切代价维持生命，而另一些人支持这个人的决定，该怎么办？在场但不参与是什么意思？这只是对该行动的另一种形式的认可吗？末期疾病的定义并不总是清楚的。有时，即使是最好的医生也会犯错误，被判为绝症的人会活得比预期的时间长。安宁疗护和疼痛控制能打消结束生命的渴望吗？

协助自杀

自1997年俄勒冈州投票批准《尊严死亡法》以来，医生协助自杀在俄勒冈州已经合法化。2008年，华盛顿州的选民无记名投票通过了一项提案，允许身患末期疾病、法律上有行为能力的成年人获得致命的处方，而不会追究他们自己或他们的医生的刑事责任。蒙大拿州在2010年成为第三个允许医生协助自杀的州，当时州最高法院裁定，即使医生在其中发挥了作用，协助自杀也不是犯罪。法院认为，无论是国家的法律还是公共政策，都未阻止医生为那些想结束生命的末期疾病患者开致命药物。最高法院对医生协助患末期疾病的人自杀的判决为各州在这一领域制定自己的法规敞开了大门，这意味着法院可以重新审议这个问题。39个州明确禁止医生协助自杀；6个州通过普通法禁止自杀；3个州（北卡罗来纳州、犹他州和怀俄明州）没有法律禁止医生协助自杀（Sherer，2004）。医生协助自杀仍有很大争议。

关于医生协助自杀，有两个基本的伦理问题必须权衡：一个事关社会，另一个事关社会工作专业本身。在社会方面，有人担心容许协助自杀的滑坡效应。在至少一个允许协助自杀的国家荷兰，随着时间的推移，对符合条件的人的定义越来越宽松，超出了具体的指南（Citizen Link，2003）。俄勒冈州的法律与荷兰的协助自杀法律在一些重要的方面有所不同。在俄勒冈州，是由医生开致命剂量的药物；而在荷兰，医生可以开致命剂量的处方药或直接给病人服药。什么时候协助是正当的？在俄勒冈州，当一个人得了终末期疾病，并将导致其在六个月内死亡时，终止生命是可以成立的。

2001年一项评估俄勒冈州306名临终关怀护士和85名社会工作者的态度的研究发现，近三分之二的受访者报告说，在过去一年中，至少有一名患者谈论过协助自杀是一种可能的选择。社会工作者总体上比护士更支持《尊严死亡法》和选择自杀的病人。社会工作者可能会遇到病人有关医生协助自杀的问题，不管这一选择是否合法化，社会工作者必须为讨论这些问题做好准备（Miller et al.，2004）。

卡拉汉（Callahan，1994）认为，"社会工作者的伦理立场大多与《全国社会工作者协会伦理守则》的精神和总体内容一致，（是）反对协助自杀，特别是反对会改变我们的社会政策，纵容自杀而不是防止自杀的立法"（p.243）。他担心的一个问题是，参与协助自杀可能会对这一行为产生去污名化的效应，从而使那些弱势但未患末期疾病的人更加容易接受自杀。麦考普朗和麦考普朗（Mackelprang & Mackelprang，2005）进一步指出，《全国社会工作者协会伦理守则》（NASW，1999）的1.02条标准明确主张，当人们对自己或他人的安危构成严重威胁时，社会工作者有责任限制自决。这些观点与全国社会工作者协会《安宁疗护与临终关怀标准》（NASW，2006）有差异。接下来的问题是：个人该如何选择？基于什么选择？

就社会工作而言，还有其他一些问题。协助自杀要求只给那些无可否认有行为能力提出这种要求并且通过安宁疗护没有其他方法可以缓解痛苦的人提供协助。一位观察者认为，这对专业人士有两个基本的伦理要求：其一，寻求提供他们宣称的那些服务并值得信赖。其二，作为受信任的一个专业，社会工作必须被认为诚实、公平和公正（Jackson，2000）。参与协助自杀需要斟酌，它与这些伦理标准背道而驰。

服务对象携带艾滋病病毒和患艾滋病

艾滋病病毒（人体免疫缺陷病毒）现在已经蔓延到世界上的每个国家，并感染了数百万人。在美国，2007年估计有468 578人患有艾滋病，而艾滋病病毒感染者的人数估计为850 000至950 000人（2004年）；估计每年还会有40 000新感染者（Morgan & Levi，2006）。

对艾滋病的偏见

艾滋病不是一种普通的疾病。艾滋病患者或艾滋病病毒检测呈阳性的人不能像受其他疾病折磨的患者一样谈论自己的情况。关于艾滋病有很严重的污名，其污名化程度高于几乎任何其他疾病。因为这个污名，许多艾滋病患者不想让别人知道自己得了这种病。他们常常在相当长的时间里隐瞒病情，甚至对最亲近的人也是如此。他们需要支持来寻求他们迫切需要的帮助。

艾滋病的流行已经很普遍。许多人已经感染，包括受感染者的配偶和重要他人、输入受感染者血液的人、受感染父母的新生儿、共用针头的人和其他人。其中一些人可能与公众一样对艾滋病病毒和艾滋病有偏见，而与艾滋病病毒/艾滋病有关的污名可能使他们在知道自己是艾滋病病毒抗体阳性者时不会寻求所需的帮助。社会工作者必须想方设法与所有这些人，包括被诊断为艾滋病病毒抗体阳性者和艾滋病患者，打开沟通渠道。

保密与艾滋病病毒抗体阳性/艾滋病

当社会工作者得知服务对象是艾滋病病毒抗体阳性者或感染了艾滋病时，往往会出现伦理困境。有些问题涉及这个人为照顾自己的健康需要而做出的努力。他是否适当地使用了健康照顾服务？还有一些问题与这个人与其他人的关系有关。性行为活跃的人，是会告知伴侣其健康状况，还是对此保密，从而可能使伴侣处于危险之中？

早些时候，我们探讨了一些有关保护机密信息的问题，涉及几个关切点，包括服务对象威胁要对某人实施人身伤害。尽管问题复杂，但塔雷索夫判决为了解服务对象意图的社会工作者提供了法律支持。但是，当服务对象艾滋病病毒抗体阳性，并且拒绝告知伴侣时，社会工作者该如何处理这样的情况才合乎伦理？这种情况是否等同于塔雷索夫案可能的暴力伤害？你所在的州是否有法律为社会工作者处理艾滋病病毒携带者或艾滋病患者的问题提供了指南？

为携带艾滋病病毒的服务对象做社会工作倡导

社会工作者在与艾滋病病毒携带者打交道时，面临着许多伦理困境和问题。配给式医疗服务带来了一系列伦理问题，需要社会工作者的倡导服务。感染艾滋病病毒的无子女成年人一般只有在符合补充保障收入条件时才有资格享受医疗补助。是否有资格获得补充保障收入或社会残疾保障保险取决于个体是否正在成为残疾人，也就是说，他或她的工作能力是否严重受限（Federal Globe, 2007）。那些无症状的艾滋病病毒感染者没有资格获得医疗补助，直到发展成艾滋病。因此，除了几个有医疗补助豁免的州将福利扩大到艾滋病病毒携带者的非残疾者，艾滋病病毒抗体阳性的无子女成年人没有资格获得医疗补助。这些州开展示范项目，评估向这一群体扩大服务的成本效益，以减缓疾病的进展并防止机会感染（Human Rights Campaign, 2003）。社会工作者是否有伦理义务倡导这类服务？社会工作者是否还应该为艾滋病病毒携带者或艾滋病患者倡导其他服务或权利？

技术与直接实践

通过新技术手段提供辅导服务积累的经验、农村地区服务的缺乏、对较便宜的提供服务的手段的找寻以及对互联网越来越多的使用，这些因素共同促生了新的提供服务方式。电话辅导是一种代替面对面提供服务的选择，可以作为以面对面关系为主的辅助手段，也可以作为为某些服务对象提供服务的主要工作方法，例如那些行动不便的服务对象或缺乏交通工具的农村服务对象。采用这些方式的服务可能是精神健康治疗，或者是分享信息、解决问题和提供支持。

2001年，医疗保险扩大了对医疗保险受益人的远程医疗服务的覆盖范围，包括某些个人心理治疗服务。符合条件的临床社会工作者可以报销特定服务费用。但是，只有当服务对象在提供视频会议功能的"原始站点"（如医生和从业人员的办公室、医院和农村健康诊所）接收服务时，服务才可以报销。一般来说，这些地点必须位于被指定为卫生专业人员短缺地区的农村地区或不属于大都市统计区（人口超过50 000的城市）的县（Ballie，2001）。在这些情况下，服务对象必须在特定时间到达指定地点，才能从另一个遥远地点能提供服务的社会工作者那里获得服务。

多年来，电话一直被用来以这种方式提供服务，但现在使用技术提供服务有更多的选择，包括互联网和在线治疗以及在线自助团体。到目前为止，这些方法的有效性还没有经过科学的检验（NASW, nd.）。全国社会工作者协会和社会工作委员会协会（Association of Social Work Boards，2005）公布了《技术与社会工作实践标准》，为把技术作为实践的辅助手段或完全运用技术手段提供服务提供指南。

人们对在线服务的利弊存在争议，也提出了伦理和法律方面的问题。其中一个担心与保密和误传电子传输信息以及黑客有可能入侵通信有关。《全国社会工作者协会伦理守则》（NASW，2008）认识到了使用技术提供服务的局限性。因此，该守则告诫通过电子媒介（如计算机、电话、广播和电视）提供服务的社会工作者应将此类服务的局限和风险告知接受者（Code，2008，1.03e）并采取预防措施，确保和维护向其他方传输的信息的机密性（Code，2008，1.07m）。虽然在线通信加密可能会提供足够的保护，但是许多个体服务提供者和服务对象可能无法获取或知道如何使用必要的软件。机密电子邮件可能被错误地发送给错误的人，甚至发送给通讯录上的所有人或一个通讯名单上的人。是否与技术顾问签订服务合同就足以保证从业人员遵守了伦理标准？

第二个问题是治疗服务的适切性。有哪些症状适合在线治疗？在线治疗有疗效吗？在网上能建立起治疗联盟吗？在线治疗和面对面的治疗有什么不同？到目前为止，研究上对哪些主题不适合在线治疗还没有定论。能列出的可能不适合的一些主题包括性虐待（被认为是首要问题）、暴力关系、饮食失调和涉及扭曲现实的精神疾病（Helton，2003）。即使有一致意见和证据表明哪些困难可以通过在线治疗得到帮助，在没有视、听觉以及其他线索的情况下，如何才能做到充分的评估？即使治疗师和服务对象可以通过视频会议或Skype看到对方，体验也很可能不同于传统的治疗方法，这要求治疗师具备不同的技能。

第三个问题是，社会工作者是否受过足够的培训，能够提供这些服务。受传统培训和教育的社会工作者的知识和技能是否可以迁移到在线干预领域？另一个问题是，是否存在跨州证照认证和执业。一个在马里兰州的治疗师是否获得了在加利福尼亚州做治疗的证照？服务发生在哪？马里兰还是加利福尼亚？例如，加利福尼亚州的法律规定，在线精神健康从业者不能在本州以外的地方执业。哪一个全国性组织能把资格要求最好地标准化，提供执照和证书？最后，如果为在线执业的人提供专业保险，会出现什么问题？社会工作者有伦理责任为提供这些服务寻求培训，并确定本州的法律对通过技术手段提供服务的影响。

从积极的一面来看，在线治疗有一些好处：农村和偏远地区以及出不了家门的服务对象都可以使用它；不愿去见治疗师的人可以匿名使用它；任何时间都可以获取服务；低成本；以及便于筛查和随访。由于互联网的灵活性，时间安排方面的困难被降到了最低限度，服务对象可以在白天或晚上、工作日或周末使用服务。在线治疗也可以减轻从业者做记录的工作量。有些人认为，在网络环境下，服务对象可能对自我披露更加开放（Abney & Maddux, 2004）。

尽管有人声称提供这些服务的社会工作者的风险很低，但这其中涉及到伦理问题。比如，在某些危机情况下（如服务对象有自杀意念），社会工作者和服务对象可以依赖远程的、也许是不认识的人做评估和提供紧急处置。在伦理守则中，你在哪条哪款能找到支持，表明以这种方式提供服务是符合伦理的还是违背伦理的？就像所有治疗一样，这样的服务也有些管理事项，包括填写接案表格，获得知情同意，解释保密限制和强制性报告法律，说明如何处理任何申诉以及由谁处理，提供费用说明，做好记录保存、安全措施以及终止服务政策。在线服务中如何才能合乎伦理地处理这些问题？

奥尼尔（O'Neill, 2002）发现，一些社会工作者认为，在建立实践标准和澄清连带责任问题之前，社会工作者提供在线治疗是错误的、有悖伦理的。其他社会工作者对这些批评持反对态度，并声称在线治疗师和提供离线治疗的人一样准备充分，相对匿名性可以增加服务对象参与治疗的意愿，服务对象和治疗师都可以摆脱对彼此先入为主的观念（O'Neill, 2002）。

以下问题在全国社会工作者协会和社会工作考试委员会协会制定的《技术与社会工作实践标准》中有所叙述：

- 为有特殊需要或技术支持受限的服务对象做技术可及性的社会工作倡导；
- 遵守提供社会工作服务的所有州的适用法律和法规；
- 在线方法、技能和技术契合所治疗人群的文化和种族特征；
- 精准的工作宣传和验证服务对象身份；
- 隐私保护要求；
- 了解某些类型的在线技术对特定服务对象的适用性；
- 制定安全政策和程序以及出现电子故障或紧急情况的应急方案；
- 保留技术顾问（列表引自下面的网址：http://www.socialworkers.org/ldf/legal_issue/200704.asp?back=yes）。

为读者着想，我们还放入了为全国持证辅导员委员会准备的指南。他们建议的指导方针包括：

- 通过加密方法确保服务对象的机密性；

- 查看连带责任问题；
- 告知服务对象治疗时段的数据会被保存多长时间；
- 通过代码核对服务对象和辅导员的身份；
- 为未成年人服务需要知情同意时，核实相关成年人的身份；
- 建立当地随叫随到的辅导员资源或危机应对资源；
- 筛选出不适合网络辅导的问题；
- 如果出现技术问题，解释并制定应急计划；
- 解释如何应对因缺乏视觉线索而可能出现的误解；
- 讨论如果辅导员离线或发送和接收信息延误该做什么。（Fukuyama，2001）

电子邮件的普遍使用能得到不期而至的信息，这可能会使从业人员面临严峻的伦理困境，例如在案例11-2中呈现的个案。

案例11-2　　来自欧洲的电子邮件和自杀想法

一名大学生利用电子邮件讨论群询问一种可用于无痛自杀的药物。欧洲的一位教授读了这封邮件的请求后，向发件人所在的大学表达了他的担忧，这封邮件被转发给了大学的心理咨询部门。接手这个个案的咨询师在决定做什么之前获得了更多的信息。她联系了计算机中心的主任，主任进入了这个学生的账户，在那里发现了关于自杀的更多信息。此时，咨询员决定联系学生的家长。（这一情况在一份社会工作电子讨论单上有所描述，使用获得了彭布罗克大学的史蒂夫·马森的许可。这位咨询员不是社会工作者。）

之所以呈现案例11-2是因为它反映了电子邮件和可能的其他常见的电子通信形式（如社交网站）的使用，还因为它提出了社会工作者必须考虑的一些问题。咨询师面临的一个问题是，是否要根据来自她不认识的人的第三方信息采取行动，这些信息。由于情况可能危及生命，这位咨询师决定认真对待第三方传递的信息，但她也希望尽可能核实事实。在此，这位工作者认为干预是合理的。更宽泛地说，可以提出的问题是，社会工作者在何种情形下应寻求获取机密电子文件？是否存在危及生命的情况之外的任何问题可能支持此类行动？在什么情况下，计算机中心或社会机构有权查看某人的个人计算机账户？

如果计算机中心（或机构）表明这种入侵非法或违反规则，咨询师应该怎么做？尽管咨询师感到有正当理由要求计算机中心证实情况，因为这种情形可能危及生命，但她在未经学生许可的情况下进入其计算机账户是否合乎伦理？因为学生在大学就读，而咨询员是大学的员工，所以她对他的福利负有一定责任，特别是在咨询员获得了学生档案中的信息之后。如果学生的账户中没有危及生命的资料，她又会做什么？

我们不知道咨询员联系学生家长而不是学生本人的原因。告诉家长他们儿子的行为是对学生隐私权和保密权的不正当侵犯吗？如果她不联系学生的父母，而是和学生交谈，而他只是说对无痛自杀这一化学问题的知识感兴趣,那么咨询师该怎么办?在这种情况下,伦理守则中的哪些标准提供了指南?

就像所有实务工作一样,社会工作者对技术的运用也面临可能的伦理困境和存在违背伦理的行为。全国社会工作者协会识别出了一些与在线行为相关的可疑做法,其中包括:没有根据地声称有成功的结果,使用不专业的照片,未能按姓名和证照状态识别出该专业人士,用单个州的治疗经验提供全国性的治疗服务却未指明获得了服务对象所在州的证照,向匿名服务对象提供服务和允许在无法确保保密的公共互联网上发服务对象的评论帖(NASW, n. d.)。

目前包括脸书(Facebook)、聚友网(MySpace)和领英(LinkedIn)在内的社交网站以及诸如推特(Twitter)等工具上的微博的使用程度还不得而知。社会工作者加入社交网站或写博客可能会遇到哪些伦理困境?如果她参加是作为社交活动而不是专业活动会有关系吗?很可能的是,不管尚未确定的实际和伦理问题情况怎样,基于互联网和其他技术的服务将继续扩展。

宗教与精神

在历史上,宗教内容零星地被纳入社会工作教育和文献。作为教育为从业者提供的准备的一部分,有关精神和宗教方面的资讯传递得很少,而且在很长一段时间里,这些内容几乎完全被排除在期刊、教科书和课程大纲之外(Hodge, 2004)。坎达、中岛和弗曼(Canda, Nakashima & Furman, 2004)调查了2 069名全国社会工作者协会成员在教育和实践中有关精神和宗教方面的内容。大多数被调查者指出这两个主题的社会工作教育不足。最近,在社会工作教育和实践中,越来越多的人开始需要更具体地深入了解精神和宗教。

尽管对精神和宗教的定义仍然没有多少共识,但它们在社会工作和社会工作教育中的地位稳步提升。我们将使用坎达等人的定义(Canda et al., 2004),将宗教界定为"一个社区共享的与精神有关的一套有组织、有结构的信念和实践"(p.28),而精神是"寻求意义、目的和道德上与自我、他人、围绕宇宙的终极现实的关系的圆满,而不管一个人怎么理解"(p.28)。

宗教和精神影响了服务对象和社会工作者的世界观。正如舍伍德(Sherwood, 1997)所指出的,"每个人都基于对宇宙和人的某些世界观或信仰而生活,这些观念被验证或未被验证过、不明确或明确、简单或复杂"(p.115)。舍伍德的观点是,这些世界观影响了我们的社会工作实践的方式,以及我们如何理解人们。

宗教、社会工作价值观与世俗主义

斯图尔特（Stewart，2009）认为，传统的基督教世界观和社会工作世界观之间存在着根本性的差异。他的观点是，全国社会工作者协会所持的官方立场是基于对社会工作的世俗和人道主义阐释，受到人道主义、后现代主义和自由主义的影响，它标志着一场远离传统犹太教-基督教宗教价值观的运动。根据这一世界观，人性的本质、罪扮演的角色、揭示真理的重要性、自由意志和受苦的目的，都与传统哲学观点有很大的不同。这种价值观与传统基督教观点的冲突并不是完全停留在理论上，而是给实践带来了后果。这种冲突的一个例子是一个社会工作学院的经历，该学院位于一所神学院内，由于价值观的冲突而被完全清除。斯图尔特（Stewart，2009）的结论是，被言明的社会工作价值观和传统宗教价值观之间的冲突将继续问题不断。

泰尔和迈尔斯（Thyer & Myers，2009）回顾了媒体关于在社会工作学士和社会工作硕士项目中，社会工作学生由于宗教信仰而被歧视的报道，并附加了一些宗教歧视的例子，包括教师对学生的评估和学生被不公平地开除出社会工作项目。这些控诉表明，指控在社会工作教育中的宗教歧视仍然会是一个持续存在的问题，它与种族、性别和性取向歧视并无不同。这些报告也支持斯图尔特（Stewart，2009）上述关于宗教与社会工作价值观会持续冲突的看法。

与此同时，霍奇（Hodge，2007）借用全国社会工作者协会伦理守则论证，有必要通过消除宗教歧视来倡导社会公正。霍奇（Hodge，2007）还提到了联合国（1948 年）的《世界人权宣言》第 2 条禁止宗教歧视和第 18 条陈述的范围更广的声明。世界各地存在着许多宗教歧视，霍奇（Hodge，2007）主张社会工作者应积极努力，确保所有人都能自由地行使前面认定的这些权利。这些权利符合《全国社会工作者协会伦理守则》（NASW，2008）中有关自决（1.02）和非宗教歧视（6.01，6.04d）的伦理标准。最后，霍奇（Hodge，2007）提出，社会工作有倡导宗教自由的义务，因为许多宗教迫害的受害人都是被边缘化的和来自弱势群体的成员，他们往往是比例过高的贫困者、妇女和被边缘化的亚群体，没几个人在世界范围内为其做倡导。他倡导，社会工作作为一个致力于社会公正的专业，应该让那些遭受迫害的宗教团体发声。

霍奇（Hodge，2009）描述了他所认为的美国弥漫在各处但又看不见的世俗主义和世俗特权。他认为社会工作者意识到这一现象很重要。世俗主义者关注的是俗世的事物，而不是精神世界，他们一般很少关注精神、宗教或神圣的事物。这个群体不限于无神论者和不可知论者，还包括那些与精神传统未建立联结的人，他们也不关心、不感兴趣，或对精神或宗教没什么投入。霍奇（Hodge，2009）认为，在我们的社会中，世俗主义者在很大程度上决定了社会的规范和价值观。他们主宰着专业领域的样貌和娱乐、工业、新闻媒体、教育和政府界。在他看来，世俗主义在形成更广大的社会的价值观方面发挥着核心作用，并占据着特权地位。

霍奇（Hodge，2009）的论点是，理解世俗主义和世俗特权的重要性，使社会工作者更能够欣赏多样性和文化差异。有了这些知识，社会工作者就能更好地在一个精神文化日益多样化的社会中提供合乎伦理的专业服务。如果你同意霍奇（Hodge，2009）的判断，那么从伦理的角度看：对世俗特权的了解会以什么方式影响你的伦理决定？对世俗特权的默许是否要对社会工作教育中没有为从业人员（包括那些在其社会工作实践中运用宗教资料和精神为本的干预方法的人）准备这些宗教和精神方面的干预负责？社会工作教育有什么伦理上的责任承认和建设性地处理霍奇认定的世俗特权？

精神与社会工作实践

有几位作者已经引起人们对如何将精神事物引入社会工作实践的关注。其中包括仪式的运用，对神圣故事和象征的探索，与艺术、舞蹈和诗歌的结合，冥想和祈祷，以及对身体的关注（Maidement，2006）。坎达等人（Canda et al，2004）探讨了在社会工作者的实践中与精神和宗教有关的其他方面。大家高度一致地认为，将服务对象转介给神职人员并与他们合作是恰当的。数量少些的人同意使用祈祷、冥想、视觉化、仪式和符号、有感召力的阅读、以帮助为目的的身体接触、精神叙事和对话或宗教语言等的适当性。主要的分歧集中在祈祷的使用、治疗性身体接触和工作者的自我披露上：有些人认为对它们的使用是恰当的，而另一些人则认为是不恰当的。

很少有关于是否运用和在什么时候运用精神干预以及其涉及的伦理决定的实证研究。任何之前的问题，例如这些干预措施的合宪性，显然都是以务实和渐进的方式解答的，而没有受到法律上的质疑。例如，人们可以问：在公共政府机构中使用宗教干预带来的宪法上的问题是什么？假设涉及联邦资金，一家志愿非营利机构运用了宗教/精神干预，它的赞助方是个宗教团体，该宗教团体服务范围广泛的社区，包括不是其赞助的宗教团体的会员的人，这在宪法上有什么问题？在美国，在不建立国家宗教和联邦及州宪法的宗教自由条款之间有一个谨慎的平衡。莫伯格（Moberg，2005）认为，把重点放到精神而不是宗教上只部分地解决了这一困境。尽管有些人认为精神与有组织的宗教团体是分离的，但精神概念是否指确立宗教信仰，仍有待商榷。然而，社会工作者服务的许多服务对象都有精神或宗教倾向，这对他们很重要，并且有助于治疗。忽略这些基本信念及其影响可能会限制社会工作者工作的有效性。

霍奇（Hodge，2005）报告说，美国最大的卫生保健认证机构卫生保健组织认证联合委员会（Joint Commission on Accreditation of Health Care Organizations，JCAHO）现在要求在精神卫生场所进行初步的探索性精神评估。霍奇（Hodge，2005）还描述了"精神生活地图"及其在精神评估中的应用。他介绍了使用精神评估可能会出现的几个价值观冲突。首先，服务对象的自主和自决必须受到保护。其次，社会工作者必须警惕宗教反移情问题。这既是他们自身的发展性问题和决定导致的结果,也是他们的服务对象和病人的信仰和价值观导致的结果。最后,即使从业人员和服务对象的价值观体系是吻合的,也存在着社会工作者对服务对象进行精神上的指引而不是关注服务对象的问题的可能。

在随后的一篇文章中,霍奇(Hodge,2006)为社会工作者提供了精神评估的实施指南。他提出了四个原则,每个原则都有伦理意味:(1)尊重服务对象的自决权;(2)从业人员有提供具有文化胜任力的服务的能力;(3)服务对象的信仰传统的规范与提供服务的关联程度;(4)精神性对服务对象生活的显著重要性。作为讨论的一部分,霍奇介绍了一项研究,它显示了精神与宗教跟精神与身体健康状况之间的联系。可以说,这一知识支持了充分运用为特定群体设计的精神评估和干预措施在伦理上的正确性。

在宗教和精神领域有一个与伦理守则有关的重大伦理困境。有关歧视,《全国社会工作者协会伦理守则》(NASW,2008)规定:"社会工作者不应实施、纵容、为之提供方便或协助任何形式的歧视,包括基于种族、民族、国籍、肤色、性别、性取向、性别认同或表达、年龄、婚姻状况、政治信仰、宗教、移民身份、精神或身体残疾的歧视。"(4.02,强调是另加的)一些宗教和少数族裔群体被其他群体视为受歧视。宗教歧视和少数族裔群体歧视都有悖伦理。这一伦理困境目前正在持续被辩论和讨论。如何才能在两个群体都有权享有言论自由和信仰自由的范围内兼顾不同少数族裔群体相互有冲突的要求?宗教价值观容许流产与反对流产、允许协助自杀与反对自杀、支持同性恋婚姻与反对同性恋婚姻,在这些问题上,不同的宗教价值观诉求能否得到调和?所有这些群体都享有言论自由和表达自己的信仰的自由。当价值观对立的群体在公共场所相遇,他们的言行影响到其他群体时,会出现什么样的伦理困境?

对于个体社会工作者和服务对象来说,有关精神和宗教的最困难的问题可能集中在社会工作者的权威和服务对象的弱势上。能避免行使社会工作者的权威的方法没有多少,它是从执照、教育、机构授权和技能中获得的。服务对象需要帮助,而且他们可能很脆弱和贫困。除了服务对象心理上的移情问题外,社会工作者的权威也在发挥作用。在服务关系中,用例子或言语来传授宗教理念合适吗?鼓励在某个宗教中长大的人退出或改信另一个宗教合适吗?提议服务对象和你这位社会工作者一起祈祷会有什么影响?微妙地贬低跟你有所不同的宗教信仰和习俗会产生什么样的影响?

多重身份与服务对象群体

美国社会正变得越来越多样化,这使群体身份的数量日益增多。这些身份形成了政治势力和社会势力,成了个人表达意愿的手段,也是人们获得生活意义的途径。这种不断增强的多样化导致的一个结果是,社会工作者要打交道的人越来越多地来自多种多样的文化,这些文化不同于美国社会传统的主流文化观,这些人更多是受到自身文化而不是可能被视为美国文化的那些东西的影响。

一般美国社会的民众和社会工作者都肯定多样化。《全国社会工作者协会伦理守则》(NASW, 2008) 中清楚表明,期望社会工作者要用关怀和尊重的态度对待每个人,牢记个体的差异性,并有文化和种族多样性意识。《全国社会工作者协会伦理守则》有关文化能力和社会多样性的条款（NASW, 2008, 1.05）要求有伦理道德的社会工作者了解文化及其对人类行为的作用,对服务对象的文化有所了解并具有敏感性。而且,希望社会工作者获得与种族、民族、国籍、肤色、性别、性取向、性别认同或表达、年龄、婚姻状况、政治信仰、宗教、移民身份、精神或身体残疾有关的社会多样性和压迫的性质的教育,并对此寻求理解。

大多数人可能同时归属于几个群体,有多重身份。即使一个人非常强烈地认同某个单一文化,他的身份也可能取决于其他一些特质,如国籍、性别、社会阶级、性取向、残疾和年龄。在更多地了解许多不同的群体身份的过程中,有一种危险,即把个人的身份程式化地归于某个首属群体。文化是千变万化、复杂多样的,社会工作者要拿出方法,避免对群体身份做错误的推断或类推（Walker & Staton, 2000）。比如,一个白人妇女也可能穷困潦倒,是浸礼会教友,80岁,是女同性恋者并且在非洲出生和长大。

为了说明这一点,费林（Fellin, 2000）提出了一种评估文化认同和参与的方法,强调个人可能会归属多个群体,对这些群体的身份在认同上有差异,参与这些群体的程度也会有所不同。服务对象归属于不同的种族和民族群体与次属群体、宗教信仰、社会阶层和性取向,可能会有各自类型的残疾。社会工作者在同这些不同的人和家庭打交道的时候,必须确定每个人对其归属的群体认同的程度,在心理上多大程度上把自己看成是群体的一员,以及对这些群体的实际参与度。

因此,一个人可能是不同群体的成员,在心理上或多或少地认同于不同的群体,对每个群体都有不同程度的社会参与。我们之所以介绍这样的工作理念是因为它能使社会工作者从多元文化和文化复杂性的角度更正确地、更符合伦理地理解和评估他们所服务的服务对象及其家庭。认为一个人只有一个身份是刻板的看法,因为每个人都归属许多群体,他的这些身份的强弱可能会随着时间的推移而改换。把每个人当成独特的个体来看待需要敏锐地察觉服务对象的系列身份,并做到心中有数。

由于文化群体内部往往存在重大的文化差异,因此很难给出适用于整个社区的概括性结论。例如,菲律宾人社区本身就是一个多样化的群体。个人及其家庭在抵达美国的时间、社会经济背景、教育水平、方言、移民因素、地理方位、社会阶级和文化适应水平等方面存在差异。群体之间和群体内部也存在差异。

除了《全国社会工作者协会伦理守则》对文化能力有所表述外,在这一受关切领域的一个里程碑式文件是全国社会工作者协会颁布了《社会工作实践中的文化能力标准》（2001年）。历史上,文化和多样性在社会工作中一直与种族和族裔联系在一起。然而,当今美国的多样性包括"不同性别、社会阶级、宗教和精神信仰、性取向、年龄和身心能力的人的社会文化经历"(NASW，2001，p. 8)。2008年，全国社会工作者协会代表大会投票决定将性别认同或表达和移民身份加到《全国社会工作者协会伦理守则》关于文化能力和社会多样性(1.05)、尊重(2.01)、歧视(4.02)以及社会和政治行动(6.04)的章节中。

歧视与错误诊断

对特定的人和文化的了解可以做到通晓、准确，但是在许多层面，包括一线工作人员这个层面，都存在歧视问题。歧视可能会影响诊断和处置。比如，利奇和沙利文(Leach & Sullivan，2002)发现：

- 社会经济地位较低的人总是比其他阶层的人得到更频繁和更严重的诊断结果。
- 同白人相比，黑人和西班牙裔人更容易被诊断为人格障碍或精神分裂症。
- 非洲裔美国儿童比白人和亚裔美国儿童更容易被诊断为多动症。
- 少数族裔比白人更容易被诊断为慢性失常，而不是急性失常。

精神卫生服务中的歧视与种族和文化因素、社会经济阶层和服务对象的性别有关(Toporek，2002)。至少有两个理论可以解释这种诊断上的差异：(1)错误诊断是源于不同文化对症状的表述不同；(2)临床上的偏见。不管病因是什么，出于误解或偏见而导致的这些错误诊断都是有悖伦理的。在一个人被判违背了伦理之前，有必要了解从业人员错误诊断的意图吗？(有关错误诊断的伦理问题的进一步讨论，请参见第七章中关于诊断与错误诊断的章节。)

文化与处置

社会工作者也可能会遇到与保密和尊重服务对象的文化有关的伦理困境。比如，一位年轻的亚裔姑娘可能对讲出事情的真相和自我披露非常害羞。在她的文化中，许多重要的事情都是由年长的人做主，而不是年轻人自己做主。而另一方面，社会工作者所受的教育是鼓励对服务对象做自我披露和诚实。对一个社会工作者来说，向一些文化的服务对象报告坏消息（比如，他们需要报告虐待儿童个案或者是建议做艾滋病检查）有可能会被理解为除了给他们带来羞耻外，会加重服务对象的病情，夺走服务对象的希望，甚至是诅咒服务对象及其家庭。在服务对象的文化是保护家庭和个人的秘密时，索取更多的信息资料符合伦理吗？如果服务对象不想让你报告虐待儿童个案，因为这会让她的家庭蒙羞，毁了他们在社区中的生活，你会怎么做？请考虑一下案例11-3中描述的情况。

案例11-3   告诉赵贤多少合适？

赵贤是位亚裔美国人，在50岁出头的时候刚刚移民来美国，她由一位非亚裔的女性好友介绍到西部邻里辅导中心。赵贤仰慕这位朋友,她曾在中心得到过帮助。赵贤告诉中心的社会工作者黑利·特雷勒,在丈夫失业后她开始胃痛,同时还相当焦虑。看医生的结果是身体上没什么问题。随着工作的推进,一段时间以来事情进展得相当好,赵贤开始感到好些了,对自己的生活也有了更多的把握。

就在这时赵贤告诉黑利尽管她觉得比原来好了,但是她教会的一个女教友说她不应该找西部邻里辅导中心求助,而是应该找亚洲人,用亚洲的方法来解决她的问题。赵贤表示她感激工作者给了自己帮助,但是认为自己的朋友是对的,她打算找一位注重用药物和绿茶治病的"治疗师"。这个决定让黑利感到很意外,因为她听说过赵贤要去找的这个特别的"治疗师"没什么作用,有几个人曾经找过他,经他治疗后他们的身体病症反而加重了。

从伦理上讲,黑利该怎么做?她应该告诉赵贤其他人跟这位本居民区的治疗师打交道的体会吗?这会让赵贤在知情的情况下做决定吗?她该对知道的事默不作声,不置一词地接受贤的决定吗?

具有敏感性和知情情况下的社会工作实践可能要求社会工作者用各种和直觉不同的方式开展工作,这些方式可能被认为是不符合伦理的。例如,受道家心理健康观影响的有中国背景的人,可能用与社会工作者习惯见到的截然不同的方式看待世界。然而正如叶(Yip, 2005)所阐释的,社会工作实践强调个体认知和情感的改变,以面对他们的问题。有中国背景并受道家观念影响的人,通过不作为和退行性的自我保全寻求改变。根据道家思想,不作为不是静态的或被动的,而是喻示对自然规律的洞察,服务对象是让她的意念或行为自然发生。保持沉默并接受这个人的行为在伦理上正确吗?这是否意味着要在对机构的通常责任和对服务对象的忠诚之间做出选择?在案例11-4中,社会工作者可以怎样回应?

案例 11-4　　　　召唤萨满

伊夫林·沃特斯在对李先生进行家访时,他要求她联系一个萨满(某些部落社会的成员,在可见世界和精神世界之间充当媒介,能够治疗、占卜或控制事件),因为他一直感到很不舒服。当社会工作者建议带他去一家当地的不需要预约就可以看病的诊所时,他很抗拒,坚持要去见萨满。由于服务对象意识清醒,看起来能自我控制,沃特斯女士决定记下电话号码并打电话给萨满,萨满说他马上会来。当萨满到达时,他私下和李先生进行了简短的交谈,然后在李先生的手腕上绕了一圈线,开始了治疗过程。萨满解释说他是在召唤李先生逃走的灵魂。此外,萨满用手指在李先生周围画出了一个隐形的保护罩。鉴于李先生有糖尿病和高血压病史,沃特斯女士担心萨满的治疗可能不够充分,甚至可能有害。

知道苗族人民靠精神信仰来帮助他们渡过难关会有帮助吗？接受李先生的自决和对其处境的评估是否合乎伦理？在给萨满打电话之前，在萨满来了之后，在他开始治疗之后，还有什么其他合乎伦理的选择？如果萨满决定用自己的方法治疗李先生，并坚持可以带李先生去诊所但不能在明早之前去，会有什么不同吗？

从业人员在实际工作中可能会遇到一些文化相关的精神疾病。比如，在某些地方社会工作者可能会遇到服务对象的特有症状，诸如精神错乱（由于恶魔附体而失去知觉）、发狂（突然爆发暴力和攻击性行为）、dhat 综合征（极度焦虑并伴有虚弱无力和精疲力竭的感觉）（Castillo，2007）。当社会工作者遇到这些人们知之甚少的症状时，他必须考虑几个伦理上的问题：（1）他是否受过足够的训练以识别和处理这些症状？（2）管理型健康照顾要求必须是有《精神疾病诊断与统计手册》（DSM-IV-TR）中列明的症状才可以报销治疗费用，对此他该怎么处理？（3）当管理型健康照顾拒绝报销治疗认定的症状的费用，他该怎么办？（4）因为他们在自己的文化中没有经历过这些东西，因此一位在美国文化中长大的社会工作者能接受这些症状是实实在在的，而不是空穴来风吗？（5）最后一点，一个从业人员要接受多少多元文化的培训才能合乎伦理地做形形色色的人群的工作？

批判性思考练习

1. 如果你作为一名社会工作者面临协助自杀的问题，你能识别出你个人对此类行为的价值观吗？你采取的立场是什么？你能为你的决定提供什么样的理由？

2. 你所在的州的立法部门为在几个人群中发现的艾滋病病毒抗体阳性发病率突然急剧增长感到忧虑。有人提交了一份法案，呼吁对所有申领结婚证的人实行强制性的艾滋病病毒检查。尽管问题是千真万确的，法案提出的解决方法或许见效，或许不见效，但是它的确带来了一些伦理上的问题。全国社会工作者协会的本地分会要求你在下次的成员会议上讨论这些问题。

3. 你受雇的那家机构想开始通过互联网提供服务。用小组的方式讨论你认为机构和社会工作者会遇到的伦理困境。确定如何合乎伦理地避免和/或处理这些困境。如何满足《健康保险携带与责任法案》的要求？

4. 如果你是案例 11-3 中描述的情况下的社会工作者，而赵贤是你的服务对象，你会做什么？你的决定的依据是什么？

5. 你正考虑开设一个博客，介绍你作为社会工作专业学生的经历。这是个好主意吗？会出现哪些伦理方面的问题？

6. 使用你最喜欢的搜索引擎，搜索"社会工作博客"。在阅读了其中一些博客后，如果有的话，你能从中发现哪些伦理问题？

推荐阅读

帕尔默和考夫曼（Palmer & Kaufman，2003）强调了自决在社会工作中和在美国的重要性。它被视为一个核心价值观和伦理标准。他们探讨了在多元文化背景下，从业人员和机构对于各色人群的与知情同意有关的偏见。叶（Yip，2005）阐述了传统道家思想对中国人心理健康的影响。他们可能不赞成赋权或改变环境，可能赞成不作为，而不是改变认知和行为，以及质疑诸如自我实现之类的价值观。霍奇（Hodge，2004）研究了福音派基督徒文化能力（态度、知识）的发展，指出从业人员未解决的问题可能会在实际工作中展现出来。在许多不同的人群中也存在类似的问题。2009年，《社会工作中的宗教与精神：社会思想》(Journal of Religion & Spirituality in Social Work：Social Thought) 杂志出版了一期关于宗教、精神和社会工作中有争议的问题的专刊（第28卷，第1和第2期），其中包括谢里丹（Sheridan，2009）的一篇文章，文章探讨了使用以精神为本的干预措施时的伦理问题。

推荐网站

- 乔治敦大学的全国文化能力中心。网址：http://www11.georgetown.edu/research/gucchd/nccc/。
- 提供给卫生保健工作者的有关文化能力的扩展信息（包括评估工具和培训课程）可以从美国卫生与公众服务部（US Department of Health and Human Services，USDHHS）卫生资源与服务管理局（Health Resources and Services Administration，HRSA）获得。网址：www.hrsa.gov/culturalcompetence/。
- 美国卫生与公众服务部疾病控制与预防中心（The USDHHS Centers for Disease Control and Prevention，CDC）提供了有关亲密伴侣暴力的信息。网址：http://www.cdc.gov/ViolencePrevention/intimatepartnerviolence/index.html。
- 世界卫生组织（World Health Organization，WHO）提供的有关亲密伴侣暴力的资讯。网址 www.who.int/violence_injury_prevention/violence/world_report/factsheets/en/ipvfacts.pdf。
- 世界卫生组织提供的关于亲密伴侣暴力和艾滋病病毒/艾滋病之间的关系的更多信息。网址：www.who.int/hac/techguidance/pht/InfoBulletinIntimatePartnerViolenceFinal.pdf。
- 全国老年人虐待中心（National Center on Elder Abuse）提供有关虐待老年人的广泛信息。网址：http://www.ncea.aoa.gov/ncearoot/Main_Site/index.aspx。
- 关于精神与社会工作学会的信息，网址：http://ssw.asu.edu/portal/research/spirituality。

能力要点

教育政策 2.1.1：**认同专业社会工作者身份并以此要求自己。**本章我们讨论了开展各种服务对象群体的工作及其与社会工作者的伦理困境的联系。

教育政策 2.1.2：**运用社会工作的伦理原则指导专业实践。**本章我们讨论了对于各种服务对象群体合乎伦理的社会工作实践。

教育政策 2.1.3：**运用批判性思考告知和沟通专业判断。**我们有几个案例让你去思考和决定自己会如何回应这些伦理困境。本章结尾的练习也是与此有关的批判性思考。

教育政策 2.1.4：**将多样性和差异性融入工作实践。**对文化多样性问题的探讨贯穿了本章。

第十二章

变动的世界，变动的困境

本章会探讨社会工作教育委员会2008年《教育政策与认证标准》第2.1.1条教育政策中有关成为一名专业社会工作者的内容，重点会放到几个与社会工作实践问题有关的伦理议题上。我们还会继续呈现第2.1.2条教育政策有关运用社会工作伦理原则指导专业实践的内容。我们会通过几个案例及问题提供机会，希望你能把批判性思考用到告知和沟通专业判断上（教育政策2.1.3）。本章我们还讨论了多样性（教育政策2.1.4）和社会公正与倡导（教育政策2.1.5），因为每个议题都与伦理问题有关。

在这一章中，我们讨论了由一些因素导致的伦理困境。这些因素对从业人员有影响，对他们所能选择的干预方式和所能做出的决定有影响。它们包括：管理型照顾与精神健康，技术，实践场所的研究和评估，循证实践，私人执业问题，在农村或偏僻地区的执业，以及邻里、社会和社区组织。

管理型照顾与精神健康

在美国，健康照顾开支的增长率超过通货膨胀率的情况已经持续多年。这一成本螺旋式上升的原因是多方面的，包括老龄化人口的增长要求提供更为密集的健康照顾服务，可用的新技术和昂贵的新疗法的可用性，注重急性照护而不是预防性服务，以及根据地理位置的不同治疗标准上的差异。这些因素和其他因素导致控制医疗支出、利用管理型健康和精神健康保健系统以尽可能降低成本的需求日益增加。管理型照顾是一个主要策略，旨在通过监察患者从健康照顾从业人员或健康维护组织（Health Maintenance Organizations, HMOs）处获得的健康照顾服务及其类型来力求控制健康和精神健康开支。通过控制健康从业人员和促进健康管理组织之间的竞争，成本有所降低。管理型照顾计划还试图通过控制健康从业人员类型、限制服务的门槛和规定所提供服务的类型与期限来减少开支。

管理型照顾是专门为"消除不必要和不适当的照顾并降低成本"而设计的（Wineburgh, 1998, p.433）。2007年，有7 390万人或者是大约四分之一的美国人口，加入了健康维护机构或管理型照顾机构（U. S. Census Bureau, 2010）。不管管理型照顾在减少美国迅猛上升的医疗费用方面取得了怎样的成功，其开支都在继续增加。2010年，医疗费用占国内生产总值（GDP）的17%。这意味着在美国每6美元开支中就有1美元是健康照顾费用。人们仍然对国家预算中沉重的健康照顾支出负担深感忧虑。与此同时，人们还关注大量儿童和成人没有医疗保险的问题，他们可能负担不起健康照顾费用。

2010年3月23日，美国总统奥巴马签署了《患者保护与平价医疗法案》（Patient Protection and Affordable Care Act）。该法案有大量与健康相关的条款，包括由企业提供的医疗福利条款、补贴保险福利、建立医疗保险交易所，以及一系列其他条款。这项全面复杂的立法之所以获得通过，是因为人们普遍同意必须控制医疗支出，减少未参保人数。除非医疗费用能够得到控制，否则美国的预算将无法覆盖社会所需的其他项目，而且/或者赤字将继续增加。此外，如果医疗费用管理得不好，就无法满足或无法充分满足不断增长的人口的需要，无法为那些没有医疗保险的人以及不断壮大的老龄化人口提供服务。

管理型照顾主要针对健康照顾提供者，但也影响到许多专业社会工作者。它挑战了社会工作者和病人的自主权，有高度的问责要求（Hall & Keefe, 2006）。专业服务强调从业人员的评估和判断的重要性，《全国社会工作者协会伦理守则》促进"服务对象对社会负责地自我决定"（NASW, 2008, Ethical Principles）。然而，在管理型照顾场所中，从业人员和病人的自主性往往都会降低。治疗方法的选择可以由医生单独决定，也可以和管理型照顾审查员一同来决定。然而，管理型照顾审查员可以通过质量保证、使用审查和挑选适当的治疗方式来减少从业人员和病人的自主权（Wineburgh, 1998）。

从业人员必须从管理型照顾组织授权的治疗方案中选择。不遵守这些规则可能会导致转介来的人减少，这可能意味着从业人员地位和收入会有损失。短期治疗似乎是被偏爱的干预方式（Cohen, 2003），其结果是，长期治疗只有那些可以私人付费的人才能获得。麦克比思和米赞（McBeath & Meezan, 2008）对243名非营利机构服务的寄养儿童及其家庭进行了机构内和机构外服务提供情况的调查。机构的运营机制或者是基于绩效的管理型照顾购买服务合同或者是报销收费服务。由基于绩效的管理型照顾合同提供服务的儿童及其家庭同按收费服务合同提供服务的相比所获得的服务更少。研究者认为，基于绩效的管理型照顾合同与抑制服务提供有关，并导致不同市场环境下的儿童和家庭之间的服务差异。班纳特及其同事（Bennett et al., 2009）调查了伊利诺伊州全国社会工作者协会的社会工作会员，了解他们对管理型照顾对他们的临床决定的影响的看法。研究发现，社会工作者更容易受到管理型照顾的影响，包括改变治疗的次数、降低费用和为服务对象做倡导，而不太可能因为伦理上的考虑而改变诊断或治疗计划。

许多社会工作者可能在管理型照顾组织的压力之下，对服务对象用小组治疗取代个别处置，因为小组服务省时又经济。一位从业人员可以在同一时间处置许多有类似问题的人，因而减少收费的工作时数。保险公司强调，在对门诊病人开展的服务中限定时间的小组工作一直最有效。比如，有恐慌症的人除了药物治疗外，接受认知行为小组治疗"比只接受药物治疗的人后测焦虑分数要低"（Mitchell, 1999, p. 188）。社会工作者的服务对象所属的管理型照顾机构只允许使用小组治疗，但他没有小组工作经验，那么他有什么伦理上的责任？他该提供小组服务吗（即使正在学习怎么开展这一工作）？他该告诉服务对象必须到别处寻求帮助吗？服务对象是否居住在农村地区或交通不便，无法前往其他地方接受治疗或服务，有关系吗？

从业人员也可能受到诱惑同意注重小组治疗，因为这能带来更加丰厚的收入，即使自己的专业判断表明情况并不适合运用小组治疗模式。在此有位社会工作者面临了另一个伦理上的困境：如何尽力平衡依据自己的专业判断得出的需求、保险公司的要求和自己对经济保障的渴求。这一困境可能会出现在任何机构场所。案例 12-1 描述了这一情况。

管理型照顾组织会影响从业人员的干预选择、服务的期限和服务的预期结果。吉伯曼和梅森（Gibelman & Mason, 2002）报告说，管理型照顾影响了治疗方案的确定、治疗的数量和类型，限制在治疗中可以见的人，取消附带访问其他家庭成员、律师、教师和雇主，以及提前安排病人出院。由于对管理型照顾的代表会有什么反应不确定，从业人员可能会捏造诊断以获得批准所需治疗（与错误诊断相关的伦理问题的进一步讨论见第七章）。许多从业人员报告说，那些被拒绝治疗的病人往往还会在随后再次出现，他们来治疗的还是之前诉说的不适。这样的经历会导致一种看法，即管理型照顾组织的决定会反复无常。一项针对 582 名社会工作者、心理工作者和精神病医生的全国性研究发现，他们认为自己不具备必要的技能去与管理型照顾组织充分互动，以确保自己的服务对象获得适当的照顾（Hall & Keefe, 2006）。

案例 12-1　　　　常青树保险公司的要求

菲利西娅·蒙特维多博士是普莱森特市家庭和儿童服务机构社会工作临床服务部的主任。她吃惊地收到常青树保险公司（管理型照顾部）的一封来信，后来还接到它们的电话，两者都婉转地建议机构更多地提供限定时间的小组治疗服务。她把问题提交给机构的行政主管理事会时，一些人支持照办，因为从这家保险公司拿到的钱是机构的一大笔收入。另一些人担心这样的机构运作方式上的改变会让员工情绪低落。还有些人想知道对服务对象来说怎么做最有帮助，也有些人争辩顺从就是让专业判断向常青树保险公司让步。

理事会的成员提出了下述建议：（1）不理会保险公司的意见，因为它没有被直接挑明；（2）尽快遵从保险公司的意见；（3）拒绝听从保险公司的意见，开始向常青树保险公司宣传目前的混合服务模式；（4）查看和评估有关各种治疗方法的相对成效的研究；

(5) 会见常青树保险公司的代表，探讨慢慢提供更多小组治疗的方法。这些选择各有什么伦理上的含义？

《全国社会工作者协会伦理守则》的有些标准涉及与管理型照顾的情况有关的第三方付费：(1)"社会工作者应该用清楚、通俗易懂的语言告知服务对象服务的目的、服务会有的风险、由于付费的第三方的要求服务所受的限制、相关的费用、合理的选项、服务对象拒绝或收回授权的权利和授权的有效期"（NASW，2008，1.03a）。(2)"社会工作者除非得到服务对象的授权，否则不可以向支付费用的第三方披露机密信息"（1.07h）。(3)"社会工作者应该采取合理的步骤避免在服务对象仍然需要服务的时候遗弃服务对象"（1.16b）。

其他一些条款可能也与管理型健康照顾组织的场所有关。比如，考虑一下知情同意问题（1.03）。服务对象可能经济能力有限，只能量入为出选择健康方案。如此一来，由于他们之前的选择，他们现在可能面临服务的限制。类似地，服务对象可能面临要么没有服务，要么接受管理型照顾方案授权的服务的选择，因此极大地降低了自己做主的感觉。管理型照顾方案可能会让社会工作者处于遵守 4.04 标准（"社会工作者不应参与、纵容不诚实、欺诈或欺骗或与之有关联"）（NASW，2008）就可能有麻烦的境地。比如，为了向服务对象提供一项可以报销的服务，从业人员可能不得不用一些方法捏造诊断结果。如果出现捏造的情况，它不仅伤害管理型照顾组织，还会涉及服务对象，因为更严重的诊断结果可能危及服务对象的未来。

有关管理型健康照顾制度，从业人员还会遇到许多其他的伦理困境。为了控制成本，管理型照顾对治疗的期限、拒绝照顾或坚持使用特定的治疗都做了限定，这会带来一些难题。当服务对象的情况尚未改善或问题尚未解决时，管理型照顾就可能拒绝进一步提供报销费用的治疗。而服务对象可能会要求继续提供服务。若从业人员面对的是两个都需要专业社会工作服务的情况差不多的服务对象，但是两人的福利项目不同，问题就可能会更加严重。社会工作者要以什么为依据来为有同等需求的两个人分配服务？是否要给福利项目更优厚的服务对象更多的服务？

有些伦理问题是由于《全国社会工作者协会伦理守则》要求如果确实需要，就要继续治疗（Code，2008，1.16b），或者一旦不需要，就要终止治疗（Code，1.16a）。如果服务对象的治疗费用已经达到了其年度或终生保险金的最高限额，但仍需继续治疗，却无力支付，从业人员该怎么办？从业人员可以在一开始处置的时候就讲明家庭服务机构的政策限定了能提供服务的次数。但是，如果在工作当中服务对象解决了来寻求帮助时的几个问题，但是又出现了另一个问题，而社会工作者的督导员不准许增加服务次数，这种情况下该怎么做才符合伦理？

戴维斯（Davis，1997）讨论了让得不到足够服务的群体保证得到具有文化特色的照顾、诊断和治疗服务的需要。此外，管理型照顾组织要提供"离黑人居民有合理的物理距离的"可及的服务（Davis, 1997, p.636）。在案例12-2中，社会工作者应该做些什么？

案例 12-2　　　　　　　　哪有服务？

阿妮塔·迪伊女士是位在州精神病医院工作的社会工作者，主要为有色人种的低收入人群服务。接受医疗补助的人要通过一个由私人运作的管理型照顾组织获得服务。一般来说，这家公立医院的行政管理人员和督导员都力求与坐落在另一个州的这家管理型照顾组织保持和谐的关系。阿妮塔最近发现，慢性精神病人出院后，这家管理型照顾组织就把他们转介给门诊处。这些门诊处大多离他们有些距离，但是却不提供交通服务。结果出院的病人没有得到所需的帮助。阿妮塔认为管理型照顾组织对穷人和少数族裔的人有歧视，明明有离服务对象家近的服务，但是管理型照顾组织却不让他们使用，因为这些服务比较贵。阿妮塔想给管理型照顾组织的决定提意见，但是她的督导员说她的工作是帮助人们准备出院，至于出院以后的事就与她无关了。

按照《全国社会工作者协会伦理守则》（6.01），很清楚的是，从业人员应该倡导让服务对象得到适当的服务。倡导带来几个问题。工作者如何平衡为某个服务对象做倡导与向其他服务对象提供所需要的服务？为一个服务对象做倡导可能会花许多时间，剥夺了向其他服务对象提供所需服务的可能。倡导工作可以进行到什么程度？这样的事应该投入多少义务工作时间？如果成功的机会渺茫还应该倡导吗？更重要的是，工作者一旦倡导的次数太多，就有可能被从管理型照顾组织中除名（Wineburgh, 1998）。（参见第十三章更多关于倡导的内容。）

技术

在第十一章中，我们讨论了直接实践中的技术，特别是通过在线和其他技术提供服务。在本章中，我们将讨论技术运用带来伦理困境的其他方式。与许多其他专业一样，社会工作也受到计算机和其他现代技术的影响。包括社会工作者在内的许多人认为，事物与人不同，是价值观无涉的。然而，由于技术存在于人类环境中，它反映并塑造人类的选择，而这些选择总是涉及价值观选择和伦理优先权。

首先，社会工作者担心把信息技术引入社会服务机构和社会工作实践中会导致更为严峻的伦理困境，因为人们认为这些技术察觉不出人千变万化的需要和个人不同的价值观以及文化。例如，组织运用电子技术为艾滋病病毒抗体阳性的人提供服务，这些电子技术可能会为他们如何应对疾病提供支持、赋权和切实的建议。但是，如果系统无法保护组织与患者之间的通信的机密性，这些患者就可能特别容易受到攻击（Benotch et al.，2006）。

随着协调性机构、资金划拨机构、第三方付费机构和其他人创建起大型互联计算机数据库，需要有方法保证记录的机密性，保护记录不会受到黑客和其他闯入者的危害。当多个机构联网以推动合作进行个案管理时，新问题就出现了。让一个机构或工作者可以合用或得到另一家机构掌握的同一服务对象的资料，是否需要得到服务对象的许可？机构应该在多大程度上限制获取输入计算机的服务对象的资料？怎样才能让服务对象对机构间共用资料充分知情？服务对象对机构及其个人记录所连接的信息网络的实际情况到底该知道多少？信息传递的日益简便和快捷使这些伦理问题在社会工作实践中变得空前严重。

其他问题源于计算机的使用。比如，在社会服务机构工作的雇员，其工作的计算机的显示屏可能正对着公共区域，过往的人都可以看到。或者，社会工作者离开了办公桌但计算机却开着，屏幕上有看得见的信息。社会工作者可以做几件事来解决这些问题。可以用除非正对着它看否则很难看到任何东西的计算机显示屏，这会降低其他人从远处阅读到机密信息的概率。最好的做法是在不使用计算机账户时对其加以锁定，这样其他人就无法访问该账户。或者，可以使用软件自动锁定一台超过一定时间未使用的计算机。鉴于第八章中讨论过的保密、隐私和《健康保险携带与责任法案》的相关问题，对这些问题的敏感性毫无疑问有所提高。

而且，如果机构的计算机系统能从外部进入，那么即使有安全系统，黑客也可能可以入侵。正如任何人都可以监察员工在屏幕上看到的信息一样，组织有能力监察员工的电话、电子邮件信息、互联网连接和计算机文件。出于安全原因，许多机构的所在地也有视频监控。通过雇主接入的电子通信所有权属于雇主，而不是雇员。受雇于政府机构的社会工作者可能会发现，他们的电子信息是公共记录，可以在没有事先通知的情况下进行监控（Levine，2000；Lorenz，2006）。这些做法会如何影响社会工作者和服务对象的隐私权？社会工作者是否应该告知服务对象自己的机构可能会监控电话和电子邮件？

对计算机安全性的担心不仅仅限于机构间的电子沟通。卡普托（Caputo，1991）提出了一个用于信息系统的伦理框架，用来维护服务对象作为公民的首要地位。这一伦理框架发挥了下述作用：
1. 提供了一种告知服务对象计算机化的服务对象信息系统的方法。
2. 让服务对象可以对于使用与自己有关的信息给予知情同意。
3. 给个人提供了一个机会去检查、纠正或增添有关自己的信息，除依法要求保留的记录外，让他们可以删除所有或部分的个人记录。
4. 开发了一个信息需求矩阵，根据关键的成功因素来指导单元分配决策。
5. 能让专业人员头脑中装着伦理标准开展专业工作，包括尊重服务对象的自主权、信息和隐私权、掂量绩效要求与维护人的尊严的原则、对使用按常规收集到的服务对象的资料坚守保密原则。

尽管卡普托（Caputo，1991）在多年前就开发了这个框架，但在今天，推荐它仍然是有意义的，而且只要在服务中需使用计算机化的数据库，这一框架就有可能继续有用。

其他一些伦理问题来自仍然比较新的一些发展。其中包括：计算机化的筛查和评估；挑选实际工作和服务建议；评估各种风险，诸如寄养照顾、假释和自杀的风险的专家系统；互动性治疗游戏和各种形式的治疗。这些技术运用衍生出来的伦理困境有：行善问题（自主与家长制）、平等获得稀有资源问题（保证机会平等）和提升共同福祉问题（保证尽可能多的人从引入信息技术中受益）。许多先进的软件和专家系统（计算机化的决策系统）都假定永远只有一个应该遵循的"正确"决定。如此一来服务对象的自主和工作者的弹性就成了越发重要的问题。当运用计算机化的决策软件时，工作者怎样才能同时做到既维护服务对象的自主、满足机构的期望，又避免对服务对象使用家长制作风和控制？

技术已经发展到了一个超越数据收集和解释的阶段，在这种情况下，交互性可以支持将有影响力的通信用于行为改变。*说服性技术*用于可能提高一个人采取行动或采取不同行动的能力。说服性工具可用于创设条件（如强化）、自我监察（如追踪绩效以帮助人们获得结果）、适时提供建议等用途（LaMendola & Krysik，2008）。有关机构已经使用说服性技术识别出了一些伦理原则：(1) 在不使用技术的情况下违背伦理的动机、方法和结果，在使用说服性技术时也是违背伦理的；(2) 必须尊重隐私；(3) 未经用户同意，不得将有关用户的个人信息转给他人；(4) 说服性技术的开发者必须对使用这一技术的所有合理的可预见的结果承担责任。由于个人倾向于将更多犯罪和敏感的个人信息透露给计算机，而不是人，因此，对于社会服务机构和社会工作者来说，澄清运用说服性工具获取的信息的可及性以及这些信息的用途可能会是越来越大的问题（LaMendola & Krysik，2009）。

在预算非常紧的情况下把信息系统引入社会服务机构，可能意味着稀有的资源必须用来支付新技术和有特殊专长的员工的费用，即使这样做要削减或取消其他的机构服务项目和对服务对象的支持。工作模式和组织结构也要做出改变，某些资源对一些类型的服务对象的服务工作将不再可用。请思考一下案例12-3中这位社会工作者遭遇的困境。

案例12-3　　要计算机化的信息系统还是服务？

米里·奈迪格是位社会工作者，在一家提供辅导和其他服务的邻里服务中心理事会任职。这个中心也为在本地购物中心工作的低收入的少数族裔青少年提供服务。这一服务中心是新近设立的，因为其坐落的位置和讨人喜欢的员工能保护服务对象的隐私，受到社区成员和青少年的高度评价。机构的计算机和数据库已经非常陈旧，一直有人担心安全问题。现在理事会的一些成员向机构的负责人施加压力，要求升级机构的计算机、信息系统和安全系统。他们认为让机构在技术上跟上时代发展十分重要。然而，本年度的资助已经被削减，预算非常紧，增加技术运用的可能代价是减少给服务对象的服务。理事会今晚要开会，确定优先事项并审议机构的预算。

理事会和米里都面临着削减什么服务的问题。有些人强调让机构的技术升级更为重要，还有些人争辩现在提供的服务已经寥寥无几，几乎所有的服务都有人排队等候。理事会成员，包括米里在内，都面临着艰难的抉择。从未来着眼，机构改善计算机的使用情况是积极的一步。但是，如果理事会投票赞成进一步计算机化，那么其他的服务就要缩减。投票支持计算机化会导致否决一些被迫切需要的社区服务。对于投票你会向米里提什么建议？你会怎么选择？

实践场所的研究和评估

除了要跟上当今的研究成果，全国社会工作者协会还鼓励社会工作者"推动和促进评估与研究工作，为知识的发展做贡献"（NASW，2008，5.02b）。许多资金来源现在都要求机构提供工作成果的数据资料以获得持续资助。尽管这一要求与《全国社会工作者协会伦理守则》并行不悖，但是却有可能给社会工作者带来一些伦理上的困境，诸如知情同意、服务对象退出服务的权利、支持性服务需要、保密等等。请思考一下案例12-4的情况：

案例12-4　芬达洛特基金会要求提供实证依据

小街机构为离家出走的青少年提供服务。过去三年机构超过80%的资金都是由芬达洛特基金会提供的。芬达洛特基金会的理事会最近投票更改了继续给予资助的标准，特别之处是他们现在想要所有的项目都提供成效证明。虽然他们还没有详细说明什么样的证明可以被接受，但是他们已经决定让每个机构自己决定应该收集和报告什么类型的数据资料。如果项目不能收集和报告足够的数据资料，或者工作结果证明不了项目的成效，资助就会终止。

凯瑟琳·霍尔是小街机构的社会工作者，过去三年都是她写呈交给芬达洛特基金会的申请资助计划书。由于有了新的要求，凯瑟琳要求和其他几个员工开碰头会，一起讨论怎么处理。会议提出了几个问题：(1) 机构应不应该回应这些要求？(2) 要收集和报告这种工作成果数据是否要有服务对象的知情同意？如果服务对象拒绝给予知情同意该怎么办？要把他们从服务工作中剔除吗？(3) 如果机构的服务对象是儿童和青少年，到什么年龄他们可以给予知情同意？对那些年龄太小或者还没有足够的能力给予知情同意的服务对象该如何获取工作成果数据？要获得他们父母的知情同意吗？（4）如果发现工作结果不能给项目成效提供证据该怎么办？（5）在此谁或者什么应该在伦理上被优先考虑：需要资助的机构？被服务的服务对象？想要保住工作的员工？要求准确记录一切的诚实原则？身为社会工作者应该怎样回答这些问题？

　　如果机构决定评估自己的服务，那么它们必须确定可以规避一些可能出现的伦理问题。其中包括使用隐瞒手段、侵犯机密和隐私、利益冲突和对参加研究的人披露或不披露结果（Grinnell & Unrau, 2005）。收集工作成果的数据资料可能会带来几个伦理困境。《全国社会工作者协会伦理守则》对于评估和研究有几个标准（见5.02a～p），包括禁止与参加者有利益冲突和双重关系（5.02o）。结果可能有利益冲突，迫使从业人员作出选择：要研究还是要给服务对象的专业服务。尽管有这一禁令，但是当前多数情况下优先考虑通过研究证明临床项目的有效性。这要求临床工作者把研究放入实际工作中。虽然这种做法有优势，但是身兼临床工作者和研究者双重角色可能会给也可能是研究参加者的服务对象的自决带来风险（Antle & Regehr, 2003, p. 140）。另一方面，当临床工作没有将评估研究作为工作的基本组成部分时，也可能会有伦理上的问题。

　　尽管大多数的评估和研究活动并不需要隐瞒，但也可能有要隐瞒的情形。例如，评估服务对象满意度的真正原因可能不应让服务对象知道。或许如实相告会以某种方式给结果带来偏差。保密性也可能是一个问题。谁有权获取应答情况和数据？除了个人无法保护隐私和机密性外，还可能存在计算机和电子数据传输安全问题。在案例12-4中，我们看到了有关利益冲突和结果报告可能会有的问题。让服务对象参加研究工作也可能会产生不同类型的可能利益冲突，给服务对象带来压力和不适，因为他们觉得自己没有选择参与或不参与的自由。对实践中的研究和评估的讨论直接带来了对问责制、有效性和强调循证实践的担忧。

循证实践

　　什么是循证实践（Evidence-Based Practice, EBP）[①]？甘布里尔（Gambrill, 2006）认为，循证实践"是一种新的教育和实践范式，缩小研究和实践之间的差距，最大限度地增加帮助服务对象并避免伤害的机会"（p. 339）。牢记《全国社会工作者协会伦理守则》（NASW, 2008）中描述的伦理义务，它提出循证实践是"一种哲学和过程，旨在整合关

[①] 循证实践是一种利用证据信息来开展实践的过程，它不同于循证干预（evidence-based intervention, EBI），后者是一种由经验证据支持的具体干预。

于每个服务对象的独特特征、环境状况、偏好和行动以及外部研究结果的信息，促进有效运用专业判断"（Gambrill，2006，p.339）。信守伦理原则的从业人员会拒绝使用有助于提供有效、高效服务的经验性、科学性和相关性信息吗？

不管是公共机构、私营组织还是付费的第三方都在给社会工作者和社会服务组织施加越来越大的压力，要求出示他们尽职尽责工作，让服务对象受益的证据。这一趋势反映在了《全国社会工作者协会伦理守则》（NASW，2008）中，有好几个标准都与讨论循证实践和运用研究成果有关："社会工作者应该批判性地检验与社会工作有关的正在涌现的知识，并跟上其发展……（并）应该把浏览专业文献作为日常事务。"（4.01b）此外，"社会工作者的工作应该建立在得到认可的知识的基础上，包括建立在经验性基础的知识上"（4.01c）。而且，守则还鼓励社会工作者"在专业工作中充分运用评估和研究证据"（5.02c）。许多社会工作者，特别是学生，不相信研究与自己做的事有关（你自己或者你的同学，对攻读社会工作学士学位或社会工作硕士学位必须修一两门研究课程有什么反应？）。但是社会对社会工作者已经有越来越多的要求，要他们必须对自己使用的工作方法负责，对服务的结果负责。

最近，对于循证实践以及应该如何将它运用到社会工作中这一问题有大量的讨论（参见 Gambrill，2003；Howard，McMillen，& Pollio，2003）。在社会工作实践中，已经有许多初步的发展和变化引起了争论。例如，引入行为和认知疗法以及有时间限制和任务结构的干预措施曾经引发争论，随后是对之进行研究和逐渐接受。循证实践被推崇为社会工作的另一个重大进展，有望实现专业及服务的重大变革。循证实践对于社会工作是否会被证明是革命性的，或者仅仅是因在选择干预措施时更加强调经验和科学证据而被整合进这一专业，还有待观察。

社会工作者可以怎样运用循证实践？研究知识、临床专业知识和服务对象的价值观都被整合到了循证实践中，包括以下五个步骤：

（1）将实际工作中做决定所需的信息转化成需要解答的问题。
（2）找寻解答这些问题的最佳证据。
（3）批判性地评价证据，评价其效度、临床显著性和可用性。
（4）将这一对研究证据的批判性评价与自身的临床知识和病人的价值观和情况相结合。
（5）评估个人在落实上述四个步骤的时候的效果和效率，并致力于自我完善。（Thyer，2004，p.168）

许多社会工作者感到自己没准备好或做不到按这五个步骤开展工作，他们可能会觉得自己已经负担过重，没有时间做这一切。社会工作者甚至会疑惑循证实践在伦理上是否真的有必要。《全国社会工作者协会伦理守则》示意服务对象有权期望社会工作者在其实践领域胜任工作。如果一位社会工作者跟不上自己工作领域的最新发展，他还能继续胜任工作吗？思考一下案例12-5：

谢丽尔面临的伦理上的困境是什么？谁是她的服务对象？婴儿，克莱尔，还是医生？她怎样决定孰先孰后？还需要什么额外的资料让克莱尔能对治疗给予知情同意？有没有非药物的治疗抑郁的方法？这一情形是克莱尔早前抑郁症的复发还是产后抑郁症？要找到并浏览相关的研究文献要花多长时间？在进行处置前的过渡期有可能造成什么伤害？是否应该告诉克莱尔都有哪些治疗方法，每种方法的风险和好处以及可能会有的功效，包括告诉她谢丽尔自己对运用其中一些治疗方法也没有经验？如果谢丽尔不能轻易学会最有效的新治疗方法，或者克莱尔知道这些情况后拒绝参加治疗，谢丽尔该怎么办？请浏览《全国社会工作者协会伦理守则》（NASW，2008）寻找相关的标准。

案例 12-5　克莱尔·约翰逊有抑郁症但不想服用抗抑郁药物

谢丽尔·霍尔的一位服务对象克莱尔·约翰逊在被医生诊断出抑郁症后被转介给她。克莱尔的医生想给她开抗抑郁的药物，但是克莱尔拒绝服用医生所开的药。她害怕药物会对她三个月大的孩子有害，她正在用母乳喂养孩子，但是她也拒绝中断母乳喂养服药，因为她以前服过抗抑郁的药物，结果让她的生活非常惨。服药后的她出现了头痛、口干、盗汗的情况。由于克莱尔拒绝服用抗抑郁药物，所以医生把她转给谢丽尔做辅导。他期望谢丽尔能说服克莱尔服药。医生对婴儿的健康表示出极大的忧虑。谢丽尔对于处置抑郁症没什么经验，但是在这一区域没有其他的有执照的社会工作者。在第一次工作面谈中，克莱尔表示她非常担心由于抑郁症不能完全照顾好孩子，她需要马上摆脱病症，这样就能做个更好的母亲，但是她不能应付好药物的副作用。

让我们考虑一下谢丽尔在这一情形下可以怎么运用上面描述的循证实践的五个步骤（Thyer，2004）。首先，谢丽尔可以理出"可以解答的问题"。比如，现有的治疗抑郁的非药物疗法都有哪些？还有，考虑到克莱尔有一个三个月大的儿子，产后抑郁症和严重抑郁症有什么区别？对她来说哪个诊断结果最恰当？治疗方式会有所不同吗？

一旦谢丽尔找出了要解答的问题，就可以进入第二步，"找寻最佳的证据"。谢丽尔该怎样推进工作呢？假设她是一位忙忙碌碌的专业人员，她会有时间去寻找和浏览所有的相关研究文献吗？网络上有越来越多的资源提供了对数个领域研究文献的总结和评价。如果克莱尔听说了一种治疗抑郁症的方法，并要求谢丽尔说服保险公司支付接受这一治疗的费用，她该怎么办？谢丽尔该这么做吗？她没有那种方式的治疗的任何经验。她怎么才能确定这是不是治疗的一种适当方式？谢丽尔可以去图书馆查阅资料或者上互联网查询，诸如查阅科克伦协作网（The Cochrane Collaboration），它对健康方面的几个主题有系统的文献回顾，包括抑郁症。截至 2010 年 8 月，科克伦图书馆发表了一些治疗抑郁症的文献回顾，包括一篇心理社会和心理干预治疗产后抑郁症的文章，可以从这个网址浏览：http://www.thecochranelibrary.com/details/browseReviews/576825/Depressive-disorders-major-depression.html。

一旦谢丽尔找到了相关的研究证据，她就要进入第三步，"批判性地评价证据"。有些社会工作者感觉研究让人望而生畏，评估研究方法也有困难。那么他们应该怎样进行这一步呢？不加批判地接受研究者的结论而不去查看其所使用的研究方法是否恰当？这样做符合伦理吗？如果有可靠的、信得过的信息来源，比如科克伦图书馆，这一步就比较容易吗？

在第四步，要应用第一步到第三步获得的结果，包括考虑已经得到的东西是否跟服务对象的问题有关，这些研究发现与服务对象的价值观有怎样的联系。如果在做了这一切之后，谢丽尔发现一种她不知道如何提供的治疗方法是最有效的，或者一种克莱尔不接受的治疗方法是最有效的，她该怎么做？最后，第五步，评估从第一步到第四步的效果和效率。对多数社会工作者来说，这一循证实践可能相当耗费时间，特别是头几次使用的时候。这会带来什么伦理上的困境吗？

也有人对循证实践提出了哲学批评。提出这些论点的人认为，"基于证据的理性决定模式不符合个体化、情境化实践的现实，特别是在对问题界定不太明确的情况下"（Mullen & Streiner，2004，p. 114）。《全国社会工作者协会伦理守则》（NASW，2008）的要求包括"社会工作者应努力精通并保持精通专业实践"（4.01b）和他们"应该把工作建立在关于社会工作和社会工作伦理的得到认可的知识的基础上，包括建立在实证基础上的知识"（4.01c）。作为这一观点的反映，霍华德和简森（Howard & Jenson, 1999）提倡用最有效的、经过证实的方法制定直接服务指南，指责专业协会未能落实制定实践指南。另一些人则认为，通过使用一份经过批准的技术清单来解决人的问题，会侵犯人们通过斗争和取得胜利而获得的丰富性和尊严。社会工作者"处理非常复杂和困难的问题。要做到这一点，他们必须在对待人类苦难时具有分析性、反思性和同情心。他们必须认识到，他们常常对所服务的人的生活知之甚少，因此，他们必须倾听并向他们学习"（Witkin，1998，pp. 79-80）。

私人执业

在这一节中，我们将讨论一些与私人执业的社会工作或预算非常紧张的机构中的社会工作特别相关的问题。在这些机构中，社会工作者被迫根据财务情况作出艰难的决定。在本章的后面，我们还将讨论在宏观实践场所中更为常见的问题。

推卸服务对象

如果在治疗过程中服务对象的经济情况发生了变化，付不起服务费了，怎么做才符合伦理？请思考一下案例 12-6 中拉里·弗思的情况。

"扫地出门"是一些从业人员对待不再能付费的服务对象的方法。有各种方式摆脱服务对象。工作者可能会对服务对象说，他的问题已经被很好地解决了（实际上却并没有解决），或者说自己已经无能为力（但事实上还能有所帮助）。工作者可能会频频取消跟服务对象的约见，使服务对象失去兴趣。或者工作者会把不再付得起费的服务对象转介给另一家提供免费服务的机构。不管用什么手法，工作者的目的就是停止给不再能付费的服务对象服务。出现这一情况的时候，有伦理道德的从业人员可以做些什么？类似地，如果保险公司对报销的工作时数有限制，社会工作者感到处理的问题所需的工作时数超出了保险公司的限制，那么她该如何处理呢？

案例 12-6　　　　　　家庭难题

拉里·弗思找你咨询家庭难题。他妻子离开了他和两个儿子，去跟男朋友一起生活。他自己和一个已婚的邻居建立了感情关系。然而，他担心要是自己十几岁的儿子知道了父母发生的事会有什么表现。你帮拉里·弗思处理这一问题，进展不错。然而，今天拉里告诉你他丢了工作，负担不起给你的服务费了。你该怎么做？

传递虚假信息

《全国社会工作者协会伦理守则》（NASW，2008）特别表明：" 社会工作者应该保证他们展现给服务对象、机构和公众的专业资格、证书、学历、能力、附属关系、提供的服务或将会取得的结果是准确的"（4.06c）。看似简单的伦理规定却引起了一些问题，包括下面这些问题：

（1）社会工作者认同的身份不是社会工作者，而是这之外的专业人员（诸如婚姻辅导员或心理治疗师），这符合伦理吗？

（2）社会工作者称自己是"博士"，但实际上并没有获得哲学博士、社会工作博士或其他博士学位，这符合伦理吗？

（3）身为学生的社会工作者在实习中是否必须总把自己看成是学生，她能介绍自己是"你的社会工作者"吗？

这样做了的人宣称可以让服务对象对他们的工作者有更大的信心，因而增加了成功获得成果的机会。这样做合乎伦理吗？同样，社会工作者也可能会声称或承诺可以帮助前来寻求治疗的服务对象。他能做出这样的承诺吗？

农村或偏僻地区的执业

农村和偏僻的从业场所在很多方面都不同于郊区和城市的环境，这有可能会给社会工作者带来伦理上的挑战。我们所说的农村或偏僻地区,是指人口少、服务有限、社区之间相距遥远的那些社区。人口少增加了社区成员相互了解的可能性,并有机会以多种不同的方式相互交往。有限的服务可能意味着某些所需的资源无法轻松得到。最后,社区相距甚远可能意味着,即使邻近社区可以提供服务,居民也可能因为交通不便而无法使用。即使是在郊区和城市地区,一些宗教、种族或文化群体的成员也可能与更广大的社会隔离,只在自己的社区内寻求服务和找关系。郊区和市区内的其他社区可能因没有公共交通或负担不起交通费而陷入偏僻状态。无论偏僻的原因是什么,在这些地区中都有可能出现伦理困境。

根据格林(Green,2003)的观点,"虽然所有的社会工作实践都必须情境化,但对农村社会工作性质的文献回顾表明,情境对专业工作的性质产生了显著影响,包括工作风格、管理双重和多重关系对专业人员的影响、保密、隐私和人身安全,以及在资金不足、距离遥远和复杂、多重关系网的情形下提供可及的、符合伦理的、能胜任工作的挑战"(p. 210)。由于在社区中为人所知,当社会工作者倡导改变,把孩子从虐待家庭中带走,或试图帮助那些想摆脱暴力关系的人时,社会工作者可能会面临个人是否为社会接受的问题和人身安全问题(Green,2003)。

农村环境中的许多伦理困境与社会工作者同服务对象的双重或多重关系有关。在城市地区有可能规避与服务对象、前服务对象及其家庭的社会联系,可是在农村地区可能做不到(Green,2003;Scopelliti,Judd,Grigg,Hodgins,Fraser,Hulbert,Endacott,& Wood,2004;Sidell,2007),除非社会工作者不参加社区活动或在当地购物。社会工作者在社区生活的时间越长,就越难分开个人角色和专业角色(Scopelliti et al.,2004)。因为可能会与服务对象或前服务对象有双重角色,所以期望社会工作者应该避免参加社区活动,这合理或者合适吗?社会工作者应该去另一个社区购物或者办理银行业务吗?社会工作者是否应该避开参加孩子的学校活动或在校务委员会任职,因为他可能在这种场合不得不与服务对象或其家人打交道?在这些情形下,怎样打交道才合适?

哈弗森和布朗利(Halverson & Brownlee,2010)对加拿大农村和偏僻地区的10名社会工作者和社会服务工作者的双重关系进行了定性研究(p. 248)。他们识别出了三个主题:

(1)小社区中普遍存在双重关系。

(2)进入和/或保持双重关系时考虑的因素。

(3)工作者感觉到的更多有关双重关系的教育和培训的益处。(Halverson & Brownlee,2010,p. 252)

参加研究者表示双重关系是"不可避免"的(p. 252)。在城市环境中处理双重关系的一个常见方法是将服务对象转介给另一个社会工作者。然而,在农村和偏僻地区中,即使在一个社区中有不止一位社会工作者,他们两人都与需要服务的人有联系也是很常见的(Halverson & Brownlee,2010)。

有趣的是，那些一直在农村工作的人比那些以前在城市工作的人更接受双重关系，甚至表示有时社会工作者与服务对象有非常亲密的关系（非性关系）是有益的。这些农村社会工作者感觉，当他们建立了一个"信任圈"或"相互信任"之后，就能最有效地开展工作（Halverson & Brownlee，2010，p.255）。根据斯科佩利蒂及其同事们（Scopelliti et al.，2004）的观点，"与病人有双重关系、熟悉……倾向于减少剥削的可能性，而不是增加剥削的可能性，因为在一个更为平等的关系中，权力差异削弱了"（p.955）。然而，有关这一课题的研究十分有限（Scopelliti et al.，2004），目前尚不清楚这一论点能否成立。

西德尔（Sidell，2007）调查了宾夕法尼亚州农村 43 名县儿童福利工作者对双重关系的看法。尽管所有的受访者都在社会工作岗位上工作，但只有 40％的人有社会工作学位。参加者被要求指出六种行为在多大程度上合乎伦理（量尺为从 1＝不合乎伦理到 5＝总是合乎伦理）。84％的人认为邀请服务对象参加私人聚会或社交活动从不合乎伦理，79％的人认为向服务对象售卖产品从不合乎伦理（p.100）。然而，只有 33％的人认为从服务对象那里购买商品或服务从不合乎伦理；40％的人认为雇用服务对象从不合乎伦理；53％的人认为向一个正在接受治疗的服务对象的亲戚、朋友或情人提供个人治疗从不合乎伦理；56％的人认为向员工提供治疗从不合乎伦理（pp.100-101）。很少几个人（每个题目只有一两个人）认为参加其中任何一种活动都是"基本合乎伦理的"；然而，其余的人认为每种情况都在极少的情况下或者有时是合乎伦理的。受过社会工作教育和未受过社会工作教育的被调查者之间没有发现显著差异，但缺少差异可能是由于该研究的样本量较小。

有必要对"别无选择造成的'不可避免'的双重关系的有效性做持续的评估"（Halverson & Brownlee，2010，p.253）。社会工作者应该扪心自问，这种双重关系是否必需、有剥削性、有益、对服务对象有损害或者干扰了治疗关系。此外，社会工作者应该查看他们对这一关系的看法是否客观，记录下来做决定的过程，并把双重关系可能有的风险作为知情同意的一部分让服务对象知晓（Scopelliti et al.，2004，p.957）。请思考案例 12-7 中的情况。

瓦莱丽该怎么办？她给自己的一名学生提供评估和治疗服务合适吗？如果合适的话，为什么？或者如果不合适的话，为什么？在这种情况下还有其他可能存在的伦理困境吗？

农村社会工作者在工作环境中还可能遇到边界问题。农村机构可能只有极少数（也许只有一个）社会工作者，他们要灵活多样地发挥作用（Green，2003）。这种情况可能会要求社会工作者开展价值观迥异的服务对象的工作。在城市地区，社会工作者可以把服务对象转介给另一个具有类似价值观的社会工作者，但在农村地区他们可能别无选择。汉考克（Hancock，2008）提出了这样一个问题："打算在农村或小城镇实习的有保守宗教信仰的学生会如何看待他们在实际工作中的专业职责？例如，妇女来要求帮忙做流产或紧急避孕，或者一对同性恋夫妇申请提供寄养照顾。"（pp.349）我们在第六章讨论了价值中立和强加价值观。那一章探讨的问题有助于你解决这个问题吗？

> **案例 12-7   距备选方案 75 英里**①
>
> 瓦莱丽·克罗是利特尔顿社区学院唯一的社会工作者和辅导员,她教授人类行为 101 课程,在学生咨询中心工作。利特尔顿社区学院位于美国西部一个州的偏僻山区,距离比顿大约 75 英里,比顿是最近的一个城镇,除了社区学院提供的心理咨询服务外,那里还提供其他的精神健康服务。今天,当瓦莱丽去到咨询中心时,她发现给她安排了见雷蒙德·西尔弗,一个她人类行为 101 课程班的学生。他告诉她,他一直为自己的不足和负罪感非常烦恼,这些使他很难学习和入睡。瓦莱丽判断需要进一步的评估和可能的治疗。瓦莱丽对是否应该为她的一个学生提供评估和咨询服务感到矛盾,但她是中心唯一的咨询师,根据她以前的经验,在比顿预约看精神科医生至少需要等两个月。即便约上,看精神科医生还需要雷蒙德在雪天结冰的道路上开车才能到预约的地方。

宏观实践

《全国社会工作者协会伦理守则》(NASW,2008)包括了多个标准,期望社会工作者承担致力于改善所在社区和社会的责任(6.01,6.02,6.03,6.04)。其中包括提升社会的普遍福利,参与社区政策和制度的制定,提供紧急情况下的服务,以及参与社会和政治行动。尽管如此,伦理守则没有对在小组工作和社区社会工作中遇到的伦理困境列出具体的条款。

社区群体

尽管《全国社会工作者协会伦理守则》(NASW,2008)的"服务对象"指的是个人、家庭、群体、组织和社区,并顺便提及社会团体,但直接关乎群体和家庭的只在保密部分有所述及。也许是反映了伦理守则的鲜少关注,社会工作对于小组工作中的伦理困境关注得也非常少。多戈夫和斯科尔尼克(Dolgoff & Skolnik,1992,1996)研究了开展小组工作的社会工作者在面临伦理困境时基于什么做出合乎伦理的决定,以及这些决定的具体依据。研究结果压倒性地表明,实践智慧是这些社会工作者做伦理决定的主要依据。康格瑞斯和林恩(Congress & Lynn,1997)研究了社区中的任务小组遭遇的一些伦理困境,包

---

① 1 英里约等于 1.61 千米。——译者注

括保密、小组和各个成员的自决、纳入或排除成员以及利益冲突。请考虑在以下情况下社区社会工作可能会引发的伦理困境：

● 你是一名受雇于市房管局的社会工作者，正在和一群母亲一起为她们的孩子改善一个游戏场所。一位居民带了一位朋友来开会。在会议期间，你发现这位朋友住在这个小组成员的公寓里。这是违法的，房管局（你的雇主）并不知道。你该怎么办？

● 你是一名社会工作者，被指派与一个社区团体一起工作，该团体关注垃圾清理、车辆超速危及街区儿童的安全以及公共交通的便捷性。到目前为止，你的价值观和团体成员的价值观在所有问题上都是一致的。在今天晚上的会议上，一位极具影响力的团体成员告诉大家，州精神健康部门打算在这一带建一个社区院舍。在她的带领下，在场的每个人都同意把反对建这个院舍的提议作为该团体的头等大事。你知道对这个院舍有非常大的需求，但你担心，反对这一行动可能会影响你在所有其他问题上发挥作用。你会如何平衡自己的价值观和团体的价值观？你应该忠于谁：这个团体，你自己，邻里社区，你的专业，那些需要这种住所的人还是整个社会？

开展社区团体工作的社会工作者可能对与服务对象或团体成员建立友谊，与服务对象或团体成员一起在社区理事会或委员会任职，或与服务对象或团体成员有另一重关系的意义有不同的看法。比如，充当社区组织者或社会规划师的社会工作者可能会在工作会议结束后与一群服务对象/团体成员一起去当地的餐馆或咖啡馆，而开展个人工作的社会工作者可能会也可能不会跟这种行为划清界限。社会工作行政人员经常在社交场合与理事会成员进行最重要的接触。显然，对谁是服务对象/团体成员的界定、专业关系的目的和场景是对此类双重角色关系做伦理评估的要素。社区组织者所构建的双重关系可能反映了社会工作专业的观点正在发生变化。早些时候，在第七章中，我们介绍了梅德门特（Maidment, 2006）的观点，社会工作专业应该更加开放地对待在专业工作中处于寻常的伦理尺度内外的服务对象与工作者的关系的边界。你同意这个立场吗？为什么同意或者为什么不同意？

社区与社会问题

《全国社会工作者协会伦理守则》（NASW，2008）第 6.01 条标准规定："社会工作者应该促进……社会整体的福利，并推动社区和环境的发展。"在这一节结束前，我们想举一个社会工作者在社会层面负有的伦理责任的例子。美国黑人的寿命普遍不如白人长。1999 年出生的黑人男性的预期寿命略高于 67 岁。同一年出生的白人男性有望活到 74 岁，也就是比同年的黑人多出 7 年的寿命。今日出生的美洲印第安人和阿拉斯加土著人的预期寿命比任何其他美国种族或族裔的人少 5 年。同白人相比，亚裔美国人、黑人和西班牙裔美国人不大可能有固定的医生。穷人更可能得不到所需的医疗照顾。显然，美国的一些群体总体上比其他群体更健康，并能够获得更好的健康保健（Center for Health Equity Research and Promotion，2005）。

面向所有社会工作者，《全国社会工作者协会伦理守则》制定了关于社会工作者对更广大的社会的伦理责任的若干标准，其中包括识别出上述差距并努力解决。要做到这一点，就需要作为专业人员或者关切此类问题的公民开展宏观层面的组织和倡导工作。例如，第6.04条标准（NASW，2008）规定："社会工作者应投身到寻求保证所有人都能平等地得到资源、就业、服务、满足基本的人类需要和充分发展的机会的社会行动及政治行动中。"

社区组织者、政策和社会规划工作者及倡导者和其他涉及社会问题的工作者都把社区和社会层面的问题作为他们的关注重点。此类问题只是运用宏观方法开展工作的社会工作者该关心的伦理问题吗？如果不是的话，那么这表明提供直接服务的人和临床社会工作者在这些情况下的伦理角色是什么？无论社会工作者在宏观实践中遇到什么困难和困境，《全国社会工作者协会伦理守则》对所有社会工作者都明确要求他们参与社会和政治行动。

一些专业社会工作者对从事宏观工作的同事有成见。他们认为，从业人员投身机构范围内的变革、社会规划、邻里和社区组织与发展、社会行动和社会政策是在高度政治化的场域工作。他们认为宏观实务立足于实用主义的技术和方法，而不是伦理上的考虑。这种认识不仅受到宏观实务工作者所处的环境性质的影响，而且也受到他们所使用的语言的影响，特别是战术、策略、冲突和倡导之类的术语。实际上，除了少数例外情况，在宏观实务教科书中很少提及伦理。

尽管如此，宏观社会工作者在日常工作中可能会比提供直接服务的同事遇到更难的伦理困境。2008年的伦理守则适用于全国社会工作者协会的所有会员，包括从事宏观实务的那些人。《全国社会工作者协会伦理守则》（NASW，2008）申明，"社会工作者的首要职责是提升服务对象的福祉"（1.01）和"社会工作者应促进从本地直至全球社会整体的福利"（6.01）。此外，"社会工作者应投身到寻求保证所有人都能平等地得到资源、就业、服务、满足基本的人类需求和充分发展的机会的社会行动及政治行动中"（6.04a）。

当社会工作者试图遵守所有这些标准时，会遇到许多困境。这包括确定他们对其负有首要责任的服务对象是谁，以及在资源短缺、并非所有需要帮助的人都能得到资源的情况下，选出有权获得资源的人。另一种类型的困境发生在同时有几个情况相近的弱势群体时。工作者该怎样选择一个应优先关注的群体？在案例12-8中的社会规划情况下，社会工作者必须在许多不同的群体中加以选择。要做出的选择显然是要促进"社会的普遍福利"。在这种情况下，谁是社会？哪个群体值得被优先考虑？

案例12-8　　设立一个癌症治疗单位

你是一家大型城市社区医院的社会工作主任，该医院位于低收入地区，为不同经济状况的人提供服务。你被派到规划委员会工作，负责为医院的未来制定计划。你在这个社区长大,家人和老朋友都住在这。你还与许多社区社会服务行政管理人员和员工很熟。

随着规划工作的推进,很明显,大多数委员会成员都赞成建立一个专门的癌症治疗单位,这会让医院赢得地位和认可,并吸引全州的患者。然而,这一建议使改善这个社区迫切需要的急救和流动护理服务的建议可能无法被提出。设立癌症治疗单位的建议将改变居民可以得到的健康照顾的性质、谁会得到工作、社区空间的使用、可获得的住房类型,等等。

你很清楚,如果成立了癌症治疗单位,当地社区的收益很小,可能的损失却很多。你纠结于该忠于谁:医院?整个社区?社区的社会服务机构?社区的人们,包括需要不同类型服务的朋友和亲戚?

作为规划委员会的成员,你面临着在不同人群之间进行选择,以确定谁将从资源分配中受益的两难境地。哪些标准可以帮助你在需要这项服务但不一定直接来自这个社区的癌症患者和本社区居民(包括你的家人、朋友和邻居)的健康需求之间做出选择?要在两个群体间做选择,两者都有现实需要,这是从事社会规划的社会工作者面临的典型伦理困境。谁的利益是首要的?作为一名社会工作者,你首先应该优先考虑的是健康服务可能的接受者,但哪个群体有更高的优先权?此外,医院的长期生存能力是否应该被纳入考虑并影响伦理决定过程?

回顾第四章中的伦理原则筛查方法(EPS)有助于你思考这一困境。我们建议,在本案例中,伦理原则1和2最值得被考虑。

伦理原则1:保护生命。所有的医疗服务最终都是为了保护生命。癌症患者面临着巨大的风险,不可避免地面临危及生命的情况,他们需要被早治疗,越早越好。另一方面,急诊室通常处理的紧急情况从常规治疗到需要立即抢救的危及生命的情况都有;对于后者,任何延误都可能导致死亡。伦理原则1没有提供明确的指导,但可以被用来支持任何一种选择。

伦理原则2:社会公正。癌症是一种非常引人注目的疾病。不管邻里医院的委员会怎么决定,州内至少有一家医院会建癌症治疗单位。然而,对于附近的居民来说,邻里医院是获得及时的急救服务的唯一机会,转院到最近的医院需要另外花10到15分钟的交通时间,在分秒必争的时刻这样做耗时太久了。根据这一原则,街区的居民在伦理上有权利要求被优先考虑。因此,这位社会工作者可以支持一项有利于改善急诊服务的建议。

社会工作者应该确保行为的公开透明并诚实待人。《全国社会工作者协会伦理守则》(NASW,2008)的标准期待"社会工作者不应参与、纵容不诚实、欺诈或欺骗或与之有关联"(4.04)。在受教育的每一步以及后来的从业中,社会工作者都被鼓励不要从事秘密的、隐蔽的或伪装的行为或是操纵他人。文献中对改变社会机构的努力给予了大量关注,其理由总是,个人的努力是为了改善给服务对象提供的服务或是获得一些普遍的益处。在有些例子中，隐瞒和知情不报的行为可能被认为是必要的，是为了给社区或服务对象谋求更大的益处。在这些情况下，社会工作者必须权衡更大的益处和隐瞒行动在伦理上孰轻孰重。在案例12-9呈现的情况下，工作者的最佳回应方式是什么？

案例12-9　　反对房地产利益集团游说的半真半假

埃德·科里是一个社区组织者，受雇于一家社会机构，在一个街区开发新住宅。埃德组建了一个社区联盟，正积极致力于新住宅项目。联盟初期的活动非常成功，但是那些想要阻止新住宅开发的强大的房地产利益集团开始散布有关埃德的个人经历和生活的谣言。他们还在广告中使用欺骗性和被歪曲的事实来破坏联盟的工作，削弱埃德潜在的影响力。埃德则知道一些房地产集团成员的阴暗交易。他意识到，除非采取积极行动，否则就不会有新住宅，但他不确定自己应该做些什么来对抗新住宅反对者半真半假的谎言。

埃德应该如何利用他掌握的信息？他应该公开反驳对手的指控吗？他是不是应该反击，在幕后以其人之道还治其人之身？他是否应该利用所掌握的事实来策略性地布局意见领袖，削弱房地产利益集团的影响力？

社区组织

哈迪纳（Hardina，2004）探讨了社区组织者在实践中遇到的种种伦理困境。自决、知情同意、保密等概念与微观和宏观实务都有关，但它们在社区组织中的运用不同于直接服务或临床工作。她识别出了社区实务工作中固有的价值观，描述了社会工作者遭遇的伦理问题，并检验了解决常见伦理问题的可用工具。请考虑一下案例12-10。

案例12-10　　社会工作者目睹了不公

波琳娜·迪尔是一位在米尔镇工作的社区组织者。她正在帮助磨坊厂的工人组织起来争取更好的福利，包括争取病假和健康保险。磨坊镇是一个非常典型的农村地区，社区里的居民几乎完全靠磨坊厂来维持生计。现在磨坊厂工人的家庭已经在镇里生活并被磨坊厂雇用了几代人。大多数居民有非常传统的性别角色和价值观。

在过去的几个月里，波琳娜参加了几次社区会议，并见了个别工人。当她和工人们交谈时，她注意到，尽管女性受过和男性一样多的教育，拥有同样的经验，但没有一位女性是主管或管理人员。波琳娜对性别歧视感到难过，想组织这些妇女来解决这个问题。当她在一次社区会议上向这些妇女提出这一建议时，人们告诉她这些妇女不想担任主管或做管理人员，所以她们从未申请过这些职位。

波琳娜该如何回应？她应该鼓励女性申请这些职位吗？她是否应该设法组织工作者们去为妇女争取主管或行政职位，即使妇女们对这个想法有抵触情绪？如果她真的去组织，她是在把自己的女权主义价值观强加给米尔镇的人吗？如果她什么都不做，是不是在助长歧视永久化？你会怎么回答？

哈迪纳（Hardina，2004）识别出的社区组织者面对的伦理困境包括利益冲突和手法选择。许多社区组织者自己就是要去组织的邻里社区的一员。做社区组织工作可能迫使组织者在忠于组织工作和忠于参与者以及朋友、亲戚和其他社区居民之间做出选择。与一些企业交好以获取信息可能会与该地区的其他企业产生冲突，影响谁会参与社区组织工作以及怎么参与。财务冲突也可能会发生。当一个社区组织团体投资社区中的一些企业，结果发现他们的组织工作会助力或阻碍组织自身的投资时，利益冲突就会产生。当组织者与参与组织活动的人建立友谊或不适当的个人界限时，也可能发生冲突。此外，手法的选择，包括对抗手法，可能会给组织者带来伦理困境。为了达到目的可以不择手段吗？

关于伦理和社区组织的文献正处于早期发展阶段。事实上，只有零星的文献关注社区组织者面临的许多伦理问题以及如何处理这些问题。哈迪纳（Hardina，2004）介绍了社区组织者可以用来处理他们遇到的伦理困境的几个工具，包括《全国社会工作者协会伦理守则》、本书前面介绍的伦理原则筛查工具和社区组织者伦理决定框架（Reisch & Lowe，2000）。赖斯和洛（Reisch & Lowe，2000）提出了一系列步骤，供社区组织者用来解决伦理困境。以下是他们推荐的步骤和伦理决定框架：

- 识别用于当前情况的伦理原则。
- 收集审视这一有问题的伦理困境所需的更多信息。
- 识别适用于这一伦理问题的相关的伦理上的价值观和/或规定。
- 识别可能的利益冲突以及谁有可能从这一冲突中获益。
- 识别适当的伦理规定并根据重要性对其进行排序。
- 确定应用不同伦理规定的后果或者对排序做调整。

如果你是一名社区组织者，那么上述《全国社会工作者协会伦理守则》（NASW，2008）和社区组织者伦理决定框架在多大程度上为你的伦理决定提供了指导？你认为这个为社区组织者提出的框架能在多大程度上帮助你做出合乎伦理的决定？

哈迪纳（Hardina，2004）建议从业人员运用上述工具构建自己的伦理决定模型，并在模型中加入其他原则，如相互学习和赋权，以形成一个用于社区工作的个人框架。增加伦理决定方面的文献，探索社区团体社会工作和宏观实务中的问题仍处于初级阶段，尽管这两个领域的实践都在不断地处理伦理困境。

本章前面，哈迪纳（Hardina，2000）报告了一项对社区组织与社会行政协会（Association for Community Organization and Social Administration，ACOSA）的44名成员的研究，他们在社会工作学院教授社区组织课程。这项研究识别出了社区组织的一些模式，以及在这些课程中教授的一些工作手法。该研究还探索了另外一个问题：受访者是否认为有些策略与社会工作伦理不相容？关于最后一个问题，37名答复者表示，他们认为至少有一种工作手法违背伦理。被视为违背伦理的一些手法的百分比分别为：暴力（37%）；个人性屈辱/伤害（17%）；欺骗/谎言（15%）；恐怖主义/暴动（8%）；操纵选民（5%）；为权力精英服务的手法（3%）。有趣的是，受访者认为社会行动是最无效的促进社会变革的方法，因为它可能引发冲突和让关键决策者疏离。哈迪纳（Hardina，2000）认为，一些回应者把对抗与暴力、语言和身体上的人身攻击以及操纵选区团体联系在一起。她还得出结论，社会工作者拒绝与社会行动相关的手法，如示威、纠察和联合抵制。

社会工作者对社会行动策略感到不自在的研究发现具有显著意义。赖斯和洛（Reisch & Lowe，2000）指出，对社区组织者来说，在分配社会福利、权利、权力、地位和机会时，公正原则特别重要。事关社会公正的干预措施都涉及目的是改变社区资源和权力分配格局的行动。作为社区组织者的一项重要战略，有关社会行动的讨论非常广泛（Mondros，2009；Weil & Gamble，2009）。尽管如此，教师对社会行动感到不舒服的情况与文献中社会行动大行其道的论述之间的矛盾仍难以调和。

社会公正是《全国社会工作者协会伦理守则》（NASW，2008，Preamble）中的核心价值观，是该守则所倡导的排在第二位的伦理原则，它申明：社会工作者挑战社会不公正。社会工作者追求社会变革，特别是与弱势和受压迫的个人和群体站在一起并代表他们。"社会工作者的社会变革努力主要集中在贫困、失业、歧视和其他形式的社会不公正问题上"（NASW，2008，Ethical Principles）。表面看来，如果没有社会行动，资源和权力的再分配很少能实现。要在多大程度上采取社会行动，社区组织者和一般社会工作者以及专业本身才能说自己的努力符合伦理守则的要求？

麦克纳特和梅农（McNutt & Menon，2008）讨论了可用于组织和倡导工作的网络行动主义。他们发现了一些阻碍社区组织者使用技术的障碍，包括"数字鸿沟"、企业可能对互联网的控制，以及对互联网上的隐私的日益忧虑。尽管上网变得越来越普遍，但是许多群体，特别是传统的风险群体，缺乏从事在线倡导的技术。因此，中上社会经济阶层的人和群体有更多的机会获得这些组织工具，而低收入者和群体则可能得不到这些工具，因此不大可能参与政治进程。例如，成功当选总统的巴拉克·奥巴马在竞选中使用了多项技术，包括使用电子邮件、互联网、会议、电话会议、传真、视频会议和录像带等。

从伦理决定的角度来看，这些事实呈现了平等和不平等、资源限制和倡导等问题，这些问题在第九章中已有所讨论。当资源有限时，谁应得到优先权？如果在一个社区里，一个更富有的群体正在努力实现一个重要的目标，建一个社区青少年中心（这个目标显然有益于许多人），而一个较贫穷的群体正努力促成建一个幼儿园，这会影响到较少但却有更迫切需要的人，应该怎么做？如果你作为一个社区组织者必须选择一个群体获得所需的技术工具，你会怎样选择？

批判性思考练习

1. 组成一个小组讨论技术问题给你所在的机构和其他社会工作者带来了什么伦理上的困境？确认如何合乎伦理地避免或处理这些伦理困境。

2. 你在案例12-1"常青树保险公司的要求"中的理事会工作。你会选择委员会成员提出的哪个建议？《全国社会工作者协会伦理守则》中的什么标准将支持你的选择？

3. 在班上讨论或辩论循证实践在伦理上是否有必要。

4. 如果你正遭遇前面案例12-8"设立一个癌症治疗单位"中的社会工作主任所面临的伦理困境，你认为自己的决定会是什么？有什么论据支持你的决定？有哪些现有的论据与你的观点相反？

推荐阅读

基夫、霍尔和科沃（Keefe, Hall, & Corvo, 2002）对临床社会工作者、心理医生和精神科医生进行了抽样调查，以确定他们接手的病例中有多少人因继续治疗而被管理型照顾组织拒绝报销费用。他们的研究发现对私人执业人员来说其工作可能有伦理和法律方面的复杂问题。圣维兰（Santhiveeran, 2004）介绍了电子治疗的历史概况以及当时与社会工作相关的技术现状，对现有研究进行了评估，并基于《全国社会工作者协会伦理守则》思考了伦理上应得到关切的问题。马齐阿里、多纳休和克罗斯（Marziali, Donahue, & Cross, 2005）报告了互联网视频会议对神经退行性疾病（痴呆、中风和帕金森病）患者的家庭照顾者的支持，并讨论了使用互联网提供临床干预的专业和伦理意味。杰威尔、柯林斯、加尔各托和迪森（Jewell, Collins, Gargotto, & Dishon, 2009）讨论了维护人权的社区组织工作。西尔维斯特、奎因和里纳尔多（Silvestre, Quinn, & Rinaldo, 2010）报告了社区健康研究咨询委员会为社会变革和社区组织提供机会的情况，他们还讨论了相关的伦理问题。斯科佩利蒂等（Scopelliti et al., 2004）提出了评估农村社区双重关系的几种模式。

推荐网站

- 马里兰大学巴尔的摩健康与社会服务图书馆提供了一些循证实践资源的链接。网址：http://guides.hshsl.umaryland.edu/content.php?pid=61701&sid=453802。

- 霍沃斯出版社（Haworth Press）出版的《循证社会工作杂志》。网址：http://www.informaworld.com/smpp/title~content=t792303996~db=all。

- 全国社会工作者协会和社会工作考试委员会协会的《技术与社会工作实践标准》。

网址：www. socialworkers. org/practice/standards/NASWTechnologyStandards. pdf。

● 全国社会工作者协会循证实践资源。网址：http://www. naswdc. org/research/naswResearch/0108EvidenceBased/default. asp。

● 社会工作政策研究所关于循证实践的资源。网址：http://www. socialworkpolicy. org/research/evidence-based-practice-2. html 。

● 社区组织与社会行政协会（ACOSA）的网址：http://www. acosa. org/，协会的专业期刊《社区实务：组织、规划、发展与变革》的网址：http://www. acosa. org/jcpwhat. html。

能力要点

教育政策 2.1.1：**认同专业社会工作者身份并以此要求自己。**本章我们讨论了一些实践场所与问题，以及这些与社会工作者的伦理困境有怎样的联系。

教育政策 2.1.2：**运用社会工作的伦理原则指导专业实践。**本章我们讨论了管理型照顾、技术、循证实践以及与直接服务和宏观实务有关的伦理问题。

教育政策 2.1.3：**运用批判性思考告知和沟通专业判断。**我们有几个案例让你去思考和决定自己会如何回应伦理困境。此外，章末的练习针对的也是批判性思考。

教育政策 2.1.4：**将多样性和差异性融入工作实践。**我们讨论了与农村和偏僻社区有关的问题及在这些地方可能会遭遇的伦理问题。

教育政策 2.1.5：**促进人权和社会与经济公正。**我们讨论了社会公正和倡导工作。

第十三章

专业伦理谁之责？

> 本章会继续探讨社会工作教育委员会 2008 年《教育政策与认证标准》第 2.1.1 条教育政策中有关成为一名专业社会工作者的内容和第 2.1.2 条教育政策中有关运用社会工作伦理原则指导专业实践的内容，特别是个人和组织的责任问题。我们给出了一些问题和批判性思考练习，希望你能把批判性思考用到告知和沟通专业判断上（教育政策 2.1.3）。对这些政策的阐释贯穿了全书。我们希望现在你对社会工作实践中的伦理困境有了更好的感知并有了一套工具来处理你在自己的实践中会遇到的难题。在这最后一章，我们会谈及一些额外的资源，它们可能为你处理伦理困境添加助力。

伦理决定呈现的方式似乎常常给人一个印象，必须做决定的那位社会工作者完全是一个人单独承担责任，同一切可能给他指导的支持系统断绝了联系。许多人对这种看法提出了质疑。因此，哲学家沃尔什（Walsh, 1969）写道："道德是首要的社会设置；作为一个社会角色，个人的自我表达，即便有的话，也只是第二位的。"（转引自 Frankena, 1980, p. 33）

尽管每个社会工作者理所当然地要为自己的伦理决定负责，但也必须认识到，他只是多个支持或者是应该支持他的伦理决定的网络和社会系统的一分子。《全国社会工作者协会伦理守则》的目的之一就是帮助社会工作者"在专业义务发生冲突或伦理上没有把握的时候，识别相关的考虑"（NASW, 2008, Purpose of the NASW Code of Ethics）。不管怎样，做决定总是发生在一个社会场所中，这个场所影响、奖励或引导特定的行为，限制、制裁或反对其他的行为。雇用社会工作者的社会服务机构就是这样一个场所，服务传输团队、部门或办公室是另外一个场所，专业协会是第三个场所。任何适宜于和增强伦理决定的讨论如果没能对这些系统加以考虑，就都是不完整的。换句话说，专业伦理决定不仅仅是个人选择的结果。

组织机构也必须在支持社会工作者做出正确的伦理决定中发挥作用。相对于机构采用的建立伦理规范和强化伦理操守的所有技术性措施而言（如，员工教育和培训、问责制等），非常重要的一点是在机构中建立一种伦理氛围，它可以被察觉、被人看重，得到所有参加成员的理解。建立这样一种氛围需要利用行政领导的影响力，需要系统中各层级的员工和其他方的参与，以确保高标准的伦理操守被贯彻到机构的工作和生活中（Grundstein-Amado，1999）。

支持做伦理决定的资源

就算社会工作者必须做出的每个伦理决定永远都不会有清楚的指南，目前还是已经有了各种社会机制和设置可以提供指导和支持。在这一章，我们会讨论几个可能对社会工作者特别有帮助的机制。

服务对象权利条款

许多医院和其他服务机构向新服务对象和病人分发权利条款文件。这些简短的说明文件告诉人们对于自己的情况他们有权知道些什么。文件还告诉他们，他们应当受到尊重，有尊严，他们会参加跟自己有关的决定，会得知可以有的选择，如果他们对自己受到的对待不满意，有权反映给调查员或其他人。

社会工作者应考虑使用一个明确的信息告知说明，向新服务对象介绍他们对遇到的专业人员可以有怎样的期待，在需要的时候可以质询或澄清疑惑的机制，以及办理申诉的程序。虽然社会工作者能够而且应该将这些信息告知服务对象，但是口头传达这些信息跟提供书面的权利条款意义不同。这类说明必须是书面的，只能由机构而不是社会工作者个人发送。这与私人执业的情况不同，他们能向每个新服务对象发送这样的书面文件而且应该这样做。该文件应包括关于服务对象在专业服务中可以和不可以期待的事情的陈述。《健康保险携带与责任法案》（HIPAA）规定，保护服务对象的个人信息在未经服务对象事先书面同意的情况下不被披露，但虐待和忽视儿童、伤害他人的想法或伤害自己的想法除外。社会工作者和机构程序合规的部分工作，是向每位服务对象提供一份解释服务对象权利的政策副本。

机构风险审核

社会服务机构进行多种类型的审核，包括财务、安全性、质量控制和利用率审查等。机构也可以审核社会工作伦理方面的专业知识。这一审核可以有两个主要聚焦点：（1）社会工作者掌握的在其服务领域和工作场所识别出的与伦理有关的风险（针对社会工作者的投诉和立案的法律案件、伦理委员会过去积累的经验、非社会工作但对社会工作者和社会服务机构有意义的法庭案件）的知识；(2) 目前机构的办事程序和处理伦理问题、困境和决定的程序。机构会有的伦理上的风险包括：服务对象的权利、保密与隐私权、知情同意、服务传输、界限问题、利益上的冲突、档案、诽谤人格、服务对象记录、督导、员工发展与培训、咨询、服务对象转介、欺诈、终止服务与放弃服务对象、从业人员受损、评估和研究等。定期进行社会工作伦理审核的机构不仅有机会增强自己在伦理方面的表现，而且也让从业人员和督导员得到了支持，并在这方面有所准备，并因此让整个机构来分担员工伦理决定上的负担（Reamer，2001）。

社会工作和其他社会服务行业已经开始认识到伦理风险管理的重要性。社会工作伦理审核能系统性地关注一些措施，尽量减少对服务对象和员工造成伤害的可能性，防止伦理方面的投诉，并防止被指控存在某些与伦理有关的玩忽职守。柯克帕特里克、里默和斯库斯基（Kirkpatrick，Reamer，& Skyulski，2006）报告了对三个健康照顾设施进行的伦理审核结果。这三个设施是隶属于一所医学院的某大型医院的组成部分。每个设施的结果各不相同，但最明显的风险与知情同意的政策和程序有关（例如，非英语人士的译员和翻译，以及机密信息的处理。例如：向管理型照顾组织披露患者的药物滥用史或敏感信息）；与患者保持适当的界限（例如，与患者建立友谊）；员工督导（例如，监督的频率、质量和档案）；员工咨询（例如，获得咨询的时间和方式）；以及建立伦理决定档案。审核为行政管理人员和员工提供了检查其政策和实践、确定风险领域以及制定改善其处理伦理问题策略的机会（Kirkpatrick，Reamer，& Skyulski，2006）。

此外，一系列与档案工作有关的指南被制定出来，有助于确保风险管理标准，以加强向服务对象提供的服务，并保护可能需要为自己辩护的从业人员免遭向州证照委员会或专业协会提起的伦理投诉。里默（Reamer，2005）将这些指南分为四类：(1) 档案内容；(2) 语言和术语；(3) 可信度；(4) 接触记录和档案的方式。这些指导原则的核心要点是，建议平衡好保存细节记录与记录保存过于稀少，以及谨慎使用语言。"太多的内容，太少的内容，或错误的内容有可能会对服务对象造成伤害并让从业人员面临相当大的法律责任风险"（Reamer，2005，p.328）。在某些情况下，记录的细节太少可能会影响服务质量，以致随叫随到的后备人员只能根据模糊或不完整的信息来处理情况，或者在发生投诉或诉讼时，对工作者在服务时所采取步骤的记录不够充分，从而影响公正处理。在合并记录中记录向家庭和夫妇提供的服务时，要谨慎使用个人笔记，并注意不要暴露机密信息，因为记录和个人笔记可能会被法庭传唤作证。社会工作者还应避免使用诽谤性语言，申明失误，熟悉相关法律，并确保特定记录是安全的。

麦考利夫（McAuliffe，2005）是澳大利亚的一名社会工作者，他关注的不是规避风险，而是研究那些同意参加一个有资助的研究项目的机构，研究它们的社会工作伦理审核制度。参加者包括三所医院、三个咨询和支持机构、两个社区妇女服务机构、一个社区健康服务机构、一个社区残疾人支持服务机构和一个志愿性的无资助的服务机构。对于落实审核工作的研究突显了该工作给员工和机构带来的一些好处和挑战：(1) 为讨论伦理问题提供了正当的空间；(2) 识别出工作人员在知识和技能方面的差距；(3) 识别出对质量保证和获得认证的意义。麦考利夫（McAuliffe，2005）得出结论，实施社会工作伦理审核最重要的益处是明确关注合乎伦理地从业，以及让处理伦理敏感性问题具有合法性。

蔡斯（Chase，2008）认为，践踏伦理和其他违规行为导致法律责任和风险增加。因此，她提出了六个降低风险的策略：

(1) 考虑预防性风险管理，采取积极主动的立场。
(2) 通过熟悉政策和程序将风险降到最低，从而将由于欠缺知识而导致的风险降到最低。
(3) 全面查看环境情况，尽可能消除或减少其中的风险。
(4) 强调伦理、良好实践、移情和反移情方面的教育。
(5) 应提供督导和咨询。
(6) 通过了解机构政策和程序分担风险，并采取额外的防范措施，如办理责任事故保险，安排持续的咨询和/或督导。(p. 428)

同行评审与社会工作实务伦理委员会

同行评审让社会工作者可以对比自己的伦理决定与同事的伦理决定。它可以采取非正式小组的形式，由从业人员组成，相互帮助，也可以在机构中采用正式的方式进行。过去，社会工作者一直运用非正式的小组聚会的形式评议自己的专业工作决定。这样的小组聚会也被用来评议伦理决定。同行评审小组对私人执业的社会工作者来说特别重要，因为同在机构中工作的工作者相比，他们互相之间比较隔离，较少有机会与同行交流。私人执业的社会工作者在伦理上的掌控和承担责任几乎完全凭借各个单独执业的人的职业敏感和知识。在机构工作中如此直接的同行压力在私人执业中却明显少得多。由于这些考虑，私人执业的社会工作者可能想要组织同行评审系统，特别是评审他们做出的伦理决定并提供忠告。用这种方法，他们能更加确定自己做出的是上佳决定。

每个机构都应该建立一个社会工作实务伦理委员会，类似于学术研究组织设立的人类研究保护办公室（Human Research Protections Offices，HRPO）或机构审查委员会（Institutional Review Boards，IRB）。遇到伦理问题的从业人员可以向委员会咨询。这样一个委员会是一个论坛，社会工作者可以透彻地思考在日常工作中出现的困难的伦理问题。最重要的是，这个委员会可以成为机构中常规性的监察伦理表现的控制源。

全国社会工作者协会伦理与专业审查办公室也向当前遇到伦理困境的会员提供伦理问题咨询。这些咨询指导人们贯彻伦理守则，并指点他们找到与其关注的问题相关的标准。对话可能会帮助成员做出合乎伦理的决定。如果问题与伦理无关，而是与法律问题或社会工作实践标准有关，那么可能会被转介给特定的资源。

问责系统

专业社会工作者不管是在机构中工作还是私人执业，都要对自己的专业活动负责。在我们这个越来越好打官司的社会里，法庭、付费的第三方、政府管理人员、身为公民的被赋权的服务对象和病人都在问责制中发挥着作用。社会服务机构要对员工的所作所为负责。想要用积极的方式履行这一责任的社会服务机构，必须建立和运作内部问责制系统。这类系统有下列典型特点，包括：信息系统与监察机制，工作活动和决定的抽查方法，清楚说明要达到的伦理决定的质量指标或标准和清楚的反馈系统，让机构能及早察觉有问题的情况。

问责制主要与工作表现联系在一起，但是没有理由不在这样的机制中添加侧重工作中的伦理表现的指标。就像机构评估其传递的服务的效果和效率、其社会工作雇员的社会工作实践一样，机构也可以系统地追踪和评估社会工作从业人员做出的伦理决定。

在职培训和咨询

大多数机构都在向员工提供在职培训、继续教育和咨询上有大量的投入。尽管重点常常是让实际工作更有成效、行政管理更有效率，但是这些活动也应该包括以实际工作的伦理含义为重点的内容，以增强实际工作的伦理水平。私人执业的社会工作者应继续学习做伦理决定的相关知识，并进一步发展其做伦理决定的能力。许多州现在要求将伦理内容纳入更新从业证照的继续教育要求中，这一因素可能有助于鼓励社会工作者让自己的伦理知识与时俱进。

机构申诉程序和调查员

虽然许多机构都有申诉程序，但是服务对象常常并不知晓。"忘记"告诉服务对象这些，可能会让从业人员和行政人员的事简单化，但是却不能让伦理上的修为上升到高水平。使用申诉程序不只是纠正社会工作者犯下的错误。它的一个最宝贵的作用是让社会工作者敏锐察觉工作中涉及伦理的事宜。所有服务对象应该随时都可以得到调查员的帮助或者是使用另外一种类型的申诉程序，他们应该能在没有任何被诋毁或报复的风险的情况下使用这些程序。讲求伦理的社会工作者会拥护这样的措施。尽管行政上的审查程序也在支持系统中占有一席之地，但是这些程序不能取代服务对象可以自由得到的申诉程序。

专业协会

专业协会，诸如全国社会工作者协会，在增强实务工作的伦理操守上扮演着关键性的角色。《全国社会工作者协会伦理守则》的颁布实施和定期修订需要强化，要纳入案例参考资料和解释性的应用指南，因为常常难以界定实务工作标准和合乎伦理的操守的边界。贾亚拉特尼等人（Jayaratne et al.，1997）对密歇根的全国社会工作者协会成员的研究发现，对什么是适当的、合乎伦理的做法存在许多混淆之处和分歧。

梅德门特（Maidment，2006）认为，在当前背景下，有必要探索服务对象与工作者的关系边界，它们可能是在传统的符合伦理的专业实践界限内，也可能超出界限（在第七章有所讨论）。她认为，对于关系、互惠、爱、身体接触和精神方面，其他的解读可能是有价值的，因此，建议如果全国社会工作者协会和其他社会工作者专业协会想要在本专业内部鼓励澄清和强化符合伦理的决定，那么就必须制定出其他的策略。下面是可以采纳的一些方式：

（1）继续修订和完善《全国社会工作者协会伦理守则》。增加个案先例可能会有帮助。

（2）鼓励组成正式的和非正式的小组，研究和审查来自实际工作经验的重大伦理决定。

（3）建立一个有伦理意味的已有案例的数据库。伦理方面的知识十分宝贵，但是识别和知道那些已经被发现有悖伦理的行动也会有积极的效果，它对本专业的成员有指导意义，也可以起到警示作用。

（4）继续在专业会议和继续教育方案中安排重点是实践当中的伦理问题的活动。

（5）除了每月在全国社会工作者协会的网站上讨论伦理上的困境外，出版"伦理问题报告书"或者是在《社会工作》或《全国社会工作者协会新闻》上设立一个固定的讨论伦理问题的栏目，让社会工作者更熟悉《全国社会工作者协会伦理守则》。

（6）进一步拓展全国社会工作者协会伦理热线的工作，这样从业人员、督导员和行政人员对于在实际工作中出现的伦理问题都能获取忠告。现代通信技术，比如短信和电子邮件，都能提供即时的远距离沟通。同时，这些技术也让提供咨询的人有了充分的时间去反思问题或者征询他人的意见。

（7）全国社会工作者协会应该像美国心理学会一样，出版年度报告，说明所调查的伦理投诉个案的数量和类型以及分布情况。

法恩和特拉姆（Fine&Teram，2009）研究了身为加拿大社会工作者协会成员的社会工作者在伦理决定与专业守则方面的日常经验。研究人员采用个人访谈和焦点小组的方法，从在安大略省五个城市居住和工作的社会工作者那里收集数据。全部参加者样本包括51名女性和20名男性工作者。研究人员识别出了两大群体：遵守守则的信奉者；质疑守则益处的怀疑者。信奉者认为伦理守则是社会工作专业所包含的东西的最佳代表。怀疑者虽然赞赏社会工作的付出，但是他们质疑伦理守则中所述的社会工作原则是否始终符合服务对象的最佳利益。"伦理守则没有涉及特定的、本地的、符合情境的和严格的遵守，会导致与服务对象脱节（即缺乏身体和情感上的连结），以及混淆根植于服务对象'问题'背后的权力和公正问题（例如，通过不公平的社会救助政策进一步实施压迫），这些问题都是文献中表达过的关切。"（Fine&Teram，2009，p.73）如果在美国进行类似的调查，你认为调查结果会怎样？

法恩和特拉姆（Fine&Teram，2000）的研究强调了专业组织及其地方分会和各个社会服务机构有必要收集伦理决定方面的数据资料。这样一个数据库不应该只收入"光辉事迹"，也应该包括社会工作者所犯的错误、回答不了的问题和让人尴尬的情况。收集这种类型的数据资料对从业人员以及学生都会有帮助。这些信息会详细说明社会工作者经历的一些伦理上无所适从的窘境，他们偏爱的解决方式和得到的结果。这样一个数据库还会有助于生成案例资料，它对于新的社会工作知识得到系统的发展也十分紧要。就像律师在遇到棘手的决定时要从法律案例中寻找指针一样，社会工作者也应该能从我们建议的数据资料库中得到指南。

全国社会工作者协会的专业投诉程序

如遇到涉嫌违反《全国社会工作者协会伦理守则》的情况，以下人员可以递交专业审查请求（Requests for professional review，RPRs）：

- 本人，与全国社会工作者协会的成员建立了专业的社会工作关系。
- 在一个机构或组织中的一群个体，知晓在专业社会工作关系或情境中身为全国社会工作者协会成员的专业操守。
- 一个人代表另一个人的情况在下述条件下可以实行：只要该人在精神上或身体上无行为能力，或者是未成年的儿童，并且该人有适当的资格代表无行为能力的成年人或未成年人提起诉讼。
- 一位全国社会工作者协会的成员，担心其在某一情况下的行为可能违反了全国社会工作者协会伦理守则。

被立案投诉的人在被指控其有违规行为的时候必须是全国社会工作者协会的成员。

除了要填写和提交特定的表格以及完成其他程序性事项外，投诉人还必须通过引用《全国社会工作者协会伦理守则》中的具体标准来说明所指控的不当行为是如何违反该守则的。情况许可的话，听证会和调解会将由要审查的所指控侵权行为发生地的全国社会工作者协会分会受理。如果分会未能及时采取行动，全国伦理委员会有可能承担审查工作。某些被指控的行为会被提交裁决，而其他行为会被提交调解（NASW，2005）。

2009年10月，全国社会工作者协会理事会批准并立即实施了两项专业审查程序的变更：(1)如果某个社会工作证照委员会起诉要求吊销某成员的证照，这一成员的全国社会工作者协会成员资格也将被取消；（2）一个成员如果被判重罪，其全国社会工作者协会成员资格也将被取消。（NASW，2010）推荐的这两项变更是为了回应对保护公众的关切。当某个分会基于从公共领域获得的信息发现某个成员有被证实的犯罪或有违反社会工作证照规定的行为，因而对其有未达重罪的起诉或吊销其社会工作证照，分会将作为代理机构将信息转给全国办公室审查，然后一个特别审查过程将启动。这一程序也可以通过社会工作者自我报告来启动。在全国社会工作者协会实施自动制裁前，成员会得到一个审查机会。

伦理倡导、社会服务机构和跨学科团队

社会工作者受雇于各种各样的社会服务和其他场所，这些服务项目或场所的员工队伍包括社会工作者和其他专业人员，所有这些人员可能有不同的专业权力、地位和专业伦理义务，并对服务施加不同程度的控制。在跨学科环境中工作意味着与其他社会工作者、心理学家、护士、医生、矫正人员以及其他学科的代表并肩合作。无论是在以社会工作为主要专业的环境中，还是在其他专业扮演主导角色的环境中，忠于《全国社会工作者协会伦理守则》的社会工作者可能都必须进行有效的伦理倡导。多德和詹森（Dodd & Jansson，2004）建议社会工作者获得知识和技能，使他们能够在涉及社会工作者和服务对象或病人以及其他专业人员的伦理讨论中做出有效贡献。

奇考伊（Csikai，2004）对110名临终关怀社会工作者进行了抽样调查，以识别临终关怀中的伦理问题、如何管理这些问题以及社会工作者应在多大程度上参与解决这些伦理困境。伦理委员会的社会工作者通过新政策充当社会公正的倡导者，并协助审查有关伦理问题的现有政策。奇考伊（Csikai，2004）得出的结论是，跨学科参与并不限于上述两项活动，它需要社会工作者得到比目前多得多的准备。

福斯特（Faust，2008）提请注意这样一个事实：临床社会工作场所往往忽视为患者做倡导。系统，包括精神健康机构，并不总是对各个病人有回应。但是，除了需要为个人做倡导外，还有许多要求机构做出改革的病人投诉，这些投诉涉及治疗和具体服务，诸如经济援助、交通和住房问题等。有一位现成的精于做伦理倡导的人随时准备就机构本身的问题做倡导，这会提醒精神健康机构的工作人员注意病人的权利。福斯特（Faust，2008）指出了其他一些需要做伦理倡导的问题，例如在患者的权利条款中增加关于参与治疗的医学生和其他学生的信息（以及拒绝其参与的权利），纠正由于大厅的建筑特征而无意违反保密规定的行为，以及制定策略，在不违反为患者保密的情况下确认与患者的预约。

多德和詹森（Dodd & Jansson，2004）提出了促进组织处理与伦理决定相关的权力和政治问题的能力的策略，其中包括：寻求书面的规程，认定社会工作参与团队的伦理决定

的必要性和性质；寻求多学科伦理培训课程；让其他专业的成员了解社会工作者在伦理决定中可能扮演的角色。在参与跨学科小组的伦理决定前，社会工作者必须发展自己有关社会工作专业和小组的伦理知识。他们还必须培养倡导技能和自我效能感，使他们成为服务对象和患者的有效倡导者。最后，他们必须在伦理决定过程中找到建设性的方式与其他专业人员互动。

麦克比思和韦伯（McBeath&Webb，2002）强调了英国社会工作背景下的倡导功能，这对美国的社会工作者有明确的意义。他们描述社会工作和机构"越来越常规化的责任制、质量控制和风险管理……强调规章制度和职责。这就产生了一种按照批准的或典型的程序行事的文化，导致防御型的社会工作，完全不利于人的素质的发展，这可能会促使社会工作者参与对最佳实践的批评和修改"（p.1016）。他们认为，"社会工作者的正直不是体现于在不同的个案中行动一致或者回报最大化，也不是体现于准确地执行部门政策或法律，而是体现于对自己为之工作、与之共事的人和所从事的活动的基本取向或良好意愿"（p.1028）。麦克比思和韦伯（McBeath&Webb，2002）提出"行政理性的铁笼"一词，主张社会工作者不要让行为的正当性（合乎伦理的行为）由一堆法律或其他条条框框来决定。换言之，伦理的问责不能由行政理性、规则和法律来主宰。这一结论表明，机械地应用已经演变的支持系统可能不会带来人们期望的更符合伦理的做法，而是会强化对个人需要没有响应的官僚程序。

总结

在最后一章，我们提出了一些可能会有助于社会工作者寻求更有效的伦理实践的想法。社会工作专业的价值观构成了做伦理决定的背景。反过来，伦理决定又成为合乎伦理的实践的基石。做伦理决定先要熟悉《全国社会工作者协会伦理守则》，并澄清个人的价值观。知道自己真正的信念是一个不可或缺的基本步骤，它能让社会工作者设法增强自己的伦理实践。除了这些，对社会工作者来说，澄清社会的价值观和不同工作对象群体的价值观也很重要。澄清这些价值观让社会工作者能够更容易察觉和意识到他人的价值观和不同价值观体系间可能会出现的冲突。

美国社会越来越偏好诉讼。这导致的一个后果是，人们对社会工作者寄予了更大的厚望，这些工作者既有本专业的职场新人，也有经验更丰富的人。要使社会工作者为合乎伦理地开展工作做好最佳准备，需要从业人员个人、社会工作教育机构、用人的社会服务机构、个体和群体私人执业者以及整个专业的共同努力（Chase，2008）。尽管从业人员个人有时在面对伦理上的困境时会感觉孤立无援，但是他们可以和其他人一起分担这些伦理上的困境。正式的同行评审、机构咨询和专业协会必须分担仔细思量这些伦理困境的重担。

有人提出伦理植根于共同体。严格按照个人的良知做伦理上的决定会让个人陷入极大的困境，并导致其扮演上帝的角色。所有的伦理都是共同体的组成部分。对社会工作者来说，有许多理由使他们要与专业共同体"链接"。专业同仁能提供一些机会，透彻思考伦理上的问题和困境。同其他社会工作专业人员讨论个人在伦理上忧心的事，在寻求最符合伦理的伦理决定时能得到同事的支持。

回到原初

从本书第一章开始，我们介绍了社会工作者埃伦·阿什顿刚刚认识的巴桑蒂·马杜赖的案例。在这本书中，我们多次回到巴桑蒂和埃伦的案例，每次都会补充一些信息，这个过程很像一个真实的个案可能会被慢慢揭开面纱的过程。当我们结束这本书时，让我们假设现在是两年后，我们发现：

> 大约一年前，巴桑蒂不再参加埃伦带领的南亚妇女支持小组。在过去的一年里，埃伦偶尔在社区里见到巴桑蒂，当她们见面时，总是友好地打个招呼，聊上几分钟。在最近的一次见面中，巴桑蒂提到，事情对她来说非常顺利，她想对给她莫大帮助的小组一些回报。她问埃伦是否可以安排一个时间作为朋友见面，并讨论巴桑蒂可以如何帮助南亚妇女支持小组。

埃伦应该如何回应这个请求？可能涉及的伦理困境是什么？埃伦在做出伦理决定时，可以从哪里寻求帮助？

批判性思考练习

1. 找出你在从事社会工作实践的时候在做伦理决定方面的长处和局限。你怎样才能更好地做准备，使自己成为一个有伦理操守的社会工作者？
2. 在你的实习机构、你受雇用的机构或其他社会服务机构中找出你认为其使用的伦理决定模式的局限。如果你能为改善这一机构的伦理决定工作做一件事，你会选择改变什么？你会怎样着手尝试改进工作？
3. 浏览《全国社会工作者协会专业审查程序》（2005），熟悉专业协会对投诉立案的规定。

推荐阅读

斯特罗穆-戈特弗里德（Strom-Gottfried，2003）回顾了伦理投诉案的起因、针对的对象和结果,帮助从业人员和其他人增进对伦理投诉案裁决的了解。凯利(Kelly,2005)在《超越问题解决:教育主办机构中社会工作者的风险管理者和教育者角色》中描述了教育主办机构中的社会工作者如何从事风险管理和伦理教育,解决在学校场所中遇到的伦理困境。倡导一直是社会工作的固有内容,伦理守则中的一些标准表明了社会工作者充当倡导者的重要性。格林那和拉汀(Greene & Latting,2004)探讨了将举报作为一种保护服务对象权利的手段和伦理工具的相关内容。

推荐网站

- 全国社会工作者协会(NASW,2005)专业审查程序的复本。网址:www.socialworkers.org/nasw/ethics/procedures.pdf。
- 俄亥俄大学应用与专业伦理研究所(见http://www.faculty-commons.org/ethics/)有一个"问电子团队!"资源,你可以通过电子邮件向其发送有关应用伦理或专业伦理方面的问题。网址:http://www.faculty-commons.org/ethics/391/。

能力要点

教育政策2.1.1:**认同专业社会工作者身份并以此要求自己。**本章我们的重点是做伦理决定方面的专业发展。

教育政策2.1.2:**运用社会工作的伦理原则指导专业实践。**本章我们提供了多个资源,帮助你将伦理原则应用于社会工作实践。

教育政策2.1.3:**运用批判性思考告知和沟通专业判断。**贯穿本章的问题和章末的练习都是针对批判性思考的。

附件一：附加案例

1. 保密何时终止？

临床社会工作者蒙塔娜·杰弗里斯受雇于杰斐逊县精神健康中心，工作对象是因家庭暴力而被法院判令参加治疗的男性。泰勒·琼斯是她的一个病人，与她建立服务关系才两年多。他的治疗成功结束，没有再听到他继续虐待伴侣的消息。法庭同意他履行了法庭的命令。杰弗里斯女士已经三年多没有和他联系了。昨天，杰弗里斯女士不在办公室的时候，一位县治安官留了言，要求她提供有关琼斯先生下落的信息，以便向他发出逮捕令。治安官还希望从她与琼斯先生的工作中获得尽可能多的信息，以帮助找到他并了解他是如何躲避的。他要求杰弗里斯女士尽快给他回电话。当杰弗里斯收到这条信息时，她不知道该如何回应。如果依法她要给予回复，她可以报告多少信息？报告什么样的信息？假如依法没有强制披露信息的要求，那么杰弗里斯女士是否仍应服从这一要求，如果是，她应该报告哪些信息？

2. 保护脆弱的服务对象还是遵从法律？

阿斯皮拉·蒙哥马利女士是个20多岁的女性，她被诊断为抑郁症，有过自杀意念。在过去的两年里，她一直在接受社会工作者维奥莱特·布鲁德的个人治疗。在最近的一次面谈中，蒙哥马利女士透露，她是少女时期性虐待的受害者，她以前没有告诉任何人这件事。根据法律规定，布鲁德女士必须向当地儿童保护服务机构报告蒙哥马利女士所称的虐待行为，但蒙哥马利女士对此非常抗拒，并担心会遭受报复，因为肇事者是亲属，而且还活着。布鲁德女士还担心，如果她报告虐待，蒙哥马利女士会变得更加沮丧，可能会伤害自己。布鲁德女士下一步该怎么办？做什么才合乎伦理？

3. 霍利迪女士的伦理选择有什么？

萨姆·皮尔苏斯基67岁，丧偶，现在躺在重症监护室中不省人事。他之前有一个未确诊的喉部肿瘤阻塞了他的气道，医生希望家属同意手术，切除病人的癌细胞和喉部，但他在手术后将无法说话。当医生和皮尔苏斯基先生的一个女儿交谈时，她对手术非常抵触。医生要求社会工作者霍利迪女士与家人交谈，因为如果不动手术，皮尔苏斯基先生就会死。

霍利迪女士同皮尔苏斯基先生的三个成年子女见面，他们都没有健康照顾授权书。对手术持抵触态度的那个女儿说服哥哥和姐姐，说他们的父亲不能容忍自己残疾和不能说话。她确信，如果让他们的父亲失去说话的能力，他宁愿死。霍利迪女士看到了许多在喉切除术后成功恢复声音的康复案例，她向家属描述了康复方法和患者在失去声音后所做的调整适应，但他们依然坚持自己的决定。医生也无法改变他们的想法，并对这家人感到沮丧，医生坚持请霍利迪女士再试试说服家庭成员。霍利迪女士该怎么办？

4. 可能的伤害与保密

临床社会工作者科妮莉亚·加拉多每周与一位15岁的女性服务对象娜塔莉·梅斯会面。在她们的第一次会面中，加拉多女士解释说，除非娜塔莉告诉她打算伤害自己或他人，否则她将对被告知的一切保密。在上一次治疗中，娜塔莉告诉加拉多，她正和一个刚刚因贩卖毒品被判一年监禁的男友做毒品交易。娜塔莉的父母禁止她联系男朋友，并要求加拉多女士，如果他们的女儿告诉她又在见这个年轻人，就告诉他们。加拉多女士担心娜塔莉的安全，也担心她被卷入非法贩卖毒品的交易以及在毒品交易中她可能面临的危险。这是否足以对娜塔莉构成潜在的伤害，使加拉多女士有充分的理由告知她父母？她有义务举报娜塔莉或她男朋友的违法行为吗？

5. 谁要忠于谁？

简·史密斯和约翰·亚当斯都在善意康复项目做第二年的实习。简发现约翰告诉同事她是女同性恋。尽管简对自己的性取向持开放态度，但她认为约翰跟同事讲她的私人信息是不合适的。简找到约翰，要求他不要再跟别人说她是同性恋，因为这从专业上讲不合适，他回答："我为什么不该告诉别人呢？大家都知道，不管怎样你还是会让人知道。"简感到失望和愤怒，她约了实习督导员谈这件事，描述发生的事情，并投诉了约翰的行为。简的实习督导员回应说，她很抱歉发生了这件事，但她无能为力，因为约翰是一位非常有权势的理事会成员的亲戚，她担心责备约翰会给她带来麻烦。鉴于目前的经济形势，实习督导员担心自己可能会失业，找不到另一份工作。实习督导员的回应是否合乎伦理？督导员应该忠于谁？你处在简的位置上会怎样回应？你处在实习督导员的位置上会如何回应？

6. 保护不保护我妻子？

约瑟夫·杨偶然发现另一个社会工作者在复印机上留下的纸条。他迅速地浏览着这个便条，看看该还给谁，结果发现了他妻子阿莱娜目前作为合同工工作的机构的名字。阿莱娜最近得到了一个全职的职位，所以约瑟夫对这个机构的信息很感兴趣。约瑟夫不假思索地读了这个笔记，里面描述了对该机构执行主任的性骚扰指控，如果阿莱娜接受那个全职职位，她将会与这个男子共事。约瑟夫看完这些材料后，对妻子的处境十分担心。在这种情况下，有哪些伦理问题？约瑟夫该怎么办？他能告诉阿莱娜关于性骚扰的指控吗？如果他不能告诉她具体情况，他可以采取其他行动警告她小心执行主任吗？在类似的情况下，你会如何应对？

7. 保护不走运的塞缪尔？

塞缪尔·旺德是一个无家可归者收容所的居民，他在那里过夜。早上，他去一家食品银行，在街上到处走，去图书馆和汽车站，总的来说就是在城市里游荡。即使落到非常困难的境地，他仍是一个非常讨人喜欢的人。塞缪尔向他的社会工作者透露，他把自己的独立卡（食品券）卖了换成钱去买啤酒，然后和比他更穷的朋友一起喝。这样做是违法的，塞缪尔可能会失去他的福利，但他是一个平和的人，他正用这笔钱和他的朋友喝几杯啤酒。社会工作者应该报告塞缪尔的行为吗？有什么伦理上的理由支持或反对报告塞缪尔的行为？

8. 双重角色有时会意外出现

社会工作者德洛雷斯·拉尼尔和她丈夫几个月来一直在寻找一套公寓。昨天，有人向他们展示了一套非常适合他们的漂亮公寓，他们立即提出一个价格购买这套公寓。房地产经纪人打了一个私人电话，宣布房主同意这个出价。当收到签署的合同时，拉尼尔夫妇才发现公寓的主人是德洛雷斯目前的一个服务对象。在这种情况下，伦理困境是什么？德洛雷斯·拉尼尔该怎么办？

9. 沉默会是伸出一只援手

吉纳维芙·哈桑的工作是帮助低收入学生及其家庭申请大学和经济援助。在与布雷格曼一家的工作中，她发现他们在纳税申报表中列入了欺诈信息，包括为自立还住在家外的孩子要求减税，以及为一家并不存在的家族企业的商业损失要求退税。根据报告的数字，布雷格曼一家调整后的总收入减少了2万多美元，使他们有资格获得几项经济救助，而根据他们实际的调整后总收入，他们是没有资格获得这些救助的。当吉纳维芙对所提供的数据提出疑问时，布雷格曼一家坚决要求按照他们做出的数字提交表格。吉纳维芙对他们的不诚实感到不安，但也相当肯定，她的服务对象只有通过利用欺诈性税务信息获得的经济援助才能上大学。在这种情况下，社会工作者吉纳维芙面临的伦理问题是什么？怎么做才合乎伦理？

10. 获取资源平等还是不平等？

初心良善咨询机构理事会制定了一项浮动费率收费政策，每次咨询最低收费10美元，以确保社区所有成员都能获得服务。过去，初心良善咨询机构的办公室都设在白人为主的社区，但他们最近开设了普兰斯办公室，该办公室位于一个以非洲裔美国人为主的社区。普兰斯社区居民比其他初心良善咨询办公室所在的社区居民收入低，因此，为了招募服务对象，理事会对那些年收入低于30 000美元的人免除每次咨询最低10美元的收费。理事会希望这一决定能让服务被提供给人数在不断增长的非裔美国人服务对象，这反过来在申请政府和基金会资金时会是个有利因素，但这样做意味着让那些在其他办公室支付费用的人来补贴普兰斯办公室的非付费服务对象。理事会的付费政策是否合乎伦理？为什么符合或者为什么不符合？

11. 双方都必须履行合同

索菲亚·斯托一直在给唐斯一家做简短家庭治疗。他们签订了做12次治疗的合同，并商定在执行之前先讨论所有干预措施。在第六次治疗时，索菲亚女士决定对唐斯一家的治疗适合运用矛盾干预法（paradoxical intervention），但这要求家庭不知道干预的性质，她在没有告知他们的情况下实施了干预。家里没有人反对或提醒斯托女士之前的承诺。干预达到了目的，这个家庭成功地完成了12周的治疗。在这种情况下，你认为斯托女士有哪些伦理问题？

12. 做好事还是家长作风？

现年78岁的埃比尼泽·弗赖斯从梯子上摔下来，头皮被割伤，在住院治疗后现在准备出院。在讨论出院问题时，弗赖斯先生告诉社会工作者赫敏·拉斯蒂格，自从妻子去世后，他经常不吃饭，有时几天只吃一次。他说他不喜欢购物也不喜欢做饭。拉斯蒂格女士主动提出安排送餐服务，但他告诉她不想要送餐。拉斯蒂格女士认为，弗赖斯先生的身体状况不如他想象的那么好，他只能在有送餐服务的情况下继续在自己的家里生活。因此，她安排一周五天给弗赖斯先生送餐。拉斯蒂格女士确信餐送到的时候弗赖斯先生会喜欢有现成饭吃，但是如果他不喜欢，那时他可以终止服务。勒斯蒂格女士的行为合乎伦理吗？为什么符合或者为什么不符合？

13. 忠于机构、服务对象还是自己？

奥尔托娜·索法拉夫妇向本街区的一家机构寻求伴侣咨询服务，因为他们婚姻中的沟通误解和争吵越来越多。他们去见了接案人员，他确定根据他们的收入每次咨询需要付90美元的费用，他们同意了费用安排。之后，他们被指派了一位名叫雅辛托斯·迪佛玛的社会工作者，她受过做夫妇咨询的培训。在开始接受迪佛玛女士的咨询服务后，他们告诉她，这笔费用对他们的家庭来说比预想的压力要大。迪佛玛女士说（尽管有该机构的政策和收费表）可能有办法解决他们面临的经济问题。由于该机构没有关于私下见机构服务对象的书面政策，她可以在兼职工作中私下见他们，费用较低。她应该这样做吗？为什么应该或者为什么不应该？

14. 如何回答这个问题？

丹妮尔·道尔是"法拉古特有计划做父母"机构的社会工作者。玛丽莲·霍尔是一名16岁的怀孕少女，她今早来了机构。丹妮尔无意中听说有个志愿者打电话到玛丽莲家找她。但当她发现玛丽莲不在家时，她留下了自己的电话号码（但没有表明她是从哪里打来的），让玛丽莲给她回电话。不一会儿，丹妮尔在"法拉古特有计划做父母"机构接了另一个电话。这是一位自称玛丽莲母亲的妇女打来的，她想知道谁给她女儿打过电话，打电话是要做什么。丹妮尔应该怎么做才合乎伦理？

15. 安全、法律和保密

克拉丽莎·兰南是家园青年服务机构的一名社会工作者，她作为小组治疗师为8名14至17岁的青少年提供服务。在本周的小组活动中，其中一名青少年透露，小组成员一直在举办周五之夜聚会。他们在父母不在的家里聚会，成员会喝酒、吸毒。有些人在聚会时还有没有保护的性行为，他们还互发了自己的裸照，其中一些已经被发布在网上。当克拉丽莎开始这个小组的活动时，她和成员有个约定，他们可以期待她如何保密，而她又可以期待这些青少年做到什么。克拉丽莎的伦理困境是什么？她应该如何回应被披露的聚会里喝酒、吸毒以及其他行为？她的伦理责任是什么？

16. 透露秘密

社会工作者理查德·萨比诺受雇于圣哈辛托咨询服务机构，维多利亚·芬兰迪亚也受雇于该公司。维多利亚和理查德是关系很近的老朋友，既有私人关系，也有专业关系，他会给她的私人执业工作转介服务对象。他们两家人的私交很好，一起度过假。理查德经常在社区团体里发表演讲，主题关于家庭、儿童和青少年，诸如家庭沟通、青少年和性，以及在父母一方失业时如何应对家庭压力。维多利亚有几位服务对象都提到听过理查德的演讲，他们都称赞他演讲的风格和他在家庭生活和儿童青少年方面的知识。维多利亚的每一位服务对象都说，理查德在演讲中会匿名地讲自己工作中的个案，并经常提到他的私人诊所及其所在地。根据机构政策，讲述当前的个案（即便是匿名的），以及提自己的私人执业工作都是被严令禁止的。

几个听过理查德演讲的服务对象告诉维多利亚，他们确信认识他提到的一些人和家庭，他们对他经常提到服务对象和他们的情况以及他的私人执业情况感到沮丧。而且他们担心，如果维多利亚也做这样的演讲的话，会同样描述他们，这样一来社区里知道维多利亚的那些人就能知晓她的私人执业情况，就像他们相信自己认出了理查德的一些个案。此外，维多利亚的另一位服务对象斯坦利·利普今天告诉她，他认为理查德提到自己的私人执业情况是不当的，他认为维多利亚作为一名社会工作者应该对理查德的行为采取措施。事实上，他和几个听过理查德谈话的朋友讨论过这个问题。维多利亚该怎么办？

17. 一些小家具？

多米尼克·阿尔法西是你的一个服务对象，你已经和他一起工作了六个月。你和多米尼克的关系很好，他的问题在逐步好转，工作的内容主要关于他和妻子及孩子的关系。他的行为模式是经常挑起口角并躲避家人，看电视，躲在车库里做家具。今天，阿尔法西先生在咨询结束时说，他没有想到被人解雇了，因为公司正在裁员，因此他再也付不起治疗费。他想继续治疗。你们都认为他跟家人相处的状态以及在家里的情况一直在稳步改善，但还需要更多的改进。在讨论付款问题时，他问是否可以为你的办公室或家做家具来冲抵付款。你应该如何回应这个提议？

18. 再续前缘可以吗？

考德威尔·戈登是一名受雇于公共物理康复部的社会工作者。当他得知一个27岁名叫艾米·迪尔的女士被分配给他时，他意识到这是他的前女友。他们在一起两年，这段关系大约在四年前就结束了。因为他曾经和这名年轻女子有过牵连，对她仍有些情结，所以把她转给了另一名工作者。他从没有把这段关系告诉他的督导员。此后不久，考德威尔在当地的杂货店遇到了艾米，两人都是单身，他们决定在那周晚些时候在一起聚聚。考德威尔和艾米开始定期约会。在一次约会中，他们遇到了考德威尔的督导员迈克·阿隆佐。第二天早上迈克把考德威尔叫到办公室，询问考德威尔和艾米之间的情况。考德威尔把过去和艾米的关系告诉了他,这就是为什么他要求把她的个案移交给其他人。考德威尔和艾米约会合乎伦理吗?为什么符合或者为什么不符合?他的督导员迈克该如何应对这种情况?

19. 陪我的病人还是救我的孩子?

安娜·卡津是一名社会工作者,最近生了一个早产儿。在重症监护室待了几周后,这个孩子现在在家中由一名有育儿经验的看护人员照看。卡津女士是当地一家咨询中心的社会工作者,正为一名中年男子提供服务,他刚刚得知自己患了晚期癌症,极为难过。当她在床边和他谈当前的情况时,有人告诉她办公桌那有个紧急来电。道歉之后,卡津女士接了电话,得知照顾婴儿的女士打电话来告诉她婴儿看起来不太对劲。她说不太清楚,但是她问卡津女士是否可以马上回家,她非常担心。当卡津女士回到病人身边时,他正在哭泣,特别难过。虽然她是今天唯一在岗的社会工作者,但她还是决定必须告诉他,自己不得不离开他去照顾小孩。当她跟病人说了情况后,他说自己没有朋友和家人,需要她陪一会儿,直到能振作起来。这一情形下有什么伦理问题,卡津女士应该怎么做?

20. 我们能预测未来吗?

罗伯特·杰伊是一名寄养照顾工作者,自迪本尼德托夫人的两个年幼的孩子因疏于照顾而被从家中带走后,六个月来杰伊一直在做她的工作。迪本尼德托夫人做了机构要求做的所有事情,现在快到满六个月的法庭审查时间,法庭将决定是否该让两个孩子回家。杰伊先生和他的督导员知道目前法庭正在对这个服务对象进行犯罪调查。尽管法庭所指控的犯罪活动不会直接让这两个儿童面临受到伤害的风险,但是他们不确定是否应该建议让这一家团聚。这个案例中涉及哪些伦理问题?对这一情况合乎伦理的应对是什么?你会建议让孩子们回家吗?为什么建议或者不建议孩子回家?

21. 一位学生对伦理问题的思考

玛蒂娜·伯克是一个二年级的社会工作硕士生,她在一所学校里实习。她工作的许多孩子因为受虐待或疏于照顾而被安置在家外面,其中一个孩子——8岁的安娜·布莱特——状况不好。玛蒂娜怀疑她的寄养父母没有很好地监督她服药。关于这个问题,她已经联系过安娜的寄养工作者琼·艾伯森两次,但她没有采取任何行动。玛蒂娜没有向她的实习老师说明情况就投诉了琼·艾伯森。玛蒂娜的实习老师接到询问投诉情况的电话时,一点也不知情,就去找玛蒂娜谈这件事。实习老师非常忧心玛蒂娜没有和她商量就提交了投诉。在对问题进行了讨论后,实习老师不认为投诉是适当的,建议玛蒂娜撤回投诉。不过,玛蒂娜仍然认为,这一投诉是适当的,需要有人调查琼·艾伯森如何监察分配给她的个案中的孩子们。玛蒂娜的实习老师跟她说,她还没有足够的经验做出这种判断,没有根据的投诉会给学校和社会服务部的关系带来问题。玛蒂娜面临的伦理问题是什么?她应该如何回应实习老师的建议?实习老师面临什么伦理问题?如果玛蒂娜拒绝撤回投诉,她该如何回应?

22. 朋友还是译员?

你是一名社会工作者,你的朋友塔蒂亚娜·卡明斯基是一名波兰新移民,不会讲多少英语。卡明斯基女士一直跟 14 岁的女儿相处有困难，她对在美国生活适应得不太好。在你的建议下，卡明斯基女士在有你在身边陪同的时候打电话给海滨家庭服务部约见面时间。接电话的工作人员听不大懂卡明斯基女士的话时，要求你接听电话，解释下情况，并安排预约。你同意帮这个忙，但当接听电话时，你发现该机构没有人会说波兰语，而且该机构也没有资金聘请翻译。接案的工作人员提议你来担任翻译，这样他们机构就能帮助卡明斯基女士和她的女儿。你当翻译合适吗？为什么合适或者不合适？在这种情况下，伦理困境是什么？

23. 知情同意需要专业知识

摩西·詹金斯现年 73 岁，被诊断出患有阿尔茨海默病。他有清醒的时候，清醒的时间比他短时间内不完全了解自己身在何处的时候要长。一位心理学家指出，当詹金斯先生神志清醒时，他可以清晰地思考，并就服务和治疗方案提供知情同意。这位心理学家说，在他清醒的时候可以讨论重要的事情，但詹金斯先生的社会工作者马蒂·卡梅伦注意到，詹金斯先生有时会在看起来清醒时同意一些事情，但后来又说他从未同意过，也不知道马蒂在说什么。詹金斯先生一个人住，没有在世的亲戚或密友。马蒂如何确保詹金斯先生提供了知情同意？如果他认为詹金斯先生不能提供知情同意，他该怎么办？怎么做才合乎伦理？

24. 个人还是家庭治疗？

马丁家父母和青少年孩子一直问题不断。家里发生了一系列的事，每个被涉及的人都冲着他人吼，指名道姓，或者连着几天互不说话。克莉丝汀·马丁觉得她做母亲太失败了。她请私人执业的社会工作者莫莉·阿伯丁帮助处理自己的感受。与克莉丝汀交谈后，莫莉觉得问题不只是克莉丝汀的感受，还有必要做家庭治疗。尽管莫莉是一个称职的社会工作者，但在提供家庭治疗方面她没有受过任何培训或者有经验积累。然而，在这个乡村地区没有家庭治疗师。起初，莫莉在对问题进行评估时认为个人干预是适合的。至少，这个评估让她认为她有可能帮助克莉丝汀并希望这会给这个家庭的状况带来改变。或者，即便做不到这一点，克里斯汀也能够更成功地应对家庭问题。莫莉自己来做家庭治疗的准备并对这个家庭实施家庭治疗合乎伦理吗？还是她应该只给克莉丝汀提供个人治疗？她该怎么办？

25. 是否报告吸毒用具？

撒迦利亚·琼斯是一个儿童发展项目的社会工作者，该项目由比奇县儿童志愿社会服务机构管理。该项目与当地儿童保护服务单位有连带关系，但不归社会服务部管。今天上午，撒迦利亚被派往维吉尼亚·达布尼家，对情况进行评估：维吉尼亚的女儿比阿特丽斯已经三天没去幼儿园参加早教项目活动了，电话打到家里无人接听。今天早上，撒迦利亚到家里跟维吉尼亚谈话时，看到了像是非法吸毒用具的东西。维吉尼亚没有吸过毒的迹象，撒迦利亚也不清楚她是否吸毒。情况原来是，她女儿感染了一种病毒，她问过的医生告诉她，要让女儿留在家里，直到病情好转。显然，她并没有疏于照顾孩子。在工作培训期间，撒迦利亚被告知，如果他在家访时看到家里有非法毒品，他不应该向司法部门或儿童保护服务机构报告有毒品的情况，因为这样做会破坏与服务对象建立任何建设性关系的可能，并使机构为其连带的服务支付费用。此外，这个消息也会在附近人家流传，干扰给其他家庭提供的服务。培训人员和他的督导员指出，与服务对象的关系高于所有其他关系，因为这一关系对于孩子好十分必要。然而，撒迦利亚意识到的问题在于，他知道依法他要报告吸毒用具的存在。他该怎么办？遵循他接受培训的、督导员强调的指导方针吗？建议维吉尼亚，如果她使用非法毒品，她可以寻求当地的物质滥用咨询服务吗？告诉维吉尼亚他会向执法部门报告观察到的情况吗？忘记他看到了什么吗？他应该对谁负责？孩子？维吉尼亚？国家和法律？他的督导员？机构？

26. 继续治疗

被送到拉斯韦尔收容治疗中心的青少年都是充满敌意、闷闷不乐和愤怒的年轻人。其中许多人都有家庭健康保险，工作人员必须与保险公司核实，以确定他们可以接受多长时间的治疗。通常，保险公司认为强化治疗可以在 30 天内完成。住这的青少年和社会工作者必须建立信任关系，才能共同完成治疗任务。大多数青少年需要 30 到 60 天的时间才能放松警惕，透露困扰他们的个人和其他问题，包括与家庭功能有关的问题。当保险公司通知治疗中心下周以后不再支付治疗费用，并且机构管理人员明确表示不付费治疗中心就不能留他们在这住时，社会工作者该怎么办？让付不了费的青少年办理离院手续？向州保险委员会提出索赔和上诉？尽量让这些青少年所在的当地社区的机构也参与进来，如果这些机构有能力帮助年轻人的话，社区可能也会对某种方式的付费感兴趣？如果能找到当地的服务，根据过去的经验，这些青少年和家庭有很小的可能继续接受服务。不管哪种方式，这些年轻人和其家庭似乎都注定要经历失败。怎么做才合乎伦理？

27. 床位不够用

社会工作者陈薇薇在一家急性病医院的肿瘤住院部工作，医生让她与一位临终病人萨姆·马里诺的家人讨论后续护理问题。医嘱还显示病人今天可以出院。萨姆的状况不大好，无法参加任何讨论，他的妻子和家人都心急如焚。他们不理解萨姆今天为什么不能留在医院而是只能选择回家或入住临终关怀设施。同时，由于医院缺床位，社会工作者们被告知今天要尽可能多地让病人出院。病人的主治医生不在，住院医生也不愿意和这家人见面。薇薇考虑推迟办理出院和转诊手续直到今天结束，因为这样做可能会让萨姆在医院多呆一两天。她该怎么办？薇薇该忠于谁：萨姆，他的家人，他的主治医生还是医院？

28. 多一点就能让她的人生更"值得活下去"

玛丽·卡明斯 70 岁出头，一个人生活，经济拮据。前几年，她有低收入家庭能源援助计划补贴。她刚刚告诉你，尽管她有能力支付，但她故意不付取暖费，希望今年也能得到补贴。这种策略已经成功了好几年，补贴会给她留点小钱偶尔玩玩宾果游戏。她觉得这样做让她值得活下去。据你所知，今年可用于该项目的资金较为有限。玛丽的策略对她很有好处，但你也知道今年比去年有更多的申请者，他们的需求像玛丽一样强，甚至比玛丽还要强。这涉及什么伦理问题？你该怎么办？

29. 谁来决定？

罗谢尔·迭戈今年82岁，残疾，住在家里。她的身体能力逐渐衰退。事实上，她的身体能力比她的认知能力退化得快得多。她身体上变得更加依赖他人，但在智力上仍警觉、活跃。她的照顾人似乎白天一直疏于照顾她。虽然没有确凿的证据，但有人怀疑她的照顾人可能也在虐待她。然而，罗谢尔一直非常护着这个照顾人，没有表示过任何不满。她的社会工作者索菲亚·布雷肯里奇觉得罗谢尔需要入住护理院。尽管没有证据表明她受到忽视或虐待，但她显然需要比家庭健康照顾助理探访和日间照顾更多的护理。每当提起这个话题，罗谢尔都拒绝搬去护理院。有位年轻些的密友曾经提出，如果她搬去这位朋友宽敞的家里，她会照顾她。罗谢尔同意这样做后，罗谢尔的几个成年子女对她非常愤怒，迫使她打消了这个念头。但她的子女没有一个人提出在自己家里照顾她。有的子女也曾经试过将她送进一家护理院，但其他成年子女反对。索菲亚该怎么办？毕竟，罗谢尔的头脑大体上是清楚的，但她不承认或接受身体的残疾。在罗谢尔已经越来越虚弱的情况下，谁应该来决定该怎么做？

30. 听从家庭传统还是受教育？

你一直在见一位安静但非常聪明的年轻高中生，她是来自埃塞俄比亚的女移民。著名的帕克塞德预备学校给她提供了全额奖学金，还包了食宿。她说这个学习机会与她的家庭传统发生了冲突。她的父母希望她结婚生子，他们认为教育是给男人的。她想上学，但她的家人觉得，如果她这样做，就背叛了家庭和文化。她悲伤、撕裂、困惑。她问你她该怎么做。如果你是个热情的女性主义者，对待这一情况会有什么不同吗？如果你也是埃塞俄比亚移民呢？

31. 沃克女士还是她丈夫？

你要在基地跟苏珊·沃克第一次会面。你知道她的丈夫是一名直升机飞行员，她告诉你她不能忍受他不停地喝酒，她来找你是为了寻求帮助来应付这种情况。沃克机长经常酗酒，虽然他从未虐待过她或他们的孩子，但他经常不省人事地倒在床上。苏珊要求自己接受治疗，但强烈反对你报告她丈夫的行为。此外，她说，如果你报告她丈夫的行为，她就不再治疗，并会从家里搬出去。她说如果你说出这件事，就要为她家里发生的一切负责，因为他们现在过得还好。你该怎么办？他的行为使他难以安全地履行职责吗？这是危及生命的情况吗？你要忠于谁？苏珊？军队？社会？你应该透露苏珊的秘密，还是保持沉默，开始给她服务，希望你以后能为她丈夫的飞行和酗酒做点什么？你能在伦理守则中找到正确行动的指南吗？

32. 我该讲出来吗？

阿曼达·温特斯普隆是一名有执照的社会工作者，受雇于一个小镇的综合医院。她一直积极制订总的出院计划，并为精神科出院后的精神病患者提供治疗。此外，她还在医院外成立了一个小型私人执业机构。多年来，阿曼达与护士和医生建立了非常好的工作关系。她很受尊敬。上周，她遭遇车祸，受了重伤，所以无法去见病人，病人不知道她发生了什么，也不知道她在哪。一位长期从事社会工作的同事和朋友萨丽塔·博霍姆打电话到社会工作部询问阿曼达的情况。接电话的社会工作者告诉她，因为阿曼达是单位员工，所以不能透露她的任何信息，包括她现在是否是一名病人。萨丽塔解释说，作为一名社会工作者和老朋友，虽然她想知道阿曼达的情况如何，她更想答复几名患者，这些患者焦急地询问阿曼达的下落。又一次，她被告知不能向她提供任何信息。在这种情况下，医院社会工作者应该怎么做才合乎伦理？

33. 未确定的协议有约束力吗？

露丝·马蒂尼是一位有两个孩子的单身母亲，她在利伯蒂维尔精神健康中心的工作卓有成效。她受到同事们的尊敬，并被提升为精神健康中心的主管，这家中心由两名精神科医生创办，他们除了是创办人外，还为病人看病，并跟工作人员一起提供咨询。时间很快到了露丝需要向前再走一步的时候。她不仅确信自己已经做好私人执业的准备，而且她的家庭也需要额外的收入，这是她获得更多收入的唯一途径。因此，她决定先保留现在的工作，但也私下兼职给病人看病。她决定与朱莉·古德哈特接洽。朱莉是一名中年的中产阶级患者，一年多来，她对她的工作一直挺成功、挺有帮助。她会让朱莉知道她将在不久的将来离开这个机构，如果朱莉感兴趣，也许露丝可以私下给她看病。现在只有一个问题。露丝在该中心受聘时，口头同意了一项合同，无论是在她受雇于该中心期间，还是在她终止受雇后一段未指定的时期内，都不得私下见机构的服务对象。朱莉的自决权是否可以推翻对该机构所做的任何承诺？如果露丝离开了这个机构，如果她不告诉自己的病人她要离开而他们发现她私人执业，那么她的病人有权追随她接受治疗吗？同意未指定期限的禁止私人执业会给露丝带来不必要的难处吗？她要忠于这个机构，也要忠于自己和家人。她有什么选择？应该怎么做？

34. 报告还是不报告？

一些没有证件的移民最近出现在常青家庭社会服务资源中心。该机构的大部分资金来自州里的年收入和纳税人。这些移民有着迫切的经济、食品和住房需求，中心的工作不出所料地压力巨大。法律要求工作者向移民局举报没有证件的移民。机构主管告知工作者，如果你做移民家庭的工作，而该家庭的一些成员没有社会保障号码，你不应向美国公民和移民服务局举报，因为这对助人关系有害。罗莎·马丁内斯是合法居民，但她的丈夫是没有证件的移民。他们的三个孩子都是美国公民，因为他们出生在美国。该机构有几名工作人员不同意机构无视法律的政策。社会工作者该怎么办？一方面，社会工作者要守法。另一方面，他们希望能够帮助那些有着迫切个人和家庭需求的移民家庭。社会工作者应该忠于谁？法律和公民纳税人？整个家庭？国家和社会？

35. 你的督导、同事还是孩子？

河滨治疗性寄养照顾机构要求社会工作者每月家访两次见寄养父母。作为一名社会工作者，你正在履行这一责任，但你无意中发现，你的同事雷内·弗拉姆博对几个家庭并没有这样做。他在告诉你这一情况时解释说，这些父母有工作，他们打零工，晚上工作的时间很长，他发现几乎不可能定期拜访他们。因此，他没跟他的督导员说实话，这个督导员也是你的上司。你现在正跟你的督导员克莱姆·拉普因特见面，你们有着长期友好的信任关系。克莱姆出乎意料地问你雷内去寄养家庭的频率。你该怎么办？忠于勤劳的家庭？被寄养的孩子？你的同事？你的朋友和督导员？还是机构？

36. 弗兰·雷利的儿子在跟她的服务对象约会

弗兰·雷利是一名社会工作者，因为在青少年工作方面的杰出表现，她在皮茨菲尔德有着当之无愧的声誉。她开展米莉森特·贾索维茨的工作有大约一年的时间。她是一个害羞、孤独的年轻女孩。她去上学但几乎没有其他社交生活。今天早上，弗兰偶然得知，她的儿子沃利和她的病人米莉森特有过几次约会。她儿子是个孤独的人，在初中和新高中学校里都不受欢迎。弗兰该怎么办？她和米莉森特的关系非常好，米莉森特在治疗方面取得了很好的进展，她也希望沃利开始和另一个青少年建立关系。这是工作者的连带双重关系吗？她应该停止给米莉森特提供治疗吗？她无法想象让儿子停止与米莉森特交往。她该怎么办？

37. 一个学生同伴可能遭到伤害

辛西娅·梅辛是社会工作专业的研究生。她是一名有非常强的主动性的学生。她在一个药物和酒精滥用项目中工作了几年后，进入了一所学校。她很友好，与教职员工、实习老师和同学们建立了良好的关系。昨天，她的一位同学克劳迪娅·阿罗兹私下告诉她，她认为另一位同学埃里卡·卢夫特有物质滥用问题。她说她之所以和辛西娅说这事是因为她知道她有滥用药物的工作经验，也因为她不信任教这门课的老师。辛西娅问她怎么知道的。克劳迪娅说，她注意到埃里卡有几节课没上，她知道教职员工没有找埃里卡说缺课问题。埃里卡很健忘，她告诉克劳迪娅自己经常感觉不舒服，在小组作业中没有发挥自己的作用，错过了几次实习会议，而且非常敏感。尽管辛西娅是一名学生，还不是一名专业社会工作者，但她明白，学生社会工作者也有责任遵守《全国社会工作者伦理守则》的标准。在这种情况下，她对克劳迪娅、埃里卡、教授这门课程的教师、学校、专业和自己有什么责任？辛西娅·梅辛该怎么办？

38. 稳定下来可以出院了？

三周前，约瑟夫·克拉克在一次精神病发作后非自愿地住进了洛斯加托斯精神病院。他在当地的一个图书馆跟人发生了争吵，在街上引起了骚乱，结果警察把他带到了医院的急诊室，进而导致他住进了洛斯加托斯。杰里米·布莱克是一名社会工作者，他被分配到约瑟夫所在的医疗部并接手约瑟夫的个案。这个医疗部有很长的等待入住名单。约瑟夫病情稳定，但抗拒服药。今天，该部门的精神科医生要求杰里米设法说服约瑟夫服药，这样他就能出院，为该部门腾出一张床。这会引发什么伦理问题，杰里米应该怎么做？

39. 圣路易斯还是新加坡？

新加坡人德里克·林的几位亲戚挤进圣路易斯医院的病房，与社会工作者琳达·弗劳尔斯会面，他们听到了德里克的肾癌无法治愈的消息。德里克在另一个房间里。他的亲属一听到这样的结果，立即形成一致意见，明确告诉琳达，他们不想让德里克知道他的病情。他们告诉琳达，在新加坡，是否让病人知道自己的诊断结果由家庭来决定，对这个家庭来说，尊重他们的文化极其重要。琳达想知道她该怎么做。她应该只对肿瘤科医生说，家人要求不要告诉德里克病情，并告诉医生他们的原因吗？然而，美国医生只有在病人同意并充分告知他们预后的情况下才会进行下一步治疗。她应该提倡亲戚的观点吗？在任何讨论中，德里克应该扮演什么角色？这该由谁来决定？

40. 检查和治疗所有人？

州社会服务部制定了一个新项目，对有可能接受抑郁症或物质滥用治疗的患者在进入公共援助系统之前进行评估。该项目一直挺成功：受访的服务对象认为，该项目帮助他们重返工作岗位，因为他们接受了抑郁症治疗。你受雇于另一个州的社会服务部，该部门有个类似但不同的项目。只有接受现金援助的服务对象才有资格被检查他们是否有做抑郁症治疗的必要。那些已经有工作的服务对象不做检查。这些人中大多数刚找了个工作以便有资格参加这个才起步的项目。那些情绪低落或有其他心理问题的服务对象，如果得不到适当的治疗而被迫工作，通常会被解雇或一再辞职。他们最终经历了更多的失败，这加深了他们的抑郁。有人建议，每个社会服务部的服务对象都需要进行精神疾病评估，那些被发现有情绪问题的人应该被强制接受治疗，以便获得补助金或找到工作。你应该采取什么立场？

41. 如果沉默或是讲出来都可能造成伤害该怎么办？

布莱恩·菲尔布里克接到艾琳·考特尼的电话，要求和丈夫丹尼斯一起预约婚姻咨询。他们做了四次咨询后，丹尼斯要求单独做一次咨询。艾琳认为这是个好主意并同意了。在单独咨询时，丹尼斯说他和一个一起工作过的女人有婚外情。但当布莱恩建议他把这件事告诉艾琳时，他拒绝了。布莱恩对这些私人信息保密，但他确信婚姻治疗成功的可能性受到了损害，现在治疗不可能成功了。不分享这些信息会危及他所能提供的帮助，也会削弱这对夫妇的沟通能力和他工作能力的声誉。分享信息会破坏单独咨询的机密性。布莱恩应该建议这对夫妇停止让他治疗吗？他该怎么办？

42. 扯谎还是不全说？

有位持证的临床社会工作者在一家机构工作，她有个小私事，即她在接受精神科医生的治疗，并服用治疗抑郁症的处方药。她用现金付费而没有走健康保险。她在工作中完全称职，受到的工作评价也一直相当高。她和她的治疗师都认为她有能力为私人服务对象提供有效服务。她想申请加入一个由从业人员组成的工作组，里面的成员可以接转介的个案并接受第三方付费。申请书中有个问题是她是否曾被诊断为患有精神疾病。多挣些钱很重要。她有家庭开支，还要付自己的治疗费和药费。她该怎么办？

43. 谁有否决权？

约瑟夫·格登是刚离婚人士治疗小组的成员。在他的缓刑官的建议下，他要求将小组工作记录提交给法庭。如果记录显示他在小组中取得了进步，他就有可能被获准探望7岁的儿子。小组的另一个成员无论如何都不同意公布记录。作为这个小组的主持人，你该怎么做？

44. 深夜电话

你的督导斯蒂芬妮·哈姆雷特晚上11：30从家里给你打电话。她说，州立法机构将在本周就是否该要求将怀孕的青少年寻求流产一事告知他们的父母这一事项投票。她说："我知道明早你会想在我们的请愿书上签字。虽然我们从未讨论过这个问题，但我觉得你会同意并愿意签署这份请愿书，因为你对青少年和他们的问题是那么的有同理心。"你不知道该怎样回应斯蒂芬妮的话。实际上，你认为父母应该得到通知，但你和斯蒂芬妮的关系一直不太好，对你六个月试用期的评估即将到来。你应该告诉斯蒂芬妮你不想在请愿书上签字吗？你是不是应该只表示同意而想办法不在请愿书上签字？你是否应该告诉她，你同意请愿书的意见，并愿意在早上签字？你该怎么办？

附件二：专用名词

Automony　自主。自我决定、自治、能自由选择。

Autonomous ethics　自主性伦理。由人类决定道德规定的伦理体系。

Beneficence　行善。促进服务对象的益处，并注意防止、消除或减少伤害。

Client bill of rights　服务对象权利条款。发给所有服务对象和病人的说明文件，告诉人们对于自己的情况他们有权知道些什么，可以期待得到什么样的治疗，以及有权参加做决定。他们会得知可以有的选择，如果他们对自己受到的对待不满意，有权反映给调查员或其他人。

Code of ethics　伦理守则。汇集工作志向、规章条例和指南的文件，代表要应用的群体或专业的价值观。伦理标准汇编。

Competence　（行为）能力。对一些或所有决定给予知情同意的能力。服务对象或病人的知情同意能力有很大的跨度，从完全无知情同意行为能力到有点行为能力直到完全没有行为能力。

Competing loyalties　忠于谁不能兼顾。不能同时做到满足两个或更多方的需要。

Competing values　价值观不兼容。两个或多个价值观不能同时推崇。

Confidentiality　保密。一项应尽的义务，要求不泄露受托的私人事宜或机密事宜；一份说明除非是得到个人的允许，否则不会透露其相关资料的合约。

Conflict of interest　利益冲突。一种状况，指的是处于受信任职位的社会工作者要代表服务对象、机构或其他人行使判断，但跟专业或个人利益有竞争性冲突，这可能使他/她难以公正客观地履行其专业职责和/或看似无法履行职责。

Conflicting obligations　义务冲突。两个或更多的义务不能同时履行。

Deontology　义务论。一种伦理哲学，认为正确行动的伦理规则是不言而喻的，可以被系统地阐述出来，并在任何情况下都被遵照执行。

Direct liability　直接连带责任。当由于督导员的疏忽或授权而造成伤害时，督导员可能会被指控违反伦理或玩忽职守。

Dual-role relationship　双重角色关系。专业人员与服务对象在同一时间有不止一种角色关系,应该避免利益上的冲突干涉行使专业上的斟酌决定权和不偏不倚的判断,特别是要保护服务对象的利益,不用不公平的手段利用服务对象。

Duty to warn　警告的义务。用合理的谨慎措施保护有人意图伤害的受害人,也指塔雷索夫原则。

Effectiveness criterion　效果标准。实现想要获得的结果的程度。

Efficiency criterion　效率标准。实现申明的目标的相对成本。

Ethical absolutism　伦理绝对主义。声称有些伦理原则不管是在任何社会、文化或宗教中都能成立的伦理理论。正确的标准放之四海而皆准。

Ethical decision making　做伦理决定。分析和评估实践中涉及伦理方面的问题以便形成恰当的、符合伦理的专业行为的过程。

Ethical dilemmas　伦理困境。社会工作者要在两个或更多的相关但是却互相抵触的伦理指导原则间抉择;每个选择都会导致给一个人或更多的人带来不想要的后果。

Ethical problem　伦理问题。在一个给定的实际工作情境中找出要做的正确的事情。

Ethical priorities screen (EPS)　伦理优先次序筛查。一个向导,将伦理原则排序,并给出优先次序。

Ethical relativism　伦理相对主义。认为不存在任何绝对的或放之四海而皆准的道德标准,对与错是相对于个人、群体或文化而言的。

Ethical rules screen (ERS)　伦理原则筛查。以《全国社会工作者协会伦理守则》为指导方针制订的可用来做伦理决定的一个步骤。

Ethics　伦理学。哲学的一个分支,研究人的行动的对与错问题。

General ethics　一般伦理。一个人对另一个人应尽的义务。

Group values　群体的价值观。社会中的亚群体持有的价值观。

Heteronomous ethics　他律性伦理。从人类之外获得道德规则的伦理体系。

Informed consent　知情同意。服务对象或病人了解情况并且自愿同意接受符合其价值观和偏好的干预行动。

Least harm principle　最小伤害原则。当不可避免地要伤害到某人时,做出的选择应该是造成的伤害最小、最不会带来永久性伤害,或者是伤害最容易被抚平的一种选择。

Malpractice　渎职。玩忽职守或处置不当;未能采取同样的情况下一般审慎的类似的专业人员会表现出的关照措施。

Morality　道德。有关个人秉持的伦理信念、义务理论以及会加强伦理决定的社会要素。

Paternalism　家长制作风。凌驾于个人自主决定之上的行动或者替某个人做决定,意图是让这个人受益。

Personal (individual) values　个人(个体)的价值观。个人秉持的价值观,他人并不一定也有这样的价值观。

Prima facie correct　　表面正确。第一眼看去似乎是对的。

Privacy　　隐私。个人自主的一个区域,在这个区域里人们应该可以按照自己的意愿行事;宪法赋予的权利,保护个人免受无正当理由的政府对亲密的个人关系或活动的干涉。

Privileged communication　　特许保密通讯。一个法律概念,保护个人在法律程序中不会被强迫透露信息,打破保护隐私权的承诺。这一概念是基于保密和保护隐私权的伦理原则。

Professional code of ethics　　专业伦理守则。一个特定专业的价值观、伦理原则和伦理标准的汇编。

Professional ethics　　专业伦理。个人由于自愿成为一个专业人员,诸如社会工作者,而应尽的特定义务的条例汇编。

Professional social work ethics　　专业社会工作伦理。社会工作专业通过其《全国社会工作者协会伦理守则》和其他出版物颁布实施的那些伦理标准。

Professional values　　专业的价值观。一个专业团体宣称的那些价值观。

Religious ethics　　宗教伦理。基于宗教信仰建立的伦理。

Self-determination　　自决。个人自己做决定的权利。

Situational ethics　　道德观应变论。认为所有伦理决定都必须视个别情况而定,而不是按照道德准则或通用的法则行事的观点。

Societal values　　社会的价值观。被整个社会系统的大部分人,或者至少是系统的领军人物或发言人认可的价值观。

Teleology　　目的论。一种伦理哲学,认为应当基于所处的背景或是会产生的后果来做伦理决定。

Unethical behavior　　违背伦理的行为。践踏了专业的《全国社会工作者协会伦理守则》建立的专业原则。

Utilitarianism　　功利主义。一种伦理哲学,信奉正确的行动能给最大多数人带来最大幸福。

Value dilemmas　　价值观困境。两个或更多的价值观不能加以调和并同时付诸实施。

Values　　价值观。充当选取好的或想要有的行为的指南或标准的偏好。

Vicarious liability　　连带责任。督导员对被督导者在受雇用期间或实习期间的操守,包括伦理上的差错负责。

Voluntariness　　自愿性。基于不是在高压之下得来的有意义的、自由的首肯采取行动。

参考文献

参考文献中列出了本书中引用的图书和文章，以及可能引起读者兴趣的有关专业实践中伦理问题的其他文献。

Abbott, A. A. (1999). Measuring social work values: A cross-cultural challenge for global practice. *International Social Work*, 42(4), 455–470.

Abbott, A. A. (2003). A confirmatory factor analysis of the Professional Opinion Scale: A values assessment instrument. *Research on Social Work Practice*, 13(5), 641–666.

Abney, P. C., & Maddux, C. D. (2004). Counseling and technology: Some thoughts about the controversy. *Journal of Technology in Human Services*, 22(3), 1–24.

Abramson, J. S. (1993). Orienting social work employees in interdisciplinary settings: Shaping professional and organizational perspectives. *Social Work*, 38(2), 152–157.

Abramson, M. (1984). Collective responsibility in interdisciplinary collaboration: An ethical perspective for social workers. *Social Work in Health Care*, 10(1), 35–43.

Abramson, M. (1985). The autonomy-paternalism dilemma in social work practice. *Social Casework*, 66, 387–393.

Abramson, M. (1989). Autonomy vs. paternalistic beneficence: Practice strategies. *Social Casework*, 70, 101–105.

Abramson, M. (1996). Toward a more holistic understanding of ethics in social work. *Social Work in Health Care*, 23(2), 1–14.

Acker, G. M. (1999). The impact of clients' illness on social workers' job satisfaction and burnout. *Health and Social Work*, 24(2), 112–119.

Adams, R. E., Boscarino, J. A., & Figley, C. R. (2006). Compassion fatigue and psychological distress among social workers: A validation study. *American Journal of Orthopsychiatry*, 76(1), 103–108.

Addams, J. (1902). *Democracy and social ethics*. New York, NY: The Macmillan Co. Electronic version, no pagination. Chap. 7, Political reform. Retrieved October 4, 2006, from www.gutenberg.org/files/15487/15487-h/15487-h.htm.

Adler, S. S. (1989). Truth telling to the terminally ill. *Social Work*, 34, 158–160.

Advocate Web (2002). Helping overcome professional exploitation. Sexual exploitation litigation issues. Retrieved July 18, 2002, from www.advocateweb.org/hope/litigation.asp.

Agbayani-Siewert, P. (1994). Filipino American culture and family: Guidelines for practitioners. *Families in Society*, 75, 429–438.

Aguilar, G. D. (2004). A comparative study of practitioners' and students' understanding of sexual ethics. *Journal of Social Work Values and Ethics*, 1(1). Retrieved December 27, 2006, from www.socialworker.com/jswve/content/view/7/30

Aguilera, E. (2003, February 10). Cuba's low HIV rate belies the stigma, ignorance many face.

Denver Post. Retrieved March 11, 2003, from www.denverpost.com/stories/O

Ajzen, I. (2005). *Attitudes, personality, and behavior* (2nd ed.). Maidenhead, U.K.: Open University Press.

Ajzen, I., & Madden, T. J. (1997). Prediction of goal-directed behavior: Attitudes, intentions, and perceived behavioral control. In M. Hew-stone, & S. R. Manstead et al., *The Blackwell reader in social psychology* (pp. 245–267). Malden, MA: Blackwell Publishers.

Albert, R. (1986). *Law and social work practice.* New York, NY: Springer Publishing.

Aldarondo, E., & Straus, M. A. (1994). Screening for physical violence in couple therapy: Methodological, practical, and ethical considerations. *Family Process,* 33, 425–439.

Algana, F. J., et al. (1979). Evaluating reaction to interpersonal touch in a counseling interview. *Journal of Counseling Psychology,* 26, 465–472.

Alle-Corliss, L., & Alle-Corliss, R. (1999). *Advanced practice in human services agencies: Issues, trends, and treatment perspectives.* Belmont, CA: Wadsworth Publishing Co.

Almason, A. L. (1997). Personal liability implications of the duty to warn are hard pills to swallow: From *Tarasoff* to *Hutchinson v. Patel* and beyond. *Journal of Contemporary Health, Law and Policy,* 13, 471–496.

Altman, L. K. (1999, August 31). Focusing on prevention in fight against AIDS. *New York Times,* p. F5.

Altman, L. K. (2002, July 3). U.N. forecasts big increase in AIDS death toll. *New York Times,* pp. A1, A6.

American Association of Social Work Boards. (2005). ACE, Approved Continuing Education, Provider News. Retrieved March 13, 2007, from www.aswb.org.

American College of Physicians ACP Observer. (1997). Patients often forget physician's diagnosis. *News Briefs.* www.acponline.org/journals/news/feb97/brief297.htm.

American Medical Association. (1997). Code of Ethics. www.ama-assn.org.

American Medical Association. (2007). Health law. Retrieved January 30, 2007, from www.ama-assn.org/ama/pub/category/15549.html.

American Psychiatric Association. (2000). *Diagnostic and statistical manual of mental disorders* (4th ed.). Washington, DC: American Psychiatric Association.

Anderson, D. K., & Saunders, D. G. (2003). Leaving an abusive partner. *Trauma, Violence, & Abuse,* 4, 163–191.

Andrews, A. B., & Patterson, E. G. (1995). Searching for solutions to alcohol and other drug abuse during pregnancy: Ethics, values, and constitutional principles. *Social Work,* 40, 55–64.

Antle, B. J., & Regehr, C. (2003). Beyond individual rights and freedoms: Meta ethics in social work research. *Social Work,* 40, 135–144.

Arendt, H. (1977). *Eichmann in Jerusalem: A report on the banality of evil.* New York, NY: Penguin Books.

Aristotle (2004). *The Nicomachean Ethics.* New York, NY: Penguin Books.

Ashton, V. (1999). Worker judgments of seriousness about and reporting of suspected child maltreatment. *Child Abuse and Neglect,* 23(6), 539–548.

Ashton, V. (2001). The relationship between attitudes toward corporal punishment and the perception and reporting of child abuse. *Child Abuse and Neglect,* 25(3), 389–400.

Athanassoulis, N. (2006). Virtue ethics. *The Internet encyclopedia of philosophy.* Retrieved September 9, 2006, from www.iep.utm.edu/v/virtue.htm.

Austin, J. B., & Dankwort, J. (1999). Standards for batterer programs. *Journal of Interpersonal Violence,* 14, 152–168.

Babcock, J. C., Green, C. E., & Robie, C. (2004). Does batterers' treatment work? A meta-analytic review of domestic violence treatment. *Clinical Psychology Review,* 23, 1023–1053.

Baier, K. (1958). *The moral point of view: A rational basis of ethics.* New York, NY: Random House.

Ballie, R. (2001). Medicare will now cover some telehealth psychotherapy services. *Monitor on Psychology,* 32(10). www.apa.org/monitor/nov01/telehealth.html

Banks, S. (2004). *Ethics, accountability and the social professions.* New York, NY: Palgrave Macmillan Publishing.

Barker, R. L. (1988a). "Client dumping": Some ethical considerations. *Journal of Independent Social Work,* 2, 1–5.

Barker, R. L. (1988b). Just whose code of ethics should the independent practitioner follow? *Journal of Independent Social Work,* 2(4), 1–5.

Barker, R. L. (1992). *Social work in private practice* (2nd ed.). Washington, DC: NASW Press.

Barksdale, C. (1989). Child abuse reporting: A clinical dilemma. *Smith College Studies in Social Work,* 59, 170–182.

Barnett-Queens, T. (1999). Sexual relationships with educators: A national survey of masters-level practitioners. *The Clinical Supervisor,* 18(1), 151–172.

Baretti, M. (2004). What do we know about the professional socialization of our students? *Journal of Social Work Education,* 40(2), 255–283.

Barr, D. A. (2008). *Health disparities in the United States: Social class, race, ethnicity, and health.* Baltimore, MD: Johns Hopkins Press.

Basham, K. K., Donner, S., Killough, R. M., & Rozas, L. W. (1997). Becoming an anti-racist institution. *Smith College Studies in Social Work*, 67, 564–585.

Bates, C. M., & Brodsky, A. M. (1989). *Sex in the therapy hour: A case of professional incest*. New York, NY: Guilford.

Bauman, Z. (1996). Morality in the age of contingency. In P. Heclas, S. Lash, & P. Morris (Eds.), *Detraditionalization: Critical reflections on authority and identity* (pp. 49–58). Cambridge, MA: Blackwell Publishers.

Bayer, R. (1998). AIDS and the ethics of prevention, research, and care. In G. Wormser (Ed.), *AIDS and other manifestations of HIV infection* (3rd ed., pp. 799–807). Philadelphia: Lippincott-Raven Publishers.

Bayles, M. D. (1981). *Professional Ethics*. Belmont, CA: Wadsworth Publishing.

Beck, J. C. (1998). Legal and ethical duties of the clinician treating a patient who is liable to be impulsively violent. *Behavioral Sciences and the Law*, 16, 375–389.

Beder, J. (1998). The home visit, revisited. *Families in Society*, 79, 514–522.

Behnke, S. (2006). Ethics and interrogations: Comparing and contrasting the American Psychological, American Medical and American Psychiatric Association positions. *Monitor on Psychology*, 37(7).

Bennett, C. C., Naylor, R. B., Perri, C. S., Shirilla, R. G., & Kilbane, T. (2008). Managed care's influence on clinical decision making. *Praxis*, 8, 57–68.

Benotsch, E. G., Wright, V. J., Cassini, T. A. D., Pinkerton, S. D., Weinhardt, L., & Kelly, J. A. (2006). Use of the Internet for HIV prevention by AIDS service organizations in the United States. *Journal of Technology in Human Services*, 24(1), 19–35.

Bergeron, L. R., & Gray. B. (2003). Ethical dilemmas of reporting suspected elder abuse. *Social Work*, 48, 96–105.

Bergin, A. E. (1980). Psychotherapy and religious values. *Journal of Consulting and Clinical Psychology*, 48(1), 95–105.

Bergin, A. E. (1991). Values and religious issues in psychotherapy and mental health, *American Psychologist*, 46(4), 394–403.

Bergeron, M., & Hebert, M. (2006). Evaluation of a group interview using a feminist approach for victims of sexual abuse. *Child Abuse & Neglect*, 30(10), 1143–1159.

Berkman, C. G., Turner, S. G., Cooper, M., Polnerow, D., & Swartz, M. (2000). Sexual contact with clients: Assessment of social workers' attitudes and educational preparation. *Social Work*, 45(3), 223–234.

Berlin, S. (2005). The value of acceptance in social work direct practice: A historical and contemporary view. *Social Service Review*, 79(3), 482–510.

Berliner, A. K. (1989). Misconduct in social work practice. *Social Work*, 34, 69–72.

Bern, D. J. (1970). *Beliefs, attitudes and human affairs*. Pacific Grove, CA: Brooks/Cole Publishing.

Bernsen, A., Tabachnick, B. G., & Pope, K. S. (1994). National survey of social workers' sexual attraction to their clients: Results, implications, and comparison to psychologists. *Ethics & Behavior*, 4(4), 369–388.

Bernstein, S. (1960). Self-determination: "King or citizen in the realm of values." *Social Work*, 5, 3–8.

Bernstein, S. R. (1990). Contracted services: Issues for the nonprofit agency manager. In *Towards the 21st century: Challenges for the voluntary sector*. Proceedings of the 1990 Conference of the Association of Voluntary Action Scholars. London.

Besharov, D. J., & Besharov, S. H. (1987). Teaching about liability. *Social Work*, 32, 517–522.

Besharov, D. J., & Laumann, L. A. (1996). Child abuse reporting. *Society*, 33(4), 40–46.

Beyerstein, D. (1993). The functions and limitations of professional codes of ethics. In E. R. Winkler & J. R. Coombs (Eds.), *Applied ethics* (pp. 416–425). Cambridge, MA: Blackwell Publishers.

Bilson, A. (2007). Promoting compassionate concern in social work: Reflections on ethics, biology, and love. *British Journal of Social Work*, 37(8), 1371–1386.

Bisman, C. (2004). Social work values: The moral core of the profession. *British Journal of Social Work*, 34, 109–123.

Black, D. (1972). The boundaries of legal sociology. *Yale Law Journal*, 81, 1086–1101.

Bloom, M. (1975). *The paradox of helping: Introduction to the philosophy of scientific helping*. New York, NY: John Wiley & Sons.

Blum, L. (2001). Care. In: L. C. Becker & C. B. Becker (Eds.), *Encyclopedia of Ethics*, Vol. 1 (2nd ed.) (pp. 185–187). New York, NY: Routledge.

Bogodanoff, M., & Elbaum, P. L. (1978). Touching: A legacy from the encounter movement to social work practice. *Social Work in Health Care*, 4, 209–219.

Boland-Prom, K. W. (2009). Results from a national study of social workers sanctioned by state licensing boards. *Social Work*, 54(4), 351–360.

Boland-Prom, K., & Anderson, S. C. (2005). Teaching ethical decision making using dual relationship principles as a case example. *Journal of Social Work Education*, 41(3), 495–510.

Bond, T., & Mitchels, B. (2008). *Confidentiality and record keeping in counseling and psychotherapy*. Los Angeles, CA: Sage Publications.

Bonnie, R. J., & Wallace, R. B. (2003). *Elder mistreatment: Abuse, neglect, and exploitation in aging America*. Washington, DC: The National Academies Press.

Bonosky, N. (1995). Boundary violations in social work supervision: Clinical, educational, and legal implications. *The Clinical Supervisor*, 13(2), 79–95.

Borenzweig, H. (1983). Touching in clinical social work. *Social Casework*, 64, 238–242.

Borys, D. S., & Pope, K. S. (1989). Dual relationships between therapist and client: A national study of psychologists, psychiatrists, and social workers. *Professional Psychology: Research and Practice*, 20, 283–293.

Bowden, P. (1997). *Caring: Gender-sensitive ethics*. New York, NY: Routledge.

Bowers v. Hardwick, 106 S. Ct. 2841 (1986).

Bowles, W., Collinridge, M., Curry, S., & Valentine, B. (2006). *Ethical practice in social work: An applied approach*. New York, NY: McGraw Hill.

Brabeck, M. M., & Ting, K. (2000). Feminist ethics: Lenses for examining ethical psychological practice. In M. M. Grabeck (Ed.), *Practicing feminist ethics in psychology*. Washington, DC: American Psychological Association.

Brager, G. A. (1968). Advocacy and political behavior. *Social Work*, 13(2), 5–15.

Brandeis, L. D., & Warren, S. D. (1890). The right to privacy. *Harvard Law Review*, IV(5), December 15.

Braye, S., & Preston-Shoot, M. (1990). On teaching and applying the law in social work: It is not that simple. *British Journal of Social Work*, 20, 333–353.

Bride, B. E. (2007). Prevalence of secondary traumatic stress among social workers. *Social Work*, 52(1), 63–70.

Bride, B. E., & Figley, C. R. (2007). The fatigue of compassionate social workers: An introduction to the special issue on compassion fatigue. *Clinical Social Work Journal*, 35, 151–153.

Brill, C. K. (2001). Looking at the social work profession through the eye of the NASW Code of Ethics. *Research on Social Work Practice*, 11(2), 223–234.

British Association of Social Workers (nd). Code of ethics for social work. Retrieved from http://www.basw.co.uk/about/codeofethics/

Broadie, S. (1991). *Ethics with Aristotle*. New York, NY: Oxford University Press.

Brown, H. J. (1970). Social work values in a developing country. *Social Work*, 15(1), 107–112.

Bryan, V. (2006). Moving from professionally specific ideals to the common morality: Essential content in social work ethics education. *Journal of Teaching in Social Work*, 26 (3/4), 1–17.

Bufka, L. F., Crawford, J. I., & Levitt, J. T. (2002). Brief screening assessments for managed care and primary care. In M. M. Anthony & D. H. Barlow (Eds.), *Handbook of assessment and treatment planning for psychological disorders* (pp. 38–63). New York, NY: The Guilford Press.

Bush, N. J. (2009). Compassion fatigue: Are you at risk? *Oncology Nursing Forum*, 36(1), 24–28.

Butz, R. A. (1985). Reporting child abuse and confidentiality in counseling. *Social Casework*, 66, 83–90.

Callahan, D. (1987, October/November). Terminating treatment: Age as a standard. *Hastings Center Reporter*, 21–25.

Callahan, J. (1988). *Ethical issues in professional life*. New York, NY: Oxford University Press.

Callahan, J. (1994). The ethics of assisted suicide. *Health and Social Work*, 19, 237–244.

Canda, E. R. (1988). Spirituality, religious diversity, and social work practice. *Social Casework*, 69, 238–247.

Canda, E. R., Nakashima, M., & Furman, L. D. (2004). Ethical considerations about spirituality in social work: Insights from a national qualitative survey. *Families in Society*, 85(1), 27–35.

Caputo, R. K. (1991). Managing information systems: An ethical framework and information needs matrix. *Administration in Social Work*, 15(4), 53–64.

Carey, B. (2006, October 10). An analyst questions the self-perpetuating side of therapy. *New York Times*, p. D2.

Carlson, S. (2002, November 15). Virtual counseling. *The Chronicle of Higher Education*, pp. A35–36.

Carpenter, M. C., & Platt, S. (1997). Professional identity for clinical social workers: Impact of changes in health care delivery systems. *Clinical Social Work Journal*, 25, 337–351.

Carter-Pokras, O., & Zambrana, R. E. (2001). Latin Health Status. In M. Aguirre-Molina, C. W. Molina, & R. E. Zambrana (Eds.), *Health Issues in the Latino Community* (pp. 23–54). San Francisco, CA: Jossey-Bass.

Castillo, R. (2007). Glossary of key terms in culture and mental illness. Retrieved March 27, 2007, from www2.hawaii.edu/~rcastill/Culture_and_Mental_Illness/Glossary.html.

Cavaiola, A. A., & Colford, J. E. (2006). *A practical guide to crisis intervention*. Boston, MA: Houghton Mifflin.

Cervera, N. J. (1993). Decision making for pregnant adolescents: Applying reasoned action theory to research and treatment.

Families in Society: The Journal of Contemporary Human Services, 74, 355–365.

Chan, S. (2007, January 23). New York City puts millions into high-tech worker tracking. *New York Times*, p. C11.

Chase, Y. (2008). Professional liability and malpractice. In T. Mizrahi & L. Davis (Eds.), *Encyclopedia of social work*, volume 3 (20th ed.) (pp. 425–429). New York, NY: Oxford University Press.

Chow, J. (1999). Multi service centers in Chinese American immigrant communities: Practice principles and challenges. *Social Work*, 44, 70–80.

Christensen, K. E. (1986). Ethics of information technology. In G. R. Geiss & N. Viswanathan (Eds.), *The human edge* (pp. 72–91). Binghamton, NY: Haworth Press.

Citizen Link (2003). Dutch (Holland/Netherlands) euthanasia: The Dutch disaster. Retrieved January 8, 2003, from www.family.org/cforum/research/papers/a0001021.html.

Claiborne, N. (2006). Effectiveness of a care coordination model for stroke survivors: A randomized study. *Health and Social Work*, 31(2), 87–96.

Clark, C. (1998). Self-determination and paternalism in community care: Practice and prospects. *British Journal of Social Work*, 28, 387–402.

Clark, C. (1999). Observing the lighthouse: From theory to institutions in social work ethics. *European Journal of Social Work*, 2(3), 259–270.

Clark, C. (2006). Moral character in social work. *British Journal of Social Work*, 36, 75–89.

Clifford, D., & Burke, B. (2005). Developing anti-oppressive ethics in the new curriculum. *Social Work Education*, 24(6), 677–692.

Cohen, E. (2004). Advocacy and advocates: Definitions and ethical dimensions. *Generations*, 28(1), 9–16.

Cohen, J. (2003). Managed care and the evolving role of the clinical social worker in mental health. *Social Work*, 48(1), 34–43.

Cohen, R. (1980). The (revised) NASW Code of Ethics. *NASW News*, 26 (April), 19.

Coleman, E., & Schaefer, S. (1986). Boundaries of sex and intimacy between client and counselor. *Journal of Counseling and Development*, 64, 341–344.

Congress, E., & McAuliffe, D. (2006) Social work ethics: Professional codes in Australia and the United States. *International Social Work*, 49, 151–164.

Congress, E. P., & Lynn, M. (1997). Group work practice in the community: Navigating the slippery slope of ethical dilemmas. *Social Work with Groups*, 20(3), 61–74.

Conte, H. R., Plutchik, R., Picard, S., & Karasu, T. B. (1989). Ethics in the practice of psychotherapy. *American Journal of Psychotherapy*, 43, 32–42.

Corey, G., Corey, M. S., & Callanan, P. (2003). *Issues and ethics in the helping professions* (6th ed.). Pacific Grove, CA: Brooks/Cole Thomson Learning Publishing Co.

Cottone, R. R., & Tarvydas, V. M. (2007). *Counseling ethics and decision making* (3rd ed.) Upper Saddle River, NJ: Pearson/Merrill Prentice Hall.

Council on Social Work Education. (2004). *Educational policy and accreditation standards*. Alexandria, VA: Council on Social Work Education.

Council on Social Work Education. (2010). *Educational Policy and Accreditation Standards* (Revised March 27, 2010). Retrieved from http://www.cswe.org/File.aspx?id=40200 on 6/2/10.

Courtney, M. E., Barth, R. P., Berrick, J. D., Brooks, E., Needell, B., & Park, L. (1996). Race and child welfare services: Past research and future directions. *Child Welfare*, LXXV, 99–137.

Csikai, E. L. (1999a). Euthanasia and assisted suicide: Issues for social work practice. *Journal of Gerontological Social Work*, 31(3/4), 49–63.

Csikai, E. L. (1999b). The role of values and experience in determining social workers' attitudes toward euthanasia and assisted suicide. *Social Work in Health Care*, 30(1), 75–95.

Csikai, E. L. (1999c). Hospital social workers' attitudes toward euthanasia and assisted suicide. *Social Work in Health Care*, 30(1), 51–73.

Csikai, E. L. (2004). Social workers' participation in the resolution of ethical dilemmas in hospice care. *Health & Social Work*, 29(1), 67–76.

Csikai, E. L., & Sales, E. (1998). The emerging social work role on hospital ethics committees: A comparison of social worker and chair perspectives. *Social Work*, 43(3), 233–242.

Cua, A. S. (2001). Confucian ethics. In: L. C. Becker & C. B. Becker (Eds.), *Encyclopedia of Ethics*, Vol. 1 (2nd ed.) (pp. 287–295). New York, NY: Routledge.

Cummings, S. M., Cooper, R. L., & Cassie, K. M. (2009). Motivational interviewing to affect behavioral change in older adults. *Research in Social Work Practice*, 19(2), 195–204.

Currie v. Doran, U.S. Court of Appeals, 10th Circuit. 2001.

Curtis, P. A., & Lutkus, A. M. (1985). Client confidentiality in police social work settings. *Social Work*, 30, 355–360.

Cwikel, J. G., & Cnaan, R. A. (1991). Ethical dilemmas in applying second wave information technology to social work practice. *Social Work*, 36(2), 114–120.

Cyrns, A. G. (1977). Social work education and student ideology: A multivariate study of professional socialization. *Journal of Education for Social Work*, 13(1), 44–51.

Daley, M. R., & Doughty, M. O. (2006). Ethics complaints in social work practice: A rural-urban comparison. *Journal of Social Work Values and Ethics*, 3(1).

Darlington, Y., Feeney, J. A., & Rixon, K. (2005). Interagency collaboration between child protection and health services: Practice, attitudes, and barriers. *Child Abuse& Neglect*, 29, 1085–1098.

Daro, D. (1988). *Confronting child abuse: Research/or effective program design*. New York, NY: Free Press.

Davis, K. (1997). Managed care, mental illness and African Americans: A prospective analysis of managed care policy in the United States. *Smith College Studies in Social Work*, 67, 623–641.

Dean, H. (1998). The primacy of the ethical aim in clinical social work: Its relationship to social justice and mental health. *Smith College Studies in Social Work*, 69, 9–24.

Dean, R. G., & Rhodes, M. L. (1992). Ethical-clinical tensions in clinical practice. *Social Work*, 37, 128–132.

Delaronde, S., King, G., Bendel, R., & Reece, R. (2000). Opinions among mandated reporters toward child maltreatment reporting policies. *Child Abuse and Neglect*, 24(7), 901–910.

Dent, S. (2000). Illiteracy: "Hidden disability" creates health care confusion. *FP Report*, 6(1). Retrieved October 16, 2002, from www.aafp.org/fpr/20000100/illiteracy.html

Department of Health & Human Services, Centers for Disease Control and Prevention. (2001). *HIV prevalence trends in selected populations in the United States: Results from national serosurveillance, 1993–1997*.

Department of Health and Human Services (2002). Modifications to the standards for privacy of individually identifiable health information—final rule. Retrieved November 25, 2002, from www.hhs.gov/news/press/2002pres/20020809.html.

Desai, K. (2003). Ethical decision making within the bureaucratic context: A case study. *Child Management Journal*, 4(3), 122–128.

Deutscher, I., Pestello, F. P., & Pestello, H. F. G. (1993). *Sentiments and acts*. New York, NY: Aldine de Gruyter.

Devilly, G. J., Wright, R., & Varker, T. (2009). Vicarious trauma, secondary traumatic stress or simply burnout? Effect of trauma therapy on mental health professionals. *Australian and New Zealand Journal of Psychiatry*, 43, 373–385.

DiMarco, M., & Zoline, S. S. (2004). Duty to warn in the context of HIV/AIDS-related psychotherapy: Decision making among psychologists. *Counseling and Clinical Psychology*, 1(2), 68–85.

Dobrin, A. (1989). Ethical judgments of male and female social workers. *Social Work*, 34, 451–455.

Dodd, S., & Jansson, B. (2004). Expanding the boundaries of ethics education: Preparing social workers for ethical advocacy in an organizational setting. *Journal of Social Work Education*, 40(3), 455–465.

Dolgoff, R. (2002). An exploration in social policy and ethics: Ethical judgment before or after the fact? *Social Work Forum, Wurzweiler School of Social Work*, 35(Winter/Spring, 2001–2002), 67–86.

Dolgoff, R., & Skolnik, L. (1992). Ethical decision making: The NASW code of ethics and group work practice: Beginning explorations. *Social Work with Groups*, 15(4), 99–112.

Dolgoff, R., & Skolnik, L. (1996). Ethical decision making in social work with groups: An empirical study. *Social Work with Groups*, 19(2), 49–65.

Dryden, W., & Ellis, A. (1988). Rational-emotive therapy. In *Handbook of Cognitive-Behavioral Therapies* (pp. 214–272). New York, NY: The Guilford Press.

Dumont, M. P. (1996). Privatization and mental health in Massachusetts. *Smith College Studies in Social Work*, 66, 293–303.

Durana, C. (1998). The use of touch in psychotherapy: Ethical and clinical guidelines. *Psychotherapy: Theory, Research, Practice, Training*, 35(2), 269–280.

Dworkin, G. (1985). Behavioral control and design. *Social Research*, 52, 543–554.

Dwyer, S. (2005). Older people and permanent care: Whose decision? *British Journal of Social Work*, 35(7), 1081–1092.

Edward, J. (1999). Is managed mental health treatment psychotherapy? *Clinical Social Work Journal*, 27, 87–102.

Egan, M., & Kadushin, G. (2004). Job satisfaction of home health social workers in the environment of containment. *Health & Social Work*, 29(4), 287–296.

Egley, L. C. (1992). Defining the *Tarasoff* duty. *Journal of Psychiatry and Law*, 19, 93–133.

Ellis, A. (1973). *Humanistic psychotherapy: The rational-emotive approach*. New York, NY: McGraw-Hill.

Eriksen, K., & Kress, V. E. (2005). *Beyond the DSM story: Ethical quandaries, challenges, and best practices*. Thousand Oaks, CA: Sage Publications.

Ewalt, P. L., & Mokuau, N. (1995). Self-determination from a Pacific perspective. *Social Work*, 40, 168–175.

Ewing, C. P. (2002). *Tarasoff* update: Psychotherapy threats alone provide no basis for criminal prosecution. *Monitor on Psychology*, 33(2), 1–3. Retrieved July 17, 2002, from www.apa.org/monitor/feb02/jn.html.

Ewing, C. P. (2005). *Tarasoff* reconsidered: The *Tarasoff* rule has been extended to include threats disclosed by family members. *Monitor on Psychology*, 36(7), 112.

Faust, J. R. (2008). Clinical social workers as patient advocate in a community mental health center. *Clinical Social Work Journal*, 36, 293–300.

Fawcett, B. (2009). Questioning the certainties in social work. *International Social Work*, 52(4), 473–484.

Feder, L., & Wilson, D. B. (2005). A meta-analytic review of court-mandated batterer intervention programs: Can courts affect abusers' behavior? *Journal of Experimental Criminology*, 1, 239–262.

Federal Globe–Federal Employee Benefits FAQ. (2007). What the gay, lesbian, or bisexual employee needs to know. Retrieved January 30, 2007, from www.fedglobe.org/issues/benefitsfaq5.htm.

Federal Psychotherapist-Patient Privilege (*Jaffee v. Redmond*, 518 U.S. 1): History, documents, and opinions. Retrieved September 5, 2002, from http://psa-uny.org/jr/.

Feldman, K. A., & Newcomb, T. M. (1994). *The impact of college on students*. New Brunswick, NJ: Transaction Publishers.

Fellin, P. (2000). Revisiting multiculturalism in social work. *Journal of Social Work Education*, 36(2), 261–278.

Felthous, A. R., & Kachigian, C. (2001). The fin de millénaire duty to warn or protect. *Journal of Forensic Science*, 46(5), 1103–1112.

Festinger, L. (1957). *A theory of cognitive dissonance*. New York, NY: Harper & Row.

Fetter, B., Morgan, D., & Levi, J. (2006). The United States of America. In E. J. Beck, N. Mays, A. W. Whiteside, & J. Zuniga (Eds.), *The HIV epidemic: Local and global implications* (pp. 581–587). New York, NY: Oxford University Press.

Figley, C. R. (1995). *Compassion fatigue: Coping with secondary traumatic stress disorder in those who treat the traumatized*. New York, NY: Brunner/Mazel Publishers.

Figley, C. R. (1999). Compassion fatigue: Toward a new understanding of the costs of caring. In B. Hudnall Stamm (Ed.), *Secondary traumatic stress: Self-care issues for clinicians, researchers, and educators* (2nd ed., pp. 1–28). Baltimore: Sidran Press.

Fine, M., & Teram, E. (2009). Believers and skeptics: Where social workers situate themselves regarding the Code of Ethics. *Ethics & Behavior*, 19(1), 60–78.

Finkelhor, D. (1990). Is child abuse over-reported? *Public Welfare*, 48, 22–29.

Finkelhor, D. (1998). Improving research, policy, and practice to understand child sexual abuse. *Journal of the American Medical Association*, 280, 1864–1865.

Finn, J. (1990). Security, privacy, and confidentiality in agency microcomputer use. *Families in Society: The Journal of Contemporary Human Services* (May), 283–290.

Finn, J., & Banach, M. (2002). Risk management in online human services practice. *Journal of Technology in Human Services*, 20(1/2), 133–153.

Fishkin, J. S. (1982). *The limits of obligation*. New Haven, CT: Yale University Press.

Flaherty, J. (2002, August 14). Girls link their use of family planning clinics to keeping parents in the dark. *New York Times*, p. A14.

Flanagan, E. H., & Blashfield, R. K. (2005). Gender acts as a context for interpreting diagnostic criteria. *Journal of Clinical Psychology*, 61(12), 1485–1498.

Fleck-Henderson, A. (1991). Moral reasoning in social work practice. *Social Service Review* (June), 185–202.

Flexner, A. (1915). Is social work a profession? *Proceedings of National Conference of Charities and Corrections* (pp. 576–590). Chicago, IL: Hindman.

Fodor, J. L. (1999, February). Computer ethics in higher education. *Syllabus*, 12–15.

Francis, C. (1995). Hindu ethics. In: J. Roth (Ed.), *Encyclopedia of Ethics* (pp. 376–377). Chicago, IL: Fitzroy Dearborn Publishers.

Frank, J. (1991). *Persuasion and healing* (Rev. ed.). New York, NY: Schocken Books.

Frankel, A. J., & Gelman, S. R. (2004). *Case Management* (2nd ed.). Chicago, IL: Lyceum Books.

Frankena, W. K. (1973). *Ethics* (2nd ed.). Englewood Cliffs, NJ: Prentice Hall.

Frankena, W. K. (1980). *Thinking about morality*. Ann Arbor, MI: University of Michigan Press.

Frankl, V. (1968). *The doctor and the soul*. New York, NY: Alfred A. Knopf.

Frans, D. J., & Moran, J. R. (1993). Social work education's impact on students' humanistic values and personal empowerment. *Arete*, 18(1), 1–11.

Freedman, T. G. (1998). Genetic susceptibility testing: Ethical and social quandaries. *Health & Social Work*, 23, 214–222.

Freeman, J. M., & McDonnell, K. (2001). *Tough decisions: Cases in medical ethics* (2nd ed.). New York, NY: Oxford University Press.

Freud, S. (1999). The social construction of normality. *Families in Society*, 80(4), 333–339.

Freud, S., & Krug, S. (2002). Beyond the code of ethics, Part 1: Complexities of ethical decision making in social work practice. *Families in Society: The Journal of Contemporary Human Services*, 83(5/6), 474–482.

Frost, N., Robinson, M., & Anning, A. (2005). Social workers in multidisciplinary teams: Issues and dilemmas for professional practice. *Child and Family Social Work*, 10(187–196).

Fryling, T., Summers, R. W., & Hoffman, A. H. (2006). Elder abuse: Definition and scope of the problem. In: R. W. Summers & A. H. Hoffman (Eds.), *Elder abuse: A public health perspective* (pp. 5–18). Washington, DC: American Public Health Association.

Fukuyama, M. A. (2001). Counseling in colleges and universities. In D. C. Locke, E. L. Herr, & J. E. Myers (Eds.), *The handbook of counseling* (pp. 319–341). Thousand Oaks, CA: Sage Publications.

Furlong, M. A. (2003). Self-determination and a critical perspective in casework: Promoting a balance between interdependence and autonomy. *Qualitative Social Work*, 2(2), 177–196.

Furman, R., Downey, E. P., & Jackson, R. L. (2004). Exploring the ethics of treatments for depression: The ethics of care perspective. *Smith College Studies in Social Work*, 74(3), 525–538.

Galambos, C. M. (1999). Resolving ethical conflicts in a managed health care environment. *Health & Social Work*, 24(3), 191–197.

Galambos, C. (2005). Rural social work practice: Maintaining confidentiality in the face of dual relationships, 2 (2). Retrieved July 19, 2006, from www.socialworker.com/jswve/content/view/23/37

Galinsky, M. J., Schopler, J. H., & Abell, M. D. (1997). Connecting group members through telephone and computer groups. *Health & Social Work*, 22, 181–188.

Gambrill, E., & Pruger, R. (Eds.) (1997). *Controversial issues in social work ethics, values, and obligations*. Boston, MA: Allyn & Bacon.

Gambrill, E. D. (2003). From the editor: "Evidence-based practice": Sea change or the emperor's new clothes? *Journal of Social Work Education*, 39, 3–23.

Gambrill, E. (2006). Evidence-based practice and policy: Choices ahead. *Research on Social Work Practice*, 16(3), 338–357.

Ganzani, L., Horvath, T., Jackson, A., Goy, E. R., Miller, L. J., & Delora, M. A. (2002). Experiences of Oregon nurses and social workers with hospice patients who requested assistance with suicide. *New England Journal of Medicine*, 347(8), 582–588.

Garb, H. N. (1994). Cognitive heuristics and biases in personality assessment. In L. Heath (Ed.), *Applications of heuristics and biases to social issues* (pp. 73–90). New York, NY: Plenum Press.

Gerhart, U. C., & Brooks, A. D. (1985). Social workers and malpractice: Law, attitudes, and knowledge. *Social Casework*, 66, 411–416.

Gewirth, A. (1978). *Reason and morality*. Chicago: University of Chicago Press.

Gibelman, M., & Schervish, P. H. (1997). *Who we are: A second look*. Washington, DC: NASW.

Gibelman, M. (2005). Social workers for rent: The contingency human services labor force. *Families in Society: The Journal of Contemporary Social Services*, 86(4), 457–469.

Gibelman, M., & Mason, S. E. (2002). Treatment choices in a managed care environment: A multi-disciplinary exploration. *Clinical Social Work*, 30(2), 199–214.

Givelber, D., Bowers, W., & Blitch, C. (1984). *Tarasoff*: Myth and reliability. *Wisconsin Law Review*, 2, 443–497.

Glaser, R. D., & Thorpe, J. S. (1986). Unethical intimacy: A survey of sexual contact and advances between psychology educators and female graduate students. *American Psychologist*, 41(1), 43–51.

Glassman, C. (1992). Feminist dilemmas in practice. *Affilia*, 7, 160–166.

Goffman, E. (1959). *The presentation of self in everyday life*. Garden City, NY: Doubleday.

Goldenberg, I., & Goldenberg, H. (2000). *Family therapy: An overview* (5th ed.). Belmont, CA: Brooks/Cole.

Goldstein, E. G. (1997). To tell or not to tell: The disclosure of events in the therapist's life to the patient. *Clinical Social Work Journal*, 25, 41–58.

Goldstein, H. (1973). *Social work: A unitary approach*. Columbia, SC: University of South Carolina Press.

Goldstein, H. (1987). The neglected moral link in social work practice. *Social Work*, 32, 181–186.

Goldstein, H. (1998). Education for ethical dilemmas in social work practice. *Families in Society: The Journal of Contemporary Human Services*, 79, 241–253.

Goodban, N. (1985). The psychological impact of being on welfare. *Social Service Review*, 59, 403–422.

Goode, E. (2001, August 27). Disparities seen in mental care for minorities. *New York Times*, pp. 1, 12.

Gorman, L. (2009). Rationing care: Oregon changes its priorities. National Center for Policy Analysis, Brief Analysis #645, February 19, 2009. Retrieved March 11, 2010, http://web.ebscohost.com/ehost/detail

Gorman, S. W. (2009). Sex outside of the therapy hour: Practical and constitutional limits on therapist sexual misconduct regulations. 56

U.C.L.A. Law Review 983, 2009. Retrieved http://uclalawreview.org/pdf/56-4-4.pdf. February 23, 2010.

Gottleib, M. C., & Cooper, C. C. (1993). Some ethical issues for systems-oriented therapists in hospital settings. *Family Relations*, 42(2), 140–144.

Green, R. (2003). Social work in rural areas: A personal and professional challenge. *Australian Social Work*, 56, 209–219.

Greene, A. D., & Latting, J. K. (2004). Whistle-blowing as a form of advocacy: Guidelines for the practitioner and organization. *Social Work*, 49(2), 219–230.

Greenhouse, L. (1998, December 2). High court curbs claim on privacy in a house. *New York Times*, p. A11.

Greenhouse, L. (1999a, April 11). Check out your driver. *New York Times, Week in Review*, p. 2.

Greenhouse, L. (1999b, April 6). Supreme court roundup; police searching car may include passenger's things. *New York Times*, p. A19.

Greenwood, E. (1957). Attributes of a profession. *Social Work*, 2(3), 45–55.

Grinnell, R. M. Jr., & Unrau, Y. A. (2005). *Social work research and evaluation*. New York, NY: Oxford University Press.

Grisso, T., & Appelbaum, P. S. (1998). *Assessing competence to consent to treatment: A guide for physicians and other health professionals*. New York, NY: Oxford University Press.

Group for the Advancement of Psychiatry (1994). *Forced into treatment: The role of coercion in clinical practice*. Report No. 137. Washington, DC: American Psychiatric Press.

Grundstein-Amado, R. (1999). Bilateral transformational leadership: An approach for fostering ethical conduct in public service organizations, *Administration & Society*, 31(2), 247–260.

Gursansky, D., Harvey, J., & Kennedy R. (2003). *Case management: Policy, practice, and professional business*. New York, NY: Columbia University Press.

Guttmann, D. (1996). *Logotherapy for the helping professional: Meaningful social work*. New York, NY: Springer Publishing Co.

Hackler, C. (2009). Is rationing health care ethically defensible? In: E. E. Morrison (Ed.), *Health care ethics: Critical issues for the 21st century* (2nd ed.) (pp. 355–364). Sudbury, MA: Jones and Bartlett Publishers.

Hadjistavropoulos, T., & Malloy, D. C. (1999). Ethical principles of the American Psychological Association: An argument for philosophical and practical ranking. *Ethics & Behavior*, 9, 127–140.

Haley, J. (1976). *Problem-solving therapy*. New York, NY: Harper & Row.

Hall, M. L., & Keefe, R. H. (2006). Interfacing with managed care organizations: A measure of self-perceived competence. *Best Practices in Mental Health*, 2(1), 31–41.

Halmos, P. (1965). *Faith of the counselor*. London, UK: Constable.

Halverson, G., & Brownlee, K. (2010). Managing ethical considerations around dual relationships in small rural and remote Canadian communities. *International Social Work*, 53(2), 247–260.

Hamel, J. (2005). *Gender-inclusive treatment of intimate partner abuse*. New York, NY: Springer Publishing.

Hancock, T. U. (2008). Doing justice: A typology of helping attitudes toward sexual groups. *Affilia: Journal of Women and Social Work*, 23(4), 349–362.

Handler, J. E., & Hollingsworth, E. J. (1971). *The deserving poor*. Chicago, IL: Markham.

Hankins, C. A., Stanecki, K. A., Ghys, P. D., & Marais, H. (2006). The evolving HIV epidemic. In E. J. Beck, N. Mays, A. W. Whiteside, & J. M. Zuniga (Eds.), *The HIV pandemic: Local and global implications* (pp. 21–35). New York, NY: Oxford University Press.

Hardina, D. (2004). Guidelines for ethical practice in community organization. *Social Work*, 49(4), 595–604.

Hardina, D. (2000). Models and tactics taught in community organization courses: Findings from a survey of practice instructors. *Journal of Community Practice*, 7(1), 5–18.

Harrington, D., & Dolgoff, R. (2009). Hierarchies of ethical principles for ethical decision making in social work. *Ethics and Social Welfare*, 2, 183–196.

Harris, G. C. (1999). The dangerous patient exception to the psychotherapist-patient privilege: The *Tarasoff* duty and the *Jaffee* footnote. *Washington Law Review*, 74, 33–68.

Harris, M.B., & Franklin, C. (2009). Helping adolescent mothers to achieve in school: An evaluation of the taking charge group intervention. *Children & Schools*, 31(1), 27–34.

Hartman, A. (1995). Family therapy. In R. L. Edward (Ed.), *Encyclopedia of social work* (19th ed., Vol. 2, pp. 983–991). Washington, DC: National Association of Social Workers.

Hartman, A. (1997). Power issues in social work practice. In A. J. Katz, A. Lurie, & C. M. Vidal (Eds.), *Critical social welfare issues* (pp. 215–226). New York, NY: The Haworth Press.

Haslam, D. R., & Harris, S. M. (2004). Informed consent documents of marriage and family therapists in private practice: A qualitative analysis. *American Journal of Family Therapy*, 32, 359–374.

Hayes, D. D., & Varley, B. K. (1965). The impact of social work education on students' values. *Social Work*, 10(4), 40–46.

Healy, T. C. (1998). The complexity of everyday ethics in home health care: An analysis of social workers' decisions regarding frail elders' autonomy. *Social Work in Health Care*, 27(4), 19–37.

Healy, T. C. (2004). Levels of directiveness: A contextual analysis of social work in health care. *Social Work in Health Care*, 40(1), 71-91.

Held, V. (2006). *The ethics of care: Personal, political, and global*. New York, NY: Oxford University Press.

Helton, D. (2003). Online therapeutic social service provision (Therap-pc): A state of the art review. *Journal of Technology in Human Services*, 21(4), 17–36.

Hetzel, L., & Smith, A. (2001). The 65 years and over population: 2000. *Census 2000 Brief*. Washington, D.C.: U.S. Census Bureau. Retrieved October 9, 2003, from www.census.gov/prod/2001pubs/C2kbr01-10.pdf

Hines, D. A., & Malley-Morrison, K. (2005). *Family violence in the United States: Defining, understanding, and combating abuse*. Thousand Oaks, CA: Sage Publications.

Hiratsuka, J. (1994). When it's a helper who needs help. *NASW News* (June), 3.

Hodge, D. R. (2002). Does social work oppress evangelical Christians? A "new class" analysis of society and social work. *Social Work*, 47(4), 401–414.

Hodge, D. R. (2004). Developing cultural competency with evangelical Christians. *Families in Society*, 85(2), 251–260.

Hodge, D. R. (2004). Who we are, where we come from, and some of our perceptions: Comparison of social workers and general population. *Social Work*, 49 (2), 261–268.

Hodge, D. R. (2005a). Spiritual life maps: A client-centered pictorial instrument for spiritual assessment, planning, and intervention. *Social Work*, 50(1), 77–87.

Hodge, D. R. (2005b). Epistemological frameworks, homosexuality, and religion: How people of faith understand the intersection between homosexuality and religion. *Social Work*, 50(3), 207–218.

Hodge, D. R. (2006). A template for spiritual assessment: A review of the JCAHO requirements and guidelines for implementation. *Social Work*, 51(4), 317–326.

Hodge, D. R. (2007). Social justice and people of faith: A transnational perspective. *Social Work*, 52(2), 139–148.

Hodge, D. R. (2007). Secular privilege: Deconstructing the invisible rose-tinted sunglasses. *Journal of Religion and Spirituality and Social Work Values: Social Thought*, 28 (1/2), 8–34.

Hoefer, R. (2006). *Advocacy practice for social justice*. Chicago, IL: Lyceum Books, Inc.

Hogue, C. J. R., & Hargraves, M. A. (2000). The commonwealth fund minority health survey of 1994: An overview. In C. J. R. Hogue, M. A. Hargraves, & K. S. Collins (Eds.), *Minority Health in America* (pp. 1–18). Baltimore, MD: Johns Hopkins University Press.

Hokenstad, M. C. (1987). Preparation for practice: The ethical dimension. *Social Work Education Reporter*, 25, 1–4.

Hollingsworth, L. D. (2005). Ethical considerations in prenatal sex selection. *Health & Social Work*, 30(2), 126–134.

Holloway, S., Black, P., Hoffman, K., & Pierce, D. (ND). Some considerations of the import of the 2008 EPAS for curriculum design. Retrieved from http://www.cswe.org/File.aspx?id=31578 on 6/2/10.

Holmes, S. A. (1998, December 6). Right to abortion quietly advances in state courts. *New York Times*, Section 1, p. 1.

Holroyd, J., & Brodsky, A. (1977). Psychologists' attitudes and practices regarding erotic and nonerotic physical contact with patients. *American Psychologist*, 32, 843–849.

Home Care & Hospice, National Association for Home Care & Hospice (2006). The Medicare home health benefit: Utilization and outlays have dropped dramatically. Retrieved July 11, 2006, from www.congressweb.com/nahc/positionpapers.htm

Horner, W. C., & Whitbeck, L. B. (1991). Personal versus professional values in social work: A methodological note. *Journal of Social Service Research*, 14(1/2), 21–43.

Houston-Vega, M. K., Nuehring, E. M., & Daguio, E. R. (1997). *Prudent practice*. Washington, DC: NASW Press.

Howard, M. O., & Jenson, J. M. (1999). Clinical practice guidelines: Should social work develop them? *Research on Social Work Practice*, 9, 283–301.

Howard, M. O., McMillen, C. J., & Pollio, D. E. (2003). Teaching evidence-based practice: Toward a new paradigm for social work education. *Research on Social Work Practice*, 13, 234–259.

Howe, E. (1980). Public professions and the private model of professionalism. *Social Work*, 25, 179–191.

Hughes, R. C. (1993a). Child welfare services for the catastrophically ill newborn: Part I—A confusion of responsibility. *Child Welfare*, 72, 32–40.

Hughes, R. C. (1993b). Child welfare services for the catastrophically ill newborn: Part II—A guiding ethical paradigm. *Child Welfare*, 72, 423–437.

Hugman, R. (2003). Professional values and ethics in social work: Reconsidering postmodernism. *British Journal of Social Work*, 33(8), 1025–1041.

Human Rights Campaign (2003). Medicaid expansion. Retrieved January 27, 2003, from www.hrc.org/issues/hiv_aids/background/medicaid.asp.

Illich, I. (2006). Deschooling society. Retrieved October 30, 2006, from http://reactor-core.org/deschooling.html.

Imbert, R. C. (2006). Personal letter (November 20). NASW Insurance Trust and the American Professional Agency.

Imre, R. E. (1989). Moral theory for social work. *Social Thought*, 15(1), 18–27.

Isaacs, J. B. (November, 2009). *Spending on children and the elderly*. Brookings Institute. Retrieved March 11, 2010, http://www.brookings.edu/reports/2009/1105_spending_children-isaacs.aspx.

Iserson, K. V. (1986). An approach to ethical problems in emergency medicine. In K. V. Iserson et al. (Eds.), *Ethics in emergency medicine* (pp. 35–41). Baltimore, MD: Williams & Wilkins.

Iversen, R., Gergen, K. J., & Fairbanks, R. P. II, (2005). Assessment and social construction: Conflict or co-creation? *British Journal of Social Work*, 35(5), 689–708.

Jackson, J. (2000). Duties and conscience in professional practices. In Q. de Stexhe & J. Verstraeten (Eds.), *Matter of breath: Foundations for professional ethics* (pp. 239–258). Leuven, Belgium: Peeters.

Jackson, J. S., & Sellers, S.L. (2001). Health and the elderly. In R. L. Braithwaite & S. E. Taylor (Eds.), *Health issues in the black community* (pp. 81–96). San Francisco, CA: Jossey-Bass Publishers.

Jaques, L. H., & Folen, R. A. (1998). Confidentiality and the military. In R. M. Anderson Jr., T. L. Nardello, & H. V. Hall (Eds.), *Avoiding ethical misconduct in psychology specialty areas*. Springfield, IL: Charles C. Thomas Publishers.

Jayaratne, S., Croxton, T., & Mattison, D. (1997). Social work professional standards: An exploratory study. *Social Work*, 42, 187–199.

Jewell, J. R., Collins, K. V., Gargotto, L., & Dishon, A. J. (2009). Building the unsettling force: Social workers and the struggle for human rights. *Journal of Community Practice*, 17, 309–322.

Jiminez, J. (2006). Epistemological frameworks, homosexuality, and religion: A response to Hodge. *Social Work*, 51(2), 185–187.

Joint United Nations Programme on HIV/AIDS (UNAIDS) and World Health Organization (WHO). (2009). *AIDS epidemic update: November 2009*. Geneva, Switzerland: UNAIDS. Retrieved from http://data.unaids.org/pub/Report/2009/JC1700_Epi_Update_2009_en.pdf.

Johner, R. (2006). Dual relationship legitimization and client-self-determination. *Journal of Social Work Values and Ethics*, 3(1). Retrieved July 19, 2006, from www.socialworker.com/jswve/content/view/30/44.

Johnson, R. (2008). Kant's moral philosophy. In: E. N. Zalta (Ed.), *The Stanford Encyclopedia of Philosophy* (Summer 2010 edition). Retrieved from http://plato.stanford.edu/entries/kant-moral/.

Jones, W. T., Sontag, F., Beckner, M.O., & Fogelin, R. J. (1977). *Approaches to ethics*. New York, NY: McGraw-Hill.

Jory, B., Anderson, D., & Greer, C. (1997). Intimate justice: Confronting issues of accountability, respect, and freedom in treatment for abuse and violence. *Journal of Marital and Family Therapy*, 399–419.

Joseph, M. V. (1983). The ethics of organization. *Administration in Social Work*, 7, 47–57.

Joseph, M. V. (1985). A model for ethical decision-making in clinical practice. In C. B. Germain (Ed.), *Advances in clinical social work practice* (pp. 207–217). Silver Spring, MD: NASW.

Judah, E. H. (1979). Values: The uncertain component of social work. *Journal of Education for Social Work*, 15(2), 79–86.

Kalichman, S. C. (1999). *Mandated reporting of suspected child abuse: Ethics, law, and policy*. Washington, DC: American Psychological Association.

Kaslow, F. (1998). Ethical problems in mental health practice. *Journal of Family Psychotherapy*, 9(2), 41–54.

Keefe, R. H., Hall, M. L., & Corvo, K. N. (2002). Providing therapy when managed care organizations deny reimbursement: Are private practitioners and their clients taking the fall? *Social Work in Health Care*, 36(2), 49–64.

Keith-Lucas, A. (1977). Ethics in social work. *Encyclopedia of social work* (pp. 350–355). Washington, DC: National Association of Social Workers.

Kelly, D. C. (2005). Beyond problem solving: The social worker as risk manager and educator in educational host settings. *School Social Work Journal*, 29(2), 40–52.

Kelly, T. B. (1994). Paternalism and the marginally competent: An ethical dilemma, no easy answers. *Journal of Gerontological Social Work*, 23(1/2), 67–84.

Kim, M. M., Scheyett, A. M., Elbogen, E. B., Van Dorn, R. A., McDaniel, L. A., Swartz, M. S., Swanson, J. W., & Ferron, J. (2008). Front line workers' attitudes towards psychiatric advance directives. *Community Mental Health Journal*, 44(1), 28–46.

King, N. (2009). Health inequalities and health inequities. In: E. E. Morrison (Ed.), *Health care ethics: Critical issues for the 21st century*

(2nd ed.) (pp. 339–354). Sudbury, MA: Jones and Bartlett Publishers.

Kirk, S. A., & Kutchins, H. (1988). Deliberate misdiagnosis in mental health practice. *Social Service Review*, 62, 225–237.

Kirk, S., & Kutchins, H. (1992). Diagnosis and uncertainty in mental health organizations. In Y. Hasenfeld (Ed.), *Human services as complex organizations* (pp. 163–183). London: Sage.

Kirkpatrick, W. J., Reamer, F. G., & Sykulski, M. (2006). Social work ethics audits in health care setting: A case study. *Health & Social Work*, 31(3), 225–228.

Kiselica, M. S., & Ramsey, M. L. (2001). Multicultural counselor education. In D. C. Locke, J. E. Myers, & E. L. Herr (Eds.), *The handbook of counseling* (pp. 433–451). Thousand Oaks, CA: Sage Publications.

Kitchner, K. S. (1984). Intuition, critical evaluation and ethical principles: The foundation of ethical decisions in counseling psychology. *Counseling Psychology*, 12, 43–55.

Klosterman, E. M., & Stratton, D. C. (2006). Speaking truth to power: Jane Addams's values base for peacemaking. *Affilia*, 21(2), 158–168.

Kluckhohn, C. (1951). Values and value-orientations in the theory of action: An exploration in definition and clarification. In T. Parsons & E. A. Shils (Eds.), *Toward a general theory of action* (pp. 388–433). Cambridge, MA: Harvard University Press.

Koenig, T. L., & Spano, R. N. (2003). Sex, supervision, and boundary violations: Pressing challenges and possible solutions. *The Clinical Supervisor*, 22(1), 3–19.

Kohlberg, L. (1984). *The psychology of moral development*. New York, NY: Harper & Row.

Kopels, S., & Kagle, J. D. (1993). Do social workers have a duty to warn? *Social Service Review*, 67, 101–126.

Kroll, B. (2004). Living with an elephant: Growing up with parental substance misuse. *Child and Family Social Work*, 9, 129–140.

Kuczynski, K., & Gibbs-Wahlberg, P. (2005). HIPAA the health care hippo: Despite the rhetoric, is privacy still an issue? *Social Work*, 50(3), 283–287.

Kuhse, H., & Singer, P. (1985). Ethics and the handicapped newborn infant. *Social Research*, 52, 505–542.

Kupperman, J. J. (1999). *Value ... and what follows*. New York, NY: Oxford University Press.

Kurri, K. (2005). Placement of responsibility and moral reasoning in couple therapy. *Journal of Family Therapy*, 27(4), 352–369.

Kurzman, P. A. (1995). Professional liability and malpractice (pp. 1921–1927). *Encyclopedia of social work* (19th ed.). Washington, DC: NASW Press.

Kutchins, H. (1991). The fiduciary relationship: The legal basis for social workers' responsibilities to clients. *Social Work*, 36, 106–113.

Kutchins, H., & Kirk, S. A. (1987). DSM-III and social work malpractice. *Social Work*, 32, 205–211.

Kutchins, H., & Kirk, S. A. (1988). The business of diagnosis: DSM-III and clinical social work. *Social Work*, 33, 215–220.

Kutchins, H., & Kirk, S. A. (1995). Review of diagnostic and statistical manual of mental disorders (4th ed.). *Social Work*, 40, 286–287.

Kutchins, H., & Kirk, S.A. (1997). *Making us crazy*. New York, NY: The Free Press.

Kwak, J., & Haley, W. E. (2005). Current research findings on end-of-life decision making among racially or ethnically diverse groups. *The Gerontologist*, 45(5), 634–641.

LaMendola, W., & Krysik, J. (2008). Design imperatives to enhance evidence-based interventions with persuasive technology: A case scenario in preventing child maltreatment. *Journal of Technology in Human Services*, 26(2–4), 397–422.

LaMendola, W., & Krysik, J. (2009). Design imperatives to enhance evidence-based interventions with persuasive technology: A case scenario in preventing child maltreatment. In: J. Finn & D. Schoech (Eds.), *Internet-delivered therapeutic interventions in human services: Methods, interventions, and evaluation*. New York, NY: Routledge.

Landau, R. (1996). Preparing for sudden death or organ donation: An ethical dilemma in social work. *International Social Work*, 39, 431–441.

Landau, R. (1998a). Secrecy, anonymity, and deception in donor insemination: A genetic, psychosocial, and ethical critique. *Social Work in Health Care*, 28(1), 75–89.

Landau, R. (1998b). The management of genetic origins: Secrecy and openness in donor assisted conception in Israel and elsewhere. *Human Reproduction*, 13(11), 3268–3273.

Landau, R. (1999). Professional socialization, ethical judgment and decision making orientation in social work. *Journal of Social Service Research*, 25(4), 57–75.

Landau, R., & Osmo, R. (2003). Professional and personal hierarchies of ethical principles. *International Journal of Social Welfare*, 12, 42–49.

Lange, J. M. (2006). Antiretroviral treatment and care of HIV. In E. J. Beck, N. Mays, et al. (Eds.), *The HIV pandemic: Local and global implications* (pp. 86–104). New York, NY: Oxford University Press.

Leach, M. M. & Sullivan, A. (2001) The intersection of race, class, and gender on diagnosis. In D. B. Pope-Davis, & H. L. K. Coleman, (Eds.), *The Intersection of Race, Class, and Gender in Multicultural Counseling* (pp. 353–383). Thousand Oaks, CA: Sage Publications, Inc.

Lens, V. (2000). Protecting the confidentiality of the therapeutic relationship: *Jaffee v. Redmond. Social Work*, 45(3), 273–276.

Lens, V. (2006). Work sanctions under welfare reform: Are they helping women achieve self-sufficiency? *Duke Journal of Gender Law and Social Policy*, 13(1), 255–280.

Levy, C. (1976a). Personal versus professional values: The practitioner's dilemma. *Clinical Social Work Journal*, 4, 110–120.

Levy, C. (1976b). The value base of social work. *Journal of Education in Social Work*, 9, 34–42.

Lewis, H. (1984). Ethical assessment. *Social Casework*, 65, 203–211.

Lewis, H. (1989). Ethics and the private non-profit human service organization. *Administration in Social Work*, 13(2), 1–14.

Lewis, N. A. (2005, July 6). Psychologists warned on role in detentions. *New York Times*, A14.

Lilienfeld, S. O., Fowler, K. A., Lohr, J. M., & Lynn, S. J. (2005). Pseudoscience, nonscience, and nonsense in clinical psychology: Dangers and remedies. In R. H. Wright & N. A. Cummings (Eds.), *Destructive trends in mental health: The well-intentioned path to harm* (pp. 187–218). New York, NY: Routledge.

Lipsyte, R. (2002, November 17). Johnson and Augusta mask bigger issues. *New York Times, Sports Sunday*, p. 5.

Lloyd, C., King, R., & Chenoweth, L. (2002). Social work, stress, and burnout: A review. *Journal of Mental Health*, II(3), 255–265.

Lo, B., Dornbrand, L., Wolf, L. E., & Groman, M. (2002). The Wendland case—Withdrawing life support from incompetent patients who are not terminally ill. *The New England Journal of Medicine*, 346, 1489–1493.

Loewenberg, F., & Dolgoff, R. (1988). *Ethical decisions for social work practice* (3rd ed.). Itasca, IL: F. E. Peacock Publishers, Inc.

Loewenberg, F. M., & Dolgoff, R. (1992). *Ethical decisions for social work practice* (4th ed.). Itasca, IL.: F. E. Peacock Publishers, Inc.

Lorenz, K. (2006). Is your boss spying on you? Retrieved February 8, 2007, from http://edition.cnn.com/2006/US/Careers/03/24/cb.boss.spying/

Lott, B., & Bullock, H. E. (2001). Who are the poor? *Journal of Social Issues*, 57(2), 189–206.

Lovat, T., & Gray, M. (2008). Towards a proportionist social work ethics: A Habermasian perspective. *British Journal of Social Work*, 38 (6), 11–14.

Luftman, V. H., Veltkamp, L. J., Clark, J. J., Lannacone, S., & Snooks, H. (2005). Practice guidelines in child custody evaluations for licensed clinical social workers. *Clinical Social Work Journal*, 33, 327–357.

Lum, D. (2000). *Social work practice and people of color* (4th ed.). Belmont, CA: Brooks/Cole.

Lundahl, B. W., Nimer, J., & Parsons, B. (2006). Preventing child abuse. A meta-analysis of parent training programs. *Research on Social Work Practice*, 16(3), 251–262.

Lystad, M., Rice, M., & Kaplan, S. J. (1996). Family violence. In S. J. Kaplan (Ed.), *Domestic violence* (pp. 139–180). Washington, DC: American Psychiatric Press.

MacIntyre, A. (2001). Virtue ethics. In: L.C. Becker & C. B. Becker (Eds.), *Encyclopedia of Ethics*, Volume III (2nd ed.) (pp. 1757–1763). New York, NY: Routledge.

MacIver, R. (1922). The social significance of professional ethics. *Annals*, 101, 5–11.

Mackelprang, R. W., & Mackelprang, R. D. (2005). Historical and contemporary issues in end-of-life decisions: Implications for social work. *Social Work*, 50(4), 315–324.

MacMurray, J. (1961). *Persons in relation*. Atlantic Highlands, NJ: Humanities Press.

Maesen, W. A. (1991). Fraud in mental health practice: A risk management perspective. *Administration and Policy in Mental Health*, 18, 431–432.

Maher, V. F., & Ford, J. (2002). The heartbreak of parens patriae. *Jona's Healthcare, Law, Ethics, and Regulation*, 4, 18–22.

Mahony, R. (2006, March 22). Called by God to help. *New York Times*, Op. Ed., Section A, p. 25.

Maidment, J. (2006). The quiet remedy: A dialogue on reshaping professional relationships. *Families in Society: The Journal of Contemporary Social Services*, 87(1), 115–121.

Manetta, A. A., & Wells, J. G. (2001). Ethical issues in the social worker's role in physician-assisted suicide. *Health and Social Work*, 26(3), 160–166.

Manning, R. C. (1992). *Speaking from the heart: A feminist perspective on ethics*. Lanham, MD: Rowman & Littlefield Publishers.

Manning, S. S. (1997). The social worker as moral citizen: Ethics in action. *Social Work*, 42, 223–230.

Manning, S. S., & Gaul, C. E. (1997). The ethics of informed consent: A critical variable in the self-determination of health and mental health clients. *Social Work in Health Care*, 25(3), 103–117.

Manstead, A. S. R. (1996). Attitudes and behavior. In G. R. Semin & K. Fiedler (Eds.), *Applied social psychology. Thousand Oaks, CA: Sage Publications.

Marcuse, P. (1976). Professional ethics and beyond: Values in planning. *Journal of the American Institute of Planners*, 42, 264–274.

Maritain, J. (1934). *Introduction to philosophy*. London, UK: Sheed & Ward.

Marson, S. (1993). Social work discussion list. Retrieved October 18, 1993. socwork@umab.bit-net

Marshall, T., & Solomon, P. (2004). Confidentiality intervention: Effects on provider-consumer-family collaboration. *Research on Social Work Practice*, 14(1), 3–13.

Martin, J. L. R., Barbanoj, M. J., Schlaepfer, T. E., Perez, V., Kulisevsky, J., & Gironell, A. (2002). Transcranial magnetic stimulation for treating depression (Cohrane review). In *The Cochrane Library*, 2, Oxford, U.K.: Update Software.

Marziali, E., Donahue, P., & Crossin, G. (2005). Caring for others: Internet health care support interventions for family caregivers of persons with dementia, stroke, or Parkinson's disease. *Families in Society*, 86(3), 375–383.

Maslow, A. H. (1962). *The farther reaches of human nature*. New York, NY: Penguin Books.

Maslow, A. H. (1969). Toward a humanistic biology. *American Psychologist*, 24, 724–735.

Mason, R. O. (1994). Morality and models. In W. A. Wallace (Ed.), *Ethics in modeling* (pp. 183–194). Tarrytown, NY: Pergamon.

Matorin, S., Rosenberg, B., Levitt, M., & Rosenbaum, S. (1987). Private practice in social work: Readiness and opportunity. *Social Casework*, 68(1), 31–37.

Mattison, D., Jayaratne, S., & Croxton (2002). Client or former client? Implications of ex-client definition on social work practice. *Social Work*, 47(1), 55–64.

Mayer, L. M. (2005). Professional boundaries in dual relationships: A social work dilemma. *Journal of Social Work Values and Ethics*, 2(2). Retrieved July 19, 2006, from www.socialworker.com/jswve/content/view/25/37/

Mayo Clinic. Transcranial magnetic stimulation: An experimental depression treatment. Retrieved April 24, 2007, from www.mayoclinic.com/health/transcranial-magneticstimulation/MH00115

McAuliffe, D. (2005). Putting ethics on the organizational agenda: The social work ethics audit on trial. *Australian Social Work*, 58(4), 357–369.

McBeath, B., & Meezan, W. (2008). Market-based disparities in foster care service provision. *Research on Social Work Practice*, 18(1), 27–41.

McBeath, G., & Webb, S. A. (2002). Virtue ethics and social work: Being lucky, realistic, and not doing one's duty. *British Journal of Social Work*, 32(8), 1015–1036.

McCann, C. W. (1977). The codes of ethics of the NASW: An inquiry into its problems and perspectives. In B. E. Olvett (Ed.), *Values in Social Work Education* (pp. 10–19). Salt Lake City, UT: University of Utah Graduate School of Social Work.

McCarty, D., & Clancy, C. (2002). Telehealth: Implications for social work practice. *Social Work*, 47(2), 153–161.

McGowen, B. G. (1995). Values and ethics. In C. H. Meyer & M. A. Mattaini (Eds.), *The foundations of social work practice* (pp. 28–41). Washington, DC: NASW Press.

McMahon, A., & Allen-Meares, P. (1992). Is social work racist? A content analysis of recent literature. *Social Work*, 37, 533–539.

McNutt, J. G., & Menon, G. M. (2008). The rise of cyberactivism: Implications for the future of advocacy in the human services. *The Journal of Contemporary Social Services*, 89(1), 33–38.

Melton, G. B. (1988). Ethical and legal issues in ATOS-related practice. *American Psychologist*, 43, 941–947.

Meyer, C. H. (1985). Different voices: Comparable worth. *Social Work*, 30, 99.

Meyers, C. J. (1997). Expanding *Tarasoff*: Protecting patients and the public by keeping subsequent caregivers informed. *The Journal of Psychiatry & Law*, Fall, 365–375.

Mickelson, J. S. (1995). Advocacy. In R. L. Edwards (Ed.), *Encyclopedia of social work*. (Vol. 1, 19th ed., pp. 95–100). Washington, DC: National Association of Social Workers.

Miller, D. J., & Thelen, M. H. (1986). Knowledge and beliefs about confidentiality in psychotherapy. *Professional Psychology: Research and Practice*, 17, 15–19.

Miller, H. (1968). Value dilemmas in social casework. *Social Casework*, 13, 27–33.

Miller, L. L., Harvath, T. A., Ganzini, L., Goy, E. R., Delorit, M. A., & Jackson, A. (2004). Attitudes and experiences of Oregon hospice nurses and social workers regarding assisted suicide. *Palliative Medicine*, 18(8), 685–691.

Millstein, K. (2000). Confidentiality in direct social work practice: Inevitable challenges and ethical dilemmas. *Families in Society*, 81(3), 270–282.

Milner, J. L., & Campbell, J. C. (2007). Prediction issues for practitioners. In: J. C. Campbell (Ed.), *Assessing dangerousness: Violence by batterers and child abusers* (2nd ed.) (pp. 25–43). New York, NY: Springer Publishing Company.

Mishna, F., Antle, B. J., & Regehr, C. (2002). Social work with clients contemplating suicide: Complexity and ambiguity in the clinical, ethical, and legal considerations. *Clinical Social Work Journal*, 30(3), 265–280.

Mitchell, C. G. (1999). Treating anxiety in a managed care setting: A controlled comparison of medication alone versus medication plus cognitive-behavioral group therapy. *Research on Social Work Practice*, 9, 188–200.

Mittendorf, S. H., & Schroeder, J. (2004). Boundaries in social work: The ethical dilemma of worker-client sexual relationships. *Journal of Social Work Values and Ethics*, 1(1). Retrieved July 19, 2006, from www.socialworker.com/jswve/content/view/11/30.

Moberg, D. O. (2005). Research in spirituality, religion, and aging. *Journal of Gerontological Social Work*, 45(1/2), 11–40.

Mondros, J. B. (2009). Principle and practice: Guidelines for social action. In: A. R. Roberts (Ed.), *Social workers' desk reference* (2nd ed.) (pp. 901–906). New York, NY: Oxford University Press.

Moody, H. R. (2004). Hospital discharge planning: Carrying out orders? *Journal of Gerontological Social Work*, 43(1), 107–118.

Moran, J. R. (1989). Social work education and students' humanistic attitudes. *Journal of Education for Social Work*, 25(1), 13–19.

Moreno, J. D., Caplan, A. L., & Wolpe, P. R. (1998). Informed consent. *Encyclopedia of Applied Ethics* (Vol. 2). New York, NY: Academic Press, 687–697.

Morin, D., Tourigny, A., Pelletier, D., Robichaud, L., Mathieu, L., Vezina, A., Bonin, L., & Buteau, M. (2005). Seniors' views on the use of electronic health records. *Informatics in Primary Care*, 13, 125–134.

Morris, E. K., Laney, C., Bernstein, D. M., & Loftus, E. F. (2006). Susceptibility to memory distortion: How do we decide it has occurred? *American Journal of Psychology*, 119(2), 255–274.

Moser, C. (1980). Letter. *NASW News*, 25(9), 6.

Moser, D. J., Schultz, S. K., Arndt, S., Benjamin, M. L., Fleming, F. W., Brems, C. S., Paulsen, J. S., Appelbaum, P. S., & Andreasen, N. C. (2002). Capacity to provide informed consent for participation in schizophrenia and HIV research. *American Journal of Psychiatry*, 159, 1201–1207.

Mullen, E. J., & Streiner, D. L. (2004). The evidence for and against evidence based practice. *Brief Treatment and Crisis Intervention*, 4(2), 111–121.

Munson, C. E. (2005). Personal communication, October 14, 2005.

Murdock, V. (2005). Guided by ethics: Religion and spirituality. *Journal of Gerontological Social Work*, 45(1/2), 131–154.

Murphy, C. M., & Ting, L. A. (2010). Interventions for perpetrators of intimate partner violence: A review of efficacy research and recent trends. *Partner Abuse*, 1(1), 26–44.

Murphy, M. J., DeBernardo, C., & Shoemaker, E. (1998). Impact of managed care on independent practice and professional ethics: A survey of independent practitioners. *Professional Psychology: Research and Practice*, 29, 43–51.

Murphy, S. B., & Ouimet, L. V. (2008). Intimate partner violence: A call for social work action. *Health & Social Work*, 33(4), 309–314.

Myers, L. L., & Thyer, B. A. (1997). Should social work clients have the right to effective treatment? *Social Work*, 42, 288–298.

National Association of Scholars (2006). National association of scholars urges U.S. Dept. of Health and Human Services to drop CSWE requirement for social workers. Retrieved January 30, 2007, from www.nas.org/print/pressreleases/hqnas/releas_25oct06.htm.

National Association of Social Workers Ad Hoc Committee on Advocacy. (1969). The social worker advocate: Champion of social victims. *Social Work*, 14(2), 16–23.

National Association of Social Workers (n.d.). Social workers and e-therapy. Retrieved from http://www.socialworkers.org/ldf/legal_issue/200704.asp?back=yes.

National Association of Social Workers. (1987). *AIDS: A social work response*. Washington, DC: National Association of Social Workers.

National Association of Social Workers. (1990a). People in the news. *NASW News*, 35(5), 17.

National Association of Social Workers. (1990b). *Standards for social work personnel practices*. Washington, DC: National Association of Social Workers.

National Association of Social Workers. (1992). *NASW standards for social work case management*. Retrieved January 22, 2007, from www.socialworkers.org/practice/standards/sw_case_mgmt.asp.

National Association of Social Workers. (1993). A study of trends in adjudication of complaints concerning violations of NASW's Code of ethics—Overview of results. Washington, DC: National Association of Social Workers.

National Association of Social Workers. (1994). Client self-determination in end-of-life decisions. In *Social work speaks* (pp. 58–61). Washington, DC: National Association of Social Workers.

National Association of Social Workers. (1995a). Lawsuits: No more immunity. *NASW News*, 40(1), 7.

National Association of Social Workers. (1995b). A study cites most reported ethics breaches. *NASW News*, 40(4), 4.

National Association of Social Workers. (1999a, October). Assembly lowers BSW's dues, alters ethics code, eyes itself. *NASW News*, 44(9), 1, 10.

National Association of Social Workers. (1999b). *Code of Ethics*. Washington, DC: National Association of Social Workers.

National Association of Social Workers. (2000). Agency restricts Internet counseling. *NASW News*, 45(8), 12.

National Association of Social Workers. (2001). *NASW standards for cultural competence in social work practice*. Washington, DC: National Association of Social Workers.

National Association of Social Workers. (2001a). Caution urged before web counseling. *NASW News*, 46(January), 5.

National Association of Social Workers. (2002). HIPAA alert! Retrieved October 1, 2002, from www.socialworkers.org/practice/hipaa/default.asp.

National Association of Social Workers. (2003). Practice Research Network. Survey 2002. Private practice. Retrieved February 2007.

National Association of Social Workers. (2003). NASW Standards for Social Work Practice in Palliative and End of Life Care. Retrieved from http://www.socialworkers.org/practice/bereavement/standards/default.asp.

National Association of Social Workers. (2005). *NASW procedures for professional review*. Rev. (4th ed.). Washington, DC: National Association of Social Workers.

National Association of Social Workers (2006a). Executive Director's Office and NASW Insurance Trust. Personal communication. Types of claims.

National Association of Social Workers (2006b). Social work speaks abstracts, professional impairment. Retrieved August 7, 2006, from www.socialworkers.org/resources/abstracts/abstracts/profimpairment.asp.

National Association of Social Workers (2009). Personal communication by e-mail from NASW staff member Lucinda Branaman, December 21, 2009 confirming current malpractice statistics are representative of the 40 year time period for which data have been collected.

National Association of Social Workers (2010). NASW Procedures for Professional Review Revisions (4th edition, 2005, amended December 2009). http://www.naswdc.org/nasw/ethics/procedures.asp Retrieved October 4, 2010.

National Association of Social Workers & Association of Social Work Boards. (2005). Standards for technology and social work practice. Retrieved August 9, 2006, from www.aswb.org/Technology SWPractice.pdf.

National Research Council. (1993). *Child abuse and neglect*. Washington, DC: National Academy Press.

Negretti, M. A., & Weiling, E. (2001). The use of communication technology in private practice: Ethical implications and boundary dilemmas in therapy. *Contemporary Family Therapy*, 23(3), 275-293.

Netting, F. E. (1987). Ethical issues in volunteer management and accountability. *Social Work*, 32, 250–252.

Netting, F. E., Kettner, P. M., & McMurtry, S. L. (1998). *Social work macro practice* (2nd ed.). White Plains, NY: Longman Publishing Group.

Nissen, L.S. (2006). Effective adolescent substance abuse treatment in juvenile justice settings: Practice and policy recommendations. *Child & Adolescent Social Work Journal*, 43(1), 298–315.

North, R. L., & Rothenberg, K. (1993). Partner notification and the threat of domestic violence against women with HIV infection. *New England Journal of Medicine*, 329, 1194–1196.

Northen, H. (1998). Ethical dilemmas in social work with groups. *Social Work with Groups*, 21(1/2), 5–17.

Nugent, W. R. (2004). The role of prevalence rates, sensitivity, and specificity in assessment accuracy: Rolling the dice in social work process. *Journal of Social Service Research*, 31(2), 51–75.

Nyberg, D. (1996). Deception and moral decency. In R. A. French, T. E. Vehling Jr., & H. K. Wettstein (Eds.), *Midwest studies in philosophy Vol. XX, Moral concepts*. Notre Dame, IN: University of Notre Dame Press.

Odell, M., & Stewart, S. P. (1993). Ethical issues associated with client values conversion and therapist value agendas in family therapy. *Family Relations*, 42(2), 128–133.

O'Neill, J. V. (2001). Webcams may transform online therapy. *NASW News*, 46(7), 4.

O'Neill, J. V. (2002). Internet-based therapy draws criticism. *NASW News*, 47(4), 12.

Oppenheim, S., Hay, J. B., Frederick, M. E., & von Gunten, C. F. (2002). Palliative care in human immunodeficiency virus: Acquired immunodeficiency syndrome. In A. M. Berger, R. K. Portenoy, & D. E. Weissman (Eds.), *Principles and practice of palliative care and supportive oncology* (pp. 1071–1085). New York, NY: Lippincott Williams and Wilkins.

Oregon Department of Human Services (2010). Death with Dignity Act annual reports. Year 12 – 2009 Summary (pdf) – Released March 2010. Retrieved from http://www.oregon.gov/DHS/ph/pas/ar-index.shtml

Oregon Health Services Commission (2006). Oregon health plan. Retrieved November 8, 2006, from http://egov.oregon.gov/DAS/OHPPR/HSC/

Orovwuje, P. R. (2001). The business model and social work: A conundrum for social work practice. *Social Work in Health Care*, 34(1/2), 59–70.

Pace, P. R. (2009). Latest HIPAA standards include new breach notification rule. *NASW News*, November, 8.

Padilla, Y. C. (1997). Immigrant policy: Issues for social work practice. *Social Work*, 42, 595–606.

Palmer, N., & Kaufman, M. (2003). The ethics of informed consent: Implications for multicultural practice. *Journal of Ethnic & Cultural Diversity in Social Work*, 12(1), 1–26.

Panchanadeswaran, S., & Koverola, C. (2003). The voices of battered women in India. *Violence against Women*, 11, 736–758.

Parker, L. (2003). A social justice model for clinical social work. *Affilia*, 18(3), 272–288.

Parker-Oliver, D., & Demiris, G. (2006). Social work informatics: A new specialty. *Social Work*, 51, 127–134.

Parton, N. (2003). Rethinking professional practice: The contributions of social constructionism and the feminist "ethics of care". *British Journal of Social Work*, 33, 1–16.

Pear, R. (2006, June 28). New rules force states to limit welfare rolls. *New York Times*, pp. 1, 17.

Peckover, S. (2002). Supporting and policing mothers: An analysis of the disciplinary practices of health visiting. *Journal of Advanced Nursing*, 38, 369–377.

Pellegrino, E. D. (1991). Trust and distrust in professional ethics. In E. D. Pellegrino, R. M. Veatch, & J. P. Langan (Eds.), *Ethics, trust, and the professions* (pp. 69–85). Washington, DC: Georgetown University Press.

Pemberton, J. D. (1965). Is there a moral right to violate the law? *Social Welfare Forum*, 1965 (pp. 183–196). New York, NY: Columbia University Press.

Perlman, H. H. (1965). Self-determination: Reality or illusion? *Social Service Review*, 39, 410–422.

Perry, C., & Kuruk, J. W. (1993). Psychotherapists' sexual relationships with their patients. *Annals of Health Law*, 2, 35–54.

Pike, C. K. (1996). Development and initial validation of the social work values inventory. *Research in Social Work Practice*, 6, 337–352.

Planned Parenthood of Southeastern Pa. v. Casey, 505 U.S. 833 (1992).

Pollack, D. (2004). Getting informed consent: More than just a signature. *Policy & Practice of Public Services*, 62(2), 28.

Pollack, D., & Marsh, J. (2004). Social work misconduct may lead to liability. *Social Work*, 49(4), 609–612.

Pope, K. S. (2000). Therapists' sexual feelings and behaviors: Research, trends, and quandaries. In L. T. Szuchman & F. Muscarella (Eds.), *Psychological perspectives on human sexuality* (pp. 603–658). New York, NY: John Wiley & Sons.

Pope, K. S., & Bouthoutsos, J. C. (1986). *Sexual intimacy between therapist and patient*. New York, NY: Praeger Publishers.

Pope, K. S., & Feldman-Summers, S. (1992). National survey of psychologists' sexual and physical abuse history and their evaluation of training and competence in these areas. *Professional Psychology: Research and Practice*, 23(1), 353–361.

Pope, K. S., Levenson, H., & Schover, L. R. (1979). Sexual intimacy in psychology training: Results and implications from a national survey. *American Psychologist*, 34(8), 682–689.

Pope, K. S., Tabachnick, B. G., & Keith-Spiegel, P. (1987). Ethics of practice: The beliefs and behaviors of psychologists and therapists. *American Psychologist*, 42, 993–1006.

Pope, K. S., & Vasquez, M. J. T. (1998). *Ethics in psychotherapy and counseling* (2nd ed.). San Francisco, CA: Jossey-Bass.

Powderly, K. (2001). Ethical and legal issues in perinatal HIV. *Clinical Obstetrics and Gynecology*, 44, 300–311.

Powell, W. E. (1994). The relationship between feelings of alienation and burnout in social work. *Families in Society*, 75, 229–235.

Pumphrey, M. W. (1959). *The teaching of values and ethics in social work education*. New York, NY: CSWE.

Rabkin, J. G., & Struening, E. L. (1976). *Ethnicity, social class and mental illness*. New York, NY: Institute on Pluralism & Group Identity.

Rawls, J. (1971). *A theory of justice*. Cambridge, MA: Harvard University Press.

Reamer, F. G. (1983). Ethical dilemmas in social work practice. *Social Work*, 28, 31–35.

Reamer, F. G. (1993). *The philosophical foundations of social work*. New York, NY: Columbia University Press.

Reamer, F. G. (1998). The evolution of social work ethics. *Social Work*, 43, 488–500.

Reamer, F. G. (1999). *Social work values and ethics* (2nd ed.). New York, NY: Columbia University Press.

Reamer, F. G. (2001). *The social work ethics audit: A risk management tool*. Washington, DC: NASW Press.

Reamer, F. G. (2003). Boundary issues in social work: Managing dual relationships. *Social Work*, 48(1), 121–133.

Reamer, F. G. (2004). Ethical decisions and risk management. In M. Austin & K. M. Hopkins (Eds.), *Supervision as collaboration in the human services: Building a learning culture* (pp. 97–109). Thousand Oaks, CA: Sage Publications.

Reamer, F. G. (2005). Documentation in social work: Evolving ethical and risk-management standards. *Social Work*, 50(4), 325–334.

Reamer, F. G. (2005). Update on confidentiality issues in practice with children: Ethics risk management. *Children & Schools*, 27, 117–120.

Reamer, F. G. (2009). Risk management in social work. In: A. R. Roberts (Ed.), *Social worker's desk reference* (2nd ed.) (p. 122). New York, NY: Oxford University Press.

Reamer, F. G., & Shardlow, S. M. (2009). Ethical codes of practice in the US and UK: One profession. Two standards. *Journal of Social Work Values and Ethics*, 26(2), 5–23.

Regehr, C. & Antle, B. (1997). Coercive influences: Informed consent in court-mandated social work. *Social Work*, 42, 300–306.

Reid, W. J. (1997). Research on task-centered practice. *Social Work Research*, 21, 132–137.

Reid, W. J., Kenaley, B. D., & Colvin, J. (2004). Do some interventions work better than others? A review of comparative social work experiments. *Social Work Research*, 20(2), 71–81.

Reisch, M., & Lowe, J. I. (2000). "Of means and ends" revisited: Teaching ethical community organizing in an unethical society. *Journal of Community Practice*, 7(1), 19–38.

Reiser, S. J., Burstajn, H. J., Applebaum, P. S., & Gutheil, T. G. (1987). *Divided staffs, divided selves: A case approach to mental health ethics*. England: Cambridge University Press.

Reybould, C. & Adler, G. (2006). Applying NASW standards to end of life care for a culturally diverse aging population. *Journal of Social Work Values and Ethics*, 3(2). Retrieved October 19, 2006, from http://www.socialworker.com/jswve/content/view/38/46/.

Reynolds (2001). Hindu ethics. In: L. C. Becker & C. B. Becker (Eds.), *Encyclopedia of Ethics*, Volume II (2nd ed.) (pp. 676–683). New York, NY: Routledge.

Riccucci, N., Meyers, M. K., et al. (2004) Implementation of welfare reform policy: The role of public managers in front-line practices. *Public Administration Review*, 64(4), 438–448.

Rice, D. S. (1994). Professional values and moral development: The social work student. Unpublished dissertation. University of South Carolina.

Rizzo, V. M., & Rowe, J. M. (2006). Studies of the cost-effectiveness of social work services in aging: A review of the literature. *Research on Social Work Practice*, 16(1), 67–73.

Roberts, C. S. (1989). Conflicting professional values in social work and medicine. *Health and Social Work*, 14, 211–218.

Roberts, S. (2006, October 15). It's official: To be married means to be outnumbered. *New York Times*, p. 14.

Rock, B. (2001). Social work under managed care: Will we survive, or can we prevail? In R. Perez-Koenig & B. Rock (Eds.), *Social work in the era of devolution: Toward a just practice* (pp. 69–85). New York, NY: Fordham University Press.

Rodenborg, N. A. (2004). Services to African American children in poverty: Institutional discrimination in child welfare. *Journal of Poverty*, 8(3), 109–130.

Rooney, R. H. (1992). *Strategies for work with involuntary clients*. New York, NY: Columbia University Press.

Rosa, L., Rosa, E., Samer, L., & Barrett, S. (1998). A close look at therapeutic touch. *Journal of the American Medical Association*, 279, 1005–1010.

Roseborough, D. J. (2006). Psychodynamic psychotherapy: An effectiveness study. *Research on Social Work Practice*, 16(2), 166–175.

Rosen, A., & Proctor, E. K. (Eds.) (2003). *Developing practice guidelines for social work intervention: Issues, methods, and research agenda*. New York, NY: Columbia University Press.

Rosenthal, R. N. (2004). Overview of evidence-based practice. In A. R. Roberts & K. Yeager (Eds.), *Evidence-based practice manual: Research and outcome measures in health and human services*. New York, NY: Oxford University Press.

Ross, J. W. (1992). Editorial: Are social work ethics compromised? *Health and Social Work*, 17, 163–164.

Rothman, J. (1989). Client self-determination: Untangling the knot. *Social Service Review*, 63, 598–612.

Rothman, J., Smith, W., Nakashima, J., Paterson, M. A., & Mustin, J. (1996). Client self-determination and professional intervention: Striking a balance. *Social Work*, 41, 396–405.

Rothstein, E. (2002, July 13). Moral relativity is a hot topic? True. Absolutely. *New York Times*, pp. A13, A15.

Roy v. Hartogs. 366 N. YS. 2d297 (1975).

Rubin, A., Cardenas, J., Warren, K., Pike, C. K., & Wambach, K. (1998). Outdated practitioner views about family culpability and severe mental disorders. *Social Work*, 43(5), 412–422.

Rubin, A., & Parrish, D. (2007). Views of evidence-based practice among faculty in master of social work programs: A national survey. *Research on Social Work Practice*, 17(1), 110–122.

Rust v. Sullivan, 500 U.S. Supreme Court, 173 (1991).

Ryder, R., & Hepworth, J. (1990). AAMFT ethical code: "Dual relationships." *Journal of Marital and Family Therapy*, 16(2), 127–132.

Ryan, S. D., Pearlmutter, S., & Groza, V. (2004). Coming out of the closet: Opening agencies to gay and lesbian adoptive parents. *Social Work*, 49(1), 85–95.

Sackett, D. L., Straus, S. E., Richardson, W. S., Rosenberg, W., & Haynes, R. B. (2000). *Evidence-based medicine: How to practice and teach EBP* (2nd ed.). New York, NY: Churchill-Livingstone.

Saenz v. Roe, U.S. Supreme Court, 1518, 1999.

Saha, S., Coffman, D. D., Smits, A. K. (2010). Giving teeth to comparative-effectiveness research – The Oregon experience. *New England Journal of Medicine*, e18, 1–3. Retrieved from http://healthcarereform.nejm.org/?p=2936.

Sammons, C. C. (1978). Ethical issues in genetic intervention. *Social Work*, 23, 237–242.

Santhiveeran, J. (2004). E-therapy: Scope, concerns, ethical standards, and feasibility. *Journal of Family Social Work*, 8(3), 37–54.

Santhiveeran, J. (2009). Compliance of social work e-therapy Websites to the NASW Code of Ethics, *Social Work in Health Care*, 48(1), 1–13.

Sasson, S. (2000). Beneficence versus respect for autonomy: An ethical dilemma in social work practice. *Journal of Gerontological Social Work*, 33(1), 5–16.

Schamess, G. (1996). Who profits and who benefits from managed mental health care? *Smith College Studies in Social Work*, 60, 209–220.

Schild, S., & Black, R. B. (1984). *Social work and genetic counseling: A guide to practice.* Binghamton, NY: Haworth Press.

Schlossberger, E., & Hecker, L. (1996). HIV and family therapists' duty to warn: A legal and ethical analysis. *Journal of Marital and Family Therapy*, 22, 27–40.

Schoener, G. R. (1995). Assessment of professionals who have engaged in boundary violations. *Psychiatric Annals*, 25(2), 95–99.

Schopler, J. H., Abell, M. D., & Galinsky, M. J. (1998). Technology-based groups: A review and conceptual framework for practice. *Social Work*, 43, 254–267.

Scopelliti, J., Judd, F., Grigg, M., Hodgins, G., Fraser, C., Hulbert, C., Endacott, R., & Wood, A. (2004). Dual relationships in mental health practice: issues for clinicians in rural settings. *Australian and New Zealand Journal of Psychiatry*, 38, 953–959.

Sedlak, A. J., & Broadhurst, D. D. (1996). *Third national incidence study of child abuse and neglect: Final report*. Washington, DC: U.S. Department of Health and Human Services.

Selznick, P. (1961). Sociology and natural law. *Natural Law Forum*, 6, 84–108.

Sharma, S., & Patenaude, A. (2003). HIV/AIDS. Retrieved January 24, 2003, from www.emedicine.com/aaem/topic252.htm.

Sharwell, G. R. (1974). Can values be taught? *Journal of Education for Social Work*, 10, 99–105.

Shavit, N., & Bucky, S. (2004). Sexual contact between psychologists and their former therapy patients: Psychoanalytic perspectives and professional implications. *American Journal of Psychoanalysis*, 64(3), 229–248.

Shaw, G. B. (1932). *The doctor's dilemma*. London: Constable.

Shea, S. C. (1999). *The practical art of suicide assessment*. New York, NY: John Wiley & Sons.

Sherer, R. A. (2004). The debate over physician-assisted suicide continues. *Psychiatric Times*, 21(1). Retrieved March 21, 2007, from www.psychiatrictimes.com.

Sheridan, D., J., Glass, N., Limandri, B. J., & Poulos, C. A. (2007). Prediction of interpersonal violence: An introduction. In: J. C. Campbell (Ed.), *Assessing dangerousness: Violence by batterers and child abusers* (2nd ed.) (pp. 1–23). New York, NY: Springer Publishing.

Sheridan, M. (2009). Ethical issues in the use of spiritually based interventions in social work practice: What are we doing and why. *Journal of Religion and Spirituality and Social Work Values: Social Thought*, 28 (1/2), 99–126.

Sherwood, D. A. (1997). The relationship between beliefs and values in social work practice: Worldviews make a difference. *Social Work and Christianity*, 24(2), 115–135.

Shillington, A. M., Dotson, W. L., & Faulkner, A. O. (1994). Should only African-American community organizers work in African-American neighborhoods? In M. J. Austin & J. I. Lowe (Eds.), *Controversial issues in communities and organizations* (pp. 128–111). Boston, MA: Allyn & Bacon.

Sidell, N. L. (2007). An exploration of nonsexual dual relationships in rural public child welfare settings. *Journal of Public Child Welfare*, 1(4), 91–104.

Siebert, D. C. (2003). An issue for social workers and the profession. *Health & Social Work*, 28(2), 89–97.

Siebert, D. C. (2004). Depression in North Carolina social workers: Implications for practice and research. *Social Work Research*, 28(1), 30–40.

Siebert, D. C. (2005). Help seeking for AOD misuse among social workers: Patterns, barriers, and implications. *Social Work*, 50(1), 65–75.

Silvestre, A. J., Quinn, S. J., & Rinaldo, C. R. (2010). A 22-year old community advisory board: Health research as an opportunity for social change. *Journal of Community Practice*, 18, 58–75.

Simmons, C. A., & Rycraft, J. R. (2010). Ethical challenges of military social workers serving in a combat zone. *Social Work*, 55(1), 9–18.

Simon, R. I., & Gutheil, T. G. (1997). Ethical and clinical risk management principles in recovered memory cases: Maintaining therapist neutrality. In P. S. Appelbaum,

L. A. Uyehara, & M. R. Elin (Eds.), *Trauma and memory* (pp. 477–495). New York, NY: Oxford University Press.

Siporin, M. (1982). Moral philosophy in social work today. *Social Service Review*, 56, 516–538.

Siporin, M. (1983). Morality and immorality in working with clients. *Social Thought*, 9(Fall), 10–28.

Siporin, M. (1985a). Current social work perspectives for clinical practice. *Clinical Social Work Journal*, 13, 198–217.

Siporin, M. (1985b). Deviance, morality, and social work therapy. *Social Thought*, 11(4), 11–24.

Skolnik, L., & Attinson, L. (1978). Confidentiality in group work practice. *Social Work with Groups*, 1(2), 165–174.

Slaughter, S., Cole, D., Jennings, E., & Reimer, M. A. (2007). Consent and assent to participate in research from people with dementia. *Nursing Ethics*, 14(1), 27–40.

Smith, C. (2004). Trust and confidence: Making the moral case for social work. *Social Work & Social Sciences Review*, 11(3), 5–15.

Smith, C. J., & Devore, W. (2004). African American children in the child welfare and kinship system: From exclusion to over-inclusion. *Children and Youth Services Review*, 26(5), 427–446.

Smith, R. A. (1998). AIDS-related complex (ARC). In: R. A. Smith (Ed.), *Encyclopedia of AIDS: A social, political, cultural, and scientific record of the HIV epidemic*. Chicago, IL: Fitzroy Dearborn Publishers.

Smith, S. (2006). Mandatory reporting of child abuse and neglect. Retrieved September 26, 2006, from www.smith-lawfirm.com/mandatory_reporting.htm.

Social Work (1991) 36(2), 106–144. This issue contains a series of articles on the theme "Ethics and Professional Relationships."

Soderfeldt, M., Soderfeldt, B., & Warg, L. E. (1995). Burnout in social work. *Social Work*, 40, 638–646.

Sokolowski, R. (1991). The fiduciary relationship and the nature of professions. In E. D. Pellegrino, R. M. Veatch, & J. P. Langan (Eds.), *Ethics, trust, and the professions* (pp. 23–39). Washington, DC: Georgetown University Press.

Solomon, A. (1992). Clinical diagnosis among diverse populations: A multicultural perspective. *Families in Society*, 73(6), 371–377.

Soss, J., Schram, S. F., et al. (2004). Welfare policy choices in the states: Does the hard line follow the color line? *Focus*, 23(1), University of Wisconsin–Madison, Institute for Research on Poverty, 9–15.

Soyer, D. (1963). The right to fail. *Social Work*, 8(3) (July), 72–78.

Spelman, E. V. (2004). The household as repair shop. In C. Calhoun (Ed.), *Setting the moral compass: Essays by women philosophers*. New York, NY: Oxford University Press.

Spero, M. H. (1990). Identification between the religious patient and therapist in social work and psychoanalytic psychotherapy. *Journal of Social Work and Policy in Israel*, 3, 83–98.

Sprang, G., Clark, J. J., & Whitt-Woosley, A. (2007). Compassion fatigue, compassion satisfaction, and burnout: Factors impacting a professional's quality of life. *Journal of Loss and Trauma*, 12, 259–280.

State of California, Department of Consumer Affairs (2004). Professional therapy never includes sex. Retrieved June 22, 2006, from www.psych-board.ca.gov/pubs/psychotherapy.pdf.

Steinberg, K. L., Levine, M., & Doueck, H. (1997). Effects of legally mandated child-abuse reports on the therapeutic relationships: A survey of psychotherapists. *American Journal of Orthopsychiatry*, 67, 112–122.

Steuerle, G. (2010). The U.S. is broke: Here's why. *USA Today*, Opinion, January 27, 2010. Retrieved March 16, 2010. http://blogs.usatoday.com/oped/2020/01/column-the-us-is-broke-heres-why-.html.

Stevens, J. W. (1998). A question of values in social work practice: Working with the strengths of black adolescent females. *Families in Society*, 79, 288–296.

Stewart, C. (2009). The inevitable conflict between religious and social work values. *Journal of Religion and Spirituality and Social Work Values: Social Thought*, 28(1/2), 35–47.

Stoesen, L. (2002). Recovering social workers offer support. *NASW News*, www.socialworkers.org/pubs/news/2002/07/recovering.asp?back=yes.

Stout, C. E., & Grand, L. C. (2005). *Getting started in private practice*. Hoboken, NJ: John Wiley & Sons.

Strean, H. S. (1997). Comment on James C. Raines, Self-disclosure in clinical social work, *Clinical Social Work Journal*, 25, 365–366.

Strom, K. (1992). Reimbursement demands and treatment decisions: A growing dilemma for social workers. *Social Work*, 37, 398–403.

Strom, K. (1994). Social workers in private practice: An update. *Clinical Social Work Journal*, 22, 73–89.

Strom-Gottfried, K. (1998a). Informed consent meets managed care. *Health and Social Work*, 23, 25–33.

Strom-Gottfried, K. (1998b). Is "ethical managed care" an oxymoron? *Families in Society: The Journal of Contemporary Human Services*, 79, 297–307.

Strom-Gottfried, K. (1999). When colleague accuses colleague: Adjudicating personnel matters through the filing of ethics complaints. *Administration in Social Work*, 23(2), 1–16.

Strom-Gottfried, K. (2000). Ensuring ethical practice: An examination of NASW code violations, 1986–97. *Social Work*, 45(3), 251–261.

Strom-Gottfried, K. (2003). Understanding adjudication: Origins, targets, and outcomes of ethics complaints. *Social Work*, 48(1), 85–94.

Strom-Gottfried, K., & Mowbray, N. D. (2006). Who heals the healer? Facilitating the social worker's grief. *Families in Society*, 87(1), 9–15.

Strozier, A. L., Kmzek, C., & Sale, K. (2003). Touch: Its use in psychotherapy. *Journal of Social Work Practice*, 17(1), 49–62.

Strozier, M., Brown, R., Fennell, M., Hardee, J., & Vogel, R. et al. (2005). Experiences of mandated reporting among family therapists. *Contemporary Family Therapy*, 27(2), 175–189.

Strug, D. L., Grube, B. A., & Beckerman, N. (2002). Challenges and changing roles in HIV–AIDS social work: Implications for training and education. *Social Work in Health Care*, 35(4), 1–19.

Sunley, R. (1997). Advocacy in the new world of managed care. *Families in Society*, 78, 84–94.

Sutherland, P. K. (2002). Sexual abuse by therapists, physicians, attorneys, and other professionals. *Worldwide Legal Information Association*. Retrieved July 17, 2002, from www.wwlia.org.

Swenson, C. R. (2001). Clinical social work's contribution to a social justice perspective. In J. Rothma, J. L. Ehrlich, & J. E. Tropman (Eds.), *Strategies of Community Intervention* (6th ed.) (pp. 217–229). Itasca, IL: F. E. Peacock Publishers.

Szasz, T. S. (1994). *Cruel compassion: Psychiatric control of society's unwanted*. New York, NY: John Wiley & Sons.

Tarasoff v. Regents of the University of California. S. Ct. of CA (1976).

Taylor, L., & Adelman, H. S. (1989). Reframing the confidentiality dilemma to work in children's best interest. *Professional Psychology: Research and Practice*, 20, 79–83.

Taylor, M. F. (2006). Is self-determination still important? What experienced mental health social workers are saying. *Journal of Social Work Values and Ethics*, 3(1), 1–12. Retrieved October 12, 2006, from www.socialworker.com/jswve/content/view/29/44/.

Taylor-Brown, S., & Garcia, A. (1995). Social workers and HIV-affected families: Is the profession prepared? *Social Work*, 40, 14–15.

Tessitore, A. (1996). *Reading Aristotle's Ethics* (pp. 25–26). Albany, NY: State University of New York.

Thyer, B. A. (2004). What is evidence-based practice? *Brief Treatment and Crisis Intervention*, 4(2), 167–176.

Thyer, B. A., & Myers, L. L. (2009). Religious discrimination in social work academic programs: Whither social justice? *Journal of Religion and Spirituality and Social Work Values: Social Thought*, 28 (1/2), 144–160.

Timms, N. (1983). *Social work values: An enquiry*. London, UK: Routledge & Kegan Paul.

Tong, R. (1998). Feminist ethics. In *Encyclopedia of applied ethics*. (Vol. 2, pp. 261–268). New York, NY: Academic Press.

Tong, R. (2006). Feminist ethics. *Stanford encyclopedia of philosophy*. Retrieved September 5, 2006, from http://plato.stanford.edu/entries/feminism-ethics.

Toporek, R. L., & Liu, W. M. (2002). Advocacy in counseling: Addressing race, class, and gender oppression. In D. B. Pope-Davis & H. L. K. Coleman (Eds.), *The intersection of race, class, and gender in multicultural counseling* (pp. 385–413). Thousand Oaks, CA: Sage Publications.

Torczyner, J. (1991). Discretion, judgment, and informed consent: Ethical and practice issues in social action. *Social Work*, 36, 122–128.

Tower, K. D. (1994). Consumer-centered social work practice: Restoring client self-determination. *Social Work*, 39(2), 191–196.

Towle, C. (1987). *Common human needs*. Silver Spring, MD: National Association of Social Workers.

Trolander, J. A. (1997). Fighting racism and sexism: The CSWE. *Social Service Review*, 71, 110–134.

Tropman, J. E., Erlich, J. L., & Rothman, J. (2001). *Tactics and techniques of community intervention* (4th ed.). Itasca, IL: F. E. Peacock Publishers.

Tully, C. T., Craig, T., & Nugent, G. (1994). Should only gay and lesbian community organizers operate in gay and lesbian communities? In M. J. Austin & J. I. Lowe (Eds.), *Controversial issues in communities and organizations* (pp. 86–96). Boston, MA: Allyn & Bacon.

Turner, F. J. (2002). *Diagnosis in social work: New imperatives*. New York, NY: Haworth Social Work Practice Press.

Ulrich, B., & Beck-Gemsheim, E. (1996). Individualization and "precarious freedoms." In P. Heclas, S. Lash, & P. Morris (Eds.), *Detraditionalization: Critical reflections on authority and identity* (pp. 23–48). Cambridge, MA: Blackwell Publishers.

United Nations (1948). Universal Declaration of Human Rights. Retrieved from http://www.un.org/en/documents/udhr/.

U.S. Census Bureau. (2010). Statistical abstract of the United States: 2010 (129th ed.). Washington, DC: U.S. Census Bureau.

Retrieved from http://www.census.gov/compendia/statab/.

U.S. Census Bureau; Hobbs, F. B. (2003). The elderly population. Retrieved January 30, 2003, from www.census.gov/population/www/pop-profile/elderpop.html.

U.S. Department of Health and Human Services, Administration on Children, Youth, and Families (2006). *Child maltreatment 2004*. Washington, DC: U.S. Government Printing Office.

Vanderwoerd, J. R. (2005). Ethical conflicts between religion and sexual orientation in North American social work education. Retrieved January 26, 2007, from www.aspecten.org/teksten/IS2005/VanderWoerd_Panel.pdf.

Van Hoose, W. H., & Kottler, J. A. (1985). *Ethical and legal issues in counseling and psychotherapy* (2nd ed.). San Francisco, CA: Jossey-Bass.

Varley, B. K. (1963). Socialization in social work education. *Social Work*, 8(4), 102–105.

Varley, B. K. (1968). Social work values: Changes in value commitment of students from admission to MSW graduation. *Journal of Education for Social Work*, 4, 67–76.

VandeCreek, L., Knapp, S., & Herzog, C. (1988). Privileged communications for social workers. *Social Casework*, 69, 28–34.

Vernberg, D., & Schuh, M. J. (2002). Internet bibliotherapy: A narrative analysis of a reading simulated support group. *Journal of Social Work in Disability and Rehabilitation*, 1(1), 81–97.

Verschelden, C. (1993). Social work values and pacifism: Opposition to war as a professional responsibility. *Social Work*, 38, 765–769.

Vigilante, J. L. (1974). Between values and science: Education for the profession during a moral crisis or is proof truth? *Journal of Education for Social Work*, 10, 107–115.

Vigilante, J. L. (1983). Professional values. In A. Rosenblatt & D. Waldfogel (Eds.), *Handbook of clinical social work* (pp. 58–69). San Francisco, CA: Jossey-Bass.

Wagner, L., Davis, S., & Handelsman, M. M. (1998). In search of the abominable consent form: The impact of readability and personalization. *Journal of Clinical Psychology*, 54, 115–120.

Wakefield, J. C. (1988a). Psychotherapy, distributive justice, and social work: Part 1. *Social Service Review*, 62(2), 187–210.

Wakefield, J. C. (1988b). Psychotherapy, distributive justice, and social work: Part 2. *Social Service Review*, 62(3), 353–382.

Walcott, D. M., Cerundolo, P., & Beck, J. C. (2001). Current analysis of the *Tarasoff* duty: An evolution towards the limitation of the duty to protect. *Behavioral Sciences and the Law*, 19, 325–343.

Walker, R., & Clark, J. J. (1999). Heading off boundary problems: Clinical supervision as risk management. *Psychiatric Services*, 50(11), 1435–1439.

Walker, R., & Staton, M. (2000). Multiculturalism in social work ethics. *Journal of Social Work Education*, 36(3), 449–462.

Walrond-Skinner, S., & Watson, D. (1987). *Ethical issues in family therapy*. London, UK: Routledge & Kegan Paul.

Walsh, W. D. (1969). *Hegelian ethics*. New York, NY: St. Martin's Press, pp. 16–17.

Ward, J. W., & Drotman, D. P. (1998). Epidemiology of HIV and AIDS. In G. P. Wormser (Ed.), *AIDS and other manifestations of HIV infection* (3rd ed., pp. 1–17). Philadelphia, PA: Lippincott-Raven.

Watanabe, T. (April 20, 2010). Cardinal Mahoney Criticizes Arizona Immigration Bill, *Los Angeles Times*, April 20, 2010. Retrieved from http://articles.latimes.com/2010/apr/20/local/la-me-0420-mahoney-immigration-20100420, June 23, 2010.

Webb, S.A. (2009). Against difference and diversity in social work: The case of human rights. *International Journal of Social Welfare*, 18 (3), 307–316.

Weick, A. (1999). Guilty knowledge. *Families in Society*, 80(4), 327–332.

Weil, M. O., & Gamble, D. N. (2009). Community practice model for the twenty-first century. In: A. R. Roberts (Ed.), *Social workers' desk reference* (2nd ed.) (pp. 882–892). New York, NY: Oxford University Press.

Weinberg, J. K. (1998). Balancing autonomy and resources in health care for elders, *Generations*, 22(3), 92–96.

Weinstein, B., Levine, M., Kogan, N., et al. (2000). Mental health professionals' experiences reporting suspected child abuse and maltreatment. *Child Abuse & Neglect*, 24(10), 1317–1328.

Weiss, I., Gal, J., & Cnaan, R. A. (2004). Social work education as professional socialization: A study of the impact of social work education upon students' professional preferences. *Journal of Social Work Research*, 31(1) 13–31.

Werth, J. L. & Rogers, J. R. (2005). Assessing for impaired judgment as a means of meeting the "duty to protect" when a client is a potential harm-to-self: Implications for clients making end-of-life decisions. *Mortality*, 10(1), 7–21.

Wheeler, D. L. (1993). Physician-anthropologist examines what ails America's medical system: Instead of treating patients, Melvin Konner probes health care in general. *Chronicle of Higher Education*, June 2, A6–A7.

WhistleblowerLaws.com (2006). The law: An overview: False Claims Act whistleblower

employee protections. Retrieved November 7, 2006, from http://whistleblowerlaws.com/protection.htm.
Whistle-blowers being punished, a survey shows. (2002, September 3). *New York Times*, A14.
Williams, R. M., Jr. (1967). Individual and group values. *Annals*, 371, 20–37.
Wilson, C. A., Alexander, J. R., & Turner, C. W. (1996). Family therapy process and outcome research: Relationship to treatment ethics. *Ethics & Behavior*, 6, 345–352.
Wineburgh, M. (1998). Ethics, managed care, and outpatient psychotherapy. *Clinical Social Work Journal*, 26, 433–443.
Witkin, S. L. (1998). The right to effective treatment and the effective treatment of rights: Rhetorical empiricism and the politics of research. *Social Work*, 43, 75–80.
Wodarski, J. S., Pippin, J. A., & Daniels, M. (1988). The effects of graduate social work education on personality, values and interpersonal skills. *Journal of Social Work Education*, 24, 266–277.
Woldeguiorguis, I. S. (2003). Racism and sexism in child welfare: Effects on women of color as mothers and practitioners. *Child Welfare*, 82(2), 273–288.
Wolf, L. E., Lo, B., Beckerman, K. P., Dorenbaum, A., Kilpatrick, S. J., & Weintraub, P. S. (2001). When parents reject interventions to reduce postnatal human immunodeficiency virus transmission. *Archives of Pediatrics & Adolescent Medicine*, 155, 927–933.
Wolfson, E. R. (1999). The fee in social work: Ethical dilemmas for practitioners. *Social Work*, 44(3), 269–273.
Woodside, M. (2003). *Generalist case management*. Pacific Grove, CA: Brooks/Cole, Thomson Publishing.
Worrell, J., & Remer, P. (2003). *Feminist perspectives in therapy: Empowering diverse women* (2nd ed.). New York, NY: John Wiley & Sons.
Worthington, R. L., Tan, J. A., & Poulin, K. (2002). Ethically questionable behaviors among supervisees: An exploratory investigation. *Ethics & Behavior*, 12(4), 1–22.
Wyatt, T., Daniels, M. H., & White, L. J. (2000). Noncompetition agreements and the counseling profession: An unrecognized reality for private practitioners. *Journal of Counseling & Development*, 78(1), 14–20.
Yang, J. A., & Kombarakaran, F. A. (2006). A practitioner's response to the new health privacy regulations. *Health & Social Work*, 31, 129–136.
Yip, K-S. (2005). Taoistic concepts of mental health: Implications for social work practice with Chinese communities. *Families in Society: The Journal of Contemporary Social Service*, 86(1), 35–45.
Yu, M., & O'Neal, B. (1992). Issues of confidentiality when working with persons with AIDS. *Clinical Social Work Journal*, 20, 421–430.
Yurkow, J. (1991). Abuse and neglect of the frail elderly. *Pride Institute Journal of Long Term Home Health Care*, 10(1), 36–39.
Zayas, L. H., Cabassa, L. J., & Perez, M. C. (2005). Capacity-to-consent in psychiatric research: Development and preliminary testing of a screening tool. *Research on Social Work Practice*, 15, 545–556.
Zellman, G. L., & Fair, C. C. (2002). Preventing and reporting abuse. In J. E. B. Myers, L. Berliner et al. (Eds.), *The ASPSAC Handbook on Child Maltreatment* (2nd ed.). Thousand Oaks, CA: Sage Publications.
Zetlin, A. G., Weinberg, L. A., & Shea, N. M. (2006). Seeing the whole picture: Views from diverse participants on barriers to educating foster youths. *Children & Schools*, 28, 165–173.
Zur, O., & Lazarus, A. A. (2002). Six arguments against dual relationships and their rebuttals. In A. A. Lazarus & O. Zur (Eds.), *Dual relationships and psychotherapy* (pp. 3–24). New York, NY: Spring Publishing Co.
Zygmond, M. J., & Boorhem, H. (1989). Ethical decision-making in family therapy. *Family Process*, 28, 269–280.

索 引

（所注页码为原书页码，即本书边码）

Abortion　流产　30，92
Accountability systems　问责系统　271
Adam Walsh Child Protection Act of 2006（H. R. 4472）　2006年《亚当·沃尔什儿童保护法》（HR 4472）150
Administration and supervision　行政与督导　210-215
　　conflicting obligations　义务冲突　212-214
　　dual-role relations　双重关系　211-212
　　supervisor ethics　督导员的伦理　214-215
Administrative records，and privacy　行政记录，与隐私　150-151
Adoptions，and discrimination　收养，与歧视　182-183
Advocacy　倡导　187-193
　　case advocacy　个案倡导　187-188
　　cause/class advocacy　原因/集体倡导　188-190
　　cyberactivism（electronic advocacy）　网络激进主义（电子倡导）　192-193
　　and HIV　与艾滋病病毒　226-227
　　and privatization of services　与服务私有化　191-192
　　as whistleblowing　吹哨　190-191
Agency　机构
　　appeals procedures　申诉程序　272
　　policy　政策　202-204
　　risk audits　风险审核　268-270
Alcohol or other drug (AOD) abuse　酒精或其他毒品滥用　200-201

Ambiguity 模糊 101-104
American Association for Organizing Family Social Work 美国家庭社会工作组织协会
American Association of Social Workers（AASW） 美国社会工作者协会 43-44
Appeals procedures 申诉程序 272
Anorexia 厌食症 99
Assessment screen，ethical 评估筛查，伦理 74-76
    protection of clients'rights 保护服务对象的权利 74-75
    protection of society's interests 保护社会的利益 75-76
Assisted living residence 有生活协助的住宅 12
Assisted suicide 协助自杀 224-225
Association for Community Organization and Social Administration（ACOSA） 社区组织与社会行政协会 263
Association of Social Work Boards（ASWB） 社会工作考试委员会协会 7，229
Attention deficit hyperactivity disorder（ADHD） 注意力缺陷多动症 204
Autonomy，fostering 自主，寄养 81-83

Bases for malpractice suits 起诉渎职的理由 32
Border Protection，Terrorism，and Illegal Immigration Control Bill（proposed） 《边境保护、反恐怖主义和非法移民控制法案》（提案） 32-33

case advocacy 个案倡导 187-188
Cause/class advocacy 原因/集体倡导 188-190
Changing dilemmas in social work 社会工作中变化着的伦理困境 241-264
    evidence-based practice（EBP） 循证实践 250-253
    macro practice 宏观实践 257-264
    managed care and mental health 管理型照顾与精神健康 241-245
    practice in rural or isolated settings 农村或偏僻地方的执业 254-257
    private practice 私人执业 253-254
    research and evaluation 研究与评估 248-250
    technology 技术 246-248
Checklist for ethical decisions 伦理决定核查单
    Generalization 推论 68
    Impartiality 公正 81
    Justifiability 正当性 86
Child Abuse Prevention and Treatment Act 《儿童虐待预防与处置法案》

Child protective services (CPS)　儿童保护服务　158
Child welfare and confidentiality　儿童福利与保密　158-159
Clarifying　澄清
 group values　群体的价值观　67-68
 personal values　个人的价值观　65-67
 professional values　专业的价值观　68-69
 societal values　社会的价值观　68
Clients　服务对象
 bill of rights　权利条款　268
 and colleagues from other fields　与其他领域的同事　149-150
 defined　界定　91-94，258
 dumping　推卸　253-254
 examples，See Ethical dilemmas exemplar　例子，参见伦理困境案例
 interests versus worker interests　利益与工作者的利益　124-125
 living with HIV and AID　携带艾滋病病毒与患艾滋病　225-227
 rights　权利　61，91-104
 sexual relations　性关系　128-132
 social relations　社会关系　133-134
Client/worker value gap　服务对象/工作者价值观差异　107-109
Client rights　服务对象的权利　91-104
 and ambiguity　模糊性　101-104
 and privacy　与隐私　154-155
 and professional expertise　与专业特长　94-96
 and self-determination　与自决　96-101
 and welfare，protection of　与福利，保护　61
Clinical pragmatism　临床实用主义　56-57
Clinical social work　临床社会工作　186-187
Code of Ethics of the National Association of Social Workers (NASW, 2008) core values　《全国社会工作者协会伦理守则》的核心价值观　24
Codes of ethics　伦理守则　41-47
 defined　界定　41-45
 history of　历史　43-45
 U. S. and international　美国和国际上　44-47，113
Code of Ethics of the International Federation of Social Workers　《国际社会工作者联合会伦理守则》　113

Coercion　胁迫
Colleagues from other fields, and clients　其他领域的同事，与服务对象　149-150
Committee on the Ethics of Social Work Practice　社会工作实务伦理委员会　271
Community　社区
　　groups　团体　257-258
　　organizing　组织　261-264
　　and privacy　与隐私　150
　　and societal issues　与社会问题　258-261
Compassion fatigue　同情疲劳　141-143
Competence　能力　6-7，24，39
Competing loyalties　忠于谁不能兼顾　11
Competing values　价值观不兼容　5，11，13
Complaints and lawsuits　投诉与诉讼　29
Conditions to win malpractice suits　赢得渎职诉讼案的条件　33
Confidentiality　保密　147-159
　　and child welfare　与儿童福利　158-159
　　defined　界定　147
　　and HIV and AIDS　与携带艾滋病病毒和患艾滋病　226
　　limits to　限制　155-156
　　and privacy　与隐私　147-156
right to　权利　82
　　and technology　与技术　157
　　and threatening behavior　与威胁行为　207
Confucian ethics　儒家伦理　63
Core values of social work　社会工作的核心价值观　24-25
Consent, See Informed consent Council on Social Work Education (CSWE)　同意，参见社会工作教育委员会知情同意　8，25，180
CSWE 2008 Educational Policy and Accreditation Standards (EPAS)　社会工作教育委员会2008年《教育政策与认证标准》　27-28
Court decisions　法庭裁决
　　Brady v. Hopper (1983)　布雷迪诉霍珀案(1983年)　168
　　Ewing v. Goldstein (2004)　尤因诉戈尔茨坦(2004年)　169
　　Ewing v. Northridge Hospital Medical Center (2004)　尤因诉北岭医院医疗中心案(2004年)　169
　　Gonzaga v. Doe (2002)　冈萨加诉多伊案(2002年)　146

Griswold v. Connecticut（1965） 格里斯沃尔德诉康涅狄格州案(1965 年) 146

Gross v. Allen（1994） 格罗斯诉艾伦案(1994 年) 168-169

Hedlund v. Superior Court（1983） 赫德伦诉高等法院案(1983 年) 168

In re Quinlan（1976） 新泽西州昆兰案(1976 年) 146

Jaffee v. Redmond（1996） 贾菲诉雷蒙德案(1996 年) 157, 159-160

Minnesota v. Andring（1984） 明尼苏达诉安德林案(1984 年) 160

People v. Belous（1969） 皮普尔诉贝洛斯案(1969 年) 30

People v. Felix, Court of Appeals（2001） 皮普尔诉费利克斯案,上诉法院（2001 年） 169

Saenz v. Roe（1999） 萨恩斯诉罗案(1999 年) 30

Tarasoff v. Regents of the University of California（1976） 塔雷索夫诉加利福尼亚大学校务委员案(1976 年) 32, 37, 167-170

U. S. v. Chase（2002） 美国诉蔡斯案(2002 年) 160

U. S. v. Hayes（2001） 美国诉海斯案(2001 年) 160

CSWE, See Council on Social Work Education CSWE, 参见社会工作教育委员会 Cyber-activism（electronic advocacy） 网络激进主义 192-193

Decision-making, ethical contemporary approaches to 做决定，伦理当代取向 56-64
 defined 界定 3-17
 foundations for 基础 52-56
 guidelines 指南 50-69
 model 模式 73
 process and tools 过程与工具 72-86
 screens 筛查 82-85

Democratization 民主化 121-122

Department of Health and Human Services（DHHS） 卫生与公众服务部 156

Diagnosis and misdiagnosis 诊断与错误诊断 138-141

Diagnostic and Statistical Manual of Mental Disorders（DSM-IV-TR） 《精神疾病诊断和统计手册》(DSM-IV-TR) 138-140

Dignity of person 人的尊严 24

Dilemma, definition 困境，定义 p.10

Direct consent 直接知情同意 166

Disclosure of information 信息披露 162-163

Discrimination 歧视
 and adoptions 与收养 182-183

and diversity　与多样性　180-182
Diversity，and discrimination　多样性，与歧视　180-182
Dual roles　双重角色　125-128
　　with supervisors　与督导员　211-212
Duty to protect　保护的义务　167-171
Duty to warn　警告的义务

E-therapy　电子治疗　151-152
Educational Policy and Accreditation Standards（EPAS）《教育政策与认证标准》　7，46
Educational Policy and Accreditation Standards of the Council on Social Work Education（2008）　社会工作教育委员会《教育政策与认证标准》（2008年）　46
Efficiency and effectiveness　效率和效果　77-78
Elder abuse　虐待老人　220-222
Electronic advocacy　电子倡导　192-193
Employment assistance programs（EAP）　员工援助方案　207
End-of-life decisions　终止生命决定　225
Ethical absolutism　伦理绝对主义　53-54
Ethical assessment screen　伦理评估筛查　74-76
　　protection of clients' rights　保护服务对象的权利　74-75
　　protection of society's interests　保护社会的利益　75-76
Ethical decision making contemporary approaches to　伦理决定的当代取向　56-64
　　and ethics　与伦理　8-9

Dilemmas　困境　9
　　ethical problems in social work practice　社会工作实践中的伦理问题　9-12
　　ethics　伦理　8
　　foundations for　基础　52-56
　　goal setting　目标设定　12
　　guidelines　指南　50-69
　　model　模式　73
　　overview　概览　3-17
　　process and tools　过程与工具　72-86
　　and professional ethics　与专业伦理　14-16
　　question check　问题核对
　　role conflict　角色冲突　12

    screens　筛查　82-85
    and social work competencies　与社会工作能力　6-7
    textbook overview　教科书概览　16-17
    value dilemma　价值观困境　12-14

Ethical decision making, contemporary approaches　伦理决定，当代取向　56-64
    clinical pragmatism　临床实用主义　57-58
    Confucian ethics　儒家伦理　63
    ethics of caring　关怀伦理　59-61
    feminist ethics　女性主义伦理　61-62
    Hindu ethics　印度教伦理　63-64
    humanistic ethics　人本主义伦理观　57-58
    religious ethics　宗教伦理　58-59
    virtue ethics　美德伦理　62-63
Ethical decision-making, foundation　伦理决定，基石　52-56
    different approaches　不同取向　54-56
    ethical absolutism　伦理绝对主义　53-54
    ethical relativism　伦理相对主义　52-53
Ethical decision-making guidelines　伦理决定指南　50-69
Ethical decision-making model　伦理决定模式　73
Ethical decision-making process and tools　伦理决定的过程与工具　72-86
Ethical assessment screen　伦理评估筛查　74-76
    general model for　总的模式　73
    least harm principle　"最小伤害"原则　76-78
    rank ordering ethical principles　伦理原则的等级次序　78-86
Ethical decision-making screens, application of　伦理决定筛查，申请　82-85
Ethical dilemmas in advocacy　倡导中的伦理困境　187-193
    case advocacy　个案倡导　187-188
    cause/class advocacy　原因/集体倡导　188-190
    cyberactivism (electronic advocacy)　网络激进主义（电子倡导）　192-193
    privatization of services　服务私有化　191-192
    and whistleblowing　与"吹哨"　190-191
Ethical offenses　伦理犯罪　35
Ethical principles, rank ordering of　伦理原则，排列优先次序　78-86
Ethical principles screen (EPS)　伦理原则筛查　80, 224, 260-261

Ethical problems in social work practice 社会工作实践中的伦理问题 9-12
Ethical relativism 伦理相对主义 52-53
Ethical rules screen（ERS） 伦理准则筛查 79-80
Ethics 伦理 8，25-33
   of caring 关怀 56-64
   defined 界定 33-38
   general versus professional 一般与专业 56-64
   and law 与法律 33-38
   sources of 来源
   unethical behavior 违背伦理的行为 34
Exemplars，See Ethical dilemmas exemplars 案例，参见伦理困境案例

Family secrets 家庭的秘密 4
Feminist ethics 女性主义伦理 61-62
Forced consent 强迫同意 167
Freedom, fostering 自由，收养 81-82
Full disclosure 充分披露 82
Future consent 将来的知情同意 167

General ethics 一般的伦理 8
General Social Care Council 社会照护总会 45
Generalization 通用性 86
Goal setting 订立目标
Group values 群体的价值观 67-68

Health Insurance Portability and Accountability Act（HIPAA）《健康保险携带与责任法案》 150-151，156-157，246，268
Health Information Technology and Clinical Health Act（HITECH）《健康信息技术与临床健康法案》 157-158
Hierarchy of personal principles 个人原则等级 85-86
Hindu ethics 印度教伦理 63-64
HIV and AIDS 艾滋病病毒与艾滋病 77，153，225-227
Human relationships 人类关系
   importance of 重要性 24
Human Research Protections Offices（HRPO） 人类研究保护办公室 271

Human services agencies　社会服务机构　274-276
Humanistic ethics　人本主义伦理　57-58

Impartiality　公平性　86
Inequality　不平等　174
Informed consent　知情同意　160-168
　　and community organizing　与社区组织　166
　　disclosure of information　信息披露　162-163
　　voluntariness　自愿性　163-165
　　ways of consenting　知情同意的方式　166-167
Institutional Review Boards (IRB)　机构审查委员会　271
Insurance　保险　139
Insurance companies and third-party payers　保险公司与第三方付费人　152
Integrity　诚信　24
Interdisciplinary teams　跨学科团队　274-276
International codes of ethics　国际上的伦理守则　44-47
Interpersonal relationships ethics of　人际关系伦理　27
　　importance of　重要性　24
Intimate partner violence (IPV)　亲密伴侣暴力　217-220

Joint Commission on Accreditation of Health Care Organizations (JCAHO)　卫生保健组织认证联合委员会　233
Justifiability　正当性　86

Law　法律　30-31
Law and ethics　法律与伦理　29-33
　　conflict between　冲突　31-33
　　differences between　差异　31
　　unethical but legal　违背伦理但合法　29-30
Learning disabilities　学习障碍　140-141
Least harm principle　最小伤害原则　76-78, 82
Limitations on professional judgments　专业判断的局限性　121-122
Limited resources　有限的资源　184-186

Macro practice　宏观实践　257-264

community groups　社区团体　257-258
　　community organizing　社区组织　261-264
　　community and societal issues　社区与社会问题　258-261
Malpractice　渎职　8，29，33-38
Managed care and mental health　管理型照顾与精神健康　241-245
Megan's Law　《梅根法案》　150
Military, and social work　军队，与社会工作　204-206
Misdiagnosis　错误诊断　138-141
Misrepresentation　传递虚假信息　134-138，254
Morality　道德　26-27
Multiple-client system　多重服务对象系统　5

National Association of Social Workers (NASW)　全国社会工作者协会　272-273
NASW Code of Ethics (1960)　《全国社会工作者协会伦理守则》（1960年）　41-44
NASW Code of Ethics (1979)　《全国社会工作者协会伦理守则》（1979年）　44
NASW Code of Ethics (1990)　《全国社会工作者协会伦理守则》（1990年）　41
NASW Code of Ethics (2008)　《全国社会工作者协会伦理守则》（2008年）　5，6，18，23-27，32，36-37，40-41，44-47，56，59，68，85，94，106-107，116，124-128，132，147，149，153-154，161，180，182，186，195，199-202，206-209，211，234-235，242，250，257-267，274
　　core values　核心价值观　24-25
　　ethical principles　伦理原则　107，125，241
　　preamble　序言　23，264
　　on privacy　关于隐私　147
　　purpose　目的　106，267
NASW Insurance Trust　全国社会工作者协会保险信托　8，34，128
NASW Office of Ethics and Professional Review　全国社会工作者协会伦理与专业审查办公室　271
NASW professional complaint procedures　全国社会工作者协会专业投诉程序　273，274
NASW Standards for Cultural Competence in Social Work Practice (2001)　全国社会工作者协会《社会工作实践中的文化能力标准》　181
NASW Standards for Palliative and End of Life Care (2006)　全国社会工作者协会《安宁疗护与临终关怀标准》（2006年）　225
National Center for Elder Abuse (2005)　全国虐待老人中心（2005年）　220
Non-sexual social relations　非涉性社会关系

Non-social work employers　非社会工作雇主　204-209

Ombudsmen　调查员　272
Oral or written consent　口头或书面同意　166-167
Oregon Health Plan (OHP)　俄勒冈州健康计划　175-177
Organizational and work relationships　组织与工作关系　195-215
　　administration and supervision　行政与督导　201-215
　　and agency policy　与机构的政策　202-204
　　non-social work employers　非社会工作雇主　204-209
　　practitioner impairment　从业人员受损　200-202
　　relations with professional colleagues　与专业同事的关系　196-200
Overlap, general and professional ethics　重合，一般和专业伦理　28

Pacifism　和平主义　207
Participants in the social work process　社会工作过程中的参与者
Patient Protection and Affordable Care Act (2010)　《患者保护与平价医疗法案》（2010年）　242
Patient Self-Determination Act (1990)　《病人自决权法案》（1990年）　97
Peer review and committee on ethics　同行评审与伦理委员会　270-271
Personal principles hierarchy　个人原则等级　85-86
Personal Responsibility and Work Opportunity Act (1996)　《个人责任与工作机会法案》（1996年）　30，101
Personal values　个人的价值观　65-67
Plurality of identities　身份多元性　235-238
Police　警察　152-153
Posttraumatic stress disorder (PTSD)　创伤后应激障碍　141-142
Practice in rural or isolated settings　农村或偏僻场所的执业　254-257
Practitioner impairment　从业人员受损　200-202
Present consent　现在的知情同意　167
Principle of Generic Consistency　通用的一致性原则　124-125
Principle of social justice　社会公正原则　81
Privacy　隐私
　　administrative and electronic records　行政与电子记录　150-151
　　with clients　与服务对象　154-155
　　with colleagues from other fields　与其他领域的同事　149-150

with the community 与社区 150
and confidentiality 与保密 82，147-156
defined 界定 147
disappearing sense of 消失对……的感觉 122
e-therapy 电子治疗 151-152
insurance companies and third-party payers 保险公司与第三方付费人 152
limits to 限制 155-156
police 警察 152-153
relatives 亲属 153-154
with other social workers 与其他社会工作者 149

Private practice 私人执业 253-254
client dumping 推卸服务对象 253-254
misrepresentation 传递虚假信息 254

Privatization of services 服务私有化 191-192

Privileged communication 特许保密通讯 159-160

Professional associations 专业协会 272-273

Professional complaint procedures 专业投诉程序

Professional ethics 专业伦理 14-16，27-28，39-47
codes of 伦理守则 41-47
defined 界定 27-28
and judgment 判断 121-122
reasons for 理由 38-41
and responsibility 与责任 267-277
teaching 教学 14-16
and values 与价值观 23-49
arguments against 对（专业伦理）的争论 23-49

Professional judgments, limitations on 专业判断，限制 121-122

Professional relationships 专业关系 119-143，196-200
client interests versus worker interests 服务对象的利益与工作者的利益 124-125
with colleagues 与同事 196-200
compassion fatigue 同情疲劳 141-144
diagnosis and misdiagnosis 诊断与错误诊断 138-141
dual roles within 其中的双重角色 125-128
limits of 限制 122-124
sexual relations with clients 同服务对象发生性关系 128-132

social relations　社会关系　133-134
　　and special duties　与特殊义务　119-122
　　students and sexual relations　学生与性关系　132-133
　　touching　身体接触　133
　　truth telling and misrepresentation　实话实说与传递虚假信息　134-138
　　at work　工作中　196-200
Professional review（RPRs）　专业评审　273-274
Professional values　专业价值观　24-25，65-69
　　clarifying　澄清　68-69
　　defined　界定　24-25
Protect，duty to　保护，义务　167-171
Protection of clients' rights　保护服务对象的权利　74-75
　　a family secret　家庭的秘密　4
　　human life　人的生命　80-81
　　life　生命　260-261
　　society's interests　社会的利益　75-76

Quality of life　生活质量　82
Questions for ethical dilemmas　伦理困境问题　86

Relationships，See Professional relationships　关系，参见专业关系
Relatives，and privacy　亲属，与隐私　153-154
Religion and spirituality　宗教与精神　231-234
　　and plurality of identities　与多元身份　235-238
　　and secularism　与世俗主义　231-233
　　and social work practice　与社会工作实践　233-234
Religious ethics　宗教伦理　58-59
Research and evaluation in practice settings　实践场所的研究和评估　248-250
Resources for ethical decision-making　支持做伦理决定的资源　268-274
　　accountability systems　问责系统　271
　　agency appeals procedures　机构申诉程序　272
　　agency risk audits　机构风险审核　268-270
　　clients' bill of rights　服务对象权利条款　268
　　NASW professional complaint procedures　全国社会工作者协会的投诉程序　273-274
　　peer review and committee on ethics　同行评审与伦理委员会　270-271

professional associations　专业协会　272-273
　　training and consultation　培训与咨询　271
Respondeat superior　上级回复　214-215
Responsibility for professional ethics　对专业伦理担负的责任　267-277
　　ethics advocacy　伦理倡导　274-276
　　resources for ethical decision-making　支持做伦理决定的资源　268-274
Right to privacy and confidentiality　隐私与保密权　82
Rights revolution　权利革命　121-122
Role conflict　角色冲突　12

Scarce resources　稀缺资源　174-180
Secondary traumatic stress　二次创伤压力　141-143
Secularism　世俗主义　231-233
Selected client groups　特定服务对象群体　217-239
　　clients with HIV and AIDS　携带艾滋病病毒和患艾滋病的服务对象　225-227
　　elder abuse　虐待老人　220-222
　　end-of-life decisions　临终决定　222
　　intimate partner violence　亲密伴侣暴力　217-220
　　religion and spirituality　宗教与精神　231-234
　　technology in direct practice　直接实践中的技术　227-231
Self-determination　自决
　　fostering　寄养　81-83
　　and professional expertise　专业特长　96-101
Service　服务　24
Sexual relations　性关系
　　with clients　与服务对象　128-132
　　and students　与学生　132-133
Social justice　社会公正　24，173-193，261
　　and clinical social work　与临床社会工作　186-187
　　commitment to　承诺
　　discrimination and adoptions　歧视与收养　182-183
　　discrimination and diversity　歧视与多样性　180-182
　　ethical dilemmas in advocacy　倡导中的伦理困境　187-193
　　inequality　不平等　174
　　and limited resources　与资源限制　184-186

316 社会工作伦理：实务工作指南（第九版）

    and NASW 与全国社会工作者协会 264
    principle 原则 81
    scarce resources 稀缺资源 174-180
    and time 与时间 39, 174

Social relations with clients 与服务对象的社会关系 133-134
Social work administration and supervision 社会工作行政与督导 210-215
    changing dilemmas in social work 社会工作中变动着的困境 241-264
    competencies and practice behaviors 能力与实践行为 6-7
    core values 核心价值观 24-25
    and the military 与军队 204-206
    participants in process of 过程中的参与者 116
    sources of help for social workers 社会工作者可寻求帮助的资源 143
    and time 与时间 39, 174
    with selected client groups 与特定服务对象群体 217-239

Societal values 社会的价值观 68
Social Workers Helping Social Workers (SWHSW) 社会工作者帮助社会工作者组织 143
Sources of help for social workers 社会工作者可寻求帮助的资源 143
Special duties 特殊义务 119-122
Spirituality and religion 精神与宗教 231-234
Stress 压力 142
Supervision 督导 210-215
    conflicting obligations 义务冲突 212-214
    dual-role relations with supervisors 与督导员的双重角色关系 211-212
    supervisor ethics and liabilities 督导员的伦理与责任 214-215

Tacit consent 指示或沉默 166
Teaching professional ethics 教授专业伦理 14-16
Technology 技术 246-248
Technology in direct practice 直接实践中的技术 227-231
Temporary Assistance for Needy Families (TANF) 《困难家庭临时救助法案》 78
Textbook overview 教科书概览 16-17
Third-party payers 第三方付费人 152
Time 时间 39, 174
Touching 身体接触 133

Training and consultation　培训和咨询　271
Truth telling and misrepresentation　实话实说与传递虚假信息　134-138

Uncertainty　不确定性　101-104
Unethical behavior defined　违背伦理行为
　　defined　界定　30
　　but legal　但合法　20-30
　　and malpractice　与渎职　33-38
Uniform Health Care Decisions Act (1993)　《统一健康护理决定权法案》(1993年)　97
U. S. codes of ethics　美国的伦理守则　44-47
U. S. Patriot Act (2001)　《美国爱国者法案》(2001年)　146

Value dilemma　价值观困境　12-14
Value gap, client/worker　价值观差异，服务对象/工作者　107-109
Value imposition　强加价值观　111-113
Value neutrality　价值观中立　109-111
Values　价值观　23-24，64-69
　　competing　不相容　11
　　defined　界定　23-24，64-65
　　group　群体　67-68
　　imposition　强加　111-113
　　inevitability of　不可避免性　115-116
　　making judgments about　做评判　114-115
　　neutrality　中立　109-111
　　personal　个人的　65-67
　　professional　专业的　24-25，68-69
　　and professional ethics　与专业伦理　23-49
　　religious　宗教的　107
　　societal　社会的　68
Virtue ethics　美德伦理　62-63
Voluntariness　自愿性　163-165
Ways of consenting　知情同意的方式　166-167
　　direct or tacit consent　指示或沉默　166
　　forced consent　强迫同意　167
　　oral or written consent　口头或书面同意　166-167

past or present consent　过去或现在的知情同意　167
present or future consent　现在或将来的知情同意　167
Whistleblowing　吹哨　190-191
Written consent　书面的同意　166-167

Ethical Decisions for Social Work Practice, 9e
Ralph Dolgoff, Donna Harrington, Frank M. Loewenberg
Copyright © 2012, 2009 Brooks/Cole, Cengage Learning

Original edition published by Cengage Learning. All Rights reserved. 本书原版由圣智学习出版公司出版。版权所有，盗印必究。

China Renmin University Press is authorized by Cengage Learning to publish and distribute exclusively this simplified Chinese edition. This edition is authorized for sale in the People's Republic of China only (excluding Hong Kong, Macao SAR and Taiwan). Unauthorized export of this edition is a violation of the Copyright Act. No part of this publication may be reproduced or distributed by any means, or stored in a database or retrieval system, without the prior written permission of the publisher.

本书中文简体字翻译版由圣智学习出版公司授权中国人民大学出版社独家出版发行。此版本仅限在中华人民共和国境内（不包括中国香港、澳门特别行政区及中国台湾）销售。未经授权的本书出口将被视为违反版权法的行为。未经出版者预先书面许可，不得以任何方式复制或发行本书的任何部分。

Cengage Learning Asia Pte. Ltd.
151 Lorong Chuan, #02-08 New Tech Park, Singapore 556741

本书封面贴有 Cengage Learning 防伪标签，无标签者不得销售。

北京市版权局著作权合同登记号　图字：01-2012-9056
社会工作经典译丛

图书在版编目（CIP）数据

社会工作伦理：实务工作指南：第九版/（美）拉尔夫·多戈夫（Ralph Dolgoff），（美）唐纳·哈林顿（Donna Harrington），（美）弗兰克·M. 洛温伯格（Frank M. Loewenberg）著；隋玉杰译. --北京：中国人民大学出版社，2021.3
（社会工作经典译丛）
ISBN 978-7-300-28547-4

Ⅰ. ①社… Ⅱ. ①拉… ②唐…③弗…④隋… Ⅲ. ①社会工作-伦理学 Ⅳ. ①C916

中国版本图书馆 CIP 数据核字（2021）第 031975 号

"十五"国家重点图书出版规划项目
社会工作经典译丛
主编　隋玉杰　副主编　范燕宁
社会工作伦理：实务工作指南
（第九版）
　　　拉尔夫·多戈夫
[美] 唐纳·哈林顿　　　著
　　　弗兰克·M. 洛温伯格
隋玉杰　译
Shehui Gongzuo Lunli：Shiwu Gongzuo Zhinan

出版发行	中国人民大学出版社		
社　　址	北京中关村大街 31 号	邮政编码	100080
电　　话	010-62511242（总编室）	010-62511770（质管部）	
	010-82501766（邮购部）	010-62514148（门市部）	
	010-62515195（发行公司）	010-62515275（盗版举报）	
网　　址	http://www.crup.com.cn		
经　　销	新华书店		
印　　刷	固安县铭成印刷有限公司		
开　　本	720mm×1000mm　1/16	版　次	2021 年 3 月第 1 版
印　　张	21.25 插页 2	印　次	2024 年 7 月第 2 次印刷
字　　数	449 000	定　价	65.00 元

版权所有　　侵权必究　　印装差错　　负责调换

CENGAGE Learning

Supplements Request Form（教辅材料申请表）

Lecturer's Details(教师信息)			
Name： (姓名)		Title： (职务)	
Department： (系科)		School/University： (学院/大学)	
Official E-mail： (学校邮箱)		Lecturer's Address/Post Code： (教师通信地址/邮编)	
Tel： (电话)			
Mobile： (手机)			

Adoption Details(教材信息)　原版☐　翻译版☐　影印版☐	
Title：(英文书名) Edition：(版次) Author：(作者)	
Local Publisher： (中国出版社)	
Enrolment： (学生人数)	Semester： (学期起止日期时间)
Contact Person & Phone/E-Mail/Subject： (系科/学院教学负责人电话/邮件/研究方向) (我公司要求在此处标明系科/学院教学负责人电话/传真及电话和传真号码并在此加盖公章。) 教材购买由 我☐　我作为委员会的一部分☐　其他人☐[姓名：　　　]决定。	

Please fax or post the complete form to（请将此表格传真至）：

CENGAGE LEARNING BEIJING
ATTN：Higher Education Division
TEL：(86) 10-82862096/95/97
FAX ；(86) 10 82862089
EMAIL：asia.infochina@cengage.com
www.cengageasia.com
ADD：北京市海淀区科学院南路2号
融科资讯中心C座南楼12层1201室　100190

Note：Thomson Learning has changed its name to CENGAGE Learning.

VERIFICATION FORM / CENGAGE LEARNING

出教材学术精品　　育人文社科英才

中国人民大学出版社读者信息反馈表

尊敬的读者：

感谢您购买和使用中国人民大学出版社的_____一书，我们希望通过这张小小的反馈卡来获得您更多的建议和意见，以改进我们的工作，加强我们双方的沟通和联系。我们期待着能为更多的读者提供更多的好书。

请您填妥本表后，寄回或传真回复我们，对您的支持我们不胜感激！

1. 您是从何种途径得知本书的：
   ❏ 书店　　❏ 网上　　❏ 报刊　　❏ 朋友推荐

2. 您为什么决定购买本书：
   ❏ 工作需要　　❏ 学习参考　　❏ 对本书主题感兴趣
   ❏ 随便翻翻

3. 您对本书内容的评价是：
   ❏ 很好　　❏ 好　　❏ 一般　　❏ 差　　❏ 很差

4. 您在阅读本书的过程中有没有发现明显的专业及编校错误，如果有，它们是：_____
   _____
   _____

5. 您对哪些专业的图书信息比较感兴趣：_____
   _____

6. 如果方便，请提供您的个人信息，以便于我们和您联系（您的个人资料我们将严格保密）：
   您供职的单位：_____
   您教授的课程（教师填写）：_____
   您的通信地址：_____
   您的电子邮箱：_____

请联系我们：
电话：(010) 62515637
传真：(010) 62510454
E-mail：gonghx@crup.com.cn
通讯地址：北京市海淀区中关村大街31号　　100080
中国人民大学出版社人文出版分社